日本人は英語の発音をどう学び、教えてきたか

英語音声教育の小通史

田邉 祐司

研究社

はしがき

　本書は日本の中等教育を中心とした英語音声教育（特に発音研究・指導）のヒストリオグラフィー（historiography）である。

　英語学習の入門期には日本人英語学習者の多くが"流暢"な発音で英語を話す自分をイメージする。また，そうなりたいという願望も抱く。教師側にも音声／発音は重要な要素であり，英語コミュニケーション能力に不可欠であるとの認識はある。しかし，その思いは英語の学習が進むにつれ，語彙・表現，文法や和訳などの領域に時間をとられ，どこかに置き忘れられることになる。

　学校教育では"音声・発音（Speech and Pronunciation）の大切さは分かってはいるが…"という状況が繰り返され，発音は英語教育の全体像の中で副次的な位置づけを与えられがちである。こうした実態が回り回って「日本人は英語下手」（poor linguists）という国際的な悪しきレッテルに直結していると考えても，あながち間違いではあるまい。

　現行の『学習指導要領』では4技能5領域の統合を目指す英語力育成が推奨されている。各領域をつなぐのは音声／発音のはずだが，現場の授業での発音指導は相変わらずのようである。

　中等教育の英語発音指導はこれからどういう方向へ進むのか，どのようにして英語力の基本づくりをしていけば良いのか。こうした課題に応えるためにこれまで様々な方途が講じられてきたが，その流れを歴史的視点から整理し，現行の問題に役立てようとするアプローチは非常に少ない。

　本書では改善のための手がかりを通史から探るため，英学黎明期から今日に至るまでの英語教育史上の音声／発音に関する中等教育の流れに軸足を置き，この間の発音研究／指導の変遷を整理することにした。ただ，小通史から体系的な提言をというところまでは本書の射程ではなく，その部分では簡潔な展望を述べるのみである。しかしながら，この国で行なわれてきたことを知ることで，本書が英語発音指導法のアップデートのための基礎資料になるならば，それは私にとっての喜びである。

　日本における英語発音の研究，教育，及び，学習に関する史的変遷のピースをつなぎ合わせるのはおそらく本書が初めてになろう。本論ではアカデミックな叙述を極力避け，意図的に人間臭いエピソードや筆者の体験談などを盛り込むようにした。特に1960年代以降の流れは自分史とも重なり，出会った人々

[iii]

iv ————はしがき

との体験等をあえて挿入した。時には音声・発音史から逸脱したところもあるが，これは編集部からの依頼に応え，通史をできるだけ身近なものに感じてもらえるようにという思いからである。ただ，同時にどうしても"学者臭"をぬぐい切れなかった箇所も多々ある。そうした部分はご容赦を願いたい。

　本書を叩き台にしてこの領域が進展し，深化するグローバル時代に対応できる人材が育つことを切に願う。

2024（令和6）年8月　専修大学生田キャンパスの研究室にて

田 邉 祐 司

[凡　例]

・ 基本的に書名以外は旧字体は新字体に改めた。ただし，直接引用の箇所では原文をできるだけ尊重するためにそのままにした箇所もある。
・ 難解な漢字にはルビを振るか，もしくは現行の漢字に変換するなどした。
・ 引用文には適宜，句読点，濁点を補い，一部の漢字をひらがなに改めた。
・ 引用文（原文）の間では漢字の用い方に違いがある（例：ことば／言葉）。
・ 人名の敬称は原則として省略した。ただし筆者がお世話になった方々についてはこの限りではない。
・ 歴史的な出来事，名称などのうち，いくつかにはそれぞれの英訳をカッコ内に示した。

推薦のことば

元香川大学教授・日本英語教育史学会顧問
竹中龍範

　わが国の英語教育がいつ，どのように始まり，いかなる変遷を遂げてきたのか，これを歴史的にながめようとするとき，そこには数多くの切り口が見出される。大小さまざまなテーマが設定でき，さらにその下にサブテーマを設けることも可能である。しかし，そのそれぞれがカバーする領域に等分の注意が払われてきたかというと，さにあらずというのが実情である。例えば，英語を言語要素，すなわち，音声・文法・語彙という3つの相に分けてとらえると，その教授・学習の歴史が同じ程度に明らかにされてきたかというと，答えは否である。これにかかる歴史的研究の蓄積量で見てみると，それは，文法＞語彙＞音声ということになろう。本書は，この劣勢とも言うべき英語音声の教授・学習史の領域に焦点をあてつつ，日本英語教育史の全体像のなかにそれを位置づけようとするものである。

　本書の著者，田邉祐司氏は，現在，日本英語教育史学会会長の座にある研究者であるが，この英語音声教授・学習史を柱に発表を続けておられる。その関心は，英語音声学の研究史とともに，さらにその実践的・応用的側面である英語音声の教授・学習史にあると理解される。英語音声学研究史の観点からは，すでに豊田（1939），高木（1987）という業績があるが，これらはいずれも書誌を中心としたものであって，「各々の文献が成立した時代背景（社会状況，言語政策），関わった人々，時代ごとの指導理論，教育現場への影響等，発音指導を取り巻く様々な要因への言及が少ない」（「序章」）ため，本書は，これらの先行研究を骨格に据えつつ，英語音声の教授・学習史という大動脈を通して血を通わせ，これに英語教育史の諸側面を肉付けして，日本英学史・英語教育史の全体像に迫ろうとするものであり，英米におけるこの分野の歴史・現況を視野に入れることも忘れられていない。

　本書が扱う時代は，日本に上陸した最初のイギリス人であるウィリアム・アダムズ（1600年）の英学前史の時代に簡潔に触れたのち，フェートン号事件（1808年）をきっかけとして翌年に始まった蘭通詞の英語学習開始を経て，その後200有余年にわたって現代まで連綿と続く英学史・英語教育史の全過程を覆っている。論述は，英語教育史全体の流れと英語音声の研究／教授・学習

史との間を往還しつつ展開され，各時代にあって先人たちがいかに英語音声に向き合い，また，現代人がこれにどう取り組んでいるかを描き出している。また，いわゆる研究書のスタイルに走ることなく，定宗數松『日本英学物語』（1937）を意識してか，読み物風に仕立てられたところもあって，その展開に引き込まれてしまうことも本書の特長である。好みに任せて目次から関心の章節を拾い出して読むこともでき，また，「第12章　歴史が語るもの」を読んで全体像をとらえてから，興味のある章に戻ることもできよう。現代・現時を取り上げる第9章あたりからは著者自身の個人史が織り込まれ，ほかにもエピソディックな記述がちりばめられて，読み物の性格を強くしている。

　机の前に端座して読むもよし，ソファーにくつろぎながら読むもよし，英語音声にかかる自身の知識・技能を思いながら，折々に本書をひもとかれるようお勧めしたい。

目　次

はしがき　　iii
凡例　　iv
推薦のことば——竹中龍範　　v

序　章　1

0.1　問題意識　　1
0.2　目的　　3
0.3　方法　　3
0.4　先行研究　　6
0.5　限定　　10

第1章　"英語事始め"　11

1.1　英語との初期のコンタクト　　11
1.2　情報ツールの放棄　　13
1.3　フェートン号事件　　14
1.4　最初の職業的英語学習者　　17
1.5　最初は「米国北西部アクセント」　　19
1.6　漂流民という人的資源　　21
1.7　辞書の編纂　　26
1.8　文法書の編集　　30
1.9　研究・教育機関の萌芽　　31
1.10　福澤諭吉の転向　　33
1.11　幕末の単語・表現集　　34
1.12　フルベッキとブラウン　　37
1.13　英語の学習・指導の分化　　40

第2章　明治初期の英語発音研究・指導　41

2.1　教育制度の整備　　41
2.2　英語学習人口の拡大　　44
2.3　英語発音書の登場　　46
2.4　英語教授／学習の分化　　50
2.5　変則式の授業内容　　51

[vii]

viii ————目次

2.6 正則式の理論基盤　54
2.7 正則式の"進化系"　57

第3章　英語音声研究の進展　60

3.1 本邦初の英語発音本　60
3.2 そのほかの英語発音本　63
3.3 時代の空気　64
3.4 近代語教授法の改新ムーヴメント　66
3.5 日本のリフォーマーたち　68
3.6 発音記号（Broad Romic）の移入　75
3.7 包括的な英語発音学の概説書　79
3.8 グアン・メソッド　80
3.9 ムーヴメントのさざ波　81

第4章　初期の英語音声学の移入・応用　84

4.1 "東の岡倉"　84
4.2 "西の杉森"　87
4.3 発音学の実践　91
4.4 日本人英語教師のための発音指導書　95
4.5 "強勢"に注意喚起した人　101
4.6 英語音声指導に尽力した米国人　109
4.7 日本版新教授法の進展　111

第5章　ジョーンズ音声学とIPA　115

5.1 大正英語音声学ブーム　115
5.2 大谷という人　115
5.3 音声学の父 ジョーンズ　118
5.4 ジョーンズの講義　119
5.5 教育的まなざしの音声教本　123
5.6 『發音と綴字』の特色　125
5.7 ムーヴメントの行方　132
5.8 変則式の進化："受験英語"　134

第6章　オーラル・メソッド　138

6.1 さらなるリフォーム　138

目次————ix

6.2 パーマーの略歴　139
6.3 パーマーの音声指導　140
6.4 パーマーの修正　143
6.5 パーマーに刺激された出版物　146
6.6 入試のアクセント問題　148
6.7 実験音声学　149

第7章　福島プランという実証　151

7.1 福島の実践　151
7.2 リーダー磯尾　154
7.3 磯尾の英語指導観　155
7.4 福島プランの音声指導　156
7.5 言語教育を取り巻く社会の変化　161

第8章　焦土の中から　164

8.1 教育の再建　164
8.2 出版物の復活　167
8.3 音声表記の改新　169
8.4 R・ゲルハードとは　170
8.5 標準簡略表記法　172
8.6 頓挫　174

第9章　アメリカ構造言語学の時代　178

9.1 構造言語学の到来　178
9.2 ALMの指導原理と教材　179
9.3 ALMの普及　181
9.4 “受験英語”の復活　185
9.5 “役に立つ英語”　185
9.6 普及のために　187
9.7 批判と衰退　193
9.8 英語ブーム再来　196
9.9 第二言語習得論の萌芽　198
9.10 ポスト大教授法の時代　199
9.11 英語母語話者を教室に　205

第10章　CLTと音声指導の見直し論　208

10.1　ポストALM　208
10.2　コミュニケーション能力の研究　209
10.3　CLTの創成　211
10.4　国際英語論　212
10.5　発音指導の見直し論　215
10.6　見直し論のその後　217

第11章　コミュニケーションの波　220

11.1　"国際化"時代の音声関連の著作　220
11.2　コミュニケーションの流れと『学習指導要領』　224
11.3　小学校の英語教科化　229
11.4　EFLの辞書　233
11.5　音声出版物の小さな変化　234
11.6　CLTの軌道修正　239
11.7　アクティブ・ラーニング　240
11.8　近年の流れ　242

第12章　歴史が語るもの　247

12.1　歴史の根底を流れるもの　247
12.2　日本での英語発音指導法　258
12.3　展望　260

あとがき　267
資料：英語発音研究／指導に関連する略年表　271
参考文献　284
図版出典　343
索　引　347

序　章

0.1　問題意識

　英語音声／発音というサブスキル（subskill）[1] は日本人の英語能力の "ボトルネック"（bottleneck）である。

　通常，ボトルネックは瓶の注ぎ口の近くの狭小部分を指すが，しばしば「物事の進行の妨げとなるもの。難関。隘路。ネック」（松村・三省堂編集所（編）2019）という比喩として用いられることもある（"something that causes a process to happen more slowly than it should"—*Cambridge Learner's Dictionary*）。

　日本の中等教育において英語を「外国語としての英語」（English as a Foreign Language; EFL）の環境下で学ぶ生徒・学生にとって，英語音声／発音技能はボトルネックのままであると考えている。教師も学習者も英語学習を始める時には発音の重要性を認識してはいるものの，語彙・表現，文法等に時間を取られ，発音はいつの間にか "蚊帳の外" に追いやられる（sidelined）のがこの国の "伝統" である。実際，音声／発音はリスニング，スピーキングは無論のこと，リーディングやライティングでも大きな役割を果たすはずだが，教師は発音に関しては "見て見ぬふり"（looking the other way）をする傾向が強い。その結果，学校で学んだ英語が "役に立つ" のは入試や資格試験等，紙上の "静止した英語"（文字言語）に限定され，リスニング，スピーチ等の音声を介した "動的・即興的な対人コミュニケーションの英語"（音声言語）となると "言葉の渋滞" が起きるのである。

　辞書を片手に文字情報を解釈できた，時がゆっくりと流れた時代にはそれで良かったかもしれないが，"グローバル時代" と呼ばれる現在，人的なコンタクト（接触）／交流は，インターネット（the Internet）上や生成 AI も含め，今後とも増加の一途をたどるであろう。そこで求められるのは音声／発音能力である。実際，コロナ禍の中ではリスニングや発音スキルが重要であることを改めて知らしめることになったのは記憶に新しい。

　こんな体験をしたことがある。それはある自然科学分野の国際会議でのこと

---

[1] サブスキルは「下位技能」と訳されるが，社会的階層を意識させる訳語には違和感がある。*Merriam-Webster* が "a skill that is part of and necessary to another more complex skill"（下線―筆者）と定義しているように，サブスキルは part（「一部分」）であり，決して「下位」に位置するものではない。

[1]

だった。日本人の科学者が英語で基調講演を行なう予定で，私たち通訳者は通訳ブース（torture chamber，"拷問室"；業界用語—筆者）でスタンバイしていた。本番は質疑応答（Questions and Answers；以下，Q&A）からと，半分のんびりと構えていたところ，突然，主催者から講演者の"英語を英語に通訳"（？）してもらいたいとの要請があった。通訳業務は相当数こなしてきたが，英語のオリジナル原稿を，講演者のペースに合わせて，通訳ならず"音読"したのは後にも先にもその時だけだった。講演者はその分野の世界的フロントランナーだが，内容を伝えうる英語の発音力がボトルネックだったのである（田邉 2009）。発音がコミュニケーションの大切な一部であることを期せずして再認識させられた事例だった。

　音声／発音がボトルネックとして日本人の英語力全体に影響し，「日本人は英語下手」という国際的なラベリングに関わる事例は枚挙に暇がない（エデュケーション・ファースト 2023；Educational Testing Service 2023）。発音により引き起こされる"コミュニケーション不全"の事例に遭遇するたびに私の思いは学校の英語教育の音声／発音指導に及ぶ。発音スキルの脆弱性は英語力のボトルネックのままなのである。

　学校英語は英語の基礎を培う段階であるが，"グローバル社会"が当たり前になった現在，ここに至って学校教育で発音を傍流にした"つけ"が回ってきている気がする。教師，学習者ともに伝統的な発音指導のパラダイム（paradigm；物の見方）に固執する限り，この長年の問題は解消できないのかもしれない。英語を取り巻く言語環境が大きく変化している以上，指導パラダイムも変わらねばならないはずだが…。

　日本の英語教育の研究は西欧からの知見を取り入れる共時的視点（synchronic perspectives；ヨコ糸）に立脚する傾向が強い。無論，そうした研究手法に問題はないが，われわれが教える生徒／学生は日本にいるのにもかかわらず，国内で行なわれてきたことを整理し，そこからの知見を役立てようとする通時的視点（diachronic perspectives；タテ糸）が乏しいのはなぜだろうか。

　日本における英語教育の歴史の研究はこれまで英学史，英語教育史を中心に連綿と続けられてきた。地道な研究が英語教育に果たしてきた役割は大きいものの，その一方で史的研究は教授法史，人物史等，個別領域に集中する傾向があり，英語発音の指導や学習は断片的に扱われるのみで，発音指導の流れに関わる研究は数えるばかりである。日本では英語音声／発音指導に関する通史が少ないのである。

0.2　目的

　以上を踏まえ，本書では200有余年にわたる日本の英語発音の研究／指導・学習の通史を叙述することを目的とする。通史とは，言うまでもなく「特定の時代・地域・分野に限定せず，全時代・全地域・全分野を通して記述された総合的な歴史」（新村（編）2018）である。日本人は，いかにして音声言語としての英語とつき合ってきたのか。どんな時代背景の下，どのような人々が関わり，いかなる書物が著され，どんな考え方や理論をもとに，いかなる発音指導／学習法が編み出されてきたのだろうか。この国の「外国語としての英語」の環境下における英語発音の領域の歴史にタテ糸を通してみたい。

　通史からの知見は，無論，それがすべてではないものの新しい指導パラダイムを考える上で一定の方向性を示してくれるはずである。なぜならば，歴史研究はそれ自体，文献を読み解きながら，各時代のコンテクストを踏まえた解釈を加えるという"壮大な実証研究"だからである。英語発音技能というボトルネックを解消するヒントは歴史の中にもあると信じたい。

　以上の研究課題に応えるべく，本書では中等教育における英語発音研究／指導を中心にこれまで著された関連文献・史料をたよりに歴史を描き出してみる。と言っても網羅的な叙述は現実的ではなく，日本英語教育史の200有余年の歴史の大河に大きな"投網を打つ"がごとく，そこに流れる大きなものをすくう形を採ることにした。

0.3　方法

　本書の方法論は歴史学，書誌学を主体にした文献研究が根幹となるが，ほかに私がこれまで触れてきた教育学，英語教育学，英語音声学，言語学，コミュニケーション学，文化人類学，異文化接触論等の考え方も援用した。また発音指導の理論ではセルシー＝マルシア（Celce-Murcia, et al. 1996）の4要因の枠組み[2]も参考にした。

　歴史研究では一次史料やその周辺の書誌，文献に当たり，各時代の音声関連項目（書物，文献，思潮，出来事，人物，理論，方法論等）を蒐集することが"基本のキ"であることは言うまでもない。そのため古書店で入手可能な文献はできるだけ購入し，同時に公的機関でもコレクションを続けてきた。

---

[2] 彼らは発音指導に影響する要因を 1) instructional variables, 2) institutional variables, 3) linguistic variables, 4) methodological variables に分けた。

4───序　章

　以下，将来，この領域の研究を始める人々を念頭に筆者が利用した公的機関のリソースを記しておく。図書館では国立国会図書館のほか，九州大学（筑紫文庫），早稲田大学（中央図書館），明治学院大学，慶應義塾大学，長崎大学，北海道大学，大阪女子大学（現・大阪府立大学），国際基督教大学，鶴見大学，東京大学，広島大学，東京外国語大学，山口大学，山陽学園中学校・高等学校（旧・山陽女子中学校高等学校），島根大学，筑波大学（岡倉文庫），立教大学，東北学院大学，玉川大学，専修大学等の附(付)属図書館のお世話になった[3]。

　海外においてもロンドン大学（University College London；以下，UCLと省略），エディンバラ大学（University of Edinburgh），オハイオ州立ケント大学（Kent State University），オハイオ州立大学（Ohio State University），ニュージーランドのオークランド大学（University of Auckland）等の各図書館で，研修，出張等の折に時間を見つけて，資料を集めた。

　そのほか，長崎歴史文化博物館，横浜開港資料館，宮城・気仙沼市本吉図書館（池田文庫），広島大学教育学部英語教育研究室（牧文庫），山口大学経済学部東亜経済研究所，岡山・津山洋学資料館，静岡県立中央図書館（葵文庫），ジョン万次郎資料館（高知県土佐清水市），北海道利尻島郷土資料館，柳川古文書館（福岡県柳川市），宮崎・都城市教育委員会文化財課，東京書籍株式会社附設教科書図書館（東書文庫），公益財団法人三康文化研究所附属三康図書館（東京都港区）等を利用した。

　こうした昔ながらの"足で稼ぐ調査"に加え，現在はインターネット上のアーカイブの発達により，研究室にいながらにして史料にアクセスできるようになったのはありがたいことである。特に恩恵に預かったのは国立国会図書館デジタルコレクション，同「近代日本人の肖像」，九大コレクション（筑紫文庫），静岡県立中央図書館デジタルライブラリー，明治学院歴史資料館デジタルアーカイブズ等がある。さらに江利川春雄氏（代表）による「幕末以降外国語教育文献コーパス画像データベース」と「明治以降外国語教育史料デジタル画像データベース」，愛知大学名誉教授の早川勇氏の「日本英語辞書略年表」（早川（編）1998），馬本勉氏による県立広島大学「近代DL 古典籍DL」，英国ウォーリック大学（University of Warwick）のリチャード・スミス（Richard

---

[3] なお，今回は利用できなかったが，英語音声学資料の観点から横浜国立大学附属図書館の小栗文庫も加えておきたい。**小栗敬三**（1906～1974）は東京外国語学校で岩崎民平（後述）に学び，高等学校高等科教員英語科検定試験に合格した努力家の音声学者だった。本書に「推薦のことば」をいただいた竹中龍範先生からのご指摘を受けるまで，灯台下暗しであった（反省！）。

0.3 方法————5

Smith）氏のWarwick ELT Archive, New York Public LibraryのDigital Collections，英国・ロンドンのNational Portrait Gallery, Wikipedia等のアーカイブも利用した。

　史料蒐集と並行し，英学史，英語教育史，英語学等の文献にある英語音声／発音関連の記述も参照した[4]。主なものを年代順に挙げると；大槻修二（編）（1877），長井（編）（1900），岸本（1903），岡倉（1911），第一外国語学校（編纂）（1925），大槻如電（編）（1927），荒木（1931），竹村（1933），片山（1935），市河（1936），勝俣（1936），櫻井（1936），赤祖父（編）（1938），定宗（1939），豊田（1939, 1963），古賀（1947），黒田（1948a），大塚（1949），飯野（1953），長崎英語教育発祥百年記念事業委員会（編）（1959），高梨（1961, 1978, 1985），堀口（1966），飯田（1967），磯尾／三戸（編代表）（1969），手塚（1964, 1975），高梨・大村（1975），佐々木（1975），日本英学史学会（編）（1976），池田（1979），福田（1979, 1991），アメリカ教育使節団（編）／村井（全訳解説）（1979），伊村・若林（1980），若林（編集）（1980），宇佐美（1980），太田（1981），惣郷（1984, 1990），杉本（1985a, 1985b），稲村（1986），和田（1987），伊村（1988, 1994, 1997, 2003），田辺（2003），茂住（1989），東（編）（1992），外山敏郎（1992），出来（1994），出来（監修）（2009），小篠（1995），江利川（1996, 2002, 2006, 2008, 2011, 2022a, 2022b, 2022c, 2023），岩堀（1995），早川（編）（1998），大高（1998），寺田（1999），斎藤兆史（2001, 2007），田島（2001），小篠・江利川（編）（2004），早川（2005, 2006, 2007），山田（2005），大谷（2007, 2012, 2020），井田（2008），竹中・伊村（2008），松坂（2008），八木（2011），松崎（2014），西原（2019），出来（編著）／江利川・竹中（校閲）（2024）等がある。

　一方，英語の文献ではKanda（1896), Nitobe（1923, 1929), Newmark（Ed.）（1948), Bryant II（1956), Lado（1957), Kohmoto（1965), Ohta（1967), Kimizuka（1968), Titone（1968), Kelly（1969), Darians（1969), Doi（1976), Koike, Matsuyama, Igarashi & Suzuki（Eds.）（1978), Howatt（1984), Yonekura（1984), Morley, Wallace, Selinker & Woods（1984), Bowen, Madsen & Hilferty（1985), Richards & Rodgers（1986), Pennington & Richards（1986), Hino（1988), Henrichsen（1989), Anderson-Hsieh（1989), Crystal（1995),

---

[4] 以下，ここに記載する文献は網羅的な（exhaustive）ものではない。あくまで参照し，現在でも比較的入手できるものを音声／発音史の観点から挙げたものである。

Ike（1995），Koike & Tanaka（1995），Loveday（1996），Scholefield（1997），Makarova（2000, 2001），Bryan（Ed.）（2000），Ozasa（2001），Reesor（2002），Makarova & Rodger（Eds.）（2004），Smith（Ed.）（2005），Fujimoto-Adamson（2006），Sasaki（2008），Thomas（2008），Walker（2010），Pennington（2015, 2021），Murphy & Baker（2015），Tatsuki（2019）等を参照した。

　英語教育史や英語学のシリーズ，事典類等の記述も役立った。研究社（刊）（1935～1937），市河（編）（1940），語学教育研究所（編）（1948, 1962），市河（主幹）（1948），研究社新英語教育講座編集部（編）（1956～1957），石橋・中島・黒田（監修）（1957～1963），大阪女子大学附属図書館（編）（1962），市河（監修）／語学教育研修所（編）（1962），福原・岩崎・中島（監修）（1964～1966），海後・高坂（監修）／岡本・小田・国枝・宍戸・竹中（編集）（1967），大村（1968），日本の英学一〇〇年編集部（編）（1968），竹林（1968a），英語研究編集部（編）（1975），日本音声学会（編）（1976），大村・高梨・出来（編）（1980a），大塚・中島（監修）（1982），渡部（責任編集）／永盛（1983），松浪・池上・今井（編）（1983），岩崎・忍足・小島（編）（1987），佐々木・鶴見・富永・他（編）（1991），英語科教育実践講座刊行会（編）（1992），寺澤・川崎（編）（1993），佐々木・木原（編著）（1995），川澄（編）／鈴木（監）（1998a, 1998b），田島（責任編集）／家入・他（共編）（1998），寺澤（監修）／島岡・枡矢・原口（編集）（1999），臼井・高村・鳥海・由井（2001），日本英語音声学会（編）（2005）等がその主要なものである。

0.4　先行研究

　上述のように日本における英語発音研究／指導・学習の変遷に関連した文献（日英）は，拙論を除くと（⇒参考文献），豊田（1939），Doi（1976），Takagi（1981），竹中（1982a, 2005），南（1987, 1989, 1998），田辺（1987），高木（1987），茂住（1990），有本（1991），出来（1994），加藤（1994a, 1994b, 1994c），大高（1998），Makarova（2000, 2001）等で，決して多いとは言えない。これらは時代の特定の一時期の変遷を切り取ったもの，言語学の発展史をまとめたもの，専門誌の論考を取り上げた書誌史，さらには発音指導の今後を展望した中で歴史について取り上げた文献等に大きく分類できる。

　数少ない音声に関する先行研究の中で燦然と光を放っているのが豊田實（1885～1972；九州帝国大学）の『日本英学史の研究』（1939）である。彼は

同書で1章を割き（第一部「語学」の第二章），「英語発音に対する注意研究の過程」と題した変遷史を綴った。江戸時代の慶長から昭和前期までの英語音声関連文献 52点を年代順に整理して「日本に於ける英語発音に関する注意研究の六期」の年表をまとめ，各時代の特徴を以下のようにまとめた（表0-1）。

表 0-1：豊田（1939）の時代区分

区　　　分	特　　　徴
第一期 慶長五（1600）年	ウィリアム・アダムズの来朝以来、英語の音を日本語に同化した時代。
第二期 文化六（1809）年以来	蘭通詞英学兼修の時代であって，即ち語学専門家が英語の音を意識的に修得しようとし，従って日英音の異同に特に注意し始めた時代。
第三期 安政開国（1854）以来	耳から入った英語と目から入った英語とが交錯した時代。
第四期 明治十九（1886）年以来	英語音声の系統的研究の文献出現の時代。
第五期 大正時代（1912）以来	国際音声学協会規定の符号普及の時代。
第六期 昭和時代（1926）以来	実験音声学発達の時代。

　もう40年近く前のことだが，大学院の資料室で何気なく豊田（1939）を手に取り，頁をめくり衝撃を受けた。同書の序には言語学者の**新村出**（1876～1967）から日本英語学史年表と書誌を貸与され，日本英学史を自らの研究の骨子とすることを決め，1927（昭和2）年に着手したとある。その一環として，江戸末期から昭和中期までの英語音声／発音の書誌にタテ糸を通したとも言うべき彼の功績は大きい。そのコレクションが閲覧可能と知り，居ても立ってもいられず，広島から，伊都キャンパスに統合移転前の九州大学文学部図書館（日本英学筑紫文庫；福岡市東区箱崎）に愛車のHonda CB750Fを駆って向かったのは筆者がまだ20代後半のことだった。古文書の"香り"が漂う同文庫で，先達の努力を伝える英語音声／発音の原典の数々を手にした時の高揚感は今でも忘れられない。

　国内で発刊された音声／発音書のうち，厳選した52点をベースに発音史をまとめたのには豊田には並々ならぬ英語音声への興味・関心があったからであろう（豊田 1922）。事実，豊田の発音は"Queen's English"で，人を魅了するほど見事なものだったと後で知り（鈴木1987），さもありなんと思った。

8 ——————序　章

　豊田（1939）から48年後に著されたのが，高木（1987）である[5]。高木誠一
郎はその6年前に書き上げた修士論文（Takagi 1981；指導教官は井田好治氏）
をベースに，豊田リストに1986（昭和61）年までに出版された452点の文献を追
加し，英語音声研究を10期に分類し，それを大きく「I. 前発音学時代，II. 発音
学時代，III. 音声学時代」に分けた。これにより高木は包括的で，アップデート
された発音研究・指導史を描いた。文献の解題，記述，リスト化に至るまでに
は大変な時間と労力がかかったことは想像するに余りある。次ページの表0-2は
高木（1987）にある時代区分である。
　両者の研究は日本の英語音声(学)／発音研究・指導史という領域における古
典となった。2人の努力に敬意を払いながらも，後に続く者としてこの分野で
未だ光を当てられていない点を踏まえ，彼らの解釈を吟味すると同時に，その
後の変遷を叙述しなければならない。
　まず，指摘できるのが両者の研究はともに書誌中心であり，各々の文献が成
立した時代背景（社会状況，言語政策等），関わった人々，時代ごとの指導理
論，教室現場への影響等，発音指導を取り巻く様々な要因への言及が少ない
ことである（池田1966）。特定の書物が公にされるというのは種々の背景と理
由が存在し，そうした情報は通史を語る上で不可欠である。もちろん，豊田
（1939）が著された時代にはいろいろな制約があったはずで，困難な時代によ
くぞここまでというのも，また正直なところではある。
　一方，もうひとつの古典である高木（1987）には要所で簡潔な解題，コメ
ント等が添えてあるものの，同じく「書誌リスト中心」ということは否めな
い。豊田が名著を著した“鬼畜米英の時代”とは違って，文献をそれぞれの時
代の史的コンテクストという大きな観点に置き，解釈，記述するということが
できたと思われるが，それは求め過ぎと言うものかもしれない。それぞれの書
物が世に出て，それが教育現場にどのような影響を与え，その結果，発音指導
はどう変わったのか，もしくは変わらなかったのか等の言及も欲しいところ
だった。さらに，これは言わずもがなではあるが，両者の発表からずいぶんと
年月が経過している事実も見逃せない。高木（1987）からだけでも40年近く
が経過し，この間，英語音声／発音指導に関する言語環境は激変している。そ
のような意味からも，その後の変遷を追った通史の作成は急務と考えた。

---

[5] 高木（1987）はインターネットからダウンロードが可能である（https://www.jstage.jst.go.jp/article/
jeigakushi1969/1988/20/1988_20_185/_article/-char/ja/）。2024年1月20日最終閲覧。

表 0-2：高木（1987）の時代区分

区　　分	特　　徴
I. 前発音学時代	
第 1 期：慶長 5（1600）年 ウィリアム・アダムズの来朝以来	英語学習が行なわれず，英語学習に関する書籍が書かれなかった時代。
第 2 期：文化 6（1809）年以来	主としてオランダ通詞がオランダ人を教師として英語を兼修し，英・米人から直接英語を学習することがほとんどなく，オランダ語発音の影響が強い英語音仮名表記が行なわれた時代。
第 3 期：安政開国（1854）以来	全体としては第 2 期と同様オランダ語発音の影響が強いが直接英・米人から英語を学習し，オランダ語発音の影響を脱した英語仮名表記が現われ，徐々に英語音仮名表記が洗練されてくるが，未だ英語発音を教えることを主目的にした書籍はほとんど書かれなかった時代。
第 4 期：明治 4（1871）年以来	ウェブスターのスペリングブック及び辞書の「発音解」を底本とするウェブスター式 Diacritical Marks（音声識別記号）と仮名発音表記を併用した英語発音教習書が盛んに出版された時代。
II. 発音学時代	
第 5 期：明治 19（1886）年以来	前期同様ウェブスターのスペリングブック及び辞書の「発音解」を底本とする英語発音書が多数出版されたが，菊池武信著『英語發音秘訣』（明治 19 年）のようなかなり組織的な発音学書が現われるようになった時代。
第 6 期：明治 34（1901）年以来	ウェブスター一辺倒から脱皮し，組織的体系的に発音を説く発音学書が出現するようになった時代。
III. 音声学時代	
第 7 期：大正 2（1913）年以来	Michaelis & Jones の発音辞典が用いられるようになり，John Lawrence 教授の東大での講義，留学生による音声学紹介等により発音学研究が近代化された時代。
第 8 期：昭和 2（1927）年以来	音声学が学問の対象とされ，学問的な研究がなされ始めた時代。特に実験音声学的研究が盛んになったことが特徴のひとつである。
第 9 期：昭和 20（1945）年以来	太平洋戦争末期には衰えていた英語研究，英語学習が復活し，海外からの情報も再び入るようになり，昭和 30 年代に入るとアメリカ構造言語学的研究にもとづく音声学書が多数刊行された。フォノシート，テープを付けた発音書が出るようになったことも特徴のひとつである。
第 10 期：昭和 40（1965）年以来	生成音韻論研究が盛んになった時代。

0.5 限定（disclaimer）

　本来であれば，中等教育だけではなく，初等〜高等教育，さらには社会人を対象とする教育をも含めた，大きなコンテクストにおける発音指導やスピーキング，リスニング等の技能を含めた英語音声教育全体の変遷を追うべきであろうが，正直，それは私ひとりの手には余る。

　また，各地で繰り広げられた現場指導の記述も盛り込みたかったが，種々の都合で割愛せざるをえなかった。さらに言語学（特に音韻論や語用論），認知心理学，脳科学，自然言語処理，音声認識研究等の隣接諸科学についてもカバーしたいとは思っていたものの，膨大な情報量のために軽く触れる程度にしたことをお断りしておく。加えて日本独特の通信講座や戦後のラジオやテレビの講座，その他，街の英会話学校等の授業や講座等発音を向上させるメディア，そしてインターネットを介するメディアの発展も簡潔な言及にとどめた。

　本書は副題に示したようにあくまで「小通史」である。しかしながら中等教育の英語発音というサブスキルの小通史——それは学習者にとっての「あこがれの軌跡」かもしれない——を追い，叙述するだけでも，われわれがこれからの英語音声・発音指導を考える上での基礎資料になるのではとの小さな期待を抱くのみである。

第1章 "英語事始め"

1.1 英語との初期のコンタクト

　日本での英語研究（学習）は1809（文化6）年に始まり，英語音声／発音の研究もほぼ同時期にスタートしたものと思われる。だが，そもそもなぜ極東（Far East）の小さな島国において，遠く離れた異国の言葉を学ぶことになったのか。本章では豊田（1939），高木（1987）にならい，時代背景を確認する意味も含み1600年代の"英学前史"から稿を起こすことにする。

　日本と英語母語話者（英語ネイティブ・スピーカー，native English speaker）との最初の人的コンタクト（human contact；渡辺1995）が起きたのは，1600（慶長5）年にオランダの商船であるリーフデ号（蘭Liefde；蘭語で「慈愛」）が豊後臼杵（現・大分県臼杵市）に漂着した時とされる[1]。漂着の報は関ヶ原の戦いに備え大坂（現・大阪）にいた**徳川家康**（1543～1616）の耳にも届けられた。家康は船長の**ヤコブ・クワッケルナック**（Jacob Quaeckernaeck，生年不詳～1606）を召喚しようとしたが，重体の船長に代わって召し出されたのが英国出身の水先案内人（pilot）の**ウィリアム・アダムズ**（William Adams, 1564～1620；**三浦按針**）[2]とオランダ人航海士（sailing master）の**ヤン・ヨーステン・ファン・ローデンステイン**（Jan Joosten van Lodensteyn, 1556?～1623）[3]だった。そのアダムズこそが初の日本在住英語母

---

[1] 鉄砲伝来（1543年；arrival of guns）から13年後の1556（弘治2）年に肥前（現・長崎県）の五島（現・五島市）に英国船が現れ，その14年後にも再び英国商船が平戸に来港したとの記録があるが（姫野（監修）2020），その際，どのようなコンタクトがあったのかは不明である。肥前の平戸領主の松浦隆信（1529～1599）は明国（現・中国），ポルトガル，イスパニア（スペイン）との南蛮貿易に熱心だったが，隆信は幕府との関係から英国との交易には進まなかった。

[2] この名は相州三浦郡逸見村（現・神奈川県横須賀市逸見）の「三浦」と船の航路を決める水先案内人である「按針」が由来である。彼は英国人のジェームズ・クラベル（James Clavell, 1924～1994）原作の米国NBCのドラマ *Shōgun*（1980）のモデルとされる（2024年にはリメイク版がディズニーチャンネルから配信され，大ヒットした）。ドラマでアダムズを演じた米国俳優のジョージ・リチャード・チェンバレン（George Richard Chamberlain, 1934～）が主演した *My Fair Lady* を，当時滞在していたカリフォルニア州サンノゼ市（San Jose, California）で観劇し，ヒギンズ教授（Professor Higgins）を演じた彼の南イングランドのアクセントに感嘆させられたことがある。後に彼は英国でも活躍したと何かで読み，さもありなんと思った。

[3] 彼は家康から江戸の和田倉門内（現・東京都千代田区丸の内）にあった邸宅を貰い，日本人を妻にし，耶揚子という日本名を名乗った。その名は現代の東京駅東側にある八重洲（現・東京都中央区）の由来と言われる。彼は貿易のためバタヴィア滞在中，オランダへの帰国を模索したが叶わず，日本に戻る途中に船の座礁で溺死した。

[11]

語話者となった（岡田1948；川澄（編）／鈴木（監）1988a）。

　家康はスペイン人，ポルトガル人の通訳を介して尋問を始めたが，2人を貶めようとする悪意ある通訳が行なわれていることに直感で気づき，正確に通訳するように命じた。やがて彼らが語る西欧事情に身を乗り出して聞き入り，家康はその後，密かにリーフデ号をまず大坂・堺に，その後，浦賀（現・神奈川県横須賀市）に回航させた（途中で沈没したという説もある）。家康のねらいは同船に積荷された火縄銃や砲弾等だった（銃火器は関ヶ原の戦いで活用されたという説もあるが，未詳である）。

　2人は人的資源として旗本に召し抱えられ，アダムズは家康と第2代将軍の秀忠（1579～1632）の外交顧問という立場から，通訳・翻訳，航海術，数学，幾何学，（洋式）帆船の建造技術等の西洋知識・技術を幕府に伝えることになった。ヤン・ヨーステンは朱印船貿易を担当した（杉本1985a；クレインス2021）。

　傷が癒えたリーフデ号のクワッケルナック船長及び船員の**メルヒオール・ファン・サントフォールト**（Melchior van Santvoort, 1570～1641）はオランダへの帰国が許され，その際，彼らはオランダ総督に宛てた家康の親書を携えた。この親書が1609（慶長14）年のオランダ国王使節である**アブラハム・ファン・デン・ブルック**（Abraham van den Broek, 生没年不詳）と**ニコラース・ポイク**（Nicolaes Puijck, 生没年不詳）の来日につながり，駿府城（現・静岡市葵区）で日蘭外交の調印が行なわれた。これにより家康は肥前（現・長崎県）の平戸にオランダ商館の設置を許可した。この時，リーフデ号の乗組員だったサントフォールトも使節団の一員として再び日本に戻り，通訳を務めた（森2013）。

　オランダ国王使節の来日後，アダムズは日本での体験を綴った書簡を母国の英国に送り，家康が英国との交易に前向きであると記した。これを目にした英国国王の**ジェームズ1世**（James I, 1566～1625）は東インド会社（East India Company）に命じ，アダムズを仲介役に日本との交易計画を立て，艦隊司令官の**ジョン・セーリス**（John Saris, 生年不詳～1643）を派遣した。セーリスは1613（慶長18）年に貿易船のクローヴ号（the Clove）で来日し，平戸に入港した（クレインス2021）。

　上陸後，時を置かず彼はアダムズとともに博多，大坂を経て駿府城で，大御所となった家康に拝謁し，国書を捧呈した。その後，江戸城で秀忠に謁見し，幕府は交易の許可を英国に与えた。この時，立ち会ったアダムズは日本で初めて国書を英文和訳し，さらに会談においては初めて英日・日英通訳を行なっ

たとされる（村上（校註）1911）。ただし，アダムズはポルトガル語に堪能であったことから，通常はポルトガル語を話し，後に習熟した日本語でコミュニケーションをしたと伝えられる（Dalton 1861）。

交易の認可を受けたセーリスは，英国商館（English Factory in Japan）を平戸に開設し，**リチャード・コックス**（Richard Cocks, 1566～1624）を商館長（head）に任命した。商館では日本人の使用人も雇われており，長崎，江戸，京都，大坂等，各地にも派遣された記録がある（東京大学史料編纂所（編纂）1978～1982）。当然ながら，コックスら英国人と日本人との間にコミュニケーションは不可欠だったはずだが，さて，それはどのように行なわれていたのか。日本語だったのか，英語だったのか。はたまたポルトガル語が用いられたのか。音声面はどう対処されていたのか。興味は尽きない。

1.2 情報ツールの放棄

かくして日英間の交易は始まったものの，それは短期間で終わった。英国とオランダの対立は両国の東インド会社や平戸の商館にも及び，加えて家康の死や秀忠の1616（元和2）年のキリスト教禁令（Prohibition of Christianity）等が重なった結果だった。そして1623（元和9）年に英国は商館の閉鎖を決定したのである。

やがて幕府によるキリスト教への弾圧は激化の一途をたどり，1637（寛永14）年にはキリシタン農民による島原・天草の一揆（Shimabara-Amakusa Rebellion）が起きた。新領主の法外な年貢に反発した農民が天草四郎（本名は益田時貞，1621～1638）を頭領に蜂起したのである。オランダは幕府への忠誠を示すために島原の原城を砲撃し，ライバルのポルトガルを出し抜き，日本との交易の独占に成功した。

乱の鎮圧に手を焼いた第3代将軍の**家光**（1604～1651）は1633（寛永10）年から1635（寛永12）年に，いわゆる徳川禁令考（総称して鎖国令；明治時代になって命名された；National isolation policy）[4]を次々に発した。これには日本人の海外渡航及び帰国，ポルトガル船の来航を禁じる条項も含まれていた。幕府はオランダ，清国（現・中国），朝鮮を除く外国との交易を撤廃する

---

[4] 幕府は長崎（出島）以外，松前，対馬，鹿児島（；現・指宿市山川成川）の各港も開港していた。つまり完全に「国を閉ざした」わけではなかった。そのため現在の中等教育の歴史教科書では「鎖国」から「いわゆる鎖国の状態」等の文言への書き換えの動きがあるが，教育現場からは指導しにくいとの声が上がり，代用の用語は決まっていない（大島 2009）。

方向へ対外政策の舵を切ったのである（平川 2018）。1636（寛永13）年，幕府はオランダ商館を平戸から長崎・出島へと移設し，1639（寛永16）年には、キリスト教の布教を恐れ，ポルトガル人を出島から追放し，また2年後にはオランダ人が出島から出ることも禁止した。以降，1859（安政6）年までの218年間，出島は"欧州への情報の窓口"として機能することになった。

　こうした「いわゆる鎖国の状態」から150年近くが経過した1782（天明2）年の天明の大飢饉，及び1787（天明7）年の天明の打ちこわし（暴動）で低下した幕府の威信を取り戻すために老中の**松平定信**（1759〜1829；第8代将軍・**徳川吉宗**の孫）は寛政の改革（1787〜1793年）を断行した。その一環に**寛政異学の禁**（1790年）という学問統制があった。定信は儒学者の尾藤二洲（1745〜1813）が唱導した朱子学（Neo-Confucianism）を正学とし，ほかの儒学諸派，ならびに外国語学習を事実上，禁止したのである。同年には士農工商の身分制度を強固にするため，教学機関の昌平坂学問所を幕府直轄にし，各藩には藩校が設置された（倉沢1983）。

　この頃（18世紀後半）の英国では蒸気力を中心とした技術革新からの工業化という社会変動——**産業革命**——を迎えていた。こうした事実にもかかわらず，幕府は国外の情勢を知る"情報ツール"の英語を自ら放棄した形となり，近代化の波に乗り遅れることになったのである。歴史に"if ..."は禁物なのは重々承知しているが，幕府が英国との交易を続けていたのなら，そして欧州で起きた社会変動を認識していたならば，その後の日本の歴史も，英語教育の流れも大きく変わっていただろうと考えられずにはいられない。

1.3　フェートン号事件

　外国語学習の禁止期間を経て，"英語事始め"の主因となったのが1808（文化5）年の**フェートン号事件**[5]（Phæton Incident）だったことはもはや論を俟たない。以下は事件の概要である。

　19世紀初頭には外国船が頻繁に日本近海に出没したことはすでに触れたが，フェートン号はオランダ領東インド（Dutch East Indies）のバタヴィア（Batavia；現・ジャカルタ）から

図1-1：フェートン号

---

[5] フェートン号の正式名称は His Majesty's Ship Phæton（HMS Phæton）である。

長崎に航行中のオランダ船を追尾し，オランダ船籍と偽って長崎湾に闖入したのだった。同号は船籍確認（"旗合わせ"）のため伝馬船（小型船）で接舷したオランダ商館（Dutch Trading House）の商館員2名を捕虜にし，市中でありとあらゆる狼藉を働いた後，長崎奉行の松平図書頭康英（1768～1808）に薪，水，食糧等を要求する手紙を寄こしたのである。

これに対して奉行は同船の焼き討ちを考えたが，最終的に奉行はオランダ商館長（通称は甲比丹［カピタン］；Capitão）のヘンドリック・ドゥーフ（Hendrik Doeff, 1777～1835）[6]の忠言に従い，フェートン号の要求に屈した。日本と英国との戦力差は火を見るよりも明らかで，加えて警備担当の肥前・佐賀藩（鍋島藩）の藩士の大半が国元に帰国中だったので，これは正しい決断だった。人質を解放した後，フェートン号は長崎を離れた。しかしながら奉行は事件の責めを負って切腹し，佐賀藩の重臣数名も追随した。藩主の鍋島斉直（1780～1839）は幕府より百日の閉門蟄居を申し渡された。

事件は日本の国防の脆弱性を内外に示すことになった。国交のない英国の軍艦に領土侵犯を許したこと自体，屈辱的なことだった。さらに事件は幕府に欧州の国家間の勢力均衡が崩れ，覇権がオランダから英国に移ったという寝耳に水の情報をもたらした[7]。オランダ語はそれまで幕府が国外情勢を知るためのツールであり，同国からの情報をもとに対外政策を決定してきたが（海外情報を綴ったオランダからの報告書は「オランダ風説書」と呼ばれた；松方2010），肝心の情報源の国が"世界のパワーゲーム"から落伍していたのだった。これは幕府にとって対外政策の大転換を意味し，学習対象とする外国語の変更も意味した。一元的な外交政策の下，幕府の"外交言語"はオランダ語であったので，英通詞（英語の通訳者）[8]は存在していなかった。フェートン号

---

[6] 商館長の任期は通例1年前後だったが，ドゥーフの在任期間は14年間（1803～1817）に及んだ。彼が主導し，蘭通詞たちの協力を得て編纂した蘭和辞典『ドゥーフ・ハルマ（*Doeff-Halma Dictionary*』（『道富波留麻』『ヅーフ・ハルマ』『長崎ハルマ』とも）の写本（手書きの複製本）は西日本を中心に広まり，英学にも影響を与えた（平山2017）。

[7] 事件はフランス革命（1789～1795年）で政権を握ったナポレオン・ボナパルト（Napoléon Bonaparte, 1769～1821）による一連のナポレオン戦争（1796～1815年）に端を発する混乱が遠因だった。覇権の低下を感じたオランダはフランスの属国になり，そのため対英国の姿勢を打ち出した。両国の戦いは激化したが，産業革命により，大英帝国（British Empire）はオランダを凌駕する国力をものにし，最終的には覇権をおさめた。こうして英国が「パクス・ブリタニカ」（Pax Britannica）つまり，覇権国家を形作るに至ったことが，回り回ってフェートン号による侵犯につながったとも言えよう。

[8] 外国語の学習は一子相伝で長崎奉行所所属の地役人である語学専門の30数家の通詞のみに許された。彼らは現代の外交官が行なう業務の一部も兼務した。ちなみにフランス語学習はフェートン号闖入の半年前から始まり，ドイツ語は1860年代のことだった（木村2012；片桐2021）。

のエドワード・ペリュー（Edward Pellew, 1757~1833）艦長との交渉ですら，通訳として，同船のオランダ水兵に頼るという有様だった。

　事件を受け幕府は後任の長崎奉行・曲淵甲斐守に英通詞養成を命じた。これが日本における英語研究・学習のスタートとなった（ただし通詞によるもの。学校教育としての英語学習は1873［明治6］年から）。福原麟太郎は次のようにシンプルに述べている（福原1997:15）。

　何故英語を学ぶようになったかは，何故オランダ語を学んだかというのと同じで，要するに日本の運命にとって，かつてオランダが重要な国であったごとく，今度はイギリスが重要な国になったからにほかならない。

　同年，幕府は長崎奉行配下の唐通事（中国語の通訳者）に満州語（Manchu）の学習を命じ，翌1809（文化6）年には大通詞（蘭通詞［オランダ語の通訳者］の長官）の本木庄左衛門（正榮，1767~1822），末永甚左衛門（1775~1835）等，6名（後に計14名まで増員）の蘭通詞にロシア語及び英語を学ぶ幕命（諳厄利亜文字言語修学の命）[9]を発出した。

図1-2：本木庄左衛門正榮と夫人

　だが，その後も外国船は次々と日本近海に現れ，業を煮やした幕府はとうとう1825（文政8）年に異国船打払令（無二念打払令）を発令した。そして1837（天保8）年のモリソン号事件（Morrison Incident）で幕府は日本人漂流民[10]が乗船しているのが分かっていながら，浦賀沖（現・神奈川県横須賀市）と鹿児島湾の2箇所で同船を砲撃したのだった。蘭学者たちはこの一件を契機に幕府批判を繰り広げ始め，それはやがて蛮社の獄（1837年）という幕府の蘭学者への弾圧につながった。

---

[9] 田野村（2018）の研究によると，「英語」という名称は19世紀の文献には見当たらないとしている。さらに初出は孫（2015）の研究を引き，『英文鑑』（後述）かもしれないという推測を述べている。

[10] 1832（天保3）年に遠州灘（現・静岡県沖）で暴風雨に遭遇し，米国西海岸のワシントン州に流れ着いた音吉，久吉，岩吉の3名の日本人漂流民がモリソン号に乗船していた。彼らは北米大陸に上陸した最初の日本人となった（中濱萬次郎［後述］が米国に渡った7年前のことである）。全員，帰国を熱望していたものの，果たせずにマカオ（Macao）に住むことになった（宮永2004；早川2007；田中2011）。

この頃，覇権を握った英国の**帝国主義**（Imperialism）は拡大し，インド制圧に次いで，**アヘン戦争**（Opium War, 1840〜1842年）で清国に勝利した。こうした動向は幕府にも伝えられ，英国との衝突を避けるために1842（天保13）年には異国船打払令を緩和することになった。

以上がフェートン号事件の概要である。英語の学習は国際情勢の変化と英国軍艦による侵攻という外的要因により始まった，いや，始めさせられたと述べる方が正確だろう。

1.4　最初の職業的英語学習者

幕命を受けた通詞は既習のオランダ語を基軸言語とし，英語を構成する三大要素の語彙，音声，文法（統語）の研究と学習に着手した（古賀1947；長崎英語教育百年史刊行委員会（編）1959；茂住1989）。それはまさにゼロからのスタートだった。

1623（元和9）年の英国商館閉鎖以来，180年以上もの年月が経過しており，彼らが依拠すべき過去からの英語学習の遺産（レガシー）はなかった。困難な事始めの中で，本木ら蘭通詞は言語学的に距離のある（linguistically distant）[11]「日本語→英語」というルートではなく，既知のオランダ語から同じ印欧語族（Indo-European language family）の英語にアプローチするという合理的な手段を採った。

しかし未知の言語の音声研究は外国語学習に長じた通詞たちをもってしても雲をつかむようなことで，とりわけ，英語の音声・音韻の体系を把握し，発音方法を明らかにすることは容易ではなかった。一般に外国語の音声の習得には何よりも原音を示す母語話者のモデルが必要となる。文字の読み方が分からなければ適切な発音はできない。また，音声なしには語，句，文の記憶やその定着はもとより，強勢（ストレス），音調（イントネーション）等の働きも加わり文法を修飾することがあるので，文法の正確な解釈すらままならないことがある。ところが日本にはモデルとなるべき英語母語話者（native English speakers）は存在していなかった。

---

[11] 現代の話だが，米国国務省（U.S. Department of State）の *The Foreign Service Institute* には現在の米国人から見た外国語学習に要する時間を推計したリストがある。英語と日本語の"距離"はCategory V（学習期間88 weeks [2,200 hours]）である。ほかにはアラビア語，中国語（北京語，広東語），韓国語がこのカテゴリーに含まれる（https://effectivelanguagelearning.com/language-guide/language-difficulty/）。2023年12月4日最終閲覧。

現代の言語類型によると，英語とオランダ語は同族言語（cognate language）に分類されるが，両言語の音声・音韻上の言語学的距離はいかんともし難く，たとえオランダ語経由としても，英語発音はゼロ・ベースからの事始めとなった。

逆境の中の学習において，英通詞が人的資源として頼ったのが，オランダ商館長のドゥーフの部下で，駐アイルランド英国陸軍での軍務経験のある商館次席（ヘトル，Feitor；荷蔵役）の**ヤン・コック・ブロムホフ**（Jan Cock Blomhoff, 1779～1853）だった。彼は口頭教授法（oral method；「口授」と称された）により，出島の通詞部屋で通詞に英語を口授した（明石・NHK「英語でしゃべらナイト取材班」2004）。

授業はアルファベット26文字の読み方から始まり，呼法（発音），類語（単語），言辞（短文）へと進んだ（伊村 2003）。しかしながら，この日本初の口頭英語教授法には通詞たちが期待するほどの効果はなく，本木は学び方を父親の良永（1735～1794）が所持していた蘭英の会話集をテキストにして，少数の通詞とともに語彙，文法，発音を学び，不明な箇所はブロムホフに確認するという「視覚型学習」に変更し，その結果，英語の基礎知識を得ることに成功した。やはり日本人は"目で学ぶタイプの外国語学習者"なのだろうか（オング／桜井・林・糟谷（訳）1991）。

ブロムホフは我が国初の非英語母語話者として"英語の人的資源"となったが，果たせるかなその英語発音は，white を「ウヒッテ」，reader を「リードル」[12) と発音する等，オランダ語音の干渉（interference）の強いものだった。オランダ語音声に親しんでいた通詞たちは疑いもなく彼の発音を"英語音のモデル"としたのである。

ひとつの外国語音に慣れると，ほかの新たな外国語音の習得には大いなる困難を感じることがある。余談だが，筆者もこれまで様々な外国語をかじってきたが，ドイツ語を学んだ後にフランス語の学習に入った時には両方の発音がごちゃごちゃになった。中国語の時には，英語からの干渉が強いと中国人の先生から注意され，出鼻をくじかれた（例：Wǒ shi～[我是～(私は～です)] の shì は未だに苦手）。ほかの外国語でも似たような体験をしたが，ともかくも一度身についた言語習慣から抜け出すのは容易ではなく，特に発音にはそうした傾

---

12)「リードル」は外国語の初歩を学ぶための「読本」という意味で生き残り，明治末期まで用いられた。

向が強く出る[13]。通詞の発音研究ではオランダ語音声の影響がその後も長く続くことになる。

1.5 最初は「米国北西部アクセント」

英語母語話者が国内に不在という問題に一筋の光明を与えた人物がオレゴン・カントリー（当時は英国領カナダ）出身の**ラナルド・マクドナルド**（Ranald MacDonald, 1824～1894）だった[14]。日本をアメリカ先住民・チヌーク（Chinook）の族長の娘だった亡き母の国と信じた彼は日米の通訳者になるという夢を抱き、難破を装って日本への密航を実行したのである。

図1-3：マクドナルド29歳の肖像

1848（嘉永元）年7月、マクドナルドは蝦夷（現・北海道）の日本海側に位置する焼尻島（現・苫前郡羽幌町焼尻）に擬装漂着し、島内で数日間を過ごした。その後、利尻島に渡った彼は松前藩の宗谷勤番所役人に不法入国の罪で捕縛され、身柄は松前藩の御用船の天神丸で長崎に護送された（ダイ／鈴木・速川（訳）1989）。

取り調べで通訳を務めたのが、オランダ商館長から英語を習っていた小通詞助の**森山多吉郎**（1820～1871；幼名は栄之助）だった（江越 2008）。インターネットを通して本物の英語を即座に聴くことができる現代のわれわれにはピンと来ないかもしれないが、片言の英語で対応した森山がマクドナルドの"本物の英語"を聞いた時の衝撃は想像に難くない。自分が習ってきた発音とは別物だったからである。

彼は長崎奉行の井戸対馬守（覚弘、生年不詳～1858）にマクドナルドに日本語を教え、自分たちは英語を習うという"交換授業"を提案し、許可を得た後、英語学習に手を挙げた通詞たちと一緒にマクドナルドの幽閉先の崇福寺塔頭（本寺の境内にあった末寺）の大悲庵の座敷

図1-4：森山多吉郎

---

[13] 現在の第2言語習得論（Second Language Acquisition; SLA）では、これを言語転移（language transfer）と呼び、それは正の転移（positive transfer）と負の転移（negative transfer）に分けられる。
[14] マクドナルドは米国人と言われるが、当時のオレゴン（Oregon）は英領カナダのオレゴン・カントリー（Oregon Country）だったので、法的な国籍は英国となる。彼は当地のアストリア（Astoria）でスコットランド人と先住民の部族長の娘との間に生まれた「メティス」（Métis）だった（ダイ／鈴木・速川（訳）1989）。

牢前に座し，英語母語話者から発せられる原音を耳にしたのである。この日本初の米語母語話者による"授業"はマクドナルドが模範朗読し，通詞の発音を訂正し，その後，文構造等を説明するという形態で行なわれ，彼が本国へ強制送還されるまで続いた。

さらに森山はこの機を逃さず，完成から35年が経った『諳厄利亜語林大成』（後述）の写本にあった見出し語（entry words），及びオランダ商館長のヨセフ・ヘンリー・レフィスゾーン（Joseph Henry Levyssohn, 1800?~1883）から教わった語句も併せてマクドナルドに発音してもらい，修正を施した[15]。彼の英語の上達ぶりは抜きん出ており，現在，音変化と呼ばれる音声現象のひとつである連結（linking）等も理解していたと言われる（ダイ／鈴木・速川（訳）1989）。森山は本当に"語学大好き人間"だったのだ（江越2008）。以下は通詞たちの英語発音の状況が分かるマクドナルドの回想である（ルイス・村上（編）／富田（訳訂）1985：148-149）。

> 私に英語を音読してみせることが，生徒たちの習慣で，一回に一人ずつ音読した。私の仕事は彼らの発音を直すこと，そしてできるだけ日本語で意味や構文などを説明することだった。われわれのある種の発音，特に子音を彼らに聞きとらせるのはむずかしかったし，ある種の組み合わせの発音は，特に発音しにくいようだった。たとえば，彼らは l の文字を発音できない。できたとしてもきわめて不完全だ。彼らは l を r と発音する。そこで彼らは私の名前のなかの l を r の強い喉音で読んでラナ r ド・マクドナ r ドにしてしまった。彼らはまた，子音のあとの末尾に，i（短音のイ）あるいは o（オ）を加える習慣があった。母音に関しては，なんの困難もなかった。母音はすべて，豊かな朗々と響く音であり，末尾の e（œ）まで完全発音される。[16]（ルビ—筆者）

マクドナルドの"発音指導"は直感・模倣による繰り返し中心だった（もっともそれしか手段はなかった）。未知の言葉の教授には直感的で，シンプルな手法が用いられるものである。ただしマクドナルドの入牢は半年程度だったの

---

[15] NHK 総合テレビのドラマ『わげもん～長崎通訳異聞～』（2022）で森山を演じたのが俳優の小池徹平氏（1986～）だった。森山の英語には強いオランダなまりがあったとされるが，小池氏のセリフは米国アクセントで史実とは違っていた。ちなみにマクドナルド役の木村昴氏（1990～；アニメ『ドラえもん』のジャイアン役の俳優）の英語にはドイツ語の干渉が少しだけあった。ドイツ人で，声楽家の彼の父上は早稲田大学で教えていて，小生も昼食をよく一緒にした仲である。

で，効果は限定的だったと考えられる。しかし，たとえそうだったとしても英語母語話者としてマクドナルドが話した米国北西部アクセントが通詞たちの準拠する発音のお手本になったことは明らかである（石原1990；片桐2021）。

マクドナルドは1849（嘉永2）年に，蝦夷・松前沖で遭難した捕鯨船ラゴダ号（the Lagoda）船員15人とともに長崎湾に来航した米国の軍艦プレブル号（Warship Preble）に引き渡され，"Sionara"（ママ—筆者，「さよなら」の意）という言葉を残して日本を去った。彼は帰国後，米国政府の事情聴取に対して日本の状況を伝えた。その情報はペリー来航（後述）の際，活かされることになった。米国は抜け目がないのである。

1.6 漂流民という人的資源

マクドナルドの帰国から約10年が経過した頃，米国から帰還した日本人漂流民で，土佐（現・高知県土佐清水市）の漁師見習いだった**中濱萬次郎**（万次郎，1827〜1898；以下，万次郎）が新たな人的資源になった（鶴見（監修）／中濱（史料監修）／川澄（編著）1990）。万次郎は数えで14歳の時に延縄漁のため土佐の宇佐湾から出漁したところ，足摺岬沖で嵐に遭遇し，漂流して鳥島（伊豆諸島の島；現・東京都）

図1-5：中濱万次郎

に漂着した。年上の漁師の先輩4人とともに過酷な無人島サバイバル生活を生き抜いた彼は漂着の143日後に米国の捕鯨船のジョン・ハウランド号（the John Howland）に救助された（中濱1994）。ちなみに当時の西欧の捕鯨は鯨の肉を食するのではなく，機械油や照明等に用いる鯨油の採取が目的だった（川澄2005）。

船長の**ウイリアム・ホイットフィールド**（Capt. William H. Whitfield, 1804〜1886）は懸命に働く万次郎の人間性に惚れ込み，彼に船名にちなむ"John Mung"というニックネームを与えた。やがてハワイで先輩4人と別れた万次郎は米国本土へと渡った。船長は米国マサチューセッツ州フェアヘイヴン（Fairhaven, Massachusetts）[17]の自宅に万次郎を住まわせ，米国の初等・中等教育を受けさせた。学業を終えた万次郎は，ジョン・ハウランド号の乗組員から船長

---

[16] 吉村（1986：218-219）はこの回想録を底本にマクドナルドの発音指導の様子を描写している。
[17] フェアヘイヴンに隣接するニューベッドフォード（New Bedford）はジョン・ハウランド号が建造された町で，捕鯨船の母港。

になったアイラ・デイヴィス（Ira Davis）に誘われ，捕鯨漁に従事して大西洋と太平洋を往復することになった。

1850（嘉永3）年，姪と結婚させようと願っていたホイットフィールド船長一家の反対にもかかわらず，22歳になった万次郎は，帰国費用を稼ぐために**ゴールド・ラッシュ**(California Gold Rush) に沸くカリフォルニア州へと移った。そこで2カ月間，懸命に働いた後に手にした資金（約600ドル）[18]を元手に10年間に及んだ米国生活に終止符を打ち，ハワイにいた漁師仲間2人（残りの1人はハワイに残留，1人は死去）と1851（嘉永4）年に薩摩藩領（現・鹿児島）の琉球（現・沖縄）の土を踏んだ。その後，薩摩本土に護送された彼はまず薩摩藩で，次に長崎奉行所で取り調べを受けた。

薩摩藩第11代藩主の**島津斉彬**（1809~1858）は万次郎が米国で習得した英語力，及び造船技術，航海術に関する知識等を高く評価したと言われる（芳1993）。さらに筑前国福岡藩第11代藩主の黒田長溥（斉溥；1811~1887）は海軍を創設した際に，万次郎をその長にすべしとの建白書を幕府に提出したほどだった（柳1989）。

帰国から約2年が経過した1853（嘉永6）年になって帰郷を許された万次郎は11年ぶりに母親との再会を果たした。その後，土佐藩主の山内豊信（1827~1872；隠居後の号は容堂）の命で再び取り調べが行なわれ，その内容は蘭学の素養があった絵師の**河田小龍**（1824~1898）により『**漂巽紀略**』という全4冊の本にまとめられた（ジョン万次郎（述）／河田（著）／谷村（訳）／北代（監）2018）。後に河田に会った**坂本龍馬**（1836~1867）は万次郎の話を伝え聞き，攘夷派から開国派へと転じるきっかけのひとつとなったと言われる。

万次郎はその後，土佐藩の藩校・教授館の教授として英語，米国事情等を教え，さらに幕府直参（禄高300石）に抜擢され，代官の**江川英龍**（1801~1855；号は胆庵，通称は太郎左衛門）の下で働いた（翻訳・通訳，造船指揮等の業務に従事した；矢田1902）[19]。これは異例中の異例の抜擢で，万次郎の英語力及び西洋知識に大いなる期待があったことがうかがえる。ちなみに土佐

---

[18] この額は現在の米ドルで約21,662ドルになる（ネットの Web Calculator により換算）。これは捕鯨で稼ぐ配当金の7年分になる（NHK BS『英雄たちの選択　幕末の冒険者・ジョン万次郎』，2024年1月24日放送）。

[19] 江川は伊豆・韮山（現・静岡県伊豆の国市）に反射炉（優良な鉄を生産するための炉）を築き，砲術の普及に努めた。彼は日米修好通商条約の折衝に万次郎を通詞として同席させようとしたが，水戸藩第9代藩主である**徳川斉昭**（1800~1860，諡号は烈公）の反対に遭い，万次郎を隣室で文書のチェックに当たらせた（矢田1902）。

藩は万次郎が幕府から普請役格で登用される前に漁師の身分では登城もままならないだろうと考え，彼を武士に取り立て「中濱」という苗字を与えた。

　江戸に入った万次郎は1855（安政2）年には幕府からの依頼により，"航海術のバイブル"と呼ばれた**ナサニエル・ボーディッチ**（Capt. Nathaniel Bowditch, 1773〜1838）の *The American practical navigator* の訳出に取りかかり，2年後に『**実戦航海書**』と題して完訳した。さらにその2年後には江戸・築地（現・東京都中央区築地）にあった軍艦操練所にて英語や航海術を教えることになった。

　ここの生徒には上州安中藩（現・群馬県安中市）の武士・**新島襄**（1843〜1890；本名は七五三太，英語名はJoseph Hardy Neesima）がいた。彼は万次郎から英語と航海術の基礎を教わった後，1864（文久4／元治元）年に国禁を犯して国外に脱出し，米国に渡った。米国で新島はフィリップスアカデミー（Phillips Academy, Commonwealth of Pennsylvania, PA）とアマースト大学（Amherst College）を卒業し，日本人初の学士号を授与された。その後，アンドーヴァー神学校（Andover Theological Seminary）で神学を学んだ彼は帰国後，同志社英学校を設立した。同校が音声言語としての英語教授の拠点のひとつになったのは自然なことであった（Hardy (Ed.) 1891；同志社（編）2013；和田 2015）。ちなみに新島の妻はNHK大河ドラマの『八重の桜』（2013）で描かれた陸奥国会津藩出身の**新島八重**（1845〜1932）だった（八重は再婚）。

　1860（万延元）年に万次郎は万延元年遣米使節団が乗船する米国軍艦ポーハタン号（the USS Pawhatan）の別船（護衛用）だった咸臨丸に通訳者として乗船し，再渡米を果たした[20]。帰国時，軍艦奉行の従者であった**福澤諭吉**（1835〜1901）とともに持ち帰った文物の中に**ノア・ウェブスター**（Noah Webster, 1758〜1843；「ウェブストル」とも表記）編纂による辞書 *An American dictionary of the English language*（1828, abridged version；以下, *An American dictionary*）があった。簡略版ながら，この辞書は英語発音の研究／学習の上で貴重なリソースとなった（池田 1968）。なお，同辞書はペリー来航時に森山に手渡されたのが本邦第1号とされる（岩崎 1935）。たかが辞書，されど辞書だった。

---

[20] 万次郎はその10年後の1870（明治3）年に普仏戦争視察団に同行し，ニューヨークに滞在した折にフェアヘイヴンに足を運び約20年ぶりにホイットフィールド船長との再会を果たした。ちなみにポーハタン号はペリー艦隊の一船で長門国萩藩士の**吉田松陰**（1830〜1859）が乗船を企て，未遂に終わった軍艦だった。

ここでウェブスターについて触れておく。彼は米国の辞書編纂者・教科書執筆者であり、綴字改革（Spelling reform）の推進者だった。米国独立戦争（1775~1783年，American War of Independence）終結後，彼は国内での共通した綴り字の必要性を強く感じ，既成のスペリングブック（綴字本）では不備であるとし，*A grammatical institute of the English language* を出版した（第1部「綴字」［1783］，第2部「文法」［1784］，第3部「読本」［1785］）。

図 1-6：*An American dictionary*

このうち，第1部の綴字の部分を再編集したのが *The American spelling book*（1794）で，表紙が青色だったため *The blue-backed speller* とも称された（稲村 1984）。この辞書に採用されたウェブスター式表音（発音）記号は同一文字の音の差異を表すために文字の上下に一定の決まりにもとづいた音声識別記号（Diacritical mark；点，線，弧）を振ることにより，発音を示そうとしたものだった。

ウェブスター式はやがて日本の英語音声研究に影響を及ぼすことになる。なお，表音見出しはその後，違う形式ではあるが，英国の *Concise Oxford dictionary*（COD）や *Pocket Oxford dictionary*（POD），さらに三省堂の『表音小英和』等にも採用された。

万次郎の話に戻ろう。彼が米国再訪の前年に著したのが38葉の『英米對話捷徑』（1859；以下，『捷徑』）だった[21]。同書は万次郎が遣米使節団の一員として *American dictionary* とともに持ち帰ったリンドレー・マレー（Lindley Murray，1745~1826）の *The elementary catechisms, English grammar*[22]（1850；以下，*Cate-*

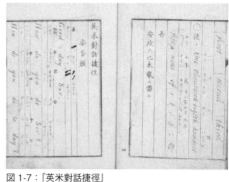

図 1-7：『英米對話捷徑』

---

[21]「捷徑」は「近道」という意味で，書名は「英米会話への近道」となる。なお，和綴本の表裏2頁が1葉，もしくは1丁と数えられていた。

chisms）を底本とした。

　『捷徑』ではアルファベット，「ABCの歌」（Alphabet Song）が紹介され，安否類・時候類・雑話類・往来音信類の4類，それぞれに想定会話例が記載されている。発音に関しては water の t /t/ を「ラ」，land の末尾の d /d/ を「飲み込むように発音する」等の"指南"も盛り込まれている。万次郎は自身の耳で獲得した米音の特徴を日本人にも分かりやすいように工夫を凝らしたのである（田辺1987）。

　唐突かもしれないが，ここで同書にある万次郎の片仮名表記の1例を見てみよう。以下の表記はどの単語のものだろうか。少し速めに発音しながら考えてほしい。

　1）ヤロ　　　2）ナイ　　　3）ソウル　　　4）ハヤ　　　5）ダータ

　いかがだったろうか。答えは，1）yellow，2）night，3）salt，4）hair，5）daughter である。彼が米国で培ったのはこうした英語音声の"聴覚イメージ"（acoustic image―H.E. Palmerの用語）だったのである。同書の片仮名表記を音素（phoneme）の観点から精査した田辺洋二は以下のように総括している（田辺1987：56）。

> 　『英米対話捷徑』の出版（1859）に前後する諸書，『改正増補蛮語箋』（1848），『えんぎりしことば』（1860），『五国語箋』（1860），『改正増補英語箋』（1861），『洋学指針』（1867）などに比べると，『英米対話捷脛』の表記は抜きん出て英語的であるように思う。（ルビ―筆者）

　日本では外来からの文物・文化等を摂取する際，身近なものをフィルター代わりに使うことで異質なものを日本の実状に合うように変容させてきたが（田邉1995a），万次郎の片仮名表記もそうした工夫のひとつだった。このように『捷徑』はマクドナルドの帰国以降，本物の発音を求めていた通詞や英学者には何よりのリファレンスとなった（乾2010）。

　脇道に逸れるが，片仮名は日本人の外国語学習において学習，記憶の手がか

---

22) **カテキズム**（Catechisms）は語学教授・学習では問答形式の教授法を指し，「問答式英文法の初歩」の意味となる。この原典は万次郎が米国から持ち帰った英書14冊のうちの1冊だった（石原2007）。

りのための重要なツールとして機能してきた（Loveday 1996）[23]。事実，片仮名は明治時代以降の教科書に散見される。発音を覚えようと生徒が記したものであろう。

　私は職業柄（？），編纂した教科書の使用具合を中古書店でチェックすることがあるが，生徒（使用者）の手書きによる片仮名表記は教科書，"虎の巻"の教科書ガイドや単語集（帳）等にも見られる。誰が教えたわけでもないのに彼らは英語音を片仮名で書き留める（なお，大正期には一時，片仮名を用いることが禁止された時期もあった）。片仮名は日本人のDNAに組み込まれているのかもしれない（池中1992）。ただ，こうした表記のほとんどが直感的なものである。日本語音にはない音を，どう表記し，いかに教えるかに関しての統一的な見解は現在に至るまでなく，外国語学習における片仮名使用の是非は今日に及んでいる（田辺1987；池中1992；島岡 1994, 1999；上野 2019；若林／若有（編）2019）。

　また，万次郎が蘭学の伝統を引き継いで用いた番号付き直訳解釈法は，明治時代に大量に出回った『独案内』等の自修書にも伝わり，英語学習における大元になった『捷徑』は良い意味でも悪い意味でもその後の日本人の英語の解釈に影響を及ぼすことになった（片山 1935；堀口 1966；田邉 1995a）。ちなみに『捷徑』には設楽氏版と知彼堂蔵版の2つの版が存在するが，内容は同一である。前者は欧米に留学する者の便宜のためで，後者は一般向けと考えられている（荒木1931）。

　万次郎はその後，薩摩藩，土佐藩の藩校，幕府の軍艦操練所，さらには開成学校（幕府の開成所を源流とする明治政府の洋学研究機関；後述）等で教えた。英語（米語）と米国文化を知るインフォーマント（informant）として彼が日本文化に果たした役割の大きさは否定できない（Griffis 1887）。特に彼の生き様が"新しい国のかたち"を考えていた人々の間に海外渡航の機運を高めたことは間違いあるまい。

1.7　辞書の編纂

　この節では黎明期に著された辞書，単語・成句・会話集，文法書について述べる。辞書，文法書類は発音の研究／学習とは切り離せないものである[24]。

---

23) 上述（p.12）のジェームズ1世の国書の日本語訳にも，James を「ぜめし」，Ireland を「ゑらんだ」，Westminster を「おしめした」の仮名表記例がある（豊田 1939）。

時間軸は再びフェートン号事件後に戻る。1810（文化7）年に私塾・鳴滝塾でフィリップ・フランツ・バルタザール・フォン・シーボルト（Philipp Franz Balthasar von Siebold，1796〜1866）の通詞を務め，『ドゥーフ・ハルマ』（蘭和辞書）の編纂にも関わった吉雄権之助（よしおごんのすけ）（1785〜1831）が『諳厄利亜言語和解（ごんご）』（わげ）（以下，『和解』）の第1冊を編纂し，長崎奉行所に提出した（日本英学史料刊行会（編）1982）。

続いて通詞・猪股（俣）傳次右衛門（でんじうえもん）（1827〜1871）が第2冊を，さらに岩瀬弥十郎（1830〜1891）が同書の「Bの第二」項目を編纂し，翌年には第3冊を完成した。いずれもマクドナルドの"生徒"であり，『和解』は"プロ通訳者"による日本最初の英語入門書だった。原本が関東大震災（1923年）で焼失したのは大きな損失だった（石原1990）。

1811（文化8）年には本木庄左衛門（⇒p.16）がリーダーとなり，ほかの通詞やブロムホフの協力の下，英語入門用の単語・成句・会話集である『諳厄利亜興学小筌（しょうせん）』（以下，『小筌』）を編纂し，長崎奉行所に提出した。全10巻の『小筌』の語彙，例文には発音が振られていたが，オランダ語の影響が見られる。

3年後の1814（文化11）年には語彙項目をABC順に配した本邦初の英和辞典『諳厄利亜語林大成』（15巻；以下，『大成』）が完成し，その写本は幕府に献上された（語林は「辞書」の意；日本英学史料刊行会（編）1982）。

図1-8：『諳厄利亜語林大成』

内容は『小筌』と同じくウィレム・セヴェル（Willem Sewel；1653〜1720）の *Korte wegwyzer der Engelsche taale*（1742；「英語小筌」；英語版・*A compendious guide to the English language*）の写本を底本にしたものだった（Howatt 1984）。

『大成』の単語や文には，alreadyは「アルレーデイ」，cityは「シセテイ」，Saturdayは「セチユルデー」，また，Are you an English man? という文では

---

24) 日本で発行された英語辞書の包括的なリストには早川（1998）がある。このリストには1755（宝暦5）年のサミュエル・ジョンソン（Samuel Johnson，1709〜1784）から1945（昭和20）年までの辞書が取り上げられており，それぞれの辞書についての音声情報（アクセント記号や発音記号の有無）も言及されている。

「エレユー エン エンゲリスメン」といった片仮名が振られていた。明らかにオランダ語の干渉を受けた片仮名で，森山がマクドナルドに確認したのが，こうした発音表記だった（⇒p.20；本木（訳述）／日本英学史料刊行会（編集）1982）。いずれにしても英語の研究に着手してからわずか2年後に『小筌』を，5年後に『大成』を完成したというのはまさに"神業"だった。

『大成』から40年近くが経過した1850（嘉永3）年，幕命により『エゲレス語辞書和解』の編纂が始まったが，計7冊までで制作は中断された。完成していれば，『大成』に続く英和辞典になっていたはずである。私は九州大学旧文学部図書館筑紫文庫でその中の「A之第四終」を閲覧したが（⇒p.7），音声表記は明らかに米音に寄ったものになっていた。この進歩はマクドナルドに習った森山と同じく通詞だった西吉兵衛（1835～1891）が編纂に関わったからであろう（石原1984）。

英和辞典『英和対訳袖珍辞書』が登場したのは『大成』から半世紀近くが経過した江戸時代末期（1862年）のことだった。「袖珍」は着物の袂に納めるサイズの「小型（ポケット）辞書」という意味であるが，実際には（当時の）"枕大のサイズ"だった。

図1-9：『英和対訳袖珍辞書』

同書は堀達之助（1823～1894）が編集主任として西周（1829～1897；別名・周助），千村五郎（生没年不詳），竹原勇四郎（生没年不詳），箕作麟祥（1846～1897；別名・禎一郎）らの協力を得て200部刊行された（堀2001；遠藤・堀1997）。

このうち，堀は独学で英語を学び，マシュー・カルブレイス・ペリー提督（Commodore Matthew Calbraith Perry，1794～1858）の再来時（1854年）には次席通詞を務めたが（主席は大通詞になった森山多吉郎），音声／発音面は不得手だった。その後，彼は情報漏洩の罪で入牢し，5年間服役したが，語学能力を買われて復職し，後に開成所英語教授方辞書編集主任，箱館洋学所支配通弁及び教授に任用された（井上1987；堀2011）。

全483頁のこの辞書は，オランダ人のヘンドリカス・ピカード（Hendricus Picard；生没年不詳）の *A new pocket dictionary of the English-Dutch and Dutch-English languages*（1857，再版）の「英蘭部」のオランダ語の見出し語を邦訳したもので，それに稲村三伯（編著）の蘭和辞典『波留麻和解』（1796）

や英国人宣教師 **ウォルター・H・メドハースト**（Walter Henry Medhurst, 1796〜1857）の *English and Chinese dictionary*（1842）等の記述も援用していた。ちなみに1863（文久3）年に長州五傑（Choshu Five）[25]と呼ばれた**井上聞多**（馨、養子時には志道聞多、1836〜1915）、**伊藤俊輔**（博文、1841〜1909）らがロンドンに密航した際に携行したのが、この枕辞書（1866［慶応2］年の再版）だった。彼らはUCL（ロンドン大学）で学んだ最初の日本人となった（桜井2020）。

維新前の1867（慶応3）年には702頁に及ぶ本邦初の和英辞典『**和英語林集成** *A Japanese and English dictionary*』が著された（印刷は上海の美華書院）。日本初の横書き印刷の当辞書はペンシルベニア大学（University of Pennsylvania）で医学を修め、長老派（Presbyterian faith）から派遣された医療伝道宣教師**ジェイムズ・カーティス・ヘップバーン**（James Curtis Hepburn, 1815〜1911；以下、**ヘボン**、平文）の8年にも及ぶ努力の結晶だった（ヘボン／松村（解説）1974）。

図1-10：J・C・ヘップバーン

執筆に協力し、辞書を命名し、万次郎式の表記を添えたのが**岸田吟香**（1833〜1905）だった。彼は先に、日本人として初めて米国の市民権を獲得し日系人第1号となった**ジョセフ彦**（Joseph Heco, 1837〜1897；**濱田彦蔵**[26]）から英語を学び、日本の新聞事業（東京日日新聞；現・毎日新聞）の先駆者となった（杉山1952；濱田／中川・山口（訳）1964）。

その岸田が目に病を得て、その治療に当たったのがヘボンだった。岸田は彼の家に住み込み、辞書編纂に協力をしたのである。ヘボンから執筆協力のお礼として硫酸亜鉛を主成分とした西洋式点眼薬である「精錡水」の調剤法を伝授された岸田は、明治期にこれを芸術的なポスター広告とともに売り出し、その売上でひと財産を築いた[27]。なお、《麗子像》で知られる洋画家の**岸田劉生**（1891〜1929）は吟香の四男だった。

人々から"神医"と讃えられたヘボンは33年間の日本滞在中、医療に従事

---

[25] 2006（平成18）年に『長州ファイブ』（監督：五十嵐匠）という地方創生映画が萩市及び下関市の企業、市民の協力により制作され、現在もDVDで視聴することができる。
[26] 「彦」をHikoと綴ると、英語母語話者は頭音のHiを/haɪ/と発音するので、あえてHecoと綴った（Heco / Murdoch（Ed.）1895；近盛1986）。
[27] 岸田吟香は「卵かけご飯」（当時は鶏卵和、現在はTKGと略）の発案者とも言われる（岡山県美咲町；岡山観光WEB「美咲たまごかけごはん」[https://www.okayama-kanko.jp/gourmet/11889]）。2023年10月19日最終閲覧。

30 ──────第 1 章 "英語事始め"

しながらも，男女ともに学ぶことができる英語塾を開き，夫人と一緒に教鞭を
執った（阿部2023）。塾はその後，宣教師の**ジェイムズ・ハミルトン・バラー**[28]
（James Hamilton Ballagh, 1832~1920）に託し，さらにヘボンは旧約・新約
聖書の日本語訳に取り組んだ。彼は辞典編纂の過程でヘボン式ローマ字（the
Hepburn System of Romanizing Japanese）を開発した（高谷1954）。ちなみに
国産の和英辞典の索引が近年までローマ字表記だったのはこの辞典からの伝統
である。

　ローマ字は室町時代（1336~1573年）にポルトガル宣教師により考案され
たが，その後，複数の形式が混在していた。それを"聞こえるまま"（as it is
heard）に（特に英米人の耳に）改めたのが，ヘボン式だった（"ヘボン"とい
う表記もその1例；佐々木1975）。彼の活動はこれらにとどまらず，私財を投
げ売って明治学院の創設に尽力した（グリフィス／渡辺（訳）1985）。同校は
東京一致神学校，東京一致英和学校，英和予備校を併合して設立された（新制
大学は1949年）。

1.8　文法書の編集

　通詞は辞書に負けないほどのスピード感を持って，文法書の編纂にも当たっ
た。当然ながら，この時代に著された文法書のほとんどが海外の同類の書物を
下敷きにしていた。研究の初期に通詞たちは蘭通詞の**志筑忠雄**（1760~1806；
号は中野柳圃），その弟子の**馬場佐十郎**（1787~1822）によってまとめられた
文法知識を参照しながら，英語の文法（統語）研究を進めた。

　1840（天保11）年には天文方見習（天文，暦算に従事した人の見習い）だっ
た**渋川敬直**（1815~1851；通称は六蔵）が『**英文鑑**』を完成させた（藤井三
郎の訂補）[29]。これは**リンドレー・マレー**（Lindley Murray, 1745~1826）の
English grammar: adapted to the different classes of learners（1794）のオラ
ンダ語版（***Engelsche spraakkunst***）の内容を邦訳したものだった。

　執筆のきっかけは上述のモリソン号事件（⇒p.16 脚注10）だった。国防のた
めには英語が必要との思いが渋川にはあったのである。彼は老中首座の水野忠
邦（1794~1851）に抜擢され，書物奉行として天保の改革（1841~1843年）
に関わったが，忠邦の失脚後，オランダ国書の内容を漏洩したという罪で捕ら

---

28) これまでは「バラ」という表記が多かったが，本書は原音を踏まえた出来（編著）／江利川・竹中
（校閲）（2024）の表記を採り，「バラー」と記す。
29)「鑑」は「模範」「お手本」の意味。

えられ，豊後・臼杵藩の牢で失意の中，亡くなった。

1861（万延2）年には通詞の**石橋政方**（1840～1916）が『**英語箋**』（巻一，巻二）[30]を幕府に提出した。同書は1830（天保元）年に**ウォルター・H・メドハースト**（⇒p.29）が著した*An English and Japanese vocabulary*を底本にした英和・和英辞書である。

幕末前にはオランダ経由ではない文法書の『**伊吉利文典**』（1857），及び『**英吉利文典**』（1862；鉛活字版，通称「木の葉文典」）が蕃書調所（後述）の教官だった**手塚律蔵**（1822～1878），西周らにより編纂された（石原2008）。両書は万次郎が持ち帰った*The elementary catechisms, English grammar*（1850）を翻刻したものだった（⇒p.25 脚注22）。なお，当時，文法と発音は別個には扱われてはおらず，文法書に発音の簡単な説明が添えてあるのが普通だった。

図1-11：『英吉利文典』

1.9　研究・教育機関の萌芽

1853（嘉永6）年には海軍提督の**ペリー**率いる黒船が来航し，翌年には日米和親条約が締結され，"開国"を余儀なくされた（箱館［函館］，神奈川，長崎が開港；Griffis 1887）。ここには老中首座の**阿部正弘**（1819～1857）の決断があった。

開国とともに英語の研究／学習は急務の国家的な課題と認識されることになった。ところが通詞の英語力は国の利益が交錯する外交交渉のレベルでは絶望的で，初期の交渉はオランダ語を介したものだった（Griffis 1887）。ペリーの再訪時には森山が通訳を務めたが，英語力にまだ不安を抱え，結局，日本語→オランダ語→英語という3カ国語の"リレー式通訳"（現在の言い方）で交渉が行なわれた（加藤2012）。

激増する対外（外交）業務に対応できる人材の育成のため，幕府は身分に関係なく有能な者を登用する方針へと転換し（新人物往来社［編］1997），1856（安政3）年に蕃書調所（Institute for the Investigating of Barbarian Books）を江戸の**九段坂下**（現・東京都千代田区九段南）に設立した。これは前年1855（安政2）年に天文方蕃書和解御用（蘭書訳局）を洋学所と改称したものをさ

---

30)「箋」は「解き明かし」という意味で，全体では「英語解説」に相当しよう。

らに改称したもので，旗本や御家人の子弟の教育機関としての機能も併せ持った部署だった。ただ，真剣に学ぶ者がいる一方で，中には怠ける者も多かった。語学学習の状況は現代と変わらなかったようである（赤松（述）／赤松（編注）1977）。

1858（安政5）年の日米修好通商条約の締結を皮切りに幕府は勅許（天皇の許諾）を待つことなく，大老の**伊井直弼**（1815~1860）の独断により，米国，オランダ，ロシア，英国，フランスと安政五カ国条約（Ansei Five-Power Treaties）に調印した（井上 2006）。条約には5年の猶予期間の後，英語を外交及び通商言語にすること，江戸に駐在代表を置くこと，貿易商の支店や外交業務の拠点を開港地に置くこと等が盛り込まれた。

米国駐日公使の**タウンゼンド・ハリス**（Townsend Harris, 1804~1878），及び英国駐日公使だった**サー・ラザフォード・オールコック**（Sir Rutherford Alcock, 1809~1897）は条約にもとづき，日本人の英語学習を促進し，通詞の増員を幕府に要請した（ハリス／坂田（訳）1953；Statler 1969）。ちなみにハリスやオールコック等の外交官，宣教師，さらにジャーナリストたちはあえて英語を話せない日本人を"日本語教師"として雇い，日本語の学習を始めた。これは合理的な手法だった。

要請を受けた幕府は1858（安政5）年，英語に特化した長崎英語伝習所を設立した。幕府には通詞の専売特許だった門外不出の外国語学習を解禁せざるを得ないほどの切迫感があった。ヘボンらの英語塾もこの要請を受けて開設されたものである。

続いて幕府は1862（文久2）年10月に関税や外交業務を扱う機関である横浜運上所前に英学所を設置した。これにより英語学習のギアは1段階上げられることになった。さらに同年，幕府は**榎本武揚**（1836~1908），西周ら幕府最初の留学生16名をオランダに派遣した。以降，欧米に延べ数100名に及ぶ使節団や留学生団を送った。

派遣された留学生たちはそれぞれの分野・領域での"お手本"を見出し，最先端の西欧文物を迅速に移入したのである（芳賀 1968；田邉1995a）。蕃書調所では当初，蘭学を「主」に，英学は「副」としたが，1860（安政7／万延元）年に英学科が新設され，「英学句読」の教官が任命され，事実上，英語へのシフトが行なわれた。しかし，庶民が英語を学ぶ段階にはまだ至ってはいなかった。

1862（文久2）年に対象言語は拡大され，フランス語，ドイツ語，ロシア語

の各学科が増設された。また、ヨーロッパには文久遣欧使節団が派遣された。同年、蕃書調所は洋書調所に改名され、翌年には開成所に変更されるといったように、その名称は猫の目のように変わった。この部署は江戸幕府の瓦解まで洋学の研究・教育の拠点となり、1886（明治19）年の帝国大学（the Imperial University of Tokyo）の設立につながった。外国語学習は対外政策と表裏一体に推移し、結果的に英語発音にも影響を及ぼすことになった。

なお、開国に抗うように攘夷派による外国人排斥の動きは勢いを増した。桜田門外の変（1860年）、生麦事件（1862年）や井土ヶ谷事件（1863年）、長州藩による外国船砲撃事件（1863年）、長州征討（1864, 1866年）、禁門の変（1864年；蛤御門の変）、そして鳥羽・伏見の戦い（1868年）から戊辰戦争（1868~1869年）等の一連の事件／事変が立て続けに起きた（石井1960）。

1.10 福澤諭吉の転向

激動の時代に対応したひとりが福澤諭吉だった。彼は1854（安政元）年、長崎で蘭学の基礎を学び、その後、**緒方洪庵**（1810~1863）の**適塾**（現・大阪大学の一部；正式名称は適々斎塾）に入門した。1839（天保9）年に開塾された適塾は洋学の"ハブ"（hub）となった（ルビンジャー／石附・海原（訳）1982）。

適塾では緒方が塾生全員を教えたのではなく、会読や輪講は塾頭や塾監が行ない、緒方自らが教えたのは塾頭、塾監、そして最上級生のみだった。実力本位のこの塾で、福澤は「死に物狂いになって」オランダ語を学び、約2年でオランダ語を"習得"し、塾頭にまで登りつめた（慶應義塾（編集）1958）。

図1-12：横浜元町

蘭学では並ぶ者なしと自負していた彼は1859（安政6）年に藩命で横浜に出かけた折、店の看板も貼り紙も、果てはビンのラベルに至るまで英語表記という事実に絶句し、蘭学から英学への転向を決心した。これが有名な"英学発心"である（福澤1959）。英語発音の学習について福澤は、「西に長崎から越した人あれば会いに行く、東に漂流者あればたずねる」といった積極的な姿勢で発音スキルの向上を図った（福澤1959；宮永1999）。にもかかわらず、福澤の英語発音からはオランダなまりが抜けなかったと伝えられている（伊村

1988：137)。

その後，福澤は1860（万延元）年に遣米使節団に加わり，現地で子卿（生没年不詳）という清国人が著した英語と中国語の単語集を買い求め，それを訳出し，『増訂 華英通語』と題して出版した（服部1974)。「通語」は子卿の言葉と言われるが，福澤にも英語が通商上の共通語になるとの先見性があったのだろう。以下は共通語に関わる部分の訳である（慶應義塾（編集）1960：336)。

図1-13：『増訂 華英通語』

英語とは本と英國の語なるが故に斯くは名づけたれども，今日に於て之を用るは必しも其本國の人に限られ，世界貿易の市上に普通にして，恰も萬國共同のものなれば，易通語又は萬國通語と云ふも可ならん。（ルビ，下線―筆者）

同書は単語集だったが，発音では，vを「ヴ」と表記し，rainのnは「ヌ」に（tenを「テンヌ」とする例もあり)，windを「ウキヌド」とする等，福澤の創意工夫がうかがえる。

こうした工夫にもかかわらず，彼が自らの塾で勧めたのは基本的に蘭学塾と同じ手法で，発音に重きを置かない手法はその後"慶應式"として，揶揄されることになったのは皮肉なことだった。

福澤は上述の文久遣欧使節団の随員（御傭通詞）として欧州各国を回り，さらに見聞を広めた。彼の語学の学び方は語彙，文法，音声の基本をまず学び，それらを海外という実践の場で活かすという手法であった（荒俣2023)。こうした学び方は現在の英語学習にも活かせるはずである。

1.11　幕末の単語・表現集

江戸末期までの発音研究・学習で集積された音声知識は断片的だったが，外交や交易という外国人との交渉事に従事した人の中に，強勢（stress）とリズム（rhythm）が英語発音の特徴と気づいた人がいたのは特筆すべきである（豊田1939；田邉・川迫1993)。

通詞の**本木昌造**（1824～1975）[31]が「長崎 塩田幸八」名義でまとめ，長崎

1.11 幕末の単語・表現集 ―― 35

で1859（安政6）年に出版した『和英商買対話集 初編』はその証左である。この50葉（和綴本の頁の数え方 ⇒p.24脚注21）の"懐中本"（小型本）には，外国人と商取引を行なう際に必要となる250の例文とともに片仮名，及び ● と ▲ という日本初の強勢記号（stress mark）[32]が振られた画期的なものだった（豊田1939）。

　現在，"通じる発音"に関する研究が進められているが，先人たちは江戸末期には英語音の特徴である強勢の機能に気づき，"目"（視覚）で外国語を習う傾向が強い日本人のために視覚型の工夫を編み出したのであろう（オング／桜井・林・糟谷（訳）1991）。先人の知恵には脱帽である。

　1860（万延元）年に出版された清水卯三郎（1829～1910）（撰）の『ゑんぎりしことば』は56葉の単語・表現集で，序文後の「こゑのつかひかた」には発音の概略がある。ここでは英語と米語の発音上の差異が述べられ，本邦初となった「発音器官の用い方」とともに，日本人にとっての困難音である /t/ /θ/ /f/ /v/ が取り上げられている。ただ，杉本（1985a：134）は表紙に「撰」とあることから，ファン・デル・パイル（Reinier van der Pijl；生没年不詳）によるオランダ人用の英語入門書（*Familiar method for those who begin to learn the English language*）が底本であると推察している（乾1995；姫野（監修）2020）。

　清水は1867（慶応3）年のパリ万国博覧会に渋沢栄一（渋澤榮一，1840～1931）とともに参加した商人（現代の実業家）だった。会場に数寄屋造りの茶屋を用意し，芸者とともに観覧客を日本酒や日本茶による"おもてなし"を発案したことでも知られる（寺本2017）。「お・も・て・な・し」で有名になった2013（平成25）年の「2020年東京オリンピック」招致のプレゼンはここに原点があった。彼は日本初の私立病院である順天堂（現・順天堂大学医学部）の創立者である佐藤泰然（1804～1872）や蕃書調所の首席教授の箕作阮甫（1799～1863）からオランダ語を学んだ後，1859（安政6）年には横浜で商売を始めた。しかし福澤と同じく，「これからはオランダ語ではなく，

図1-14：『ゑんぎりしことば』

---

[31] 本木は本木家に養子に入った通詞。日本における活版印刷の先駆者にもなった。
[32] 凡例には「●ハ弱クシテ有カ如無カ如シ▲ハ強句高調ニ言フ微トス」とある。

英語だ」と痛感した清水は米国駐日公使ハリスの通訳者だった**アントン・ポートマン**（Anton Portman, 生没年不詳）の下で英語を学んだ（今井2022）。

1862（文久2）年には横浜外国人居留地（Yokohama Foreign Settlement）に暮らす**ユージン・ミラー・ヴァン・リード**（Eugene Miller Van Reed, 1835～1873）が『和英商話 全』を編纂した。これは商取引で役立つ単語とフレーズを掲載した表現集で，片仮名の発音表記がある。彼もまた片仮名が日本人には有効と考えたのであろう。

1866（慶応2）年に出た開成所刊の『**英語階梯**(かいてい)』は綴字と発音を扱った本邦初のスペリングブックである。これはウェブスターではなく，彼のライバルだった**リンドレー・マレー**の *An English spelling book part 1* を下敷きにしたものだった（石原1980；池田1999）。書名は**大槻玄沢**(おおつきげんたく)（1757～1827, 本名・茂質(しげかた)）[33]の『蘭学階梯』（1788）にならったものと思われる。

翌年には開成所教授頭取だった**柳河春三**(やながわしゅんさん)（1832～1870；柳川とも表記）が文字と発音を中心とした22葉の入門書である『洋学指針・英学部』を著した（早川2007）。同書は ウェブスターの *The elementary spelling book* を底本とし（Webster 1872；高木1987），ウェブスター式表記法（「発音解」）を広めることに寄与し，維新後に市中に大量に出回った綴字本（スペリングブック）の原型となった（田辺1987）。開国の気運の中，この時までには英学書を含め，実に様々な単語・表現集が刊行された（荒木1931；豊田1939）。

図1-15：『英語階梯』

維新直前の1868（慶應4）年には江戸の地本問屋・尚友堂(じほんどいや・しょうゆうどう)の丸屋徳造が尚友堂主人（編）『和英通韻以呂波便覧(わえいつういんいろはびんらん)』（以下，『便覧』）を世に出した。これは1860（万延元）年刊行の『商貼外話通韻便宝(しょうてんがいわつういんべんほう)』（別名『和英接言(わえいせつげん)』）を**坂本龍馬**（1836～1867）率いる海援隊が版権を買い，再刊したものである。『便覧』にはアルファベットとアラビア数字のほか，簡単な単語の綴りとその発音が片仮名で表されている。龍馬は同書再刊の前年に暗殺されたが，交易を進めるためには英語が必須と考えた海援隊の先見性を示すものと言えよう。

---

[33] 玄沢は作家の大槻如電(じょでん)（1845～1931）の祖父。如電の弟に，後に本邦初の近代的国語辞典『言海』を編纂することになる**大槻文彦**（1847～1928）がいる。

1.12 フルベッキとブラウン

西欧の知識・文物の蒐集は人材を西欧に"送り出す"だけではなく,"迎える"という形でも行なわれた。幕末には数多くの宣教師や商人たちが来日した（手塚1975；三好1986）。

ヘボンと同じく日本の近代化に寄与した外国人の筆頭に**グイド・フルベッキ**（Guido Herman Fridolin Verbeck, 1830〜1898；オランダ語ではVerbeek）である[34]。彼はオランダ系米国人（無国籍）で,維新

図1-16：G・フルベッキ

9年前の1859（安政6）年にオランダ改革派教会から派遣された宣教師だった（グリフィス／松浦（監修）／村瀬（訳編）2003；大橋・平野1988）[35]。

キリスト教に人々の冷たい視線が注がれる中,フルベッキはオランダ出身ということもあり,長崎では好意を持って受け入れられ,新設の英語伝習所の講師になった（伝習所はその後,洋学所→済美館→広運館と改称された；清水1970；梅溪2007；姫野2014）。

彼は佐賀（鍋島）藩が長崎に設立した致遠館にも出講した。講義は新約聖書と米国憲法をテキストにして,1日おきに1〜2時間ずつ行なわれ,一時は100名を超える生徒が集まった。フルベッキは母語のオランダ語はもとより,ドイツ語,英語,フランス語にも通じ,かつ,牧師として雄弁術に長けていたことから,英語発音にも厳格だったと伝えられている（三好1986）。

維新後にフルベッキは**岩倉具視**（1825〜1883）の子供である**岩倉具定**（1852〜1910）と**岩倉具経**（1853〜1890）,**大隈重信**（1838〜1922）,**副島種臣**（1828〜1905）,**後藤象二郎**（1838〜1897）,**西郷隆盛**（1828〜1877）,**高峰譲吉**（1854〜1922）等,教え子たちの推挙により上京し,その後,開成学校の初代教頭,大学南校（現・東京大学）の教頭[36],太政官法律顧問を経て,1879（明治12）年には明治学院教授に就任した（尾形1973）。

フルベッキの数ある業績のひとつに米欧回覧・岩倉使節団（the Iwakura Mission to Europe, 1871〜1873年）の企画,旅程の立案があった。1871（明治

---

[34] Verbeckの読み方は /vɜːbek/（英アクセント）であるが,日本ではオランダ語音による「フルベッキ」という表記が定着したので,本書ではそれに従う。
[35] Griffis（1900）はフルベッキの評伝において,"a citizen of no country"を副題とした。
[36] 彼の月俸は岩倉と同額の600円だった！ちなみに地方の教員で月俸が20円を超える者は稀で,彼がいかに厚遇されていたのかが分かる（川澄（編）／鈴木（監）1998b：12-13）。

4）年から1873（明治6）年までの1年9カ月21日間にわたった回覧を通して欧米の文物が多数もたらされ，それは間接的に英語発音の知識向上にも役立った（久米（編）1878）。その後，フルベッキは一時米国に戻ったが，再来日後には日本に帰化した。ジャーナリストの徳富蘇峰（1863〜1957）は彼を「日本の恩人」と称したほどだった（Griffis 1900；井上2022）。

余談ながら，筆者が明治学院大学文学部英文科に20年近く出講したのは創設時の場所とは違うものの，同大の白金台キャンパス（東京都港区）に漂う一種独特の"空気"のためだった（外山2011）。今風に言えばキャンパスは"英学の聖地"の磁力に引かれたと言うべきだろう。

フルベッキと一緒に来日したのが，**サミュエル・ロビンス・ブラウン**（Samuel Robbins Brown, 1810〜1880）である。彼は横浜奉行からの「通詞養成の依頼」に応え，幕府の神奈川運上所の英学所，新潟英語学校，横浜修文館，ブラウン塾で英語を講じ，発音指導の原型（プロトタイプ）を作った人だった（高谷（編訳）1965）。指導の中核は，例えばThe birds sing.という定型文を示し，生徒にThe birds sing.→The birds sing merrily. →The birds sing merrily in the tree.という具合に語句を加えさせる敷衍手法（Expanding Method）だった。生徒はこの手法を通して発音も学んだわけである。

図1-17：明治学院大学のフルベッキの石碑

図1-18：S・R・ブラウン

彼の手法は，**トーマス・プレンダーガスト**（Thomas Prendergast, 1806〜1886）が子供の言語習得過程の分析から考案した**マスタリー・システム**（Mastery System；以下，マスタリー）を援用したものだった（Howatt & Smith 2000）。

ブラウンは指導のエッセンスを1875（明治8）年に***Prendergast's mastery system: adapted to the study of Japanese or English***と題した会話集にまとめた。彼の"秘書"として英語，フランス語，ドイツ語を学び，旧約・新約聖書の編集にも関わった英語学者の**高橋五郎**（1856〜1935）はマスタリーで英語力を身につけた人々について，こう述べている（高橋1903：170-171）。

英学の創開者たりしブラウン博士（Dr. S. R. Brown）はかつて mastery system と冠する会話集を著して大いに英語を広むるに務めたり，井深，植松，雨森，熊野などの諸氏は該教授法の結果を代表する者たるなり…。（ルビ―筆者）

引用にある「井深」は**井深梶之助**（1854～1940；明治学院第2代総理）のことで，彼はブラウンの教育について次のように回顧している（井深梶之助とその時代刊行委員会（編）1969：69-70）。

フルベッキと一緒に来日したのがブラウンである。彼は幕府横浜運上所の英学所，新潟英語学校，横浜修文館，ブラウン塾すべての点において世に稀なる良教師であったが，英語を正確に発音するように教えうる事には最も注意を払い，之が為にはいかなる努力をも惜しまなかった。その結果，先生の弟子には比較的英語を正確に発音し得る者が少なくなかった。

ブラウンの指導はテキストの文を繰り返す過程で，発音も習得させるという形の**暗示的**（implicit）なもので，**オウム式**と批判を受けることもあったが，発音に厳しかった彼は時に明示的（explicit）な手法も用いた。現在では考えられないことだが，「時には生徒に自分の舌を触らせ，生徒の口に自分の指まで入れて舌の操り方を教えた」という記録もある（高谷 1954；毎日新聞社横浜支局（編）1957；佐々木1975；茂住1989）。ブラウン（一家）はこうして，話し言葉としての英語（Spoken English）の普及に貢献したのである（グリフィス／渡辺（訳）1985）。

彼の教え子には，上述の高橋，井深等のほか，伊勢国桑名藩藩主の**松平定敬**（1847～1908），養子の**松平定教**（1857～1899），桑名藩の家臣で，後に（東京）商業学校（現・一橋大学）校長になる**駒井重格**（1852～1901）等がいた。駒井は後年，ラトガース大学（Rutgers University）で学び，経済学者，官吏（現在の国家公務員に相当）となった。なお，彼は専修学校（現・専修大学）の創始者のひとりでもある。

このほか，横浜で英学塾を開いた宣教師たちは多く（小玉 1965；佐波（編著）2000），キリスト教のネットワークを通してマスタリーを含む正則式教授法はほかの宣教師たちにも共有された（横浜プロテスタント史研究会（編）2008）。英語母語話者から直接，英語を学ぶことができた日本人の数は限定的

だったものの，長崎，横浜，神戸，仙台，箱館（函館）など宣教師たちが派遣された各地において，彼らが用いた手法は水が高きから低きに流れるごとく，日本人英語教師，学習者へと伝わったと考えられる。

　現在の英語音声／発音の指導技術（teaching techniques）であるモデル／教師の英語の聴解・復唱（listen-and-repeat），日本語との対比（comparison），拡大（expansion），逆行発音（backward build-up），書き取り（dictation），早口言葉（tongue-twister）等は，この時代にすでに確認できる（語学教育研究所（編）1988）。

1.13　英語の学習・指導の分化
　英語の学習を目的に応じて分ける機能分化の学習・教授のアプローチが江戸末期にはすでに存在していたことを再び，強調しておきたい（竹村1933；大村1967）。通詞たちは漢語（中国語），朝鮮語，オランダ語を分化して学んできた学習経験があり，英語もそれにならったわけである。

　1856（安政3）年の蕃書調所の設立により，英学研究の中心は長崎から江戸へと移った。これにより，「通商のための実学は長崎で，教養のための英学は江戸で」という風に「実学（実用）」と「教養」を分化して英語を学ぶ体制が確立された。幕府には通商はこれまで通りに江戸から遠く離れた長崎で継続することで，外国人を江戸からできるだけ遠ざけ，学問研究はお膝元の江戸でというストラテジーがあったのだろう。しかし幕府の弱体化が進む中，開国により米国人が大挙して来日することになり，この体制は事実上，崩れた。にもかかわらず，機能分化の学習・教授のアプローチはその後も英語（外国語）学習の根底を流れることになった（田邊2005c）。

第2章　明治初期の英語発音研究・指導

2.1　教育制度の整備

　開国から大政奉還（1867年）に至るまでの江戸末期の10数年は蘭学から英学への移行期だった。英語学習の目的もフェートン号事件直後の「国防のため」から「西洋の文化や知識を吸収するため」に変わった。新政府は「新しい国の形」を西欧に求めながら新しい教育制度の確立を急いだ。そのためにお手本となる国からの情報摂取と教育を担うことができる人材の育成が急務となった。以下，英語の音声／発音研究／教授の通史からは少し離れることになるが，教育という大きな観点からの史的概観である。

　新政府の教育奨励により，人々の知識欲は刺激され，武家社会からの解放感も手伝い多くの人々が英学塾に押し寄せた（櫻井1936）。これは「英語力なしには新しい文化の恩恵に浴することはできず」という時代の雰囲気から生まれたものだった。

　人気の英学塾には福澤諭吉が創設した慶應義塾のほか，**中村正直**（1832~1891；号は敬宇）の同人社，**近藤真琴**（1831~1886）の攻玉塾等があり，それぞれ数百人の学生で賑わった（野田 1907；町田 1928；東京都都政史料館・手塚1967）。

　振り返ると江戸時代の教育は幕府直轄校のほかにも藩ごとに行なわれ，武士の子弟には藩校がその任を担っていた。しかしこの旧式システムを維新後も継続すると，教育に地域格差が生じる危惧があった。新政府は日本を世界に通用する近代国家にするため，すべての国民が教育を受ける（国民皆学）機会を得ることができる全国一律の制度の充実が必要と考えたのである。

　1871（明治4）年には文部省（Ministry of Education）が設置され，翌年には教育行政組織，学校の系統を規定した学制が太政官布告で発布された。学制の序文（太政官布告「学事奨励に関する被仰出書」）に記された「学問は身を立るの財本」「人たるもの誰か学ばずして可ならんや」という文言は志を抱いた人々を鼓舞した（スマイルス／中村（訳）1870；福澤・小幡1872）。1872（明治5）年には文部省に教科書編輯局が設置され，米国からの抄訳物を出版した。

　1873（明治6）年には文部省が「英学本位制」を通達し，英語の指導が開成学校で始まった。同年には東京外国語学校が設立され，翌年に設立された官立外国語学校とともに英語学校と改称された。櫻井（1936）によると，1874（明

治7）年には，外国語学校の数は官公私立併せて91校が認められ，このうち，82校が英語学校だった。

　教育制度の整備に尽力したのが岩倉遣欧使節団に随行した**田中不二麿**（1845〜1909）と文部省学監であった米国人の**ディビッド・マレー**（David Murray, 1830〜1905）だった。D・マレー（当時の表記はダウキッド・モルレー）は**ラトガース大学教授**（専門は数学）だったが，その日本教育論が森有礼（⇒p.44）の目にとまり，日本への招聘につながったのである。彼らと**西村茂樹**（1828〜1902）や**九鬼隆一**（1852〜1931）等の官僚たちにより，教育行政の一部が整うことになった（モルレー 1875）。

　上述のごとく，各地に外国語／英語学校が設立され，「学校教育としての英語」は制度の上では整備されつつあったが，実際の指導はやはり現場まかせだったことは否めない（野田 1907；三好 1986；江利川 1996）。現在の小学校英語教育に見られる現場への“丸投げ”はこの時代にすでに存在していた。

　1879（明治12）年には学制に代わって，マレーと文部大輔（文部次官に相当）になった田中不二麿が起草した第一次教育令が建白された。これは岩倉遣欧使節団の見聞が反映された自由主義の色彩の濃いものだったが，中央集権的な日本の教育制度の実状には合わなかった。1881（明治14）年には中学校教則大綱が発表され，中学校は「初等中学科」（12〜15歳）及び「高等中学科」（16〜17歳）に規定され，英語は教科として課せられた。その後，諸学校令（1886年）により，帝国大学，師範学校（尋常・高等），中学校（尋常・高等），小学校（尋常・高等）の制度が全国一律に整備された。

　岩倉使節団の見聞は国内に「御雇い外人」（当時の用語；以下，御雇い外国人）の来日を加速した。新政府は海外の技術や学問・制度等を急速に取り込み，近代化を推し進めた。教育はもとより，法律，建築，医学，考古学，美術等，実に様々な分野・領域の専門家が数多く招聘された（手塚1975；三好1986）。

　黎明期の教育に携わった御雇い外国人では米国人の**マリオン・M・スコット**（Marion McCarrell Scott, 1843〜1922）がまず挙げられる。スコットは1872（明治5）年に東京（現・文京区）の湯島聖堂に設置された小学校の教員養成を目的とした師範学校（1886［明治19］年に東京高等師範学校に改組；現・筑波大学；以下，東京高師）において教員養成制度の基盤を整備した[1]。

　現在，教室で最も一般的な**一斉教授**（concurrent teaching）の形態はこのスコットから東京高師を通して全国に広まった（古賀 1991）。一斉授業のスタイ

ルが，個別最適化の学習（personalized learning）を目指す現代の教育におい
てうまく機能しなくなっている現状を思い起こすと，隔世の感がある（奈須
2021）。

スコットは東京大学予備門[2)]では内村鑑三（1861～1930；キリスト教思想
家），新渡戸稲造（1862～1933），宮部金吾（1860～1951；植物学者）等，後
に札幌農学校（後述）に進学する若者たちに英語の基礎を教えたことでも知ら
れている（伊村2003）。

明治初期の英語教育に貢献した御雇い外国人を記すならば，1873（明治6）
年に来日し，東京帝国大学教授となった英国人のバジル・H・チェンバレン
（Basil Hall Chamberlain, 1850～1935）は外せない（福原1958；武内（編著）
1995；河路2023；後述）。

ロンドン大学キングズ・コレッジ（King's College London）の中国語，中
国文学の教授だった英国人のジェイムズ・サマーズ（James Summers, 1828～
1891；サンマーとも呼ばれた）は東京開成学校，札幌農学校，さらに自らが
設立した欧文正鵠学館（通称サンマー学校）等で教えた。

青森県の弘前に開学した東奥義塾のジョン・イング（John Ing, 1840～
1920；米国人宣教師）も草創期の英語教育に足跡を残した。彼は“セイヨウ
リンゴ”（西洋林檎）を日本にもたらしたひとりでもあった。英国人のウィリ
アム・A・ホートン（William A. Houghton, 1852～1917）はサマーズと同じく
東京開成学校で教鞭を執った。小説家の坪内逍遙（1859～1935）は教え子で
ある。東京大学予備門で教えていた英国人のウィリアム・D・コックス（Wil-
liam Douglas Cox, 1844～1905）が*A grammar of the English language for
Japanese students*を著したのは1882（明治15）年のことだった。

スコットランド（Scotland）生まれの英文学者のジェームズ・M・ディクソ
ン（James Main Dixon, 1856～1933）は工部大学校（工部省による技術養成学
校；現・東京大学工学部）での英語教育に尽力した。彼もまた多くの俊英を育
てた。斎藤秀三郎（1866～1929, ⇒p.81脚注19）はその代表である。

[1)] 師範学校令が公布されたのは1886（明治19）年で，これに則り教員養成が整備された。1897（明
治30）年には師範学校令は廃止され，代わって「師範教育令」が公布され，高等師範学校及び女子
高等師範学校は東京に各1校を，師範学校・女子師範学校は各府県に各1校，もしくは数校設置す
ることが規定された。
[2)] 明治初期の東京大学の予備教育機関。1877(明治10)年に官立東京英語学校と東京開成学校普通科
（予科）を合併して，東京大学の3学部（法・理・文）への進学者向けの4年制の予備教育課程とし
て創設され，その後，1886（明治19）年の中学校令により独立し，第一高等中学校となった。

英語教育には関係しないものの大森貝塚（現・東京都品川区及び大田区）を発見した**エドワード・モース**（Edward Morse, 1838~1925）は日本に進化論を伝えた。また，**岡倉天心**（1863~1913）に影響を与えた**アーネスト・フランシスコ・フェノロサ**（Ernest Francisco Fenollosa, 1853~1908）は日本美術の復興に寄与した忘れられない人である（梅溪 1965）。

教育行政が整備される中，**森有礼**（1847~1889；旧字は有禮）は「国語外国語化論」を唱え，**馬場辰猪**（1850~1888），西周，清水卯三郎，**矢田部良吉**（1851~1899；後述）等を巻き込んだ論争が発生した（川澄（編）／鈴木（監）1998b）。だが，国語を日本語から英語に転換するという森の大胆な提言はD・マレーの反対により否定された。発案者の森は1889（明治22）年の大日本帝国憲法発布の当日，暴漢に襲われ落命した（大久保（編）1972）。

西欧化を推進しようとすれば，日本固有の文化の保全を図る勢力がこれに対抗するというサイクルの中で，外国語政策に関する議論はその後も形を変えながら，歴史の節目，節目で登場し，それは英語教育，発音指導／学習のあり方にも影響することになった（大谷 2007）。

2.2　英語学習人口の拡大

江戸時代までの儒学を基盤とする知識では西欧社会と伍する人材の育成は望めないことは明らかで，新しい知識を取り入れることに政府は傾注し，そのため西欧からの文物の移入は爆発的に増加することになった。

明治政府は教科書，会話本，スペリングブック，文法書等の輸入を奨励し，その結果，数多くの翻案・翻訳本が出版された（荒木 1931；日本英学史学会（編）1976；南 1989）。当初は舶来本をそのまま使用したが，明治中頃から日本人にとって不要な箇所は削除し，翻刻・翻訳や注釈等を加えたものが次第に増えた。これも外来の「もの」「こと」を移入する過程で日本の実状に適応させるべく"編集"した例である（松岡 2006）[3]。また単語集では「図解」と呼ばれる絵／イラストを加えたもの

図2-1：スペリングブック

---

[3] 文化人類学や異文化接触論では"文化変容"（同化，排除）（渡辺 1995）や"馴化"（石田 1969）などの言い方をするが，本書では同じ概念を"編集"というシンプルな言葉で表現した**松岡正剛**（1944~2024）の用語を用いる（田邉 1995a）。

も複数刊行された（田邉 2018c）。

小篠・江利川（2004）は教科書の発行部数を調べ，*National readers*，*Longmans*，*Swinton*，*Union fourth reader*，*Willson* を舶来五大リーダーとして特定した。リーダーに準拠した翻刻本，訳注書（いわゆる"虎の巻"），獨案内／稽古本／自習書が相次いで出版され，各地で使用された（大阪女子大学附属図書館（編）1962；日本英学史学会（編）1976；出来 1994）。

図2-2：獨案内

教科書の採択数で一番となった *National readers* は米国の小学生用の国語教科書で，米国の家庭生活や田園風景，動物等が取り上げられている。これはウェブスター式を採用していたため，この方式が発音学習の定番ツールとなった。ちなみに日本人による国産教科書は検定条例が制定された1887（明治20）年に初めて世に出された（江利川 2006）。

明治政府は「脱亜入欧」を目指し，覇権を握っていた大英帝国を筆頭に最新技術や文物を移入していたものの，英語の教科書に関しては圧倒的に米国製に席巻された感があり，発音も当然，米国式の影響を受けることなった。

図2-3：獨稽古本

そのような中，横浜居留地を中心に車夫英語，看板英語や芸者衆の英語土渡逸に代表される様々な変種英語（variants）が登場した（大村・高梨・出来（編）1980b；斎藤2001）。ピジン英語（pidgin English）[4]とも呼べる"横浜ことば"（Yokohama Dialect；以下，ダイアレクト）はその一例である（Hoffman 1879；カイザー 2005）。このダイアレクトでは例えば，American を「めりけん」，Good morning を「ぐるもうねん」，Good bye を「ぐるばい」，whisk(e)y を「うすけ」と置き換えた（杉本 2010）。彼らは自分の耳で聞いた英語音を日本語の近似音（approximate sound）を通して，記憶に留め，来横した外国人とのコミュニケーションに役立てたのである（河路 2023）。

異文化との新たなコンタクトが芽生えると，必ずと言って良いほど，異質な

---

[4] 英語と現地の言語が混じり合った通商用の言語のこと。Pidgin は英語の business が中国風に発音されたものと考えられている。

ものを自分の文化に取り入れるプロセスにおいて市井の人々による創意工夫が見られる。宣教師，商人，古物商や競売関係者等の異文化交流に従事する人々にとって英語は生活のためのツールだった。いつの世も人々のエネルギーはたくましく，力強い。

2.3 英語発音書の登場

こうした人々の工夫とは別に，発音研究面での進展は遅々たるものだった。しかしそれでも，明治初期には発音書が著されるようになった。代表的なものに『傍訓・英語韻礎』（共立学舎社中蔵版1872）があった。これはジョン万次郎から英語を学んだ洋学者の尺振八(せきしんぱち)（1839～1886）が自らの英語学校・共立学舎で用いるために須藤時一郎(ときいちろう)（1841～1903）とともに編纂したものだった。同書では英語の文字の読み方がまとめられ，日本語にない音の舌位の説明や強調する音の記述もある（「**アクセント**」という用語[5]も用いられた）。同書の後半部には基本語の発音法をウェブスター式と万次郎式の片仮名の両方が用いられ，アクセント（ストレス）を傍線で示すという工夫も見られる（森川1978）。

図2-4：『傍訓・英語韻礎』

英国人教師の**チャールズ・ヘンリー・ダラス**（Charles Henry Dallas, 1842～1894）は『英音論』（吉尾（訳）1872）を著した（重久 1941）。ダラスはウェブスター式を採用し，19の母音，16の子音を博言学（言語学）の観点から解説した。1865（慶応元）年に貿易商として来日した彼は大学南校(なんこう)で教えていた時に街頭で暴漢に襲われ，負傷した（鍋町事件；神田鍋町[現・千代田区神田鍛冶町(かじちょう)]で攘夷浪士が斬りつけた事件）。

その後，ダラスは1872（明治5）年に興譲館(こうじょうかん)（現・山形県立米沢興譲館高等学校）に移籍し，4年間，教鞭を執った。教養人だったダラスは英語のほかに

---

[5]「アクセント」は現代の言語学／音声学では「変種」「地方方言」の意味で使われ，「強勢」という意味では肺から空気が出る際に呼吸筋が消費するエネルギーの大きさを示す「ストレス」（stress）が用いられる（心理学のストレスとは別の意味）。本書では基本的には現在の定義を用いるが，言及する文献の原著者が「強勢」の意味でアクセントを用いている場合にはそれに従う。

博言学，歴史，スポーツ等幅広い
科目を担当した。彼はまた米沢方
言に魅了され，方言研究の成果を
The Yonezawa dialect として発表し
た（Dallas 1875）。なお，彼は米沢
市の松が岬公園のダラス顕彰碑にあ
るように米沢牛のブランドを全国区
にした"恩人"でもあった（石井
1908）。

図2-5：C・ダラス顕彰碑

同じく1872年に刊行の**青木輔清**(すけきよ)（編述）『**英吉利語学便覧 初編**(いぎりす)』（正月木版）
はウェブスター式を底本とするが，日英音の比較記述も加えられ，日本人に理
解しやすい発音法が提示されている（高梨 1978）。

明治に入ってからの英学ブームにより，幕府の語学エリートが英語を学んだ
時代からは様変わりし，英語を学ぶ人々の裾野も広がったが，大部分の日本人
英語学習者にとって英語を学ぶということは語彙や文法規則を覚え，英語の
原書，文献をひたすら読み，解釈することだった。それがこの時代の"実用"
だったのである。英語を使い，外国人とコミュニケーションを図る機会は庶民
にはほぼ皆無で，ほとんどの人が音声学習の必要性を感じることはなく，発音
面での進展はおぼつかないのが現状だった。

なお，コミュニケーション学（論）ではヒト[6]のコミュニケーションを大きな
観点から以下の3つのモードに分類している（Berko, Wolvin, Wolvin & Aitken
2013）。

1) 個人内コミュニケーション（Intrapersonal communication）
2) 対人コミュニケーション（Interpersonal communication）
3) 公的コミュニケーション（Public communication）

この分類を用いると，この時代の英語（学習目的）は，一般の人の間では，
1)の個人内の範疇であり，一般人が対人や公的のコミュニケーションの段階
に行き着くことは稀(まれ)だったと言える（現在，英語学習目的の比重は 2)と 3)

---

[6] 人類学や言語学では人間のことを「思考ができる動物」（ホモサピエンス，Homo sapiens）と捉え，
「ヒト」と片仮名で表記することが多い。本書ではこれに従う。

48 ─────第 2 章　明治初期の英語発音研究・指導

に置かれている）。そのため，主に 2) 以降のモードで必要となる音声／発音は学習の対象にはならなかったと考えられる。

　竹村覺は明治初期の発音研究の状況を以下のように述べている（竹村1933：91）。

　　ことに発音方面に於けるこれら先人の苦心は想像も及ばない程である。彼等がただ一つの頼りとする英和辞典には，発音記号を採用したものは，当時発行せられた辞典には一つも見当たらなかった。文久二（1862）年発行の「英和対訳袖珍辞書」，慶応三（1867）年発行の「和英語林集成」英和の部は勿論のこと，明治二（1869）年発行の俗称「薩摩辞書」，「英華字彙」などいずれも発音記号を採用しなかったことに変わりない[7]。ようやく採用せられたのが明治四（1871）年版の薩摩辞書で，このウェブスター式発音附辞典が出来るまでは，発音研究上非常な苦心をしなければならなかった。これが出来て英語研究者は，はじめて深夜に光明を与えられた様な感じがした。（ルビー筆者）

　引用中の「薩摩辞書」は薩摩藩士の**高橋良昭**（1843〜1918；別名・新吉），**前田正穀**（1835〜1894；別名・献吉），**前田正名**（1850〜1921）等のいわゆる「日本 薩摩学生」が匿名で編纂した『**改正増補 和訳英辞書**』の俗称である[8]。彼らは留学資金を捻出するため開成所（編）の『**改正増補 英和対訳袖珍辞書**』（1866）を底本にフルベッキの校閲を経て，1869（明治2）年に同辞書を刊行した。彼らの目論見は見事に当たり，資金の捻出に見事成功した。

　なお，再版の『**大正増補 和訳英辞林**』（明治四年版；*An English Japanese pronouncing dictionary*）ではウェブスター式が国産辞書として初めて採用され，高さ（pitch），強勢（stress），字の綴り（syllable；ママ─筆者）等の項目も加わり，英学者にとって発音の実際を伝える辞書になった（竹村1933）。

　薩摩辞書と並び称されるのが，1873（明治6）年刊行の**柴田昌吉・子安峻**[9]による『**附音挿図 英和字彙**』である。この総語数約55,000語の**本邦初の活字出**

────────────────────

[7] 明治 2 年版では発音記号はないものの，片仮名とルビにより，英語発音が示されていた。
[8] 「薩摩辞書」には未解明の部分が多い。「いわゆる鎖国」の下，これだけの辞書を「日本 薩摩学生」単独で上海の印刷所で印刷し，刊行できたとは考えにくく，薩摩藩の援助があったという説が有力である。なお，鹿児島城（鶴丸城）の跡地に建てられた鹿児島県立図書館の入り口には「薩摩辞書之碑」が建立されている。

版物となった"日就社辞書"はスコットランドの辞書編纂者の**J・オーグルヴィー**（John Ogilvie, 1797～1867）の *The imperial dictionary of the English language*（1850）を底本とし，豊富な挿絵を盛り込み，訳語は**W・ロプシャイド**（William Lobscheid）の『英華字典』(*English and Chinese dictionary: with the Punti and Mandarin pronunciation*, 1866～1869）を参考にした。漢字には振り仮名が振られ，発音は見出し語直後の（ ）内に示された。同書はウェブスター式を付録として採用し，増改訂を重ねる度に進化を遂げた（早川 1995）。

図2-6：『附音挿図 英和字彙』

1881（明治14）年にジャパン・ウィークリー・メイル紙（*The Japan Weekly Mail*；長谷川（編）1966；現・*The Japan Times*）の主筆となったアイルランド人の**フランシス・ブリンクリー**（Francis Brinkley, 1841～1921）は『語学独案内』(*Guide to English self-taught*, 1875；第壱～第参）を著した。彼は so～that や too～to といった相関語句をまとめ，日本人が英文を覚えやすくするために工夫を凝らした[10]。また，数字を使った独自の音標文字を用いて，読者が発音を理解できるような配慮を見せた。

ダブリン大学（the University of Dublin）を卒業し，王立陸軍士官学校（Royal Military Academy, Woolwich）の士官になったブリンクリーは香港総督の副官として来日した後に海軍省の御雇い外国人に転職し，海軍砲術学校で数学と砲術を教えた。その後，1878（明治11）年から2年間，工部大学校の数学教授となった。水戸藩士の息女（田中安子）と結婚し，日本語，日本文化にも通じた親日派で，幕末に幕府が欧米諸国と結んだ不平等条約に関して，「日本近代法の父」と呼ばれたフランス人の**ギュスターヴ・ボアソナード**（Gustave Émile Boissonade de Fontarabie, 1825～1910）等が進めた不平等条項の撤廃のための

---

9) 長崎出身の柴田昌吉（1842～1901）は長崎英語伝習所で英語を学び，幕府及び明治政府の通詞として活躍した。岐阜出身の子安峻（1836～1898）は**大村益次郎**（1824～1869）から蘭学を，**佐久間象山**（1811～1864；「ぞうざん」とも）から砲術を学んだ後，維新後は外務省翻訳官を務めた。1870（明治3）年，横浜で元官僚の**本野盛亨**（1836～1909）と共同で日本初の鉛活版印刷会所の日就社を設立した。1874（明治7）年には『読売新聞』を創刊し，初代社長となった（岩переть 1935）。
10) 相関語句は，頻出頻度が高い文単位の定型文（「構文」）とともに明治後期～大正時代の受験参考書において受験生に英語の型を伝えるためのセールスポイントになり，現在に至る。

運動にも協力した。先に触れたように斎藤秀三郎はブリンクリーから工部大学校で数学を学び，その人柄に感銘を受け，2人は後に英語教科書を数多く出版することになる（大村1960）。また彼は和英辞書も出している（ブリンクリー・南条・岩崎・箕作・松村（共編）1896）。

2.4 英語教授／学習の分化

英語音声に関する基本知識の集積は緒に就いたばかりだったが，「英学ブーム」とともに各地の小学校，中学校で英語の授業が始まったものの，ほとんどが"見切り発車"だった。そのため，自信を持って発音指導ができた日本人の英語教師は数えるほどしかいなかった。

学校教育としての英語（外国語）の授業はこうして始まり，1877（明治10）年頃までには指導・学習について2つのアプローチが確立されたと推定される。それぞれ「**正則式**」（Irregular approach）と「**変則式**」（Regular approach）と呼ばれた（櫻井1936；堀口1966）。

江戸末期からの英語教授法の変遷をまとめた片山寛はそれぞれを以下のように説明している（片山1935：15）。

〈正則式〉
　英語の発音，アクセント，抑揚などを正確にして，生徒が英文を和訳しなくともそのまま意味が理解されるように教授する方法。
〈変則式〉
　文章の意味を了解する事に全力を傾注し，発音を無視したやり方で，極端に言えば，あたかも我々が漢文を日本流に音読したり，黙読で意味を解釈したりする方法と類似している。

教授・学習の分化は幕末に英語の学習を「商売（交易）用」と「研究用」という目的に応じた区分にその源を発するが（⇒p.40），開成所の教育でも同様の手法が踏襲され，商売（交易）用に通じる「語学」を「正則」とし，研究に関係する「講読」を「変則」と名づけた。本来は単一の言語である英語を社会のニーズに合わせて分化した手法は明治の英語指導にも流れていたのである。

1870（明治3）年の「大学南校規則」（第7条）を読むと，正則式で学ぶ者は外国人教師に従って韻学会話（発音，会話）より始め，邦人教師に訓読解意を主として教授を受けるとの規定があることに気づく（"正則生ハ教師ニ従ヒ

韻学会話ヨリ始メ”下線—筆者)。現在の大学レベルに相当する「規則」だった
が，ここではまず音声から入り，文法，解釈はその後に，という指導原則が提
示されているのである。

　このように少なくともこの時期，正則／変則は相反するものではなく，まず
正則で音声の基礎を学び，次に変則へと進み，より高度な読解，作文等へと進
むというのが元々の趣旨だった。しかし官立，私塾を問わず，初等・中等教育
の現場では日本人英語教師による英語指導のほとんどが変則式に傾倒し，発音
技能は当座，必要なしという形態が主流になった。

　必要性を感じない英語会話という技能の向上を求めるよりも，まずもって文
字を介して西欧の文物を理解し，内容を吸収することを優先したのが，当時の
英語教育／学習の「目的」になったのである。発音や会話は母語話者に任せ，
解釈は日本人が行なうという分業体制的な授業が確立されたのもこの頃だっ
た。分化はその後の英語音声指導，学習の目的，方法，内容等に影響を与え，
後に「実用」／「教養」，「実用」／「受験」等と呼び方を変え，現在にも伝わっ
ているのが，わが国の外国語学習の特徴である。

2.5　変則式の授業内容

　変則式授業の1例を紹介しておく。入門期には，ウェブスターのスペリン
グブックを用いて，綴りと発音の関係を学び，その後，私塾では『**ピネヲ英
文典**』(*Primary grammar of the English language: for beginners by Timothy
Stone Pinneo*, 1854) を，官立学校（大学南校等）では『**カッケンボス英文典**』
(*First book in English grammar by George Payn Quackenbos*, 1864) をそれぞ
れ学び，最後は私塾，官立ともにリーダーへと移るという手順が一般的だった
（慶應義塾（編）1869；木村1969）。

　このうち，綴りと発音の関係（sound-letter correspondence）については生
徒も困難を感じたようで，後に東京帝国大学教授になり，数学のノーベル賞
とも言われるフィールズ賞（Fields Medal）の選考委員も務めた数学者の**高木
貞治**（1875～1960）は岐阜尋常中学校（現・岐阜県立岐阜高等学校）時代の
英語授業を振り返り，こう述べている（大村1960：103）。

> 吾々が一番苦しんだのは，一年級のスペリングであった。今の若い人は知る
> まいが，これはアメリカの子供に正字法（正書法；Orthography）を教える
> 為のものである。アメリカの子供はよく知っている語の綴りを暗記するのだ

が，吾々は意味を知らないで，発音を聞いて，綴りを言わされるのだから，無理な話である。先生がベーカー（baker）というと，生徒は，ビー・エー・ベー，ケー・イー・アール，カー，ベーカーを答えなければならない。

高木が挙げているのは，b（ビー）とa（エー）のかたまりでba（ベー），k（ケー），e（イー）とr（アール）のかたまりでker（カー），合わせてbaker（ベーカー）と言わせる手法で，単語の綴りを1字ごとにアルファベット読みで声に出す手法はこの時代にはよく行なわれていた。しかし数学の天才，高木をもってしても，これは"苦行"だった。

変則式のリーダーの指導では，「1）教師範読→ 2）一斉音読→ 3）訳読→ 4）説明」という手順が一般的だった。範読や音読はあるものの，ほとんどが文字を読み上げる程度で，やはり発音は軽視された。「訳の良し悪し」が主眼の変則式で学んだ学習者の英語力が実践上は好ましいものではなかったことは，ある意味，自然な帰結だった（定宗1939）。

東京高師教授・作詞家であった**大和田建樹**（1857～1910）[11]は慶應義塾出身の英語教師について次のように語っている（福原（監修）／桜庭・他（編集）1978：5）。

> ただ英字を知り英書を読むに止まりて，英語を話し，英文を綴らせるを意とせざる教授法を変則と呼ぶは今も同じことなれど，この時の変則流の発音は実に抱腹に堪えざることも甚しかりなり。(ルビ—筆者)

英学塾の多くでは，素読，輪読，会読[12]という漢学塾，蘭学塾で培われた教授形態がほぼそのまま踏襲された（梅溪 1996；平賀 2014）。当時の指導を後に教育者となった町田則文は次のように活写している（町田1928：146）。

> …学生は字引と首引きしつつ十分に下読をなし，教師の下で会読する。該教師は一々黒白点を手帳に満載しおき，その黒白点の多少により，毎月席次を

---

11) 伊予国宇和島藩（現・愛媛県宇和島市）出身の大和田が作詞した「鉄道唱歌 第1集」の「東海道編」第1番の歌詞「汽笛一声新橋を…」は，メロディを聞くだけで歌詞が浮かぶほど，人口に膾炙している。
12) 素読は文字通り「意味の理解なしにテキストを唯々音読すること」，輪読は「順番にテキストを訳し，意味に関する討議を行うこと」，さらに会読は「塾生が主役となり，問題を出し議論をする」ことだった（平賀 2014）。

昇降されたのである。白点は他学生の会読しあたわざるところを解釈した者に附与し，黒白点差引の上，優劣が評定せらるるのである。もちろんただ解釈のみであって，音読には少しも関係がなかったのである。たとえば the をヘーと発音するも，サイと発音するも，これによって黒白点が附与される訳ではなかった。すなわち当時これが変則英語学習と唱えられたものであって，正則英語とは，作文，会話ならびに書取などが課せらるるをいうのである。
（ルビ—筆者）

多くの塾では会読＝試験（月に6回！）の結果にもとづいて優等生を塾頭の近くに着座させる"席次替え"を動機づけに用いたが，その際，発音や音読等の音声技能が評価されなかったのは，この時代の語学に求められていたものを如実に示している。変則式で英語を学び，慶應義塾卒業後に文部官僚になった**吉村寅太郎**（1848～1917）は自らの授業を次のように述懐している（櫻井1936：53-54）。

明治三年の九月か十月には段々塾生が増えたので，僅か一年研究したばかりの私が教えることになりました。教科書はコーネルの地理書で，地理書は読むに易いから，分からぬことは教えてやると甚さん（小幡甚三郎—筆者）[13]がいって下さったので，遂に教えることになったのです。発音なんか自己流で，地名などにぶつかると「コレコレ」と云うばかりで飛ばして文句だけ読んで教えた。（ルビ—筆者）

英学塾以外で英語ネイティヴのいない官立及び私立学校でも状況は似たり寄ったりだった。片山寛は現場での発音指導の難しさについて次のように述べている（片山1935：15）。

これ程英学が盛んになっても外国人教師のいない学校ならば oral work も実施せず，発音も正しく教授せず，漢文の素読同様な英文の読み方や，日本式に面白い節をつけた読方をそのまま教授して，語句を無茶つめ込む機械的暗記法によるのであった。（ルビ—筆者）

---

[13] 小幡甚三郎（1846～1873）は元・中津藩（現・大分県中津市）の藩士。慶應義塾の運営に尽力し，兄の**小幡篤次郎**（1842～1905）とともに1868（慶応4）年に日本初の英語イディオム集『**英文熟語集**』を編纂したことでも知られる（小幡篤・小幡甚 1982；竹中 1983）。

54 ————第2章　明治初期の英語発音研究・指導

　1874（明治7）年に愛媛・松山変則中学校[14]（現・愛媛県立松山東高等学校）
で英語を学び，後に東京外国語学校教授になった**村井知至**（1861〜1944）は
以下のように回想している（第一外国語学校（編纂）1925：3-4）。

　　そうであるから当時の英語発音などというものは滅茶苦茶で今考えてみると
　　抱腹絶倒であります。私は一番初にウイルソンのリーダーを教わったのであ
　　るがその中に "Come here, my child" ということばがある。それを教えてく
　　れた先生が読まないでもいい，意味さえ教えてくれればいいのに，大きな声
　　を張り上げて訳する前にそれを読まれる。そうして "Come here, my child"
　　を コム，ヒル，ミ，チルド と発音されるのである。今日となっては実に滑稽
　　の沙汰であるが，当時はそれで通ったのであります。それから tongue（舌）
　　を トンギュー，unique をアニキ，circumstance を シルコムスタンス，but
　　を ブット などと発音した。（ルビ―筆者）

　村井が英語を初めて習った学校で培われたのは読解力だったと述べている。
彼は上京し，横浜居留地のJ・バラーの英語塾（横浜先志学校）で（⇒p.30），
彼の娘のハティ・ブラウン（Hatti Brown, 生没年不詳）からマスタリーを通し
て発音を徹底的に鍛えられ（鷲山1927），その後の米国留学を通して "自分の
英語" が出来上がったとしている（草間1976）。村井は当時の変則式を基盤に
し，統合的な英語習得への道をたどっていたのである[15]。

2.6　正則式の理論基盤

　1873（明治6）年に信教の自由が認められたことを契機に宣教師たちの来日
が続き，各教会が設置した英語塾やミッション系の学校[16]での指導は直接教
授法（Direct Method）による正則式だった（櫻井1936）。宗派にかかわらず，
宣教師の多くは選抜試験に合格した後，さらに師範学校等で研修を受け，教授
理論や指導技術を学んで来日していた。彼らの教え方は単に英語母語話者だか

---

[14] 名称にある「変則」は学制に規定された条件が未だ整っていないという意味で，発音を教えないということではなかった。

[15] 東京都都政史料館・手塚（1967：189）には村井の英学遍歴がまとめてある。

[16] 片山は「…大小約五十校にのぼる同系の諸校中重なるものを数えてみると次のごときものである――明治学院，青山学院，立教大学，英和女学校（以上東京），関西大学，神戸女学院（神戸），東北学院（仙台），活水女学校（長崎），同志社大学（京都），山陽女学校（岡山）」のように当時の代表的なミッションスクールを挙げている（片山1935：25）。

らというものではなかったのである（秋枝 1963）。

　こうして彼らが学んでいた初期の教授理論は日本に紹介される外国語教授法の源流となった。日本の英語教育では1800年代後半の教育者による影響はしばしば看過されることがある。以下，そうした先人の足跡をまとめておく。

　直接教授法の提唱者としては，フランス人の**ジーン・ジョセフ・ジャコット**（Jean Joseph Jacott, 1770~1840）が挙げられる。ジャコットは問答式（Q&A）を主体としたドリル練習を編み出し，学習者が帰納的に外国語を学ぶ過程を重視した。発音についてはQ&Aを通して帰納的に身につくと彼は考えていた（Howatt 1984）。

　同じくフランス人の**クロード・マルセル**（Claude Marcel, 1793~1876；マーセルとも）は，現在に伝わる「4技能」（four skills）という概念を考案し，技能を「理解」と「発表」に大別した人物だった。彼は長い間忘れられた存在となったが，近年になってその功績が見直されている（マーセル／吉田（訳）1887；竹中2000a；Smith 2009）。マルセルは入力に関わる理解に力点を置き，出力の発表に属する発音には，ジャコット同様，重視しなかった。

　プレンダーガストのマスタリーはブラウンの箇所で触れたように（⇒p.38），子供の母語習得の観察から着想を得て，文を意味のまとまり単位（sense group / breath group）ごとに反復させ，習得に導く手法である（西原2018）。この直接教授法は別名でナチュラル・メソッド（Natural Method）とも言われる。上述の村井の回想からもうかがえるように，受講した日本人の発音を含む音声能力もこのメソッドを通して向上したと考えられるが，教師にも学習者にも相当の動機と継続力が求められたことは言うまでもない。

　マスタリーはフランスの哲学者ジャン=ジャック・ルソー（Jean-Jacques Rousseau, 1712~1778）の自然主義（Rousseau 1762）とスイスの教育家である**ヨハン・ハインリヒ・ペスタロッチ**（Johann Heinrich Pestalozzi, 1746~1827）の開発主義教授，実物教授・直感教授（事実教授；Sachunterricht）を理論的な支柱にして子供が母語を習得する過程を外国語学習に応用したものだった（長田（編）1959-1960）。

　同じように母語（first language; L1）習得の過程を外国語教授に応用することを提唱したのがフランス人の**フランソワ・グアン**（François Gouin, 1831~1896）だった。彼の教授法も来日した宣教師に影響を与えた。この

図2-7：F・グアン

教授法では生徒が今から行なう動作を外国語で描写する手法で，動作・行動を連続するところから Series Method，もしくは Psychological Method とも称された[17]。

グアンは1880（明治13）年に教授法のエッセンスをまとめた *L'Art d'enseigner et d'étudier les langues*（Gouin 1880 / 1892）を出版し，注目を集めた。その後，欧州各地で，グアン式を採用した語学学校が開校し，人気を博した。

同じ観点から独自の直接教授法を開発したのが，フランス人の**ランベール・ソヴール**（Lambert Sauveur, 1826~1907；ソヴェール，ソーヴールとも表記），及びドイツ人の**マクシミリアン・D・ベルリッツ**（Maximilian Delphinius Berlitz, 1852~1921）だった（Sauveur 1875；Berlitz 1901）。欧州から米国に移住した2人の教授法は米国で人気となり，欧州に逆輸入されるほどだった。

ソヴールのナチュラル・メソッド（仏 methode naturelle）はペスタロッチ理論をドイツ語教育に応用したものだった。学習の最初の1カ月は口頭練習を行ない，身振り手振りで生徒の興味・関心を引きつけ，ソクラテス問答式（イレンカス／エレンコス；elenchus）により，目的の項目を生徒に考えさせながら習得へと誘うという手法だった。これは印欧語族間に共通項目があるからこそ成立する手法であろう。

ベルリッツ式[18]は1878（明治11）年に米国ロードアイランド州プロビデンス（Providence, the State of Rhode Island）で開校した Berlitz School of Languages で開発された直感・習慣形成的な手法だった。ベルリッツの功績は直接教授法を体系化し，教材を開発したことにある（Berlitz 1901）。こうしてベルリッツ式は大きな成果を上げ，世界有数の語学学校へと発展し，現在は40種類以上の言語の教授を行なっている。こうした先駆者たちによる直接教授法はナチュラル・メソッドに分類され，以下の共通の特徴がある。

　1）母国語を媒介せず，目標言語のみを用いる。

---

[17] グアン式は It is morning. —— I get up. —— I wash my face. —— I dress myself. —— I see my father. —— I say, "Good morning, father." のように行動に合わせて，それを声に出して言う活動の連鎖法だった（観念連合とも呼ばれる；松田・スワン 1902）。蛇足ながら1980年代の末から売り出された ACTIVE ENGLISH 編集部（編）「起きてから寝るまで表現」シリーズはグアン式の発想と似たものだった。

[18] ベルリッツは Crowell, Collier & Macmillan による経営を経て，1993（平成5）年に日本のベネッセホールディングス（Benesse Holdings, Inc.）が買収，運営してきたが，2022（令和4）年2月にカナダ企業に売却された。

2) 音声優先主義 (Speech Primacy) による。
3) 実物 (レアリア)[19]，絵，動作などを活用し，外国語の意味を直接連合させる。
4) 文法は帰納的方法で規則を導き出すようにする。

ナチュラル・メソッドの訓練を受け，来日した宣教師による正則式の一般的な指導手順を茂住實男は以下のようにまとめている（茂住1989：316-317）。

1) スペリング・ブックを用いてアルファベットの読み方・書き方の基本練習。
2) 実物や絵などを見せながら簡単な単語・単文，日常的実用的な基本文の学習・暗唱。
3) 一連の口頭作業によって，個々の単語の発音はもとより，文のストレス，イントネーションを含めた発音訓練。
4) 正確な発音が習得できると読本と英文法を授け，ある程度の学力に達した者には英作文を課す。

無論，個人差はあったものの宣教師たちの授業で文法は基本文に組み入れられ，発音は帰納的に扱われた（岡田1936）。生徒は基本文を暗唱できるまで繰り返し，そのプロセスで発音も学んでいったと考えられる。

2.7 正則式の"進化系"

約10年という短期間ではあったものの，英語で旧制の高等教育を受けた世代が明治の日本に存在した（太田1981）。彼らは1876(明治9)年開校の札幌農学校（Sapporo Agricultural College；現・北海道大学）で英語運用能力を高めたのである。

初代教頭となった**ウィリアム・スミス・**

図2-8：札幌農学校（1880年頃）

クラーク（William Smith Clark, 1826~1886）を中心にカリキュラムが作成され，クラークが学長を務めた米国のマサチューセッツ農科大学（Massachusetts Agricultural College；現・マサチューセッツ大学アマースト校）と同じ

---

[19] レアリア（独 Realia）は「作り物ではない本物，実物」という意味で，言語教育の補助教材として用いられる。

内容の西洋科学が講じられた。授業は当然, 英語で行なわれ, それは現代のトータル・イマージョン教育 (Total immersion education) が理想とするものだった (蝦名 2017)[20]。さらに同校には英語学習の仕上げ段階とも言える弁論術を鍛える「尋常論議」(Original Declamation) という米国式の自己表現技術の科目もあった (赤石 2007)。

このようなカリキュラム, スタッフの下で鍛えられた学生の英語力が伸びないわけがない (太田 1981)。学生は圧倒的なインプット (入力, input), すなわち英語のシャワーを浴び, 同じように多量のアウトプット (出力, output) を4年間, 繰り返したのである (外山敏郎 1992)。音声言語としての英語を母語話者と伍するまで高めた新渡戸稲造[21], 内村鑑三や武信由太郎 (1863～1930;『英語青年』の創刊者) 等の卒業生が同校で育ったという事実は忘れてはならない。

図2-9:新渡戸稲造

図2-10:武信由太郎

こう述べると札幌農学校は英語教育の理想形のように映るが, まず, これは高等教育の事例であり, 学生の多くが官立東京英語学校 (官立東京外国語学校から英語科が独立した学校) や工部大学校等からリクルートされた官費生 (政府が学費を支給, 卒業後には開拓使への勤務義務が付帯) だった。つまり, "エリート生徒" が学んだのが札幌農学校だったのである。

事実, 同校の一期生の面々にはクラークから直接教えを受け, 後に北海道帝国大学初代総長となる佐藤昌介 (1856～1939), クラークが札幌を去る直前に残した "Boys, be ambitious like this old man!" を直に聞いた大島正健 (1859～1938;県立山梨県第一中学校校長), さらに後に東京中学院 (現・関東学院大学) の初代学院長となった渡瀬寅次郎 (1859～1926), 育英黌 (現・東京農業大学) の教頭を務めた荒川重秀 (1859～1931) 等がいた。

二期生では上述の新渡戸, 内村のほか, 広井勇 (1862～1928;土木工学

---

[20] 現在の話になるが高等教育機関において英語を用いて専門科目を教えることは English-Medium Instruction と呼び, 頭文字を取って EMI と称される。
[21] 新渡戸の英学修業や札幌時代については Nitobe (1934) の回想が参考になる。これは見事な英文で書かれており, 読み応えがある (高梨 1979 に抄訳がある)。

者），宮部金吾（植物学者）等がいた。三期生にも英語学者になる**佐久間信恭**（のぶやす）（1861~1923），英字新聞の*The Japan Times*の祖で，後に『英語青年』となる『青年 *The Rising Generation*』を創刊した**頭本元貞**（ずもともとさだ）[22]（1863~1943），及び上述の武信由太郎等，後に英語界で活躍する錚々（そうそう）たる人物が札幌農学校で学び，実践的な英語力を身につけたのだった。

　なお，札幌農学校の"成功"が伝わったのであろう，1887（明治20）年頃から，尋常中学校でも外国人教師の採用が始まった（大野1982）。これは教育におけるミッション系との格差の是正を企図したものだった。しかし採用者はわずかなもので，1902（明治35）年に文部大臣の**菊池大麓**（だいろく）（1855~1917）は採用の増大を提言したが，その数は伸びなかった。

　ちなみに菊池は蘭学者の箕作秋坪（みつくりしゅうへい）（1826~1886）の次男で，数学者であり，教育者だった。菊池は英国に2度留学し，最終的にはケンブリッジ大学で学位を取得した。その時の親友がピアソン相関係数で著名な**カール・ピアソン**（Karl Pearson, 1857~1936）だったということはあまり知られていない。ともかくも，こうした経験から，菊池は英語を用いる機会がないと英語は上達しないことをその身で痛感していたのである。

---

[22] 頭本の姓は元来「かしらもと」だが，周囲から「ずもと」と読まれることが多く，当人もこれを用いたと言われる（白山（しらやま）2016；出来（編著）／江利川・竹中（校閲）2024：567）。

第3章　英語音声研究の進展

3.1　本邦初の英語発音本

　1877（明治10）年を過ぎた頃，ミッション系及び特定の官立校以外の学校での英語授業では変則式教授法が拡大し，発音はなおざりにされたままだった。そうした現状に風穴を開けるべく，明治前半には存在しなかった組織立った発音教本が著された。それが1886（明治19）年出版で本邦初の英語発音教本／学習本となった菊池武信(たけのぶ)（1856~1922）の『英語發音秘訣』（清水（訂）[1]／フルベッキ（校）；以下，『秘訣』）だった（豊田1939）。優れた内容にもかかわらず，同書の存在は英語教育関係者の間でも知られておらず，著者の経歴

図3-1:『英語發音秘訣』

も長い間，謎に包まれていた。わずかな手がかりとしては豊田實(みのる)の以下の一文が存在するのみだった（豊田1939：180）。

　　著者菊池氏が福岡県人である事は奥付(おくづけ)によって知られるのであるが，なお同氏が明治三十四年四月より翌三十五年三月まで福岡県中学修猷館(しゅうゆうかん)の教師であった事も知られている。（ルビ―筆者）

戦後になっても彼についてのバックグラウンド情報はなく，出来成訓(できしげくに)もこう述べている（出来1994：24）。

　　著者菊池武信については豊田實『日本英学史の研究』に記載されている以上のことは知られていないが，あるいは洋行の経験を持つ人物とも考えられている。

　謎のベールに包まれていた菊池のキャリアの一端を初めて解明したのが田邉（2007a, 2009a）だった。その後，安部（2012）は菊池が九州・柳河藩の命に

---

[1]『秘訣』の訂正者である清水彦五郎（1855~1913）は菊池と同郷の旧柳河藩の出身。1870（明治3年）に藩からの推薦を受け大学南校に入学した貢進生(こうしんせい)（藩を代表する優秀な生徒）だった。卒業後，官僚になり，東京商業学校（現・一橋大学）校長，文部省書記官を歴任した。

より上京し，ブラウン塾（⇒p.38）においてマスタリー・システムを通して英語力を高めた後，フルベッキの知己を得て，文部省の音楽取調掛職員，警察官吏，英語教師，塾主宰者，民間会社の貿易係等，次々に職種を変えた人物だったことをさらに突き止めた。

99丁（「正誤」は除く），全12章の『秘訣』の諸言には次の執筆動機が述べられている。

英学の時代，発音の独学自修の書物は多いが，すべて変則英学の階梯であり，正音（正則式の発音―筆者）によるものがない。私は英語正音に至る法を会得し，それを初学者に伝えるべく，これまで数百千人に正音法を教授し，好ましい結果を得たので当書にその法をまとめる。

『秘訣』の第1～第4章はアルファベット26文字から始まり，そこからフォニックス（Phonics）を採り入れた「字名字音」の紹介と発音器官（「言語機オルガンス，オブ，スピーチ」）の説明がある。さらに有声音／無声音の区別（「声」と「息」），個々の音（「母韻字」，「子韻字」）の発音法（「唱方」；唱法か？―筆者）と続く。第5章からはウェブスター式発音法の解説で，個々の音ごとに日本人の困難点を踏まえたアドバイスがある。第7章は黙字の解説，第8章は綴字と発音の関係，第10章には文の読み方（音読）が述べてある。

出色なのは，1)英語発音項目の体系化，2)用語（例えば，「長音」「歯音」「唇音」「閉塞音」「抑揚」「強弱」等）の使用，3)調音方法の正確な説明，4)習得のための工夫，5)（現在の用語での）超分節音素への言及等の点で，これらはそれまでの類書にはなかった記述である。『秘訣』には，現在も日本人学習者が直面する音の困難点とその調音法も記載されている。1例を挙げると，fの音は以下である（図3-2には以下の説明がある；菊池1886：15）。

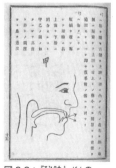

図3-2：『秘訣』/f/の甲図

fハ初メ「エ」ナル短韻ヲ発シ而シテ即時ニ其上歯ヲ下唇ニ閉合スルコト（ルビ―筆者）

f音については，現在でも「上歯で下唇を噛む」といった説明が行なわれる

ことがあるが，菊池の用語である「閉合(へいごう)」は，「唇歯摩擦音」(dental fricative) に分類される /f/ の実態を捉えた的確な表現だった。記述には甲乙丙の3つの挿画が添えられ，息の流れ(「→」で図示)がひと目でつかめるようになっている。同様な工夫は l, r, th の各子音にも見られる。

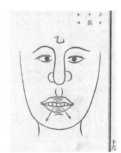

図3-3：『秘訣』/f/ の乙図

　ほかの点で唸(うな)らされるのが，<u>sing</u>–<u>thing</u>, <u>sink</u>–<u>think</u> 等（下線─筆者），戦後に対照 (contrast) と呼ばれる考え方によって開発されたミニマル・ペア (minimal pair；最小対語)に似た練習法がすでに盛り込まれていることである。これはフルベッキからの示唆だろうか。

　『秘訣』は江戸末期から明治初期の"定番"とも言える海外の著作を翻刻したものではなく，当時の日本人英語学習者の現状を踏まえ，彼らが直面する発音の困難点を踏まえ，音声項目を体系づけようとした教本だった。加えて「数百千人に正音法を教授し，好ましい結果を得た」という経験をもとにまとめられたという点で，現代の応用言語学の発想に近い発音教本でもあった（田邉 2009a）。そのため出版年の1886（明治19）年を"科学的英語音声研究"の始まりとするのが英語教育史では定説である（豊田 1939；高木 1987）。もちろん，"科学的"という名称は，当時の基準からである。

　『秘訣』（初版）は私家版で，その影響には限界があったとする見解もあるが，再版が16年後の1902（明治35）年に池田榮進館から出版された事実から察するに，同書には一定の需要があったと思われる（再版では**田口鼎軒**(ていけん)[2] が題辞を寄せている）。

　同書は後進の学者にもインスピレーションを与え，後述する（⇒pp.182-183）**五十嵐新次郎**（1915～1975）は戦後，『週刊新潮』の「掲示板」に次のようなリクエストを出すほどだった（1963, 通巻362号）。

五十嵐新次郎・テレビの「百万人の英語」を作るきっかけになった明治19［年］「英語発音秘訣」の著者等／米国フルベッキ／清水彦五郎／菊池武信について教え乞う。

---

[2] 田口鼎軒（1855～1905；別名・卯吉）は経済学者，歴史家，政治家。著書には『**日本開化小史**』（1877～1882）があるが，菊池とのつながりは不明である。

稀代の英語音声学者・五十嵐が先鞭をつけた「民間テレビによる英語教育」（日本教育テレビ［現・テレビ朝日］；テレビ版『百万人の英語』[3]，1959～1961）の原点が菊池だったという事実からは"知のたすき"のリレーを感じる。

3.2　そのほかの英語発音本

『秘訣』に触発されたのであろう，1887（明治20）年には**吉村秀蔵先生（訳）**『**英語・発音独案内**』が出版された。ただ，前半部には独自の音声解説を加えてあるものの，これはウェブスターの *Guide of English pronunciation*（1887）の翻案だった。同年に出た**田村維則**の『**初学者英語発音指鍼 全**』も題名通り，初心者向けにウェブスター式を片仮名とともに伝えようとしたものである。

池田伴庚（編）『**和英発音原理 全 英語綴字法附**』（1888）も，吉村（訳）（1887）と同じくウェブスター式をもとにしたが，日本語の発音法を加え，そこから英語発音法を説いた。音声現実（phonetic reality，ありのままの音）を伝えるために複数の図を使っており，発音の学び，及び研究が次の段階に進んだことを感じさせられる。そのほか，**佐藤重道（編訳）**『**英語発音解**』（1889），**神原守文**『**英語発音法手引**』（1891），**大谷鱸江**『**英語正音正字学**』（1898）等の音声解説書が相次いで出版されたのも，人々の英語音声への関心を示すものである。また，この頃には翻案ではなく，日本人向けに"編集"されたスペリングブックも大量に出版された（例：**久野英吉**（1887），**神戸直吉**（1903），**伴徳政**（1888）等の著作 ⇒参考文献）。

このように発音関係の出版物が相次いで世に出されたのは，現在と同じく出版側にビジネス面での算盤勘定もあっただろうが，根底には人々が変則式一辺倒の英語指導に疑問を感じ，何らかの打開策を期待していたためであろう。ちなみに，1890（明治23）年に東京・神田に東京YMCA（Young Men's Christian Association）青年夜学校が開設されたのも偶然ではなく，時代の要請に応じたものと思われる。

同じ頃，欧米の優れた教育理論を現場指導に持ち込む教育者が現れた。それが1897（明治30）年に東京高師の教員から校長となった**高嶺秀夫**（1854～1910）だった。彼は米国で学んだペスタロッチの開発主義教授（⇒p.55）を授業のみならず（若林・白井（編纂）1883），講演，講習会，著作等を通して広

---

[3] 五十嵐は番組で舞台を九州の英学塾にし，『秘訣』をテキストに巧みな九州弁で番組を進行した（高梨 1985：19）。テレビ朝日に当時の動画が保存されていないかと推測するが，確認するには至っていない。

めた人物だった（国立教育研究所（編）1974）。

1897年に彼が主導した『東京高等師範学校附属小學校教授細目』（以下，『小學校教授細目』）の中では，英語発音指導が例として取り上げられ，1)「帰納的に教える」，2)「既知から未知へ」，3)「実物を使う」という開発主義教授の三原則が述べられている（多田 2004）。これらは東京高師の教育理念であり，それは後述の岡倉由三郎等にも影響を与えることにもなったが（東京茗溪会（編）1892；高嶺秀夫先生記念事業会（編）1921），全体の指導はやはり「読方及訳解」にもとづいたカリキュラムだったとの指摘もある（江利川 1993）。

図3-4：『小學校教授細目』

3.3 時代の空気

教育面で欧米の考えを取り入れようとする動きがある一方で，こうしたムーヴメントと対峙するようなアンチ西欧，アンチ英語学習といった"時代の空気"も醸成されつつあった。

明治中期から海外で各分野・領域の専門知識を習得した日本人留学生の帰国が始まった。これに比例するように英学ブームは次第に萎み，御雇い外国人の離日も急速に進んだ。その背景にはまず，1877（明治10）年の西南戦争（西南の役）に端を発する新政府の財政難があった。明治初期のような財政面での椀飯振舞はかなわなくなり，御雇い外国人にとって経済的な"旨味"のあった日本にはメリットがなくなったのである。

さらに政府は1889（明治22）年，山縣有朋（1838〜1922）首相の下，**大日本帝国憲法**を発布し，翌年11月には**帝国議会**を発足させ，近代国家のシステムを強固にした。1890（明治23）年には明治天皇から「教育ニ関スル勅語」（教育勅語）が下賜され，これにより，教育でも国家主義的な方針が打ち出され，1893（明治26）年に文相の井上毅（1844〜1895）は「国語」を用いる教育の指令を発した（海後 1965）。

そうした中，日清戦争（1894〜1895年）に勝利を収めたこの時代，鹿鳴館[4]に代表される極端な欧化主義政策で日本文化，日本語の伝統的価値を軽視した

---

[4] 東京の日比谷にあった官営の"国際社交場"。元々は列強と結んだ不平等条約の改正を目指して1883（明治16）年に竣工された。舞踏会等が開催された約5年間は鹿鳴館時代とも呼ばれた。

政府の方針に対して，国民の一部には一種の反動が発生した。こうした社会の空気が"アンチ西欧化"に向かったことも改新ムーヴメントにはマイナスに働いたと思われる。

　復古主義にもとづいた国語主義化政策により，各教科の教授言語（the medium of instruction）も日本語となり，授業も日本語で書かれた教科書，専門書を使って行なわれることになった。海外の外国語教育においては対象とする言語を用いて行なわれるのが普通のことだが，日本では英語の授業が日本語で行なわれるのが当たり前の風景になっている（下線―筆者）。その始まりはこの時からだった。教育面でのこうした急激な変化は日本人が英語を不得手にしている遠因のひとつとなった。事実，あの夏目漱石（1867～1916；本名・金之助）も「語学養成法」の中で次のように述べている（夏目1911：234）。

> 余の見るところでは過去の日本に置いてもっとも著しく人工的に英語の力の衰えしめた原因がある。それは確か故井上毅氏が文相時代の事であったと思うが，英語の教授以外には，出来るだけ日本語を用いて，日本の language に重きをおかしむると同時に，国語漢文を復興せしめた事がある。この人為的に外国語を抑圧したことが，現今の語学の力の減退に与かって力があった。（ルビ―筆者）

　このように漱石は日本語が教授言語となり「人為的に外国語を抑圧した」ことが英語力の低下につながったと帰結している。彼の言う「低下」に音声能力が含まれていたのかは不明だが，上述の井上文相の決定が英語発音研究／指導，さらには英語教育全体の発展に影響が皆無だったとは言えまい。

　"教授言語としての日本語"（Japanese-Medium Instruction; JMI；⇒p.58 脚注20）が確立されたこと自体，確かに維新からここまでの新政府による"新しい教育"の進展を示すものではあるが，日本語を媒介にして英語の文献を受信できるようになったため，英語力に関しては漱石の言う「語学の力の減退」が徐々に顕在化することになったのは明らかである。日本語という"新たな Medium"を手にした中等学校の英語授業では変則式が主流となり，教師は受験で成果を上げるために発音を傍流に置いた。その結果，学習者の英語運用能力はさらに衰退し，"変則的な英語力"を身につけた学生が数多く実社会へと巣立つことになったのである。片山は変則式が当たり前になった当時の状況を以下のごとく嘆いている（片山1935：19）。

明治十四, 五年頃の英語教授法は概して訳読一方で, 教師の方でも教授法を気にかける者はほとんどいなかった。まだ Practical English に目覚める時代にはなっていなかったのである。ただ無理やり語句をうのみに覚えさせて文を解釈させるだけだった。

　JMIの普及に比例して変則式が広まる状況に対して, 中学生, 高校生の英語運用能力の欠如を憂える声が, 中等学校の卒業生の受け入れ先だった外国との貿易に従事する経済界から挙がるようになった。「(旧制) 中学校で週7時間も英語を学習しても習得につながらないとは何事か!」という今日に至るまで英語教育の節々に登場する学校英語教育への"注文"──英語教育界のスケープゴート論──はこの時期から確認できる。

3.4　近代語教授法の改新ムーヴメント

　この項では日本からは少し離れ, 1887 (明治20) 年前後に欧州で始まった外国語教育史上最も大きな近代語教授法のムーヴメントに目を向けてみる。

　欧州では, ジャコット, ソヴール等が活躍した時代 (⇒pp.55-56) に始まった急激な工業化と, それに伴う交通手段の発達が人々のさらなるコンタクトを容易にし, 生きた言語を学ぶ需要の増大につながった。そうした状況の下, 欧州の人々からは旧態依然たる教授法への批判が挙がり, アンチテーゼ (独 Antithese) としての音声中心の近代語教授法の改新ムーヴメント (Reform Movement, **リフォーム・ムーヴメント**) がスタートした (Howatt 1984 ; Howatt & Smith (Eds.) 2002)。

図3-5：P・パスィー

　改新の牽引役は, フランスの**ポール・パスィー** (Paul Édouard Passy, 1859〜1940), 英国の**ヘンリー・スウィート** (Henry Sweet, 1845〜1912 ; 明治期にはスウキートとも表記), 同じく英国の**ローラ・ソームズ** (Laura Soames, 1840〜1895), ドイツの**ヴィルヘルム・フィエトル**

図3-6：H・スウィート

(Wilhelm Viëtor, 1850〜1918), デンマークの**オットー・イェスペルセン** (Otto Jespersen, 1860〜1943) 等の研究者だった。

　リフォーマー (改新者, reformer) は欧州各国の語学教師と協力し, 音声を

中心にした教授法改新に乗り出した。そこでは研究者が立てた仮説（hypothesis）を現場教師がそれぞれの教育現場で実践・検証するという現代のアクション・リサーチ（Action Research）に似た手法で，今日の視点から見ても合理的な手法を採った。言語音の科学的研究はこうした形で発展し，複数の言語に適応できる発音記号の開発が着手され，音声学の専門用語の統一も徐々に図られるようになった。

　スウィートは聴覚障害者のために**アレクサンダー・メルヴィル・ベル**[5]（Alexander Melville Bell, 1819~1905）が考案した視話法（Visible Speech），及び英国の数学者で英語綴字改革論者の**アレクサンダー・ジョン・エリス**（Alexander John Ellis, 1814~1890）[6]の考え方に感化され，1899（明治32）年に*The practical study of languages: a guide for teachers and learners* を著した。

　彼は音声表記に簡略表記（Broad Romic）と精密表記（Narrow Romic）の区別を認め，教育には簡略表記が適切であるとし，エリスが考案したパレオタイプ（palaeotype）を改良した表記法を発表した。また，**基本母音**（cardinal vowels）の原型と**イントネーション**の型を提起したのも彼だった。スウィートの研究により，それまで記述しづらかった言語音の分析，記述に道を拓いたことは音声研究上の進歩だった。

　スウィートは発音の正確さは語学の要諦であるとし，そのために教師も学習者も音声学の知識が必要と主張した。なお，上述のSweet（1899）は1901（明治34）年にロシア語学の日本におけるパイオニアとなった**八杉貞利**（1876~1966；東京外国語学校教授）が『**外国語教授法**』と題して抄訳した（戦後には小川芳男訳版［1969］もある）。

　ソームズは初期音声学の理論をリーディングや発音指導に応用し，数々の実践書を世に送り出した音声学者，教育者だった。スウィートと**ダニエル・ジョーンズ**（後述）との音声学の"知の橋渡し"をした人物でもあるが，なぜかスウィートとは犬猿の仲だった（MacMahon 1994）。彼女の著作は日本にも紹介されたものの，どういう訳か広く普及することはなかった。

　パスィーは独自の発音記号を考案し，1886（明治19）年に音声学教師の会

---

5) **アレクサンダー・メルヴィル・ベル**は後に電話を発明する**アレクサンダー・グラハム・ベル**（Alexander Graham Bell, 1847~1922）の父親である。
6) エリスは数学から音声学，音韻学（いずれも初期の）に専攻を変えた学者で，英国南部の教養のある人々が話す **Received Pronunciation**（容認発音）の命名者だった。用語はジョーンズ（後述）により **RP** と省略され，以降，この名称は広まったが，現在，RP の話者は激減している（Linsey 2019）。

(Phonetic Teachers' Association）を設立した。同会は発音記号の使用を勧め，生徒たちの外国語の発音学習を容易にするために綴字と発音の関係を伝えることを目的とした。

やがて同会は1889（明治22）年に現代語教師音声学協会（L'Association Phonétique des Professeurs de Langues Vivantes）と改称され，1897（明治30）年の国際音声学協会（仏語名称 L'Association Phonétique Internationale；英語名称 International Phonetic Association；以下，IPA；後に国際音声学会と改名）の母体となった（MacMahon 1986）。

一方，フィエトルは*Der sprachunterricht muss umkehren!*（1882；英 *Language teaching must start afresh!*）を Quousque Tandem（英語の意味は"Till When?"［一体いつまで］）という匿名で発表し，音声学を中核に据えた言語教授の必要性を説いた。フィエトルは，生徒は翻訳に依存せずに目標言語の発音を模倣しながら学ぶことが肝要と考え，教師教育では音声学の知識を必須とすべきとした（フィエトル／大野・田中（訳）1982）。わずか34頁の冊子だったが，同書はドイツの教育界に一大インパクト与えることになった。

図3-7：W・フィエトル

英文法学者としてのイメージが強いイェスペルセンだが，近代言語の教授法や音声学にも並々ならぬ関心を抱き，音声学教師の会に入会し，ほかのリフォーマーと協力しながら，近代語教授法の改善を求めた教育実践家でもあった。教授法に関する彼の考えが結実したのが *Sprogundervisning*（1901 デンマーク語版；英語版 *How to teach a foreign language* 1904）だった。

図3-8：O・イェスペルセン

3.5 日本のリフォーマーたち

欧州の動きは日本にも伝わり，やがて"日本版改新ムーヴメント"が始まることになった（Ozasa 1995；Howatt & Smith 2002）。参画した人々には外山正一（とやま まさかず）（1848〜1900），神田乃武（ないぶ）（1857〜1923），井上十吉（じゅうきち）（1862 or 1863〜1929）の"明治三大英語大家"がいた。このうち，発音領域に積極的に関わったのが前者2名で，井上は独自のアプローチを採った。

外山は明治の教育家・文学者・社会学者だった。13歳の時に蕃書調所におい

て英語の手ほどきを受け、さらに箕作麟祥からも英語を習い、1864（元治元）年に開成所の教授方（教員）を務めた。現代の"キャリア組"に相当する経歴を積んだ彼は1866（慶応2）年には幕府派遣留学生として渡英し、帰国後は外務省弁務少記になり、1870（明治3）年には森有礼に随行して米国に赴き、1872（明治5）年にはミシガン大学（the University of Michigan）で哲学と化学を学んだ。

帰国すると彼は直ちに官立東京開成学校（現・東京大学）の教壇に立つことになった。そんな彼の英語運用能力が気になるが、輝かしい経歴とは別に官立東京開成学校の教え子だった三宅雪嶺（1860～1945）は、外山自身の発音は「変則流であった」と記しているのは思いがけないことだった（三宅1997：37）。

図3-9：外山正一

一方、神田は1871（明治4）年に14歳で公使の森有礼に随行して渡米し、帰国するまでの8年間、新島や内村が学んだアマースト大学で学んだ。この間、1877（明治10）年にボストン（Boston）の近代語学校（School of Modern Languages）においてソヴールのナチュラル・メソッドを体験し、その内容に共感した神田は翌年、アマーストで開かれた同校の夏季講習会にも参加した（松村1979）。

帰国後、神田は帝国大学文科大学教授、高等商業学校（現・一橋大学）教授、外国語学校初代校長等を務めた。彼はまた、数々の英語教科書（中等学校用『クラウンリーダー』や文典等）、辞書（『袖珍コンサイス英和辞典』等）を編纂した。

図3-10：神田乃武

1900（明治33）年には文部省留学生として英独に派遣された（同期は夏目漱石）。翌年にはスウィートやフィエトルらに面会し、欧州のムーヴメントを自らの目で観察した。しかし教授法に関してはソヴールから習った事柄が多く、目新しい情報はなかったという（長岡1924；Kanda 1896）。

なお、神田の英語力を伝える文献は石川（1924）等、複数あるが、ここでは後に触れる磯邊弥一郎（1861～

図3-11：New King's Crown Readers

1931）の評を引用しておく（英語青年社（編）1924：325）。

> 日本人で男爵（神田のこと―筆者）のような立派なイングリッシュを話し得る
> 人が又と世に出づるであろうか，否な今後多分でないであろう。尤も男爵よ
> りもヨリ流暢に話し得る者は多く出づるであろうが，併し男爵のように極め
> て上品なリフアインドな英語を話し得る者は或は今後出ないかも知れない。
> （ルビ―筆者）

　さて最後の大家に移ろう。井上は阿波国（現・徳島）で生まれ，主君に伴わ
れて英国の小学校からラグビー校に進み，学んだ後，1879（明治12）年からロ
ンドン大学キングス・コレッジ（King's College, London）に入学したが退学
し，王立鉱山学校（Royal School of Mines；現・Imperial College of London）
で冶金学（metallurgy）を学んだ。

　1883（明治16）年の帰国時には英語の方が母語の日本
語よりも優位になっていたと言われる。これは米国生活
で日本語を忘れた（言語喪失；language attrition）と伝
わる津田梅子（1864～1929）のケースを思い起こさせ
る（寺沢2009）。事実，再び磯邊（出来（編著）／江利
川・竹中（校閲）2024：133，原文は『英語青年』第61
巻第5号）を引用すると，井上の英語はまさに英国人の
それであったとのことである。

図 3-12：井上十吉

> 井上氏は，どちらかと言えば，少しく訥弁の方であった，故に其の英語の話
> し方は決して流暢ではなかったが，発音と言い，イントネイションと言い，
> 何でも幼少より十一年間も英国に留まったことであるから，全く英国式の英
> 語で，隣室で同氏の話す英語を聞く西洋人は誰でも英国人だと信じた位であ
> る。（ルビ―筆者）

　以降，彼は第一高等中学校（1886年に東京大学の法・理・文3学部の予科
として基礎教育・語学教育を行なった東京大学予備門から改称），学習院，東
京高師等で教えたが，外務省の翻訳官に転じ，二等書記官を務めた。その後は
『井上英和大辞典』，『井上和英大辞典』，発音記号を取り上げた『井上フォネ
ティック英和辞典』，さらに英語教科書の編纂，**講義録の出版，通信教育の講**

座（井上通信英語学校）も開設し，彼なりのやり方で変則式に対抗した（江利川（監修・解題）2019）。

三大英語大家のほかには斎藤秀三郎，高橋五郎，矢田部良吉，杉森此馬（1858〜1936），磯邊弥一郎，武信由太郎，淺田榮次（1865〜1914）[7]，津田梅子[8]，岡倉由三郎（1868〜1936），重野健造（生没年不詳），岸本能武太（1866〜1928）等がいた。彼らはそれぞれの立場から教授法の改新に乗り出した（堀口 1966）。

発音指導の観点から注目すべきリフォーム関連の出版物としては16頁の小冊子である *Directions for the pronunciation of English*（*compiled by the department of education for the use of school-teachers and students*）（文部省編集局蔵版1887；以下，*Directions*）がある。これは日本での改新ムーヴメントの萌芽を示す好著である。文部省刊行物のため著者は明記されていないが，帝国大学文科大学（現・東京大学）日本語教授のチェンバレン（その名から自ら「王道」と名乗った）によるものである。

図 3-13：B・H・チェンバレン

彼は来日後，海軍兵学寮[9]の教授を経て，森有礼の推挙により帝国大学文科大学教授に就任し，以降，約40年間，日本に滞在した[10]（楠家 1986：219-220）。竹中（2005）の研究によると，この小冊子は外山から協力を求められたチェンバレンが小学校で英語を教えることになる尋常師範学校生の発音技能の向上を企図して著

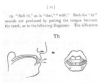

図 3-14：*Directions* 中の "Th"

---

[7] 淺田は周防・徳山藩の武家に生まれ（現・山口県下松市），帝国大学理科大学を中退して米国イリノイ州（State of Illinois）に渡り，ノースウェスタン大学（Northwestern University）で神学，聖書学を学び，シカゴ大学（University of Chicago）大学院初の博士号を取得した。帰国後は青山学院，東京外大の前身の東京外国語学校で教え，多くの逸材を世に送りだした。文部省の英語教授法調査委員を務め，さらに『小学校用文部省英語読本』（文部省 1908）や『淺田英語讀本』（淺田 1909）を監修し，日本の英語教育の先頭に立って活躍したが，同時代の岡倉とは対称的に英語教育に関する著作は残していない（河口 1988a，1998b）。しかしながらその英語力はネイティブも賞賛するものだった。なお，淺田の生誕地の下松市花岡には現在，山口県唯一の英語科がある山口県立華陵高等学校がある。私も何度か講演で同校にお邪魔したが，不思議な縁を感じた。

[8] 津田梅子にはアンナ・ハルツホーン（Anna C. Hartshorne, 1860〜1957）という米国時代に知り合った終生の友がいて，女子英学塾の設立から運営にも携わった。ハルツホーンは新教授法の導入に際しても活躍した（飯野・亀田・高橋（編）2000）。

72 ————第 3 章　英語音声研究の進展

されたものと指摘している。

　小冊子には彼の観察による日本人の英語発音の特徴が盛り込まれ，18の母音，25の子音が日英比較の観点から解説してある。子音 th（theta, th-sound）音の例（11頁）では，人の顔の右側から描かれた口腔図，さらには正面からの口形図が添えてある（図3-14）。また，「アクセント」（語／文強勢；word- / sentence stress）を扱った箇所（13頁）では同綴語で，強勢位置により品詞と意味が変わる語が取り上げられ（図3-15），主強勢（primary stress）を担う母音字の上に強勢記号が振られている。

　現在もわれわれは授業で黒板やノートに書いた単語の強勢箇所を示すために，主音節母音の真上に /´/（いわゆるグリグリマーク）をつけることがあるが，重ね打ち記号（overstrike mark）を印刷物として採用したのはチェンバレンが嚆矢だと今のところ考えられている。やがてこの方式は大正時代以降の国産辞書，教科書に採用されることになる。

　Directions には日本人が誤って発音しがちな単語（例：walk—work）が取り上げられ，ほかに母音混入，音変化の連結，同化（いずれも現代の用語）等にも言及がある。日本人の発音上のウィーク・ポイントを指摘した *Directions* は『秘訣』と並び書誌的にも価値あるもので，現在の4技能統合の萌芽という点においても先駆的な文献だった。

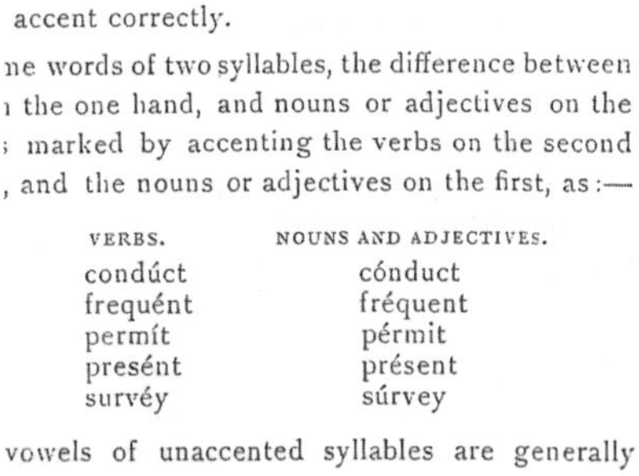

accent correctly.

ne words of two syllables, the difference between the one hand, and nouns or adjectives on the marked by accenting the verbs on the second , and the nouns or adjectives on the first, as:—

VERBS.	NOUNS AND ADJECTIVES.
condúct	cónduct
frequént	fréquent
permít	pérmit
presént	présent
survéy	súrvey

vowels of unaccented syllables are generally

図 3-15：*Directions* 中の強勢記号

　国産教科書の必要性を感じた文部省は1885（明治18）年に英国人宣教師の**ウォルター・デニング**（Walter Dening, 1846～1913）に依頼し，***English readers: The high school series***を刊行したが，この教科書は初学者向きではなかった（文部省編輯局（編）／デニング1887；大野1985）。それを踏まえた外山とチェンバレンは1889（明治22）年に ***The Mombushō conversational readers***（『正則文部省英語読本』5巻，以下，*Conversational Readers* と省略）という中

─────────────

9) 海軍士官の養成機関で，後に海軍兵学校になった（現・広島県江田島市の海上自衛隊幹部候補生学校）。

10) 彼の業績は膨大で，門下生に上田萬年（1867～1937），岡倉由三郎，芳賀矢一（1867～1927）等の優秀な人材を抱え，日本の言語学，国語学の発展に寄与した。

等学校生向きの英語読本を出版したのである。

同読本はアドルフィー・ドレイスプリング（Adolphe Dreyspring, 1830～1906）によるドイツ語の教科書を下敷きにし，文型練習を中心に編纂されたもので，その積み上げ式の内容から The Cumulative Method とも呼ばれた。1, 2巻は文法項目を配列し，それらを含む短文を生徒に何度も何度も反復させる内容になっていた。3～5巻は教師と生徒の会話，物語に関する英問英答（Q&A）で構成されていた（伊村 2003）。

この読本は米国産の教科書に対する外山なりの回答だったとも言え，同時に後に出る国産の英語教科書のプロトタイプともなった。しかし，会話内容にストーリー性がなく面白くない等の感想が生徒から上がり，評判は芳しくなかった。加えて，以下の片山寛の指摘通り，使いこなすことができる教員の能力という問題もあった（片山 1935：21）。

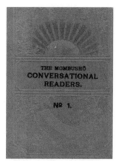
図 3-16：*Conversational readers*

明治二十二, 三年頃には practical English がかなり広く重要性を認められはじめた。文部省が practical English の主旨に沿うように会話式英語を教える Conversational Readers を発行したけれども教員に適任者が稀であったため，この教授法も期待されたほどの効果を上げることが出来なかった。しかし意義ある企てであったことは言うまでもない。

さらに竹中龍範も同読本の不人気振りに関して，より大きな観点から次のように説明している（竹中 2005：41）。

発行当時における『正則文部省英語読本』の不人気のほどは英学史, 英語教育史研究のなかでしばしば触れられるところであるが，これを異なった角度からながめると，わが国の英語教育界がその理念を理解するまでに充分成熟していなかったとも解釈できる。このことは，同じく明治20年に出版され，わが国最初の英語教授・学習法の著作とされるマーセル著・吉田直太郎訳『外国語研究法』が広く読まれた形跡のないことにも通じ（竹中 2000a 参照），時代という条件がその企図を成功に至らしめなかったということになる。

外山とチェンバレンの活動は，文部省がバックアップした日本の英語教育における音声重視への方向性を模索した最初の試みだった（大野1985）。

1893（明治26）年には陸軍教授の崎山元吉（嵩山とも；生没年不詳）[11]による『外國語教授法改良説』が出版され，3年後には重野健造[12]の181頁にも及ぶ『英語教授法改良説』が著された。しかしながら，両著ともリフォーマーが提唱した新教授法ではなく，文法・訳読式と会話の融合を図った**ハインリッヒ・G・オレンドルフ**（Heinrich Gottfried Ollendorff 1803～1865）の理論に準拠したものだった。ちなみにオレンドルフを"推し"たのはD・マレーだった（⇒p.42）。

外山は『**英語教授法――附・正則文部省英語読本**』（1897：20-21）において音声優先の立場から<u>総（統）合的に教授すること</u>の重要性を以下のように論じた（櫻井1936；伊村・若林1980）。

> 各学校ニ於ケル英語教授法ノ一大欠点ハ，訳読ハ訳読，音読ハ音読，会話ハ会話，文法ハ文法ト，其々別々ノ課目トシテ課スコトナリ。（中略）而シテ其ノ教授法ハ如何ニト言ウニ，<u>訳読ノ授業ニ於イテハ，発音音読等ニハ少シモ構ワズ</u>，生徒ヲシテ唯々訳読セシメ，若シクハ教師自ラ唯々訳読スルニ止マリ。音読授業ニ於イテハ，文章ノ意味ヲ生徒ガ了解スルト否トニハ少シモ構ワズ，唯々訳読セシメ。文法ノ授業ニ於イテハ自身ニハ少シモ英文ヲ綴リ得ヌ如キ教師ガ文法ノ規則ヲ日本語ニテ口授シテ生徒ニ書キ取ラセル。（ルビ，下線―筆者）

これは現代にもあてはまる言説である。分化して英語を教えることの誤りを外山は是正しようとしたのである（外山（述）1909）。

内村鑑三による『**外国語之研究**』は自らが創刊した『東京独立雑誌』に連載した内容をまとめたもので，1899（明治32）年に出版された。内村の言う「平民的言語」としての英語の歴史から学習法までをまとめた名著である（亀井1988）。とりわけ，発音に関する箇所の「訳語は言語の半解にすぎず，発音は

---

11) 崎山は1895（明治28）年には『**英語教授書**』を著し，翌年には『**英語初歩教授書**』を出版した（竹中2013）。

12) 重野は静岡県出身で，東京府立第一中学校（現・東京都立日比谷高等学校）での教歴があることまで分かっているが，そのほかは不明である。神田の序文が添えられたこの重野の著作は，読み取り，書取り，文法，会話のみならず教授法も扱った包括的なものだった。これも復刻版がある。

言語の最重要部分の一にして，正確に発音し得ずしてその真意を探る難し…」（内村1899：「3. 発音を怠るなかれ」）は，けだし名言である（庭野1989）。

1901（明治34）年に神田は『英語讀本説明書——附・英語発音説明』を出した。同書は小学生用の「神田リーダー（『ニューシリーズ読本』）」付属のいわゆるティーチャーズ・マニュアルだが，4技能を示す表紙の絵（図3-17，左上にある「口」の絵は図書館のラベルで隠れている）から辛うじてうかがえるように発音が4技能をつなぐものとの見地から発音を捉えたものだった。

佐藤顕理（1859~1925；別名・重道）は1902（明治35）年に『英語研究法』を著し，翌年には高橋五郎が『最新英語教習法』を上梓した（竹中2015）。さらに桝田與惣之助（1882~没年不詳）の『英語教授法綱要』（1909）は欧州の外国語教授法を整理し

図3-17：『英語讀本説明書』

た論考で，同書の第5章では発音法が取り上げられている。文芸評論家の生田長江（1882~1936；本名・弘治）の『英語獨習法』（1910）もこの時代の産物である。

1880年代の後半頃から日本に伝えられた教授法の改新ムーヴメントを見ると，明治初期に比べ，より教育的な音声の教え方・学び方の方法の模索が始められたことが分かる。こうした動きを促進したのが音声学の英国から日本への移入だった。

3.6 発音記号（Broad Romic）の移入

英語音声学／発音記号（スウィート式）の日本への初の導入は1897（明治30）年前後のことだった。東京高師の外国人教師だったラルフ・G・ワトキン（Ralph Granger Watkin, 1873~没年不明）がオックスフォード大学（the University of Oxford）でスウィートから学んだ音声学，簡略表記（簡易ローミック，Broad Romic）を，Soames（1912）をテキストにして講じたのである（片山1935：23）。

スウィートが音声学入門書の *A hand-*

図3-18：『東京高等師範学校』（1886年）

book of phonetics（邦訳：スウィート／木原（編）1998）を出版したのは1877（明治10）年であり，実に20年の時を経てスウィート音声学が日本にもたらされた計算になる。東京高師臨時官費英語専修科でワトキンの講義を受けた**小野圭次郎**（1869～1952）は以下のように当時を振り返っている（小野1939：341）。

> Watkin先生はF先生と全くその型を異にし，至って温厚な品の良い紳士で，教室に入るやまず肉の締まった長身を緩々と椅子の上に委ね，徐に書物を開いて明瞭な細い声をもって，諄々と講じられたが，少々スロー，モー（ママ―筆者）に過ぎる様に思われた。（中略）Soames著の *Phonetic Method for Learning to Read* という本をテキストとして今日行われているのとほとんど同じ方法で Phonetics を課せられたのには吾々一同が随分苦しんだものである。先生が発音の範を示され，吾々は中学初年生の如くその真似をするのであった。Reading（朗読法）も教えられ，学期末には一人ずつ読ませて試験された。チョーズンイングリッシュ中の *Byron's Childe Harold* の次の名句を，先生が抑揚をつけて幾度も読んで聞かせられた声は今なお耳にありありと残っている。（ルビ―筆者；最後に言及されている名句は残念ながら省略）

東京高師に英語専修科が加設されたのは1895（明治28）年だった。同校には新規の学問を受け入れる教育土壌が醸成されていたのか，音声学もすんなりと受容された。導入に際して中心的な役割を演じたのが，外山と昵懇の仲だった英語専修科の主任の矢田部良吉だった。

伊豆国・韮山生まれの矢田部はジョン万次郎，**大鳥圭介**（1833～1911），バラー，ブラウン，ヘボン等から英語を学び，駐米公使の森有礼に随行し，渡米した。米国で彼はコーネル大学（Cornell University）に入学し，植物学を専攻した。卒業後に帰国した彼は26歳で帝国大学の初代植物学教授となり，日本の植物学の基礎固めに尽力した。

図3-19：矢田部良吉

脱線話だが，2023年前期のNHK連続テレビ小説『らんまん』で主人公のモデルとなった**牧野富太郎**（1862～1957）が上京し，門を叩いたのが矢田部の植物研究室だった。牧野は研究室に出入りを許されたものの，やがて両者の間には軋轢が生まれたと言う。その後，何があったのかについては諸説あるが，

矢田部は帝国大学内の人間関係の悪化により免官されたのである（太田・有賀 2016）。

　その3年後，矢田部は（東京）高師校長の**嘉納治五郎**（1860～1938）[13]に招かれ，上述のように英語専修科の主任兼教頭として高師附属中学校に移籍したのだった（国立科学博物館「矢田部良吉デジタルアーカイブ」）。1898(明治31)年には嘉納の後任として校長になったが，翌年，鎌倉の由比ヶ浜で遊泳中に溺死した。短期間だったが，高師での矢田部の英語指導は秀逸で，学生の英語力の伸長に心を砕いたと言われる。教え子の**平田禿木**（1873～1943）は専修科時代の矢田部の授業を以下のように回想している（平田1938：8）。

> 矢田部先生は，後，校長になられるまで，続いて英語を教えておられたが，発音とテキストの精読にその全力を注がれ，各教場を観てまわって，他の教授の教授振りに辛辣な批評を試み，それを校外にまで及ぼすという熱心さで，当時に於ける発音の革新は，全く先生によって提唱され，成就されたのである。（ルビ―筆者）

ただし，1896（明治29）年に高等師範学校附属中学校に入学し，後に言語学者・音声学者になった**神保格**（1883～1965）は平田とは違う意見を述べている（大村・高梨・出来（編）1980b：85）。

> 矢田部先生の教へ方はその教科書に主張する様なOral exerciseから入る等の方法でなくして，普通の訳読法であった様である。

さて，どちらが矢田部の英語指導スタイルだったのか，今となっては確かめることができないのが残念である。

　1899（明治32）年には米国人の**C・M・ブラッドベリー**（C. M. Bradbury, 生

---

13) 嘉納は日本の柔道家・教育者・貴族院議員。講道館柔道の創始者。菊正宗酒造を経営する嘉納家の分家に生まれた彼は，育英義塾，官立外国語学校で学び，官立開成学校を経て東京大学を卒業した。1889（明治22）年から1890（明治23）年にかけてヨーロッパに派遣され，教育事情を視察した。帰国後は第五高等中学校（現・熊本大学），第一高等中学校（現・東京大学）の校長を経て，東京高師（現・筑波大学）校長を23年半にわたって務め，体育・スポーツの発展に活躍した（東・飯島2015；斎藤2023）。なお，柔道を海外に紹介したのは嘉納と親交があった小泉八雲（⇒ p.117）だったことは知る人ぞ知る事実である（Hearn 1895）。NHK 2018～2019年度大河ドラマの『いだてん～東京オリンピック噺～』では役所広司氏（1956～　）が嘉納治五郎を演じた。

没不詳）が*English letters and their sounds: or, useful facts of English phonology*と題した39頁の発音と綴字に関する小冊子を国民英学会から出版した。これはSweet (1890) を底本に発音と綴字の関係をまとめたもので，母音の説明箇所ではスウィートが依拠したA・ベルの視話法（⇒p.67）を用いた[14]。

ブラッドベリーは米国の師範学校を卒業した後に来日し，（東京）高師，国民英学会等で教える傍ら東京市鈴木町（現・東京都中央区京橋二丁目）で外国人向けの宿屋を経営した（大村1957）。

上述の国民英学会は1888（明治21）年に磯邊弥一郎とフレデリック・W・イーストレイク（Frederick Warrington Eastlake, 1858~1905；雅号は東湖）が創設した私立英語学校だった（イーストレーキ，ナヲミ 1936；磯邊（述）1918）。しかし両者はやがて反目し合い，イーストレイクは磯邊と袂を分かち，自らの語学学校を設立した。

図3-20：磯邊弥一郎

ワトキンはブラッドベリーの宿に居住し，そこには高等商業学校附属外国語学校英語科のR・B・マッケロー（Ronald Brunlees McKerrow, 1872~1940）も滞在していた（竹中1982a；出来1994）。ロンドン大学キングズ・コレッジ（King's College London）とケンブリッジ大学トリニティ・コレッジ（Trinity College, the University of Cambridge）で学んだマッケローはワトキンがソームズ（⇒p.66）の*Phonetic method in learning to read* (1897) をテキストにして音声学を講じたところ，学生に好評だったと聞き，自らも東京外国語学校に英語音声学を導入したのである。

こうして初期の英語音声学は，在京の英国人のネットワークを通して広まり[15]，（東京）高師及び東京外国語学校に導入されたのだった（大村1957）。

---

[14] ブラッドベリーはウェブスター式を採用した *English letters and their sounds: A higher spelling book, with reference tables, for use in Japanese schools, based upon Webster's international dictionary* という93頁の改訂版を1900（明治33）年に三省堂から出版した。これはすべからく発音と綴りに関する需要が多かったためと考えられる。

[15] 外国人の交流の場は複数あったが，1872（明治5）年に横浜で設立されたThe Asiatic Society of Japan（日本アジア協会）が特に活発に活動していた（https://www.asjapan.org）。初代会長はヘボン，二代目はブラウンが務め，その後はチェンバレン，W・G・アストン（William George Aston, 1841~1911）やE・サトウ（Sir Ernest Mason Satow, 1843~1929）に引き継がれた。

3.7 包括的な英語発音学の概説書

スウィート式の導入から4年後の1902(明治35)年に『英語發音學』という音声学の概論書が発行された。同書は東京外国語学校でマッケローの講義を受けた片山寬(ひろし)(1877〜1977；英語科第1回卒業生)が講義のノートを日本語に訳し、かつ日本人の実態に関する記述を補い、岡倉の校閲を経て出版したものである。長野・上田出身の片山が弱冠25歳だった時の著作だった[16]。

図3-21：『英語發音學』

同書は三編から成る。第一編の「発声機関」は呼吸器・声帯、母音(長母音、短母音、半二重音、二重音)、父音(ふおん)、熟音(「音節」の意味—筆者)等、各音の解説がある。

第二編では文字と発音との関係から始まり、強勢を受ける場合の母音字、発音を誤り易き詞や略詞の発音、数字、貨幣、重量、容量等の読み方が扱われている。第三編の強勢、及び文章では、合成詞の強勢、文章強勢、音節、語調等、現在、プロソディー(prosody；韻律)と呼ばれる項目も取り上げられ[17]、付録には参考書類や64頁の「発音小辞典」が添えてある。発音記号にはウェブス

図3-22：片山寬

ター式ではなく、スウィート式が採択され、また音声学用語を日本語で普及させたという意味においても画期的だった(竹中1982a；岩崎1985)。東京外国語学校で片山から学んだ岩崎民平(たみへい)(1892〜1971；後述)は同書のインパクトについて次のように語っている(岩崎1955：130)。

> 片山先生にはまた、「英語發音學」の共著者として恩恵(こうむ)を蒙ったが、入試が終わって直後、神田の古本屋で買って通読したこの本は、英語音声学に対する私の開眼であったと言って過言ではない。(ルビ—筆者)

---

[16] 音声体系をまとめた片山の発音が気になるが、小川芳男は「英米人よりきれいな発音であり、またその発音は間違ったことがない、というのが外語の伝統でした」と絶賛している(小川1984：16)。これは片山が幼少期に英語を学び、福井と金沢ではカナダ人宣教師の通訳を務めていた事実と関係があろう(出来(編著)／江利川・竹中(校閲)2024：289)。
[17] ピッチ(pitch, 音の上下)、ストレス(stress, 音の強さ)、持続時間(duration, 音の長さ)の3つから構成される超分節的特徴の総称。

『英語發音學』は最先端の音声学の知識を盛り込んだ包括的な概説書だったが，期待されたほど普及はしなかった。片山は「1897（明治30）年頃の中等教育の現場では Phonetics という横文字の学問に対して教師からは懐疑の眼差しが向けられる有様だった」（片山1935：23）とも述べている。

3.8　グアン・メソッド

前章で触れたF・グアンの L'Art d'enseigner et d'étudier les langues の英語版（The Art of teaching and studying languages）は1892（明治25）年に出版された。それから10年近くが経った1901（明治34）年に神田乃武は同書の英訳者のひとりである**ハワード・スワン**（Howard Swan, 1890~1916）を日本に招聘した。この頃，漱石が指摘した「語学力の減退」が一種の社会問題となり（斎藤2022），ナチュラル・メソッドの信奉者だった神田が英語授業の改新を願い，スワンを呼び寄せたのだった。

スワンは1902（明治35）年に開催された文部省中等英語教員夏期講習会（7月25日~8月14日，東京高等商業学校）において，師範学校附属中学校，高等商業学校の教師たちに1日4時間のグアン式の講義と授業実演を行なった。引き続いて彼は国民英学会の夏期講習会でも同様の講義を行ない，その後，**松田一橋**（1869~1908）[18]と共著で，グアン式連鎖法の解説本を著した。

しかし，神田やスワンの努力の甲斐もなく（スワンの日本滞在は5年間），グアンの考えが全国の英語教師に届くことはなかった。グアン式に対してスウィートは音声学の視点が欠落していると批判し，高橋五郎（⇒p.38）に至っては「幼児の言語習得を外国語習得に当てはめるのは愚案式である」と批判を浴びせた（平井・高岸1974；竹中2015）。

明治30年代の半ばに"英文法の巨星"と称された斎藤秀三郎[19]が Spelling and pronunciation, 3 volumes（1903~1904）及び Text-Book of accent, 3 volumes（1904）を上梓したのは"文法の斎藤"といえども，改新ムーヴメントとは無関係ではいられなかったのであろう。なお，中学校ではマッケローと片山の『英語發音學』よりも，斎藤の概説書の方が広く用いられたと言われている（出来1994）。

図3-23：斎藤秀三郎

---

[18] 松田は1899（明治32）年に東京外国語学校の講師だったが，同年末には解職されている。理由は不明であるが，校長は神田乃武だった。松田はその後，日本語教育において業績を残している。

イェスペルセンの名著である *Sprogundervisning*（1901）の英語版 *How to teach a foreign language*（1904）が日本に紹介されたのもこの頃だった。日本語版は9年後の1913（大正2）年に言語学者の**前田太郎**（1886～1921）が『**エスペルゼン教授語学教授法新論**』という邦題で訳し，出版した（1941年には**大塚高信**の補訳で再刊）。彼は大塚と同期でこれからの活躍を期待される中，夭折したのは言語学界にとって大きな損失だった。

3.9 ムーヴメントのさざ波

　この頃の出版物には改新ムーヴメントの影響が見受けられるものがある。官費留学生として高嶺秀夫らとともに米国で学んだ後，高師校長や東京音楽学校（現・東京藝術大学）初代校長等を歴任した**伊澤修二**（1851～1917）[20]はA・ベルの *Visible speech* を翻案した『**視話法**』（1901）を発表した。

　遠藤隆吉（1874～1946）[21]の『**英語の発音**』（1906），『**視話音字 発音学**』（1906）も同じ観点からのものだった（竹中 1990）。改新ムーヴメントは英字新聞や英語の専門誌にも及んだ（藤井1953）。磯邊弥一郎の『**中外英字新聞**』は各種教授法を紹介し，発音関係では「英語発音図解」（1901），「Phonetics 発音学」（1902），「英語発音学入門講座」（1903）等の連載が掲載された（出来 1994：25）。

　1904（明治37）年には『**英語少年世界**』（吉田幾次郎（編集主任））が創刊された（後に『**英学界**』と改題）。1906（明治39）年には本邦初の英語教育の

---

[19] 斎藤は英文学者・文法学者。彼は5歳にしてブラウンから英語を学んだ**横尾東作**（1839～1903）から英語の手ほどきを受け，教科書もそのほとんどが英語という言語環境の中で宮城英語学校から工部大学校に進んだ。大学校では造船学と純粋化学を学び，英語は**J・M・ディクソン**に師事した（⇒ p.43），3年で中退した時には *Encyclopedia Britannica*（Baynes, Smith & Peale 1890）を2回も通読していた（！）と言われる（惣郷 1973）。その後，第二高等学校（現・東北大学），岐阜中学校（現・岐阜県立岐阜高等学校），第一高等学校（現・東京大学教養学部，千葉大学医学部と薬学部）で教え，1896（明治29）年に東京・神田に「正則式」から名づけた正則英語学校（現・正則学園高等学校）を創設した（傳法 1930；竹下 2011）。彼は「慣用語法学」（イヂオモロジー）という独自の観点から *English conversation-grammar*（1893）や *Practical English grammar*（1898～1899）を著した。また，『**熟語本位英和辞典**』（1915），『**斎藤和英大辞典**』（1928）の辞書も著したが，発音表記に片仮名を用いた前者は批判を浴びた（大村 1960）。蛇足ながら次男の**斎藤秀雄**（1902～1974）はチェロ奏者，指揮者となり，教え子にはあの**小澤征爾**（1935～2024）がいる。

[20] 信濃・高遠（現・長野県伊那市）出身の伊澤は万次郎から英語を学び，福澤の推挙により，高嶺らと一緒に師範学科取調のために米国に留学した。現地で彼は音楽教育に興味を抱き，日本人が西洋音楽を習得するには「文明の声」を獲得すべきと，発音（声）改善の方途としての視話法に着目した。

[21] 遠藤は社会学者であり，巣鴨学園の創立者としても知られる。彼は伊澤の長女のなつと結婚し，視話法にも興味を抱き，英語発音に関する著作も複数ある（遠藤 1906a, 1906b；渡辺 2005）。

専門誌である『**英語教授** *The English Teacher's Magazine*』が創刊され，翌年には『**英語世界**』(*The English World*)，(武信由太郎(主幹)／長井氏毅(編集主任))が出た。

図3-24:『視話法』

佐川春水(しゅんすい)(1878〜1968)・**秋元俊吉**(しゅんきち)(1884〜1965；英文記者)の2人の主幹による『**英語之日本**』もこれに続いた。これは斎藤秀三郎の教え子たちによる啓蒙的な専門誌だった。これらは英語音声の"知の伝播(でんぱ)ツール"となり，特に地方の英語学習者に刺激を与えた。

1年ほど遡(さかのぼ)るが，1903(明治36)年には蓄音機(gramophone / phonograph)用のレコード付きの『**蓄音機応用 英語会話独習**』が出版された。著者は上述の松田一橘だった。これは1877(明治10)年の**トーマス・アルバ・エジソン**(Thomas Alva Edison, 1847〜1931)による蓄音機の発明から約26年後のことであった。

図3-25:『英語世界』

1909(明治42)年，佐川は**ミス・サンマース**[22)]に依頼して送声(吹き込み)してもらった36枚のレコード付属の『**教習実用 英語蓄音機詳解**』を出版し，日本人に共通する音声上の誤りや英米の発音の差異についても丁寧に解説している。レコードを用いた音声指導の手法が初めて紹介されたのはこのように明治後期だったが，蓄音機とレコードそのものが高価だったため購入できた教育機関は限られ，本格的に普及し始めたのは大正時代になってのことだった。いずれにしても英語母語話者の不足という問題はレコードの発明により徐々に改善されることになった(出来

図3-26:『教習実用 英語蓄音機詳解』

---

22) ミス・サンマース(Miss Summers)は岩倉具視(ともみ)の招聘により1873(明治6)年に英国から来日したサマーズ(⇒ p.29)の義理の娘だったリリー(Lily, 1866〜1958)である(手塚1964；東京都都政史料館・手塚1967；伊村2003)。彼女はその後も東京で英語を教え，日本滞在は86年にも及び，「英語の母」と呼ばれた。1958(昭和33)年に聖路加病院で亡くなった。享年92歳(出来(編者)／江利川・竹中(校閲)2024：490)。

1994：61）。

　なお，全国規模の唯一の教員組織で，その後の教育界で大きな役割を果たすことになる帝国教育会が設立されたのは1896（明治29）年のことだった。これは1883（明治16）年に発足した民間の大日本教育会を改称した組織で，東京高師の各科の教員が多数入会した。スワンが来日した1902（明治35）年に帝国教育会には英語教授法調査部が設けられ，同部は欧州の教授法の移入や英語教員の資質，技能の向上のための講習会（研修会）も行ない，英語音声知識の普及に貢献した。当会は戦後の1947（昭和22）年まで存続し，日本教職員組合の母体となった（西原2019）。

　その講習会であるが，中等教員向けのものは文部省主催で1896（明治29）年に始まり，これに東京，広島の両高等師範学校がそれぞれ独自の講習会を開催した。民間では上述の帝国教育会のほか，正則英語学校やグアンの項目で触れた国民英学会においても盛んに行なわれた（江利川2022b）。書物のような印刷物だけでは欧州でのムーヴメントを伝えるには自ずと限界がある（特に音声は）。以降，講習会／研修会は知識伝播，教員間の交流のツールとして機能するようになった。

　以上のごとく，開国以来，翻訳を通して欧米文化を吸収することを目的としていた英学は1890年代までには衰退し，1897（明治30）年前後から始まった英語教授法の改新の動きとともに，音声研究にも変化が生まれた。スウィートの音声学が日本にも紹介され，体系だった音声学の書物が出版され，英語教授の科学的な手法はゆっくりと，静かに広がっていった。

第4章　初期の英語音声学の移入・応用

4.1 "東の岡倉"

　近代語教授法のムーヴメントは明治後期も継続し、音声関連の情報量も急増した。そのためここでは便宜的に章を改め、欧州からの発音指導の知見を教育現場へと橋渡しをした代表的な人々の事績を中心にこの時期の動きを綴ることにする。

　第一人者として、発音指導のみならず、英語教育全般に関して新たな息吹をもたらしたのが"東の岡倉"と呼ばれた岡倉由三郎だった（伊村 2003）。彼は福井

図 4-1：岡倉由三郎

藩の生糸貿易の商館「石川屋」で手代（下級の役人に相当）を務めた岡倉勘右衛門（1820~1896）の四男として横浜に生を受けた。

　版籍奉還（1869年）により勘右衛門は商館を畳み、東京・日本橋人形町（現・東京都中央区）で旅館業を始めた。病弱だった由三郎は石川屋に出入りする外国人の自然な英語に触れるという、当時としては稀有な言語環境で育った。6歳上の兄の天心（幼名は覚三）が宣教師のバラーの英学塾（⇒p.30）に通っていた時には、子守に背負われて英語を耳にしていたというエピソードもある（清水2017）。ちなみに岡倉家のかかりつけ医はヘボンだった。長じて帝国大学文化大学選（撰）科[1]に進んだ岡倉は修了後、朝鮮の日本語学校教師を経て、府立一中（現・東京都立日比谷高等学校）、鹿児島高等中学造士館（後・第七高等学校造士館、現・鹿児島大学）で教歴を重ねた。その後、高師校長の嘉納治五郎は岡倉の類稀なる英語力と授業力を耳にし、高師へとスカウトしたのである（斎藤2023）。

　岡倉は元々、国語学、日本語学を発展させる役割を期待されていたが、文部省留学生（1902~1905年）として渡った欧州で目の当たりにした本場の近代語教授法の改新ムーヴメントが鮮烈な体験となったのか、帰国後、彼は英語教育に多くの時間を割くようになり[2]、教員養成の総本山の東京高師や英語教授

---

[1] 大学選（撰）科の修業年限は本科と同じく 3 年だったが、修了しても学士号は与えられなかった。なお、岡倉の教育哲学の根底にあったのはこの時代にお雇い外国人のドイツの教育者のエミール・ハウスクネヒト（Emil Paul Karl Heinrich Hausknecht, 1853~1927）を通して学んだヘルバルト派教育学（Herbartianismus）の影響を強く受けていたとする内丸（2014）には説得力がある。
[2] 岡倉の"転向"については平田（2023）を参照のこと。

調査委員（視学官）として，欧州で体験した新教授法の紹介と普及に努めることになったのである（寺西 1959；福原（監修）／桜庭・他（編集）1978）[3]。彼の影響力は絶大で，発音領域にも確かな足跡を残した。

　岡倉の活動は英語教育だけに限定しても多岐にわたる。音声に関連する彼の著作では，まず留学から帰朝した翌 1906（明治39）年に岡倉が訳出した**メアリー・ブレブナー**（Mary Brebner, 1858~1933）の『**外国語最新教授法**』が挙げられる。同書はブレブナーがケンブリッジ・トレーニング大学（Cambridge Training College；ケンブリッジ師範学校）を卒業した後，ドイツの中等学校を視察した際の感想をまとめたものである。その中では従来の文法・訳読式から口頭教授への転換が提唱され，教授法や教師の質，教科書の改善の必要性が説かれている。

　岡倉は同書の付録として，帝国教育会で行なった「**本邦中等学校に於ける外国語教授についての管見**」と題した報告を加えた。以下，まったく同様の論考を『第十回英語教授研究大会記念論文集』から一部引用する（I.R.E.T.（Ed.）1933：151）。

> 　新教授法の骨子となる主義は，国語の主体は，音声に意義を宿して思想感情の交換を行うための「口のことば」であり，これを文字に写した「筆のことば」はその被服にすぎぬものであるという，今日からは極めて簡単に聞こえる認識であって，その立場から口語の発音学的調査が必要となり，ここに発音学協会の設立も自然にうながされるに至った（下線―筆者）。

　引用にある「**口のことば**」，「**筆のことば**」という比喩は英語を分化して学んできた日本人の英語へのアプローチを見事に表している。これは時を超えて現在にも通用する比喩である（下線―筆者）。

　岡倉はブレブナーを訳出する前の1901（明治34）年に『**發音學講話**』を出版し，さらに1906（明治39）年には『**英語發音學大綱**』[4]を著した。両著を通して彼は音声言語としての英語の「本質」を説いた（寺西 1959）。前者は言語学の観点から著された日本語音声学の著作であるが，「日本では英語の解釈の方

---

[3] 発音には直接関係しないが，岡倉は**C・K・オグデン**（Charles Kay Ogden, 1889~1957）が考案したベーシック・イングリッシュ（Basic English）にも関心を抱いていた（広川 2018）。
[4] 岡倉は Phonetics の邦訳として実技を重んじる観点から，江戸時代からの用語である「発音学」を用い，理論面を中心とする「音声学」とは区別した。しかし，その後，二者がどの様な経緯を経て「音声学」になったのかは不明である。

面が非常に重んぜられていて，発音の方面は驚くばかり等閑(とうかん)に附せられているのが今日の英学の状態」（下線—筆者）と述べ，当時の指導の問題点を指摘し，発音指導の重要性を述べている。画期的だったのが，口蓋図(こうがい)（パラトグラム，palatogram）を用いて舌面と口蓋との接触域を示したことである。こうした工夫は現在の音声学の記述にも活かされている（例えば松坂 1986）。

後者には父音[5]，母音に正面図，側面図のほか，レントゲン写真（X-ray graphs）も掲載し，音声現実を視覚的につかめるようにした。このように岡倉は 1895（明治28）年にヴィルヘルム・レントゲン（Wilhelm Conrad Röntgen, 1845～1923）が発見したレントゲン（X-ray）を早速，応用する等，創意工夫の人だった。

1922（大正11）年の『英語小發音學』はマッケロー・片山（1902）のエッセンスをまとめたものだが，鼻音，続音（持続音のこと—筆者），中舌音(ちゅうぜつ)，舌尖音(ぜっせん)，舌尖前舌音，後舌唇音，唇歯音(しんし)等の父音や母音の連音（現在の音変化）も取り上げ，現場教師に歓迎された。なお，岡倉はこうした著作のほか，「英語教育」という言葉を初めて用いた名著の『英語教育』（1911）や26葉の『英語發音練習カード』（1921）等を次々に出版した。このうち前者は文部省夏期英語講習会での講義をまとめたもので，「教育」というタイトルには英語教育は「人間教育」の一環であることを示したものだった（伊村1988）。

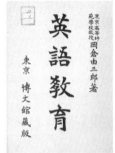

図4-2：『英語教育』

このように岡倉は音声領域で菊池，神田，外山，チェンバレン，高嶺，矢田部等の先駆者が積み上げた指導法に自らが欧州で学んだ知見を加え，それを机上の知識に留めることなく噛み砕き，中等教育の現場に

図4-3：『英語發音練習カード』

---

[5] 岡倉は「子音」を「父音」と呼んだが，これは幕末の音義派と呼ばれた国学者の用語を借用したものと推測される。彼は母音と一緒に響く子音の重要性を認め，「子」ではなく「父」という「母」と同階層の音声項目と考えたふしがある（阿久津 2018）。

橋渡しをした人だった（拝田2019）[6]。最後に岡倉の高弟の福原麟(りん)太(た)郎(ろう)による恩師の総括を紹介しておく（福原（監修）／桜庭・他（編集）1978：24）。

岡倉由三郎は留学から帰ると，英語教育界に二つの大きな寄与をしている。一つは「英語教育」（明治四十四年）を著して，新しい教授の方法と精神とを教えたことであり，他は『英語発音学大綱』（明治三十九年）によって，科学的な英語発音学を伝えたことである。後年，大正十一年になって，文部省は英国人パーマーを招いて英語発音及び教授法の指導に当たらせたが，パーマーの説くところはすでに十年乃(ない)至(し)十五年前岡倉のつとに教えたところに過ぎなかった。（ルビ─筆者）

4.2 "西の杉森"[7]

岡倉と同じく教授法の改新，音声学の普及に努めたのが**杉森此(この)馬(ま)**（1858〜1936）だった。彼は英学発祥校の明治学院，さらに"教員養成の西の雄"の広島高等師範学校（以下，広島高師；1902年創設）それぞれの創設に携わった。岡倉とは知名度の上で大きな差があったものの，岡倉と並び称される英語発音指導のリーダーとなった（田邉2010a）。杉森はオックスフォード大学でスウィートの謦(けい)咳(がい)に接し，広島高師の揺(よう)籃(らん)期(き)に音声学を導入したのである。これは東京高師から8年後の1906（明治39）年頃と考えられる。

図4-4：杉森此馬

杉森は柳(やな)河(がわ)伝習館（現・福岡県立伝習館高等学校）で和漢学を修め，熊本洋学校（現・熊本県立第一高等学校）に進学した。そこで出会ったのが**リロイ・ランシン**

図4-5：広島高等師範学校

---

[6] 岡倉の英語は国立国会図書館デジタルコレクションやNHKアーカイブス『英語講座』（https://www2.nhk.or.jp/archives/movies/?id=D0009060003_00000）で聴くことができる。
[7] "東の岡倉，西の杉森"とは別に"理論の岡倉，実地の熊本"という呼び方もあった。矢田部が関西視察の折に出会った**熊本謙二郎**（1867〜1938）はその後，東京高師に引っ張られ，学習院，津田塾，早稲田でも教えた"実践名人"だった。彼が発音に厳しかったことを教え子の佐川春(しゅん)水(すい)，萩原恭平（1898〜1969）が回想している。しかし熊本には辞書や英語教科書の著作はあったが，音声関係のものはない。出来（1994）は21頁を割き，彼の足跡をまとめている。

グ・ジェーンズ（Leroy Lansing Janes, 1837~1909）[8]だった（ジェーンズ／田中（訳）／上田（解説）1978；田中啓介（編）1985）。ジェーンズから直接教授法で英語の基礎を叩き込まれた彼は柳河師範学校普通科で学びを続け，卒業後は小学校の訓導（旧制小学校の教諭）として勤めた。しかし，勉学への思いは強く，やがて上京し，東京一致英和学校（現・明治学院大学）に入学し，その英語力にさらなる磨きをかけた（出来（編著）／江利川・竹中（校閲）2024：550-554）。

　杉森も岡倉と同じく帝国大学には進学しなかったが，1894（明治27）年には最難関の文部省検定試験（英語科）（文検；寺崎・「文検」研究会（編）2003）[9]に合格し，9年後に文部省留学生として英米に派遣されたのである（安部（編）2019）。文検に合格するということは杉森の英語力はその時の国内最高峰のレベルに達していたことを意味する（伊東1925；柴田・藤井1985；儀同1992；田邉2012）。にもかかわらず，ロンドン滞在は彼に日本で学んだ英語と英国での生活言語としての英語とのギャップを知らしめることになり，その結果，音声学を考究するに至ったと述べている（杉森1909）。松村幹男は以下のように伝えている（松村1996：9）。

　　この講習会（明治45年第2回師範学校中学校高等女学校教員等講習会）の状況を参加者　膳所中学校教諭　南石福二郎が報告している。これによると，この懇談茶話会で，杉森教授が特に自分がPhoneticsを専門として攻究するに至った動機は，英国に到着してから自分の英語が本物ではないことを知らされたからだと話したという。（ルビ―筆者）

　杉森がロンドンで痛感したのは岡倉の用語を用いるならば「筆のことば」

---

[8] 米国オハイオ州出身のジェーンズは1856（安政3）年にウエスト・ポイント陸軍士官学校に入学し，卒業後，南北戦争（Civil War, 1861~1865年）に北軍の大尉（Captain）として従軍した。6年後に退役した後，1871（明治4）年に来日。熊本洋学校では英語，数学，地理，歴史，物理，生物をひとりで担当した。彼の指導は開発教育にもとづいたもので，学習者の持てるものを引き出すグループ学習により，優秀な生徒がほかの生徒を指導するという手法を採った。34名の生徒は**熊本バンド**（花岡山バンド；bandは"同じ信念を持ち行動をともにする集団"という意味）を結成し，彼らはやがて同志社英学校へと転校した。ジェーンズの指導の模様は福田（1991）に詳しい。
[9] 旧制中等教育学校（中学校，高等女学校，師範学校）の教員資格は高等師範学校卒業者に与えられていたが，中等学校教員の必要数の拡大に対応するために文部省教員検定合格者にも免許が交付された。

4.2 "西の杉森"

と「口のことば」とのギャップだった。彼は次のように赤裸々な回想を述べている（杉森 1908：63-64）。

図 4-6：杉森直筆の英文日記

> 自分が英国に居つた時，blotting paper を買いに行きたが（ママ―筆者）何んなに発音して見ても分らない。遂に紙の用法を説明して初めて事が通じた事がある。又手拭いを買いに行きて towel を文字通りに発音したためどうしても分らない。遂に綴りを云って用が辨じた事もあつた。これは自分ばかりではない多くの留学生の経験するところである。それというのも日本人はあまり文字を綴り通りに發音するからこんな誤を生ずるのである。この習慣は最初から養成しない様に中学の初年度では大に注意すべきである。かの shall だの was だのは英語を語る外[国]人は決して明瞭には云はない，明瞭に云はないから却て了解されるのである。シュル，ウズ位に軽く云うたらよいのである。それを日本では 文字通りにも眞面目に云うから却て了解せられない。英国人の分らぬ様な発音をして云ひ表わした方が立派だ，practical English であると云うた所で愚な話である。（ルビ―筆者）

杉森が挙げている towel がなぜ通じなかったのかは分からないが，同じようなことはロンドンに滞在した者にはひとつやふたつ，いや，それ以上に覚えがあることだろう。小声で述べるが，UCL（ロンドン大学）時代に日本の英語音声学の先生方と夕食等をご一緒することが頻繁にあり，レストランやパブ等での注文ですら，発音が通じずに難儀をされていた場面を何度も目撃した。120年近く前に杉森が phonetics を選択するに至ったのも無理からぬことだった。専門誌の座談会の席上，杉森はこう述べている（杉森 1932：190-191）。

> 私は Oxford 大学に参りまして，Henry Sweet の発音学の講義をきくことにしました。まあこれで phonetics の大体は了解することが出来たのであります。翌年四月にこの phonetics を広島高師の教室で講義いたしました。日本の学校に phonetic symbols をはじめて教えましたのは私であります。（下線―筆者）

下線部はスウィート式を広島高師に最初に導入したという意味だろうが，1906（明治39）年に英国留学から帰朝した杉森が広島高師に音声学を導入したのは自然な流れだった。彼はロンドンで得た知見を高師のみならず，専門誌や講習会等を通して，学外の多くの教員にも伝えた。教え子で，後に広島県立広島中学校（現・広島県立国泰寺高等学校）の同僚と『英語之基礎』（1915）を著すことになる須貝清一（1909年英語部卒業；広島中学校内英語研究部；須貝・鶴見・浅地（編）1915；馬本 2009）は恩師について次のように述べている（須貝 1936：60-61）。

御外遊中には音声学を究められ，ご帰朝後は，吾々学生には勿論，文部省主催の講習会において，あるいは各府県の招聘に応ぜられて，中等教育の実際家にも，幾度となく，その該博にして徹底した音声学の御講義や，彼地の外国語教授法の実際，あるいはこだわりのない縦横の風物談などをうむ所なく講ぜられ，我国英語教育界に対して及ぼされた先生の御貢献は決してせん少なものではないと信ずる。（ルビ―筆者）

さらに杉森は，当時日本で教えていた英語母語話者に共通する独特の話し方──教室内言語調整（Teacher Talk）──について，次のような私見を述べている（杉森 1908：64-65）。

元来日本の学校に教鞭を執る外国人が自分一人で話すときには真の英語を用うるけれども生徒に教える場合になると妙に変って文字通り綴り読みをして教えるから イット イズ エー ドッグ という様な発音になってしまうのである。真の英語とは離れた一種の変則英語となってしまうのである。これでは会話ともならない只綴り方の読み流しである。（中略）自分は何時も Read not as it is spelt, but as it is spoken. という事を主義として教えて行ったら立派な効果を得られるだろうと思っている。（中略）以上を要するに自分は真の英語，真の読み方を教え Practicable practical English としたいとの希望を有しているのである。

彼はこうして日本の教室で学ぶ発音と現地での発音の違いを肌で感じたのである。

杉森がオックスフォード大学で学んだ発音学の内容は彼の "Talks on Pronunciation I., II."(Sugimori 1907a, 1907b）からうかがい知ることができる。まず Sugimori（1907a）では，子音における有声・無声の区別，母音のアクセント付与の原則とそうではない場合（曖昧母音の schwa）の音の実際（ふるまい），音変化における連結（linking），脱落（dropping/elision）（いずれも現代の用語）に相当する項目が取り上げられている。

そのほか，英国（南イングランド）アクセントの特徴である舌を巻かない /r/ 音の実際やコックニーなまり（Cockney）の脱落する /h/ まで取り上げてあるのは留学の成果であろう。いずれも日本語音声との違いを意識させながら，例とともに簡潔に解説している。

Sugimori（1907b：21）では母音が扱われ，冒頭で彼は"The writer desires that the readers keep in mind that no English vowel has a sound quite identical with that of any Japanese vowel."と述べ，多くの英語母音を日本語音で代用する傾向がある日本人学習者に注意を促している。ここで杉森は音声学にもとづいた母音解説を行ない，スウィート式に加え，IPA も一部採用していることに注目したい（例：/i/-/ɪ/）。この論考では舌の位置，動きについても日英音対照の手法を用いてまとめている。最後の Exercise では Bradbury（1899）にある例（⇒pp.77-78）を紹介し，学生には dictation 等をさせながら音声現実に親しませることが大切だと述べている。

杉森は文字（視覚）学習を過度に重視する旧来からの変則式教授法の"愚"を指摘し，何よりも"真の英語"（"practicable practical English"）[10]を教えるべきであるということを教育理念としていたのである（田邉 2010a）。

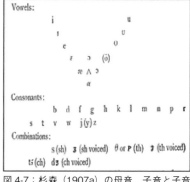

図 4-7：杉森（1907a）の母音，子音と子音結合

4.3　発音学の実践

杉森の発音学で「実践」を担当したのが米国人の外国人教師（正式には御雇(おやと)い外国教師）**P・A・スミス**（Percy Almerin Smith, 1876～1945）だった（松村 1977a）。スミスは授業内容を *Notes on practical phonetics*．（1909, 以下，

---

[10] この時の英語教育界のキャッチフレーズだった Practical English に practicable（実際的な）を加えたのは，彼の留学時代の経験がそうさせたのだろうか．

Notes.）[11]と題した小冊子にまとめた。

以下，*Notes.* を中心に1909（明治42）年前後に広島高師で始まった音声指導を概観する（田邉 2018b）。

北米YMCAを通じて日本の文部省が外国人教師を募集していることを知ったスミスは[12]講師（数学）を務めていたイリノイ州立大（Illinois State University）を辞してこれに応募した。婚約者が日本にいたため来日を切望したのである（出来（編著）／江利川・竹中（校閲）

図4-8：P・A・スミス

2024：563；夫人のシャーロット・インネッド・ドレーパー（Charlotte Enid Draper）はその後，広島高師附属中学校で英語を講じた；スミス／栗原（訳）1954）。彼には確信があったのか採用結果が届く前に来日し，そのまま広島高師に採用された。

スミスは学外の英語教育にも貢献し，1906（明治39）年創刊の日本初の英語専門誌『英語教授 The English Teachers' Magazine』では編集主任を務めた。この専門誌はYMCAの教師たちが中心になって企画されたものだった。

英語教員大会（第2回〜第3回；後述）でも講義を担当し，さらに教え子たちや日本聖公会関係者からの依頼を受けて各地で授業参観・講演等を精力的にこなした。しかしながら，来日前の目的に立ち返り，彼はキリスト教の伝道に専念する決意を固め，1912（大正元）年に9年間勤めた広島高師を辞した[13]。

スミスは外国人教師の中でも，際立って人徳の高い人物だったと伝えられる。広島高師英語部第2回卒業生の牧一はスミスが英語音声学という新分野を独学し，その知識を学生に還元しようとしていたことを以下のように記している（牧1954：23）。

スミス先生は偉大な人格者であったのみならず，又良心的な語学教師であっ

---

[11] Practical は杉森の思いがこもったタイトルである。なお，タイトルのように名称の後にピリオド（period）をつけるのは，この時代の英語の正書法にもとづくものだった。本章では原典に言及する際にはこれに準ずる。

[12] 1900（明治33）年頃から1920（大正9）年頃にかけて北米YMCAは約200名の青年英語教師を日本に派遣した。スミスもそのひとりだった（大野 1982）。

[13] スミスは福井県敦賀市の日本聖公会敦賀キリスト教会で布教活動を行なっていた。同教会には俳優の大和田伸也（1947〜 ）・獏（1950〜 ）兄弟の父親である大和田勝氏（1912〜1993）が所属していた。NHK総合テレビの「ファミリーヒストリー」（2017年12月6日放送）ではスミスと並んだ勝氏が写っていた。滋賀県彦根市にはスミスの業績を顕彰するNPOスミス会議（Smith Meeting）がある（https://smith-meeting.com. 2024年1月6日最終閲覧）。

た。先生は大学に於いては，数学を専攻されたのであるが，英語の教師としては，常に言語の研究を忘れられず，熱心に我々を指導された。英語音声学に興味を有しかつ英語教授法，ことに外人教師の英語教授に関して，研究を積まれた。「ノーツ・オン・ファネティクス」及び「ハンドブック・オブ・ティチング」¹⁴⁾（共に題名はママ―筆者）は，先生のこの方面に於ける力作である。（ルビ―筆者）

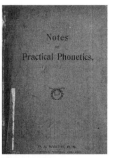

図4-9：Notes.

ちなみに牧は栃木中学校から広島高師を卒業後に渡米し，イリノイ大学（University of Illinois）から，コロンビア大学大学院に進んだ。帰国後は青山学院で教鞭を執った。米国上陸時にambassadorを「アムバセーダー」と発音したらまったく通じなかったとストレスに注意すべきと，学生に口をすっぱくして伝えた（鈴木1987）。

Notes.は菊判の85頁の冊子だった。13章から成る冊子の目次を眺めると，彼がどのような音声項目を選び，それらをどのように配列し，教えていたのかが分かる。つまりNotes.には，彼が捉えた明治の日本人の音声能力が反映され，加えて杉森の考え方も加えられていたのである。

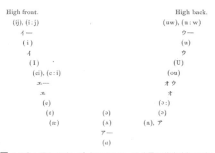

図4-10：Triangle of Japanese and English Vowels.

母音の項目（Chapter II）ではTriangleと名づけられた表において（図4-10），日英それぞれの母音が口腔内のどの位置で調音されるのかを示した。これはスウィートの簡略表記（Broad Romic）をもとに杉森がリードし，日本語音声の調音点も盛り込み，作成したものと思われる。英語音声学ではおなじ

---

14) 後者はスミスによる外国人英語教師向けのハンドブックだった（Smith 1923）。

みの母音図の原型はすでにこの時代，広島高師の学生には伝えられていたのである。なお，戦後の IPA（国際音声記号）では別個の音素として区別される /i/ と /ɪ/ 及び /u/ と /ʊ/ も扱われているのは特筆すべきである。

Notes. が演習においてどのように使用されていたのかが気になるが，杉森の項で引用した Sugai（須貝清一）が残した一文からその様子を少しだけうかがうことができる（Sugai 1954：32-33）。

> Among the few things I remember were his classes of phonetics and composition. In the phonetics hours we, one by one, picked out five or ten single words and dictated them to the rest of our classmates and the professor. Of course, our pronunciation was far from being prefect（ママ—筆者）and when the words were mispronounced they were jotted down as they were pronounced, and later candidly criticized by the professor. This helped us greatly in correcting pronunciation and in phonetically transcribing English words correctly. … I remember he used to make remarks with a sigh, "This is one of the old gray-haired mistakes," indicating that we made same (kind of) mistakes repeatedly. We were greatly abashed and vowed in our heart that we would never repeat such foolish mistakes.

ここには学生が数語を発音し，ほかの学生が書き取る（発音記号で—筆者）という手法が述べられている。これは UCL で音声学講座を受講した人にはおなじみの ear-training に近いものだったのではないかと推測される。学生に発音をさせ，そこから問題となる音の記述の復習や独習ができるようにという意図で著されたのが *Notes.* だった。

同書の CHAPTER VI では子音結合（現代の用語；スミスの用語では consecutive consonant sounds 連続子音；現在の consonant clusters）を扱い，ここでもスミス（と杉森）の工夫が見られる。彼は音変化を大きく2つのグループに分け，その類型化を試みた[15]。さらに CHAPTER VII では子音 (w)，(ʍ)，(f)，(v) 等がいかに音変化しうるのかを簡潔にまとめている（Smith 1909：54）。

日本人が英語発音を学ぶ上での最大の困難点が日本語のモーラ（mora）

---

[15] 日本人で子音結合を研究テーマとし，学位論文にまとめたのは戦後の安井（1962）だった。

拍[16]と英語シラブル（syllable）拍の違いに起因する強弱リズムであることは現在，常識だが，スミスがこの点に言及しているのは，当時の生徒には日本語の発音に干渉を受けた"モーラ発音"が顕著だったためと推測される（田邉2018b）。困難点は昔も今も変わらぬままである。

当時，広島の学び舎から巣立った卒業生の多くが英語教師になった（広島高等師範学校創立八十周年記念事業会 1982）。彼らが学んだ英語発音（音声）学，内容，指導法は卒業後，教師となって各地の学校に赴任した彼らから生徒へと伝わったはずだが（馬本 2005），それでも岡倉の「筆のことば」中心の変則式の勢いに抗するには十分ではなかった。江戸末期の英語の分化はこの国の英語音声教育の底流に流れていたのである。

4.4 日本人英語教師のための発音指導書

広島高師に音声学が導入されたのとほぼ同じ時期の1905（明治38）年に英国 ウェールズ（Wales）出身のジョージ・エドワード・ガントレット（George Edward Gauntlett, 1868〜1956）が独自の日英発音学の入門書を上梓した。それが *The elements of Japanese and English phonetics for the use of Japanese teachers of English*（1905；以下，*Elements*）だった。同書は書名からも分かるように英語教師を対象とした本邦初の英語発音指導書だった。上述のスミスは同書について以下のように述べている（Smith 1933：187）。

図4-11：E・ガントレットとガントレット恒

"There were no books on this subject [phonetics—author] written especially for those who taught English to Japanese students till Prof. Gauntlett's little booklet came out …"

こうした事実にもかかわらず，現在の英語教育学の専門家でも明治後年に教

---

16) 現在，日本語は**モーラ拍言語**（mora-counting language），英語は**音節拍言語**（syllable-counting language）とされる（Trubetzkoy 1969）。日本語のモーラは英語の音節より小さい単位のため，日本語リズムの単位を示すために古典詩の韻律用語であるラテン語の mŏra /mŏra/ を借用した（服部 1951a）。

師向けの英語発音書が出版されていたことを知る人は多くはない。以下，彼の事績と同書のポイントを綴る。

　まずガントレットの略歴であるが，彼はウェールズ南部のスウォンジー (Swansea) 出身で，滞在先のカナダで自給伝道団 (band) の一員となり，1890（明治23）年に来日した。それから数年間は関東の複数の学校で教え，1895（明治28）年には米国大使館で知り合った**山田恒**(つね)（1873〜1953；後に「恒子」と改名）と結婚し，恒は日本初の英国籍所持者となった[17]。

　彼はそれから第四高等学校（現・金沢大学）に職を得て，一家で金沢に引っ越したが，北陸の冬の厳しさに体が慣れず，肺を患った。そのため1903（明治36）年に温暖な岡山の第六高等学校（現・岡山大学）に転職した（池田1979；保坂2020）。*Elements*は岡山時代の産物だった。

　ガントレットは義弟を東京から岡山に呼び寄せたが，その義弟こそ，後に"日本の近代音楽の父"と呼ばれる**山田耕筰**(こうさく)（1886〜1965）だった。ガントレットは耕筰にオルガン等の西洋音楽はもとより，英語，英習字，ピンポン等の手ほどきを行なった（山田2001；赤井2006；濱田2012）。さらにガントレットは山口の地で英会話本（ガントレット・佐々木1901）[18]，教科書（英習字；神田・ガントレット1901）等を著した。

　1922（大正11）年のパーマー来日後には文部省や英語教授研究所（現・語学教育研究所；以下，語研）の活動に協力し，英語教育の発展に寄与した。日米関係が悪化の一途をたどる中，自由学園，横浜高等商業学校（現・横浜国立大学）の授業を継続し，1941（昭和16）年には日本に帰化し，岸登烈と名乗った。戦後，彼は終戦連絡中央事務局，及び総裁官房翻訳課，それぞれの嘱託となり，外務官吏研修所では講師も務めた（大村・高梨・出来（編）1980b；古田 2003）。

図 4-12：*Elements*

---

[17] 恒は櫻井女学校（現・女子学院）を卒業後の1902（明治35）年に第16回師範学校中学校高等女学校英語科教員検定試験に合格した才媛だった（出来（編者）／江利川・竹中（校閲）2024：690）。前橋英和女学校（現・共愛学園前橋国際大学），東京女子大学で英語を教えながら，宣教師の通訳者として伝道に従事した。また，婦人参政権の制定を求める運動でも活躍した（ガントレット恒1949）。なお，これは夢想ではあるが，彼女の生き方はNHKの朝ドラになるのではないかとも思っている。

[18] 佐々木文美(ふみ)（1855〜1909）は弘前藩（現・青森県弘前市）出身の英語教師。開成学校で英語を学び，外務省翻訳局を経て，山口高等商業学校（現・山口大学経済学部）英語科主任を務めた（大村・高梨・出来（編）1980b）。

*Elements*はB6小型判の全19章から成る72頁の冊子で，出版前年に開催された中等教育英語科教員を対象とした文部省夏期英語講習会（金沢）で行なった講義の内容を書き起こしたものだった（安藤1904；濱田2012）[19]。

*Elements*を大手の三省堂から出版することができたのは神田乃武との関係があったからであろう（神田・ガントレット1901）。目次と内容をまとめたのが表4-1（⇒p.98）である。

執筆の目的をガントレットは以下のごとく述べている（Gauntlett 1905：Preface）。

Several years of teaching in Japan have convinced the writer that many difficulties in pronunciation might be overcome if only the *teachers who instruct beginners* had some practical knowledge of the subject treated in this book.

*Elements*の特色の第1点は，上述のごとく同書が日本在住の英語母語話者によって著され，かつ日本人の英語教師を対象にした英語音声指導書だったという事実である。

第2点は日英音の比較・対照を基本方針とし，「日本語音声（the known）⇒英語音声（the unknown）」という手順が徹底されていることである。ガントレットは1899(明治32)年に日本語の速記法に関する書物を著しており[20]，その経験からであろう英語音と日本語音との比較が同書にも数多く盛り込まれている。

第3点は日本人に共通する英語発音上のエラーの代表例を取り上げ，対処法が述べられていることである。彼が選んだエラーはアクセント（強勢）（VI章），子音（その一部：VII~XII章及びXIV章），母音（XIII章），子音結合（XIV章），音変化（XV章）だった。言わずもがなであるが，これらは現代においても音声コミュニケーションの鍵を握る項目である。

第4点は数々の工夫である。最初に気づくのが音声項目を文単位で提示していることで，母音を例に取ると，できるだけ文脈（コンテクスト）の中で対象

---

[19] 講習会は1904（明治37）年7月25日~8月14日までの20日間にわたって開催された。

[20] 同書には参考文献として，ピットマン式速記法の考案者である**サー・アイザック・ピットマン**(Sir Issac Pitman, 1813~1897) が紹介されている。ピットマンも綴字改良の観点から初期の音声学を研究した人で，A・エリス（⇒p.67）と共同研究を行なったこともあった（Pitman 2015）。

98 ────第４章　初期の英語音声学の移入・応用

表 4-1 : *ELEMENTS* の目次

章	目　次	頁	主 な 内 容
I	INTRODUCTORY	1	概説，発音メカニズム，息
II	THE ORGANS OF SPEECH	3	調音器官，音声断面図，口，声帯，声，ささやき声
III	GENERAL CLASSES OF CONSONANTS	6	子音分類，Stopped or Explodent（破裂音のこと─筆者），Continuant，Surds（無声音─筆者），Sonants（有声音─筆者）
IV	EXPLANATIONS OF TERMS	10	nasals, labials, dentals, Palatals, gutturals, trill, aspirate, カタカナ，ひらがな
V	THE JAPANESE VOWELS	13	母音，半母音への言及，調音様式（舌位，唇形，wide/narrow）
VI	DIFFICULTIES TO BE ENCOUNTERED	16	英語発音と文字の不規則性，accents（強勢）
VII	ENGLISH "STOPS"	18	子音閉鎖音，日英比較 p b t d k g
VIII	ENGLISH "CONTINUANTS"	20	子音連続音，f v ふぶ，th the s z さざ sh zh し ch，写真，図
IX	ENGLISH "NASALS"	29	鼻音 m ま n なにぬねのん ng がぎぐげご
X	L AND R	31	流音 l r 舌の正面図
XI	W AND Y	36	w y
XII	H AND WH	37	h wh 人 he-toe he who
XIII	THE ENGLISH VOWELS	39	母音 wide vowels narrow vowels 舌位 前 中 後 高 中 低 long short The Obscure Vowel 単語 文単位での提示
XIV	COMBINATIONS OF CONSONATS	44	子音結合 tn, dn, tl, dl
XV	PHONETIC CHANGES	48	音変化 言語 Assimilation, Elision, Interlocution, Mutation, Prefixion, Suffixion
XVI	PHONETIC CHANGES IN OTHER LANGUAGES	52	ギリシア語，ラテン語，イタリア語，ウェールズ語，朝鮮語，日本語，ペルシャ語，フランス語
XVII	EXERCISES IN PRONUNCIATION : THE CONSONANTS	58	単語
XVIII	EXERCISES IN PRONUNCIATION : THE VOWELS	62	単語
XIX	FLUENCY	65	文単位の発音練習，音節，ポーズ，意味単位での区切り，Webster 式の diacritical mark が一部採用
APPENDIX	THE *NIGORI*	69	濁音，半濁音
INDEX		71	

音を提示するという方針を採っていたことが分かる（Gauntlett 1905：41）。

The Shah may be thought no fool.
That rare pen is not much good.（下線―筆者）

一見ナンセンスに見えるこれらの例文には，日本人学習者が学ばねばならない母音をすべて含んだ文として与えられ，この後に続く説明ではここで扱われた母音順に解説がなされている。さらに日本語に存在しない音については図，イラスト，写真等の視覚提示を活用している。顔の側面図や口腔図は菊池（1886）やチェンバレン（1887）等，それまでの発音本にも見られるが，写真の使用は本邦初の試みだったと思われる。

視覚提示の工夫として興味を引かれるのがLとRを扱った図4-13である。ガントレットは彼は頭頂部から俯瞰した図を用いて舌の形を示した。これは学習者の視点から描かれた図であり，初めての試みだった。

また，f音では正面から見た「モデル口形」の写真を挿入している（図4-14）。日本語にはない音を日本人に伝えるには写真が最良と判断したのであろう。それまでの国産の英語音声文献にはない初の試みだった。ちなみにモデルは左がガントレットの息子の**オーエン**（Owen），右は若き**山田耕筰**である。蓄音機やレコードが普及する前の明治末期に[21]イラストや写真は発音を学習者に分かりやすく伝える視覚ツールであり，言葉の説明よりも説得力がある，とガントレットは認識していたのである。

音変化（sound change）を扱ったXV章には，He knows an eagle in an instant. という文を自然に発音すると，He knows a-neagle i-na-ninstant.（Gauntlett 1905：48-49）のようになるとし，文字と実際の発音との差異を伝えようとした。

また，英語の音節単位（syllable）による英語音読について，彼は次のよう

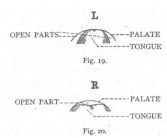

図4-13：Elements 中のLとRの舌の形

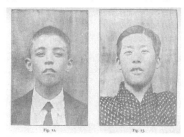

図4-14：Elements 中のfの口形

---

[21] 地域・学校間差はあるが，蓄音機が教室で普及したのは大正～昭和期になってからである。竹中（2016）では岡山西大寺町立高等女学校（現・岡山県立西大寺高等学校）の事例が紹介されている。

な指摘を行なっている（Gauntlett 1905：65）。

It is not an uncommon thing to hear students commence a long word and stop half way, reading some syllables two or three times, with the result that such a word as indisputable sounds like *in-in-indis-indid-disput-indisput-able*. To prevent this, the students should practise (at home) in the following manner.
(1) Examine the syllables without pronouncing them out loud : read them "in your mind."
(2) Take a full breath and read the word slowly from beginning to end *without stopping* for a moment between the syllables.
(3) Never read it quickly.

　彼は学習者が音読する際には教材を英語の音節単位で捉え，かつ息の使い方に注意して音読することを勧めた。日本人が日本語の音節（モーラ；⇒p.95脚注16）単位で英語を音読する傾向があることを熟知していたのであろう。モーラ発音だと英語母語話者に伝わりにくくなることを，以下の図のようにあえて誤った音の区切り（pausing）を提示することで，説明しようとしたのである（Gauntlett 1905：65-66）。

此ㇴ 中村｜樣 の家｜で ご ざ い ま す｜か
い ゝ え｜中 村 樣｜の 家｜ㇴ 郵 便｜局 の
と な り で ご ざ い ま す

図4-15：音節概念の練習1

Yet a great many students would read an English sentence in the same unreasonable way :
　Is | this Mr. | Nakamura's house ?
　No ; | Mr. Nakamura's | house is | next to | the Post |
Office.

図4-16：音節概念の練習2

　さらにガントレットは単に音読練習の手順を示すだけに留まらず，実際に発音された場合，音声がどのように自然に変化するのかを視覚的に把握できるように行間に工夫の記号（inter-linear transcription）を挿入した（図4-17；Gauntlett 1905：67）。これもひとつの見識である。
　同書は小著（booklet）ながら，隅々にまで目の行き届いた英語教員向けの

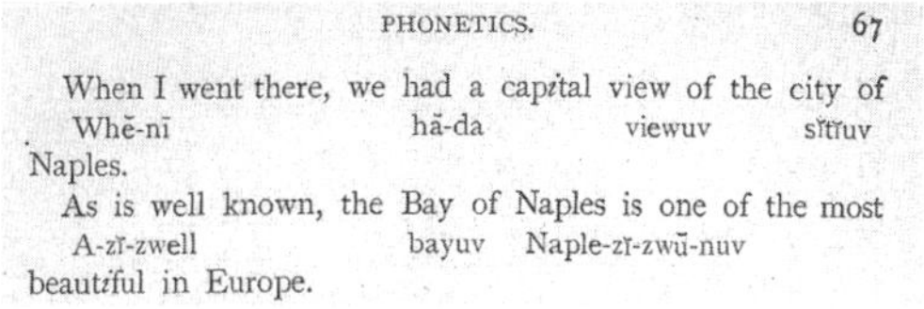
PHONETICS. 67

When I went there, we had a cap*i*tal view of the city of
Whĕ-nī hă-da viewuv sĭtĭuv
Naples.
As is well known, the Bay of Naples is one of the most
A-zĭ-zwell bayuv Naple-zĭ-zwŭ-nuv
beaut*i*ful in Europe.

図 4-17：音読練習のための工夫

音声教本だった。それが明治期に出版されていたこと自体，驚きである。*Elements*が出版された1905（明治38）年はスウィートとジョーンズ（後述）の狭間で，欧州とは知識上の“時差”が存在し，国際音声字母（International Phonetic Alphabet）は日本には未上陸だった。そのためガントレットは Exercise の項ではウェブスター式を一部用いている。これは当時の日本人になじみがあった記号を選択した結果だったと思われる。

4.5 “強勢”に注意喚起した人

図 4-18：岸本能武太

現代の英語教育界では忘れ去られた存在だが，強勢（ストレス）を中心とした英語発音の実践的な習得法を提唱した人物がいた。それが**岸本能武太**（のぶた）（1866~1928）である。明治末期に東京専門学校（現・早稲田大学）の教授だった岸本は比較宗教学（Comparative Religion），及び社会学（Sociology）において業績を残したが，“専門”という概念がまだ定まっていなかった明治の人らしく，その足跡は英語教育にも及んでいた。

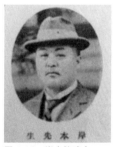

岸本は1866(慶応元）年に岡山の士族の瀧（たき）家に生まれた。岡山中学校（現・岡山県立岡山朝日高等学校）を退学し，1880（明治13）年に同志社英学校英学普通科（現・同志社大学）に入学した。同志社英学校では旧姓の「瀧」から「岸本」へと改姓し，新島襄（にいじまじょう）（⇒p.23）から洗礼を受けたが，「教義上の懐疑と煩悶（はんもん）」に悩み，英学普通科を卒業した後，神学科に入り直し，1887（明治20）年に卒業した。

卒業後，彼は彦根中学校（現・滋賀県立彦根東高等学校），宮城県の東華（とうか）学校（同志社の流れを汲む分校；現・仙台市立東華中学校）で勤務した後の1890（明治23）年に米国のハーヴァード大学（Harvard University）に入学し，比較宗教学を学んだ。岸本は現地でユニテリアン主義（Unitarianism）に帰依し，1894（明治27）年に神学学士号及び修士号を取得し，日本人初のハー

ヴァード大学修士号取得者となった。
　なお，岸本はハーヴァード時代には心理学者の **ウィリアム・ジェームズ**（William James, 1842〜1910）教授の助手を務めた。W・ジェームズは「意識の流れ」（Stream of Consciousness）を提唱し，**ジェイムズ・ジョイス**（James Augustine Aloysius Joyce, 1882〜1941），**ヴァージニア・ウルフ**（Virginia Woolf, 1882〜1941），**ウィリアム・フォークナー**（William Cuthbert Faulkner, 1897〜1962）等に影響を与え，文学の方法論にも寄与した心理学者だった（斎藤（編）1942；弟は小説家の**ヘンリー・ジェームズ**, Henry James, 1843〜1916）。助手としての経験が岸本の思

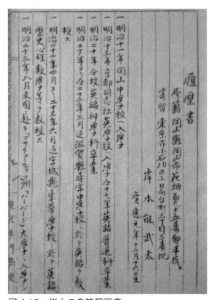

図4-19：岸本の自筆履歴書

想形成や英語の指導観に何らかの影響を与えたと考えるのが自然であろう。
　帰国後，岸本は1896（明治29）年に姉崎正治（あねざきまさはる）（1873〜1949）と一緒に比較宗教研究会を立ち上げ，日本の宗教研究の発展にも尽力した。同年に東京専門学校に新設された英語学部実用英語科主任に就任したが，3年後には東京高師英語部主任になった。1902（明治35）年には東京専門学校から改称した早稲田大学に復職し，1905（明治38）年には同志社理事となり，早稲田大学及び東京高師等で30年以上にわたって，英語，比較宗教学，社会学等を講じ，1928（昭和3）年に逝去した。
　岸本には英語教育に関する著作（含む教科書，報告書）が複数点あるが（岸本1903, 1925a；茂住1990）[22]，英語発音指導の問題に特化したのが，1910（明治43）年の『**英語研究 發音の原理**』（以下，『發音の原理』）だった。文語体で書かれた同書は日本人の英語発音の問題

図4-20：『發音の原理』

---

[22] 岸本は文部省の命により，群馬，栃木，茨城3県の中学校で英語教授法の視察を行ない，正確な英語音声による直読直解を求めていた文部大臣・菊地大麓（⇒ p.59）に報告書を提出している（岸本1903）。

点を具体的な手法とともに提案した力作である（福原（監修）／桜庭・他（編集）1978）。以下，そのポイントを箇条書きにする。

1）発音の重要性

彼は英学時代とは違う英語力が求められているとし，英語発音の「正確さ」なしには真の意味での英語運用能力は身につかないとした（岸本1910：緒言）。

> しかり今日は既に変則英語の時代にあらずして正則英語の時代なり。いや，英語を訳読訳解すべき時代にあらずしてそれを直読直解すべきの時代なり。英語の発音にして正確ならざらんか，にわかに英語を自由自在に活用することはあたわざるのみならず，到底英文の妙趣を玩味することはあたわざるべし。しかも我国民は遂にこれを自覚するに至れり。慶賀すべからずや。（ルビ―筆者）

2）日本人の立場からの発音学習

岸本はさらに日本人の英語発音の困難点に対処することを「医療行為」にたとえ，英語発音という「疾病」を癒すには，何よりも日本人がなぜ英語の発音をうまくこなせないのかという根本原因（病根）を究明しなければ治療はできないとしたのである（岸本1910：2）。

> 他人の疾病を癒し，彼等を苦痛より済度して彼岸に到達せしめ得るの望みあり。外国人にして日本人に英語を教ゆるものの比較的に不成績なるは，彼等が我等の困難を感ずるをあたわず我等の病根を知るをあたわざればなり。病をしらずもの如何でか病を癒すことを得ん。（ルビ―筆者）

「英語の母語話者だからといって，自分の言葉の発音指導に長けていることにはならない」と，現在では半ば常識となっていることを，彼がこの時期に明言しているのは傾聴に値する。これは近年，研究が進んでいる過度な"ネイティヴ・スピーカー中心主義"（Native Speakerism）を先取りした言説であるとも言える（Cook 1999；Davies 2004；Holliday 2006）[23]。

---

[23] ネイティヴ・スピーカー中心主義は現代の概念であるが，英語学習者がターゲットとすべき英語は西欧諸国出身のネイティヴ（特に白人 Caucasian）が用いる英語であり，西欧での英語教授法が最も優れているとする誤った考え方を指す。1900年代終わりからの **World Englishes**（国際諸英語；後述）の拡大，差別意識への芽生えの言語意識の変化から起きた論調である。

3) 簡便・効果

以上からうかがえるように岸本が発音指導に求めたのは簡便で，かつ効果の上がる内容だった（岸本 1910：3）。

故に当書の特色（もし特色ありとすれば）は日本人の立場から考えて最も簡便にしてしかも最も効果ある方法によって英語の正確なる発音を説かんとするに在り。

こうした信念の下，発音記号はウェブスター式で十分という立場を取ったのである（岸本 1910：4）。

語の文字を変更せず単に発音符号を付加するのみにてその発音を示し得ると，又かくして示したる発音は日本人の立場から英語の発音を学ぶとして十分正確にして別に不足を感ずる程にあらざればなり。

岸本は時流には乗らずに自らの信念を優先したが，新教授法や IPA が英語教育界にも少しずつもたらされるようになった明治末期にあって改新者には同書のこうした箇所には反発する者もいたと思われる。

4) 目標の明示

岸本は英語発音を次のように定義し，学習者が到達すべき目標を実にシンプルに明示している。ここの「素音」とは子音を指し，「字母」は母音である（岸本 1910：6）。

英語の発音＝素音＋字母の発音＋アクセント

シンプルな定義の中で彼が強調したのがアクセント（強勢，ストレス）であった。

これらの中にてことに肝要なるはアクセントである。素音の発音や字母の発音は比較的に正確なる人々の中にも，アクセントの何ものなるや少しも分らず，従って語々のアクセントが全くメチャメチャな人々は少なくない。それだからせっかくの英語が英米人に分らないのである。

4.5 "強勢"に注意喚起した人───105

　強勢（ストレス）の重要性を伝えてきたのは，岸本が最初ではなく，日本で
もこれまで先人の多くが述べたことにもかかわらず，彼がこの項目を取り上げ
たことは，音声ストレスに対しての認識がこの時代の学生には行きわたってい
なかったことを示すものだろう。そして，岸本はどのように指導するかを具体
例としてまとめたという点で評価されるべきである。

5）具体的指導（習得）法
　岸本は自らの指導法を医療的であるとし，それを「口形的発音法」と呼ん
だ。英語音を口に出す際には音の口形を整えるべきであると主張した（岸本
1910：10）。

　口の形さへ出来れば適当な音声の出ない訳は決してない。適当な音声の出な
　いのは，全く口の形を知らないから，もしくは知っていてもその通りにしな
　いからである。

　口形に加え，彼が次のポイントとしたのが音節の区切り（syllabication）で
あり，その背後で働く英語の音節ルールだった（御園 2001）。音節構造（sylla-
ble structure）を認知することは英語の基本リズム獲得への第一歩である。岸
本は学生が音の区切り方が分かるようになった段階で，次に習得すべきはアク
セント（ストレス）であると主張した（岸本 1910：135）。

　英語のアクセントは英語の発音を困難にするためにあるのではなく，むしろ
　それを容易にするためにあるのである。故にアクセントがあるから英語の発
　音がむずかしいと感ずる間は，まだ我等が英語の性質を了解しておらない証
　拠である。

　岸本はアクセントの重要性を講演で次のように伝えている（岸本 1925b：
158）。

　とにもかくにも英語にはアクセントというものがあって，大変に大事なもの
　であること，それをうまくやらねばならぬ。アクセントが違うと西洋人には
　当方のいうことが分からない。たとえば一番皆が間違いやすい語の一つは
　character で，これははじめを揚げて cháracter と発音すべきであるに，日

本人は一般に央を揚げて charácter と発音するから西洋人には分かる筈がない。日本に居る西洋人は日本人の間の違った英語を聞き慣れているので分かるかも知れないが，それは私のいわゆる割引の英語で，それでは西洋へ行っては分からない。「これ唐人め（ママ―筆者）英語が分からないか」などといって怒ってみてもし方がない。それは向うが悪いのではなく，コチラが悪いのである。

また，アクセントを構成する要素を彼は以下のようにまとめている（岸本 1910：140）。

これに反して予はアクセントには少なくとも次の四要素があると思うから，そのつもりで教えてみるに，その結果ははなはだ良好である。即ちアクセントには単に音声が（1）強いという外に，（2）高いと云うことと，3）長いということと，今一つは（4）明るいと云うことが入っていると思う。（強調―筆者）

　この記述から岸本が英語ストレスを構成する「強さ」，「高さ」，「長さ」，「明瞭さ」の重要性をつかんでいたことが分かる。そして英語リズムの命脈であるアクセントを生徒に伝えるべく彼が考案したのが「揚頭法」だった。例えば nation という単語は，na・tion のように2つの音節に分かれるが，第1強勢 a /eɪ/ で首を上げながら発音し，第2強勢の /ə/ 部分で頭部を下げながら言うことで，第1強勢よりも自然に弱くなると彼は考えたのである（強勢記号は強勢母音節の最後に振られている）。
　このように岸本はアクセントのみならず，読み手がイントネーション（音調，ピッチ）の変化も同時に理解できるようなイラスト（図4-21）を考案した。ストレスはリズムと一体になり，それはヒトの身体運動（kinetic movement）とも深く関係している事実を伝えようとしたのである[24]。
　さて，徹底的なプラグマティスト（pragmatist；実用主義者）だった岸本は，教室ではどう教えていたのだろうか。教え子で，銀行員からエッセイストに転じた瀧澤敬一（1884~1965）は次のごとく恩師の授業を振り返っている（瀧澤 1946：181；福原（監修）／桜庭・他（編集）1978：44に再録）。

　一番面白かったのは，後年岡田式静座法（岸本1915―筆者）の信者となられ

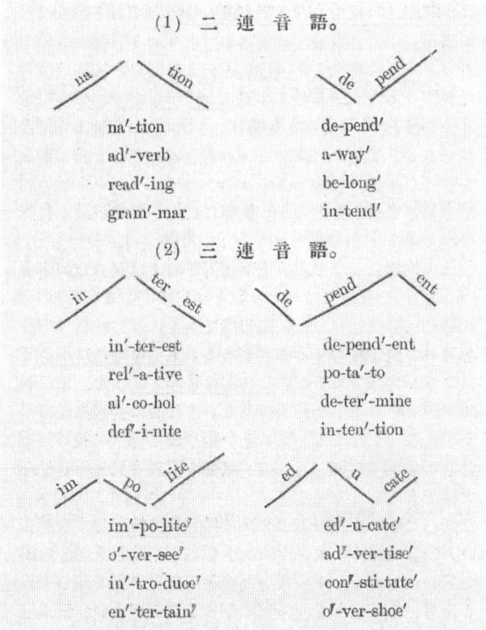

(1) 二 連 音 語。

na tion　　de pend

na′-tion　　de-pend′
ad′-verb　　a-way′
read′-ing　　be-long′
gram′-mar　　in-tend′

(2) 三 連 音 語。

in ter est　　de pend ent

in′-ter-est　　de-pend′-ent
rel′-a-tive　　po-ta′-to
al′-co-hol　　de-ter′-mine
def′-i-nite　　in-ten′-tion

im po lite　　ed u cate

im′-po-lite′　　ed′-u-cate′
o′-ver-see′　　ad′-ver-tise′
in′-tro-duce′　　con′-sti-tute′
en′-ter-tain′　　o′-ver-shoe′

図 4-21：岸本（1910）のアクセント練習のための工夫

たアメリカ仕込みの岸本能武太先生，Godをかみさんかみさんと言うので女房のような気がしてならなかった。アクセントの必要性を論じ，首を強く或いは弱く前後に振り動かして第一次第二次揚音符の稽古をさせられ，また唇の運動にはスーイーアイオーアー（ママ—著者）と母音の発音を，往来でも電車中でも練習せよと言われた。首振りアクセントは教室外ではやや狂じみるが，英語の生命がそこにあることを知り，後にロンドンに遊んだ時にも，発音だけは少しも驚かなかったのもそのお陰である。

瀧澤と同じく（東京）高師附属中学校出身で，岸本の授業を受けた神保格は揚頭法を以下のように描写している（福原（監修）／桜庭・他（編集）1978：197）。

[24] 上野舞斗は 1898（明治 31）年に開講した通信教育『英語学講義』「発音綴字科」には岸本のものとよく似たイラストが用いられていたことを突き止めた。この講義には岡倉が関わっていたが，岸本がこのテキストからインスピレーションを得たのかどうかは定かではない。なお，上野は同書の強勢表記の第 1 強勢には「′」が，第 2 強勢には「′′」が用いられ，「当時，一般的だった強音節の終わりに置く方式」が採用されたと報告している（上野 2017：212）。

…そして，文章の意味がよく分かった後，音読の練習に移る。それが上に言った通り非常に発音をやかましく正される。その中ことに力を注がれたのはaccentである。その教え方は有名なる「首振り法」[25]である。Accentの強い所を発音する時は頭を後に傾ける位に上を向く，弱い所は頭を前へ垂れてうなずく形をする。Interjectionなどという単語になると4回も上下運動をする。級全体がchorusで練習する時は2，30人の頭が一斉に上下するのですこぶる奇観であった。こんな事でaccentの重要性を十分印象させられたが，それとともに韻文の音読を奨励されたのも先生の教授法の一特色であった。

　教え子の中桐確太郎（なかぎりかくたろう）は次のように岸本の指導原理を総括している（中桐1925：32）。

先生は己（おのれ）真に得ることがあれば之（これ）を分かち与えずにおれなかったようであります。そして，それを分かち与えるには，分析し，組立なおし，できるだけ解りやすき形にして教えられたのであります。これはもとより親切なる愛情の然らしむ所であることは申すまでもありませんが，単にそればかりでなく，岸本先生の教授を特色づけている所の『明晰を好まるる』ということから出ておるのであると思います。而（しこう）してまた此の明晰を欲せらるる心は先生の一生を支配しておった生命でもあるように思われます。（ルビ―筆者）

　岸本は以上のように改新ムーヴメントに参入し，英語発音指導の重要性を強く訴えた人だった。日本人の弱点を熟知し，プラグマティックな観点から「できること」と「できないこと」を峻別（しゅんべつ）し，通じる発音を構成する音声項目を求めた結果，音節とアクセントに至ったのである。そしてアクセントの重要性を伝えるために，それを机上の論に終わらせずに具体的な学習（習得）法として揚頭法を考案したのは米国に留学し，学位を取得した彼の経験からの見識だった。
　発音と身体運動は元々，結びついている。この原理をもとに教授法に昇華したのがグアンだった。岸本がグアン式を認識していたのかどうかは未解明であるが，いずれにしても首を上げ下げしながら発音するのは発音と筋肉運動との関係を踏まえた手法であろう（竹内1990，1995）。とりわけ首を上げることは"喉を開く"ことになる。控え目な日本人は英語を話すことに関して一種の

---

[25] これは授業を受けた学生間の通称だった。岸本自身は「揚頭法」と命名していた（⇒ p.106）。

抑制（inhibition）があり，それが英語の強弱拍のリズム[26]を習得する上での障壁となっていると岸本は考え，発音の問題（彼の言葉では「病根」）を治癒するには，上体，首を動かすことが肝要だと帰結したのである。なお，音声と身体運動の関連性は現代の音楽学習で用いられるリトミック（仏 rythmique；英 eurhythmics）にも通じる発想だった（ダルクローズ／坂野（監修）／山本（訳）1975）。

筆者は早稲田大学教育学部で教職科目を担当していた頃，「英語科教育法」の授業では毎年のように揚頭法を紹介した。学生たちは先輩である岸本についてまったく知らず，この手法に興味津々で，面白がって首を振りながら発音練習を行なった。中には教育実習で実践した者もおり，発音と動作をひとつにした手法は生徒に好評だったと伝えてきた。

4.6　英語音声指導に尽力した米国人

ガントレットと同様，日本での英語発音の指導に尽力した英語母語話者は数多い（手塚 1975）。彼らの多くが，教会，大学，高等学校，中等学校，専門学校や私塾等の現場で英語音声の"真の姿"を教えた。こうした母語話者の活躍は日本各地で見られた。

英語発音の普及に尽力した彼らの代表をひとりだけ選ぶなら，それは**ポール・L・ゲルハード**（Paul Lambert Gerhard；1873～1949）[27]である。彼は米国ドイツ改革派教会のミッション・ボード（Board of Mission；伝道局）の学校専任宣教師として来日した。これは英語教師を必要としていた東北学院の要望で実現したものだった。

米国の中学校での教歴があった彼は東北学院で1898（明治31）年から1939（昭和14）年までの40年近くにわたって教鞭を執った（東北学院百年史編集委員会（編）1989）。南精一はP・ゲルハードはベルリッツ式をベースにしたとするが（南1998），東北学院で授業を受けた宇田道夫の回想によると，彼はグアン式も併用した独自の折衷式の教授法を用いていたとのことである（清水1991）。

---

[26] 岸本時代の話ではないが，英語が強弱拍で等時性（isochronism）のリズムを持つ言語であると断言できるかの結論は出てはいない。英語教育学の関係者の間では便宜的に教えやすいためか，概念だけが一人歩きしている感がある。御園（2009）はこうした言説の経緯をまとめており，参考になる。
[27] Gerhard の片仮名表記は「ゲルハルト」，「ゲアハルド」，「ゲアハルト」，「ゲルハード」等，様々である。本書では「ゲルハード」に統一する。なお，息子のロバートも後年，音声学者・英語教育者として活躍することになるので父親のことは P・ゲルハードと記述する。

後に扱う**ハロルド・E・パーマー**（Harold Edward Palmer, 1877～1949）の来日から遡ること四半世紀も前から直接教授法を実践しており，その指導力は文部省から授業参観があったほど，評判が立っていた（内ヶ崎1917；手塚1975；山浦1980；中井2011）。清水浩三は恩師に関して次のように述べている（清水1984：41）。

先生の英語教授法については余りに有名で，独創のチャート式教授法やオーラル・メソッドによる教授法など大正時代の日本の教授法に大きな貢献をなされたものであった。

引用にある「独創のチャート式教授法」は未確認ではあるが，おそらくは図4-22のように文字と音声を対応させる手法だったと推測される。1921（大正10）年に東北学院中等部を卒業した生徒は以下のように述懐している（清水1991：420；オリジナルは『東北学院英学史年報』第5号）。

教室正面の壁にアルファベットを書いたポスターのようなものが貼られていた。ゲルハード先生に最初に教えられたのは2行目上の [f] であった。各自小さな鏡を左手に持ち，ゲルハード先生の口もとを見ながら，下唇の上に門歯(もんし)を重ねて [f] の発音を何度も繰り返したものである。（ルビ―筆者）

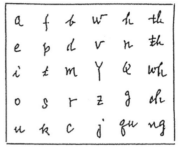

図4-22：P・ゲルハードのチャート

授業中，P・ゲルハードは生徒には英語をふんだんに与え，日本語を交えず，レアリア（⇒p.57脚注19）を活用し，ジェスチャー／アクション（Non-verbal features）と一緒に理解させていた。また，チャートや鏡を用いて，口形を認識させるようにもしていた。

さらに図4-23のように教え子の三品鼎(みしなかなえ)とともにティーム・ティーチング（Team-teaching；TT；現在の「協同授業」）を行なっていたと言われる。当時の宣教師の多くがそうだったように，P・ゲルハードの発音指導も繰り返しを主体とするものだったが，こうした補助的な工夫は発音指導に当たる教員に共通して見られる特徴である。彼の教え子で，卒業後，フルブライト留学生とし

てミシガン大学で学び，のちに宮城県仙台西高等学校校長を務めた大場時也は以下のように当時を振り返っている（大場2002：11）。

図4-23：P・ゲルハードと三品による授業

> ポール・L・ゲルハードは，パーマーを積極的に支援協力し，研究所（英語教授研究所，後の語学教育研究所―筆者）でも重要な位置を占めて参与しました。教室にオーラル・メソッドを導入しました。パーマーの理想が，ゲルハード先生や山浦拓造先生の教授理念として，特に中学部の入門期には，英語と動作を組み合わせた日本語を使わない授業として厳しい反復練習の洗礼を受けました。英語の勉強とはそういうものだと思い込んでいました。英語は生きたことばでした。

P・ゲルハードは1924（大正13）年10月17日～18日に開催された英語教授研究大会（東京成城学校；現・成城中学校・成城高等学校）にも参加し，パーマーに協力を惜しまなかった。彼のような学校専門の宣教師は教会やYMCA等を通して布教活動を行ない，同時に，音声言語としての英語の普及に努めた（手塚1975）。彼らが英語発音指導法に与えたインパクトは大きく，日本人の英語音声の知識，運用面の向上はこうした英語母語話者を通して広がったのである。

4.7 日本版新教授法の進展

音声優先主義が公文書に初めて記載されたのは1901（明治34）年の中学校令施行規則だった。翌年の1902（明治35）年制定の『中学校教授要目』にも，発音及び会話に関しては以下のような指導の理念が述べられていた（文部省訓令1911）。これにより英語音声の指導が公的にも推し進められることになったと捉えることができる（櫻井1936：163-164；大村・高梨・出来（編）1980a，第1巻；松村1982）。以下，音声関連事項のみ抜粋する。

2) 発音ハ特ニ英語教授ノ初期ニ於テ厳ニ之ヲ正シ又国語ニ存セサル発音ニ留意シテ之ニ習熟セシムベシ。
3) 会話ハ読本中ノ文章又ハ事項ニ因ミテ之ヲ授ケ進ミテハ日常ノ事項ニ就キ

テ対話ヲナサシメ生徒ヲシテ文字ヲ離レテ英語ヲ了解シ又自己ノ思想ヲ表ハスコトヲ習ハシムベシ。

　文部省はさらに中等学校英語教授法調査委員会を組織した。新渡戸稲造（第一高等学校校長）を委員長として，神田乃武（学習院教授），淺田榮次（東京外国語学校教授；⇒p.71 脚注7），岡倉由三郎（東京高師教授），大島義脩（文部省視学官），中西保人（東京府立一中教員），篠田錦策（東京高師助教授）が委員に選ばれた（役職名は当時のもの―筆者）。調査結果は「中等学校における英語教授法調査報告」として，1909（明治42）年の『官報』（明治42年1月20日）に発表された。調査報告には次のような提言（8原則）が盛り込まれた（伊村 1988：147-148）。

1) 最初の間は，耳によってのみ教授すること。
2) 全課程を通じて，出来る限り外国語を用いること。
3) 自国語を外国語に翻訳すること（つまり，和文英訳）は上級の他は全く除くかまたは幾分か除くべきこと。
4) 外国語を自国語に翻訳すること（英文和訳）は，なるべく減縮すること。
5) 教授の初期には，広く絵画を用い，具体的に示すこと。
6) Realien（風物教授），すなわち外国の生活・風俗・制度・地理・歴史・文学など広く教うべきこと。
7) 読本（リーダー）を基礎として，たえず会話を行うべきこと。
8) 文法は読本から帰納的に教うべきこと。

　報告では，発音，綴字，聴方，言方，読方，習字，書き方，文法の諸領域にわたる教授上の注意のほか，生徒の自習に関する注意，教員及び編成に関する提言が述べられ，教授法には，改新ムーヴメントの流れを汲んだ Phonetic Method が推奨されている。
　翌年の1911（明治44）年の『中学校教授要目』にある音声関係の条項は次のように改正された。

1) 発音ヲ授クルニ際シ必要アルトキハ舌・歯・唇ナドノ位置ヲ説明シ又ハ発音図ヲ示スベシ。
2) 教授中教師ハ生徒ノ了解シ得ル程度ニ於テ成ルベク外国語ヲ使用スベシ。

条項は「舌・歯・唇ナドノ位置ヲ説明シ又ハ発音図ヲ示ス」と9年前よりも，音声学の知見を採り入れた文言になっていることに注目したい。これは調査委員会の報告を受けたものであろう（大村・高梨・出来（編）1980a：87）。なお，「成ルベク外国語ヲ使用スベシ」と対象言語を授業で使用すべきという点は今日的な問題でもある。同年の東京高師附属中学校の教授細目と併せて読むと（福原（監修）／桜庭・他（編集）1978），この方針は今日言われる「実践的コミュニケーション能力」を育成するための方向性と一致していることが分かる。

日本でも音声を中心とする英語教授法の改新はこのように行政レベルにも及んだものの，コミュニケーション言語として英語を必要とする欧州とは違い，ヨーロッパ大陸から遠く離れた日本では英語教師はもとより，一般の人々が英語の音声能力の必要性を感じる状況は生まれなかった。こうした地理的要因も英語音声／発音教育が他国のように前進しなかった要因のひとつであろう。

そうした中でも1902（明治35）年に締結された日英同盟により欧米列強の一員としての国家的な意識が醸成されるにつれ，日本人英語教師の間では英国式アクセントに親近感が芽生えつつあった。

1913（大正2）年には第1回英語教員大会が京都第一中学校（現・京都府立洛北高等学校・附属中学校）講堂で開催された。大会には神田乃武，**茨木清次郎**（1876～1955；文部省視学官），嘉納治五郎，岡倉由三郎等が参加し，英語教授法や発音指導等に関して議論が交わされた（櫻井 1936：224-225）。

翌年の第2回大会では音声言語としての英語の教授に関して熱心な討議が行なわれた。ここにもムーヴメントの影響がうかがえる。しかしながら大会は第3回大会が最後となり，以後，開催されることはなかった。これには英語教育の存在理由そのものに疑問を投げかける言論が関係していたと思われる（江利川2023）。

1916（大正5）年に元文相で衆議院議長も務めた**大岡育造**（1856～1928）が「中学校より外国語科を除却すべし」という英語廃止論を『教育時論』（第1133号）に発表した。彼は中学校に英語を必修にしていることが独立した国家としての善良なる方針であろうかと疑義を呈した。これに対して熊本バンドのひとりで（⇒p.88 脚注8），早稲田大学教授になった**浮田和民**（1860～1946）は希望者に課すべきと，折衷的な（elective）提案を行なった。また村井知至（⇒p.54）は，外国語教育は「属地的教育方針」にはあらずと主張した。

改新の機運の高まりからか，文部省は1919（大正8）年には中学校令を出

し，外国語の授業時間を改定増加した。新教授法のムーヴメントを推進しよう
と思う勢力がある一方で，それを望まない勢力が反対の声を上げるという図式
が再び生まれたのである。英語教育をめぐる議論は時計の振り子のように揺れ
続け，その後も続くことになる（Kelly 1969；大谷2007）。そして英語音声指
導もこの振り子に左右されることになる。

第5章　ジョーンズ音声学とIPA

5.1　大正英語音声学ブーム

図 5-1：大谷正信

ダニエル・ジョーンズ[1]（Daniel Jones, 1881~1967）の著作の輸入直後から大正英語音声学ブームが起きた（皆川 1967）。背景には明治後半からの教授法の改新ムーヴメントがあったことは言うまでもない。

きっかけは文部省留学生として UCL（ロンドン大学）に留学した第四高等学校（現・金沢大学）教授の**大谷正信**（1875~1933；俳号は**繞石**）の雑誌連載だった。彼はジョーンズの講義を受講し，帰国後，講義内容を「**ヂョウンズ先生の英語發音學**」と題して，『英語青年』に発表した（1915~1916）。連載は反響を呼び，ジョーンズの著作（1917, 1918；後述）を丸善[2]が輸入した後の 1919（大正 8）年頃から音声学の学習ブームは起き，関東大震災が起きた 1923（大正 12）年まで続いた（宮田 1967a；木村毅 1969）。

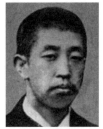

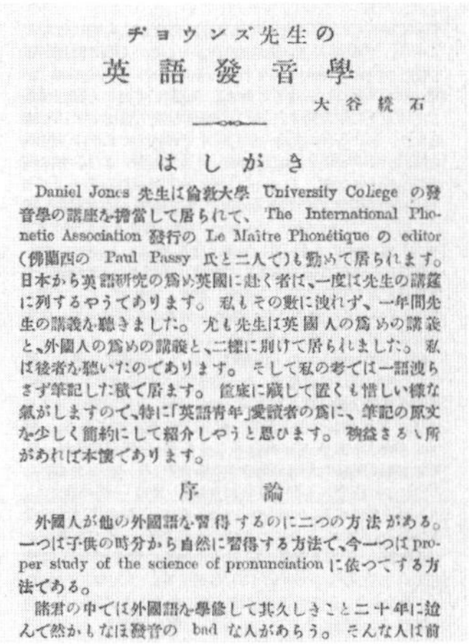

ヂョウンズ先生の
英語發音學
大谷繞石

はしがき

Daniel Jones 先生は倫敦大學 University College の發音學の講座を擔當して居られて、The International Phonetic Association 發行の Le Maître Phonétique の editor（佛蘭西の Paul Passy 氏と二人で）も勤めて居られます。日本から英語研究の爲め英國に赴く者は、一度は先生の講筵に列するやうであります。私もその數に洩れず、一年間先生の講義を聽きました。尤も先生は英國人の爲めの講義と、外國人の爲めの講義と、二樣に別けて居られました。私は後者を聽いたのであります。そして私の考では一語洩らさず筆記した積で居ます。筐底に藏して置くも惜しい樣な氣がしますので、特に「英語青年」愛讀者の爲に、筆記の原文を少しく簡約にして紹介しやうと思ひます。稗益さるゝ所があれば本懷であります。

序論

外國人が他の外國語を習得するのに二つの方法がある。一つは子供の時分から自然に習得する方法で、今一つは proper study of the science of pronunciation に依つてする方法である。

諸君の中では外國語を學修して其久しきこと二十年に迨んで然かもなほ發音の bad な人があらう。そんな人は前

図 5-2：大谷の連載（初回）

ジョーンズに関する論考，著作は多いが，彼が実際，どのように音声学を講じていたのかに関するものは多くはない。以下，大谷の略歴を綴り，次に彼の目を通したジョーンズの講義の一端を眺めることにする。

5.2　大谷という人

大谷は「彼は生まれつき聡明な人物」であり，島根県尋常中学（旧制松江中学校；現・島根県立松江北高等学校）入学以来，「常に成績は首席」だった

1) Jones の片仮名表記は「ジョウンズ」，もしくは「ヂョウンズ」が原音に近いが，「ジョーンズ」が広く用いられているところから，これに従う。

2) 丸善は，1869（明治 2 年）に恩師の福澤諭吉から見込まれ，蘭法医学者から書籍を中心とした西洋物品の輸入業に転じた**早矢仕有的**（1837~1901）が創業した。以降，丸善は西欧文物の移入に大きな役割を果たした。ちなみにハヤシライスは有的が考案し，息子の四郎が広めたとされるが，真偽は不明である。

（島根県文学館推進協議会（編）2010）。第三高等学校（現・京都大学）に進んだ彼は**高浜虚子**（1874~1959），**河東碧梧桐**（1873~1937）と同級となり，彼らの句才に衝撃を受けた。1894（明治27）年の第一次高等学校令により第二高等学校（現・東北大学）に移籍した。卒業後は東京帝国大学へ進学し，英文学を専攻したものの，彼の俳句への熱情は途切れることはなかった。

東京帝国大学卒業後，大谷は複数の学校で英語を教え，1908（明治41）年には茨木清次郎の後任として第四高等学校に着任した。新天地で大谷は子規派句会の北声会を主宰し，**室生犀星**（1889~1962）もその会員だった。金沢での新生活をスタートしたばかりだったが，文部省留学生に選ばれた大谷は翌年にはロンドンに赴くことになった。表5-1は文部省留学生として海外で学んだ人々のリストだが，彼は錚々たるメンバーに名を連ねていた（大谷の留学年は太字で示した）。

表5-1：文部省留学生（英語英文学関係）

1882（明治15）年	（米国）山川捨松 津田梅子 [3]
1900（明治33）年	（英独1年）神田乃武 （英国2年）夏目金之助（漱石）
1901（明治34）年	（英国4年）茨木清次郎 （米国3年）岡田美津（英独仏3年）岡倉由三郎
1902（明治35）年	（英国3年）平田喜一
1903（明治36）年	（英国2年）永野武一郎 （英仏独2年）粟野健次郎 （英米2年）杉森此馬
1906（明治39）年	（英米2年）長屋順耳
1907（明治40）年	（英国1年）上田敏 （英米2年）本田増次郎 （英米3年）辻（小此木）マツ
1908（明治41）年	（英米独3年）野田義夫
1909（明治42）年	（英米2年）小松原隆二（英国2年）大谷正信

（櫻井1936；渡辺1977をもとに作成）

文部省留学生に選出されたことは彼の力量が認められたと言えるが，日野（2009）はそれには文部省専門学務局長だった上田萬年（⇒p.72 脚注10）の力添えがあったことを示唆している[4]。帰朝後，大谷は第四高等学校に復職し，

---

[3] 山川，津田ともに1871（明治4）年の北海道開拓使派遣の5人の女子留学生として欧米視察の岩倉具視大使一行と一緒に米国に派遣された。1882（明治15）年から彼女たちは文部省の管理下となった。
[4] 上田はチェンバレンの高弟のひとりで，後に帝国大学文科大学教授として国語学，言語学を講じた。ちなみに次女は小説家の**円地文子**（1905~1986）である。なお，染村（2001）は，大谷の東京帝国大学と旧制第四高等学校の先輩で，文部省視学官だった茨木の手助けがあったという別の解釈を提起している。

12年近く教えた後に広島高等学校（現・広島大学）に転じた。大谷はこのように英語英文学と俳諧との"二刀流"を貫いた人だった。その経歴でユニークなのが，**ラフカディオ・ハーン**（1850〜1904, Lafcadio Hearn；ヘルン，**小泉八雲**）から島根県尋常中学校及び帝国大学で二度にわたって教わったという事実である（ローゼン・西川2007）。明らかに大谷は英語や言語学等を学ぶ上ですこぶる恵まれた環境にあった[5]。

　当時の御雇い外国人の多くが西欧文化の優位性から"後進国"の日本の学生を見下すような姿勢が顕著だった中，ハーンはそうした御雇い外国人とは真逆の姿勢で，生徒・学生に寄り添った教育を行なったと言われる[6]。松江時代のハーンの指導法について教え子の角田洋三は次のように述べている（角田1996：8）。

> 会話はおおむね作文といってよく，題を与えて即席に作らせ，早く提出した者に文法上の誤りを指摘し，皆に示して教える方法も取られた。読み方は，ハーンが一度朗読し，生徒に一節ずつ大声で朗読させる。このとき，発音，アクセント，イントネーションに気をつけさせる。

　ハーンという類稀な文学者のそばにいたからと言って，大谷が英語音声学に特別の興味・関心を抱いたというわけではなかったようである。そんな彼がジョーンズの講義に出たのは学問的な興味とは別の理由があった（大谷1915，第34巻第1号：13）。

> 日本から英語研究のため英国に赴く者は，一度は先生の講演に列するようであります。私もその数に洩れず，一年間先生の講義を聴きました。

　ジョーンズ講義のまとめをメディアに持ち込んだのは単純に経済的理由からだったとほかならぬ本人が述べている（大谷1933：10）。

---

[5] 帝大時代に大谷はハーンから日本文学，文化を英訳することで学費の補助を受け，糊口をしのぐこともあった。

[6] ハーンの次男・稲垣巌（1897〜1937）は父と同じ英語教師の道を歩み，京都府立桃山中学校（現・京都府立桃山高等学校）で教鞭を執った。その教え方は生徒の側に立つ父親譲りのものだった。評伝には小野木（編著）（1992）がある。なお，2025年秋にはNHK連続テレビ小説で，巌の母である小泉セツ（戸籍上は節子）がモデルとなる「ばけばけ」が放映される予定である。

…文を売って留守居の者共の生活の資をつくり与えざるを得なかった。「報知新聞」に書いた。「太陽」に「英語青年」に書いた。「中央公論」は殆ど毎号自分の小品や紀行を掲げた。

　大谷は英語音声学を専門にしたわけではなく，ジョーンズの講義に出たのも個人的な事情からだったようである。しかし，彼がまとめたジョーンズの講義録が日本の英語音声学の学習の一大ブームを巻き起こすことになったのは歴史のいたずらと呼べることだった。

5.3　音声学の父ジョーンズ

　英語音声学を学ぶ上で，ジョーンズは避けては通れない"巨人"であり，彼に関する論考は数え切れない。しかし彼が実際にどのような講義を行なっていたのか情報は多くはない。以下，"音声学の父"であるジョーンズの講義の一端を大谷の連載を通して眺めることにする。

図 5-3：D・ジョーンズ

　まず，略歴の中で気づくのはジョーンズがケンブリッジ大学キングス・コレッジ（King's College, Cambridge University）で専攻したのは数学だったということである。しかし優秀な級友に圧倒され，成績は振るわなかった。卒業後は法廷弁護士（barrister）の父親の意向に従い大学院に進み，法学を学んだ。修了後，彼は弁護士の父親の後を継ぐためにロンドンのリンカーン法曹院（Honourable Society of Lincoln's Inn）で法廷弁護士資格は取得したものの，数学と同じく法律にも興味は湧かず，むしろ，学部時代に留学したドイツで学んだ音声学と外国語教授法に強い関心を抱いたのである（Beverly 1988）。

　ジョーンズはUCL の非常勤講師を経て，パリのソルボンヌ大学高等教育院（現・パリ大学）に留学し（1905~1906），パスィーによって音声学に開眼した。

　この間，彼はドイツにも滞在し，マールブルク（Marburg）のウィリアム・ティリー（William Till(e)y, 1860~1935；後にコロンビア大学教授となり，Trans-Atlantic Accentsの研究で知られる）が設立した Institute Tilly でドイツ語を学んだ。オーストラリア出身のティリーはマールブルク大学（現・Philipps-Universität Marburg）でフィエトルから指導を受け，音声学を学んだ後，自ら語学学校を設立した人物だった（Beverley & Inger 1998；神山2023）。

　パスィーの下でフランス語音声学を修めたジョーンズは1907（明治40）年

に帰英し，UCL の非常勤講師から翌年，専任講師（lecturer）となり，フランス語／英語音声学を担当した。蛇足ながら，UCL の音声学科元学科長だった**ジョン・C・ウェルズ**（John Christopher Wells, 1939~ ）はジョーンズの"耳の良さ"はほかの音声学者の追随を許さないほどで，英国内の各地のアクセントを聞き分けられたのみならず，世界各地の多数の言語音にも精通していたと筆者に語ってくれた。

大谷がロンドンに渡航した1909（明治42）年にジョーンズは英語母語話者のための基本的な英語音声学の入門書である*The pronunciation of English*（1909）を著した（初版は69頁）。1914（大正3）年にはUCL のリーダー（reader；准教授に相当）に昇格し，1921（大正10）年に音声学の分野では初の教授となり，同年には音声学科の主任教授になった。

図5-4：*EPD*

ジョーンズは**ハーマン・ミカエリス**（Hermann Michaelis）と共著で*A phonetic dictionary of the English language*（1913）を出版した[7]。だが，検索語を発音記号で探るという手法からか評判は芳しくはなかっ

図5-5：*OEP*

た。しかし，1917（大正6）年に同辞書をもとにして彼は*An English pronouncing dictionary*（以下，*EPD*）[8]を編集し，翌年には英語母語話者以外の英語学習者を念頭に「教養ある英国発音」（educated British English pronunciation）をまとめた *An outline of English phonetics*（1918；以下，*OEP*）を上梓し，これは*EPD*とともに世界的な大ベストセラーになった。

5.4　ジョーンズの講義

『英語青年』の連載は1915（大正4）年10月1日（第34巻第1号）から1916（大正5）年12月15日（第36巻第6号）まで続いた。その本数は30本にも及

---

[7] 私は同辞書を竹中龍範先生からご恵贈いただいた。「発音記号に慣らすため」というジョーンズのねらいは理解できるものの，発音記号で単語を引くのは不思議な感覚である。
[8] 現在，ケンブリッジ大学出版局が *EPD* の版権を入手し，**ピーター・ローチ**（Peter Roach, 1943~ ），**ジェーン・セッター**（Jane Setter, 1966~；現・レディング大学教授），及び**ジョン・エスリング**（John Esling, 1949~；ビクトリア大学名誉教授）の編纂で *Cambridge English pronouncing dictionary*（18版）として販売されている。

び，講義を「一語も洩らさず筆記した」（大谷1915, 第34巻第1号：13）とする大谷の要約で構成されている。連載は大谷のロンドン滞在時のものではなく，帰国後にノートを整理して発表したものだった。

表 5-2：ジョーンズの講義（大谷 1915）

I.	序論 Standard Pronunciation.
II.	Organs of Speech.
III.	Classification of Sounds. Classification of Consonants. Classification of Vowels.
IV.	English Speech Sounds in Detail.
V.	English Speech Sounds in Detail. 半母音 母音詳説
VI.	Length.
VII.	Stress.
VIII.	Intonation. 練習

　表5-2にあるように，講義は「標準発音」に関するジョーンズの考え方から始まり，「目標音の提示」「音声器官」が続く。次に「分節音」「超分節音」の解説がある。前者では「子音→母音」という音声項目の順序も確認できる。後者は「ストレス→イントネーション」という順序で，それぞれに章が設けてある。こうした音声項目の配列はジョーンズ以降の英語音声学の授業や音声学教本のプロトタイプになった。

　講義（lecture）は「音声項目の解説→例示→体験」，実習（practicum）では「phonetic dictation（ear-training）→朗読（音読）」というのが一般的な指導手順だった（大谷 1916, 第36巻第2号：49）。

　（…中略…）先生は一時間を講義にあて，次の一時間を実習に供され，実習には先生のThe Pronunciation of EnglishのPart IIを用いられたり。（…中略…）然し先生は時々同書に載り居らざる文章を朗読して我等学生をして phonetic transcription の符号にて書取らしめ，それを点検し，更にその文章を我々をして朗読せしめて発音を正し，種々注意を述べられたり。

　ちなみにこの手順は現在も UCLの正規の授業（英語音声学講義）や夏季英語音声学セミナー（Summer Course in English Phonetics；SCEP）[9]においても継承されている。

　子音／母音の説明は当然，ジョーンズ自身の研究成果に裏打ちされている。

母音を例に取ると，1) 音素素性・環境，2) 調音様式，舌の動き，位置，様態，3) エラー状況（地域・外国人別）という，現在の音声学では定番となった視点にもとづくものだった。

表 5-3：講義の概要 1

6 回目	大正 4 年 12 月 15 日（第 34 巻 第 6 号）：182	III. Classification of Vowels.
・ 母音の分類は舌の主要部の位置による ・ 舌の最高部の位置に従って区別するのが便宜 ・ front vowels（前母音），back vowels（後母音），mixed vowels（央母音） ・ closed vowels（合母音），open vowels（開母音） ・ 合と開との時の高さの三分の一だけ合の時よりも下がった時の母音 half-closed vowels（半合母音） ・ 三分の二だけ合の時よりも下がった時の母音 half-open vowels（半開母音） ・ 母音表（省略） ・ open-close 筋肉を締めるか締めぬか tense vowels, lax vowels		

　舌の位置が母音の区分になり，閉鎖（closed）から緊張／弛緩（tense / lax）等，母音素性に関する説明がここにはある。

　4 回目の講義では外国人（非英語母語話者）の発音上のエラーを取り上げ，問題点の指摘を行なった。この回ではドイツ人に共通する誤りが論じられ，大谷はここで日本人の発音上のクセ（母音混入）に関するコメントを加えている（下線部—筆者）。

表 5-4：講義の概要 2

4 回目	大正 4 年 11 月 15 日（第 34 巻 第 4 号）：120	III. Classification of Sounds.
・ ドイツ人が一番発音しかねる音 b d g v z ʒ ð ・ こんな音で終わる語には初めは extra vowel を加えて発音し，漸次その vowel を縮め弱めて最後に正音を出す練習が良い ・ add を æda と発音させ æd に移行 ・ 日本人には extra vowel をつける悪弊あり。注意。（大谷）（下線—筆者）		

---

9) 1919（大正 8）年から続く英語音声学の夏季集中コース。第二次世界大戦とコロナ禍による中断を除き 100 年以上の伝統を誇る。2019（平成 31 ／令和元）年 8 月 19~30 日には 100 周年記念コースが開催された（Ashby & Crompton 2019）。私も学生や教員，社会人を引率して過去 4 回参加した。参加者は運用能力，音声学の知識を自己申告し，それに応じたグループに分けられる。私の場合，2 回目からはウェルズ学科長（John C. Wells，当時）から，"You can hop from one group to another." というお墨付きをもらい，様々なレベルの授業を見せてもらった。コロナ禍では Virtual Summer Course in English Pronunciation（VSCEP）という名称のオンライン開催が 3 年間続いた。なお，現在，ジョーンズ時代の Practicum は Practical に変更になった。

また，ジョーンズは講義では次のような指導技術を用いていたことが記されている。

- 耳を塞いで両者の聞き分けをする，喉を指で触ってみる（大谷 1915，第34巻第3号：76）
- 発音の練習――fvfv, ssss, zzzz, szsz, ʃʒʃʒʃʒ, θðθð（大谷 1915，第34巻第4号：120）
- rの発音――jawと発音するとdrawとなり，chainと発音するとtrainとなる（大谷 1915，第34巻第11号：335）

このうち，最初の2つは英語授業で体験した人も多いはずである。こうした体験型の指導技術の多くは日本にも伝えられており，今更ながらジョーンズの影響力を再認識する。

表5-4の下線部のごとく，大谷は日本人を念頭に発音指導・習得上のポイントを添えている。以下，例として強勢に関するコメントを挙げておく（大谷1916，第35巻第3号：79）。なお，そのほかの例は田邉（2020）を参照されたい。

繞石曰，我々英語の教授を為して居る者は殊に之に注意して stress のある場合と無き場合に応じてstrong と weak との適当な発音を教えなければならぬと思う。中学校あたりで充分之に注意して教えて居る人が甚だ少ないように余には察せられる。（ルビ―筆者）

また彼は以下のようにも述べている（第35巻第8号：239）。

我々日本人はこのouを発音しかぬるようなり。教科書朗読練習の際余自らも幾度かジョーンズ先生に正されしことを自白す。（ルビ―筆者）

ジョーンズの功績は英国の大学として UCL に初めて音声学科を設立し，音声学を学問領域（academic disciplines）に引き上げたこと，さらに IPA を改良し，現行の発音記号の原型を提起したことである。学術面ではスウィートから継承した基本母音の概念を整理したことも大きい。ただし，舌位に関する記述は後に批判を浴びることになった（Ladefoged 1975；清水1983）。*OEP*

（1918）は英語発音を理論的に記述したもので，英語音声学と英語教育の発展に影響を与えた。音声記述の内，イントネーション研究はパーマーが発展させ，後の音韻論，構造言語学の研究の素地を作った。

ジョーンズ音声学の本質はその応用言語学的な側面にあり，英語を母語としない学習者（EFL learners）への英語音声の指導を最大の目的としていたが，この事実は看過されがちである（Jones 1948）。日本ではそれまでウェブスター式の発音記号を使っていたが，大正の終わりから昭和にかけて IPA 式，それに若干のアレンジを加えた表記へ移行するようになったことを踏まえると，ジョーンズはまさに発音指導上のゲームチェンジャー（game changer）だった（Beverly & Inger 1998）。

なお，UCL とは切っても切り離せない関係にある英国放送協会（British Broadcasting Corporation; BBC）が本格的なラジオ放送を開始したのは 1927（昭和 2）年だった。

5.5 教育的まなざしの音声教本

ジョーンズ音声学，IPA を日本に紹介した文献は複数あるが，その中で，日本人の実態を踏まえ，平易な言葉で書かれたのが，岩崎民平『英語 發音と綴字（ENGLISH SPEECH AND SPELLING）』[10]（1919；以下，『發音と綴字』）だった。

豊田實は，本書を以下のように紹介している（豊田 1939：192）。

> 大正になってからの英語音声学の文献では八年の岩崎民平著『英語 發音と綴字』（研究社）が先ず注意されるべきものである。

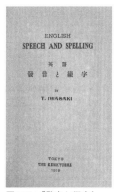

図 5-6：『發音と綴字』

また田島松二は，明治期からの英語学の文献総覧の中で「…わが国英語音声

---

10) 筆者も初版と 7 版を家蔵するが，初版では表紙に ENGLISH SOUNDS AND SPELLING BY T. IWASAKI，背表紙に ENGLISH SOUNDS AND SPELLING，扉に ENGLISH SOUNDS AND SPELLING とあり，7 版はカバー付きでカバー表紙に ENGLISH SPEECH AND SPELLING BY T. IWASAKI，背は邦題のみで英文なし。カバーを外した表紙は無地。背表紙に ENGLISH SPEECH AND SPELLING BY T. IWASAKI，扉には ENGLISH SPEECH AND SPELLING BY T. IWASAKI となっている。

学研究史上きわめて重要な著作とされる…」と評している（田島2001：72）。同書が誕生した経緯について小川芳男は以下のように述べている（小川1954：505）。

> 四中時代に先生は処女出版として，今日尚その方面の名著とされている「英語 発音と綴字」を世に問われた。これが奇しくも先生と市河三喜博士を結びつける縁となった。というのは出版元小酒井氏からこの本の出版の話を聞かれた市河博士が，この校正を通覧して幾箇所かの注意を与えられたのである。この本はその後，文検や高検の指定参考書とされた。

今，改めて同書を読むと，初学者と同じ目の高さに立ち，英語発音を分かりやすく伝えようとした著者の"教育的まなざし"とも呼べる一定の視点で貫かれていることに気づく（田邉 2015）。著者の**岩崎民平**（たみへい）（1892～1971）は一貫して"英語ひとすじの道"を歩んだ人だった。山口県旧津野郡富田村古市（とんだ）（ふるいち）（旧・新南陽市；現・周南市（しゅうなん））の味噌屋の五男として生を受けた岩崎は徳山中学校で学んだ[11]。そこで出会ったのが外国人教師の**R・S・キンネー**（R.S. Kinney；生没年不詳；徳山中

図5-7：岩崎民平

学校の在任期間は1906～1909；保坂2020）で，キンネー先生のおかげで英語好きになり，東京外国語学校（現・東京外国語大学）に進学することにしたと述べている。

卒業後に東京府立第四中学校（現・東京都立戸山高等学校）に赴任し，教職経験を積んだが，これを辞した岩崎は東京帝国大学に進学した。学士号取得後，東京外国語学校に教授として迎えられ，戦後は新制の東京外国語大学学長を務め，退官後も複数の私立大学に出講した。1947（昭和22）年にはNHKラジオ『基礎英語』の講師を担当した。

岩崎が東京帝国大学に入学した時，前年に欧州から帰朝した**市河三喜**助教授（さんき）（1886～1970；1920年に教授昇格）から「君に教える事は何もない」と言われたとの逸話が残るほど，岩崎の英語力と英語学，音声学の知識は「完成の域に

---

[11] 筆者の初任校の山口県立南陽工業高等学校は岩崎家の北側に位置する丘の上にあった。先輩の教師から「岩崎先生を知らないのか！」との"教育的指導"を受け，あわてて古書店で『發音と綴字』を求め，読んだ記憶がある。以降，こうした縁を機に音声研究に乗り出すことになった。

達していた」（河口1990）。

　また，岩崎が東京外国語学校に赴任した時には別の面白い話が残っている（池田1979：560）。

　　私は不幸にしてこの先生（岩崎のこと―筆者）に教えを受ける機会に恵まれなかったが，就任された11年4月に Medley 先生[12]が私たちの教室に岩崎さん新任のことを知らせ，私たちに "...He was one of my favourite students, he speaks correct English. Any professors in this school cannot excel in him." といって出てゆかれたのがいまだに忘れられない。外語に7年いた黒岩正身という快男児が Jones 辞典を片手に発音を一つでも間違えたらとっちめようと手ぐすね引いて教室に待機したが遂に成功しなかったという逸話もある。

　岩崎の略歴からうかがえるのは音声学から辞書編纂，さらには英語の総合的な力を問われる英米文学の名著（「研究社英文学叢書」等）の注釈といったその守備範囲の広さである（ただし，岩崎が音声学に取り組んだのは初期のみで，その後は英語学，英米文学へと興味・関心は移った）。岩崎の評伝を著した町田（1988；元山口県教育委員会英語指導主事）は，岩崎は英語を "単体" としてとらえ，細分化，専門化が進み始めた英語の各領域を自由に行き来する「英語リベラリスト」だったと評価しているが，それは正鵠を射ている。

5.6　『發音と綴字』の特色

　『發音と綴字』は以下のように「緒言」から始まり，本編はＩからⅥまでの6章で構成されていた（⇒p.126 表5-5）。

　構成上の最大の特長は冒頭で25頁も割き，日本語音に関する基礎知識をコンパクトにまとめていることである。英語発音を習得するには母語の音韻体系への理解があり，そこから日本語とは違う体系を持つ言語にいかに応用すべきかを，自身の学びから理解していたのであろう。われわれは発音指導の際，比

---

[12] ロンドン生まれの**オースチン・ウィリアム・メドレー**（Austin William Medley, 1875-1940）は1906（明治39）年に来日し，以降34年間にわたって東京外国語学校で教鞭を執った。英文学の講義では俳優ばりの朗読が大人気で，外語の名物教授となった。岩崎は彼の愛弟子だった。メドレーは村井知至と共著で複数の著作を遺している。彼は1928（昭和3）年に「在日外人教師の会」（Association of Foreign Teachers in Japan）の初代会長に選出された。

表 5-5：『發音と綴字』目次（*1919（大正 8）年 9 月 5 日再版）

緒言 / 本書に用いた表音文字 I. 日本語の音：1-25 　発音機関 　「こえ」と「いき」 　父音と母音との別 　日本語の父音 　日本語の母音 　父音と母音の関係 　音節 　アクセント	II. 英語の音：26-77 　英語の父音 　英語の単母音 　二重母音 　三重母音 　二重母音の表	III. 音の結合：78-97 　断音の場合 　語尾語頭の有声父音 　同化 　音節
IV. 強勢：98-149 　強勢とその符号 　強勢を支配する原理 　語の強勢 　品詞の差を示す強勢 　意味の差を示す強勢 　合成詞及び連語の強勢 　文の強勢 　強い形と弱い形	V. 連節，音調，音の長さ：150-167 　連節 　音調 　音の長さ 　同音異綴の語 　類似の音の語	VI. 字と音：168-206 　字と音との関係 　概則 　強音節中の単母字 　強音節中の二重母字 　弱音節中の母字 　父字
		附録 参考書：207-208.

較／対照手法を用いることが多いが，肝心の母語の音声は端折って，いきおい英語音から授業に入ることがある。岩崎はそうしたアプローチの"浅さ"を知っていたのである（岩崎 1919：1）。

　英語の音を説明する際，これを日本語の音と比較する事は，参考になって大変必要な事である。ところがこの肝心な母国語の発音に就いて普通の人の持っている知識は極めて漠然としている。これは子供の内から自然と覚え込んだ結果である。従って第一章は序論として日本語の音をざっと取り扱う事にした。

　日本語音を最初に配置したことに関して，豊田は「筆者の用意の程は先ず「日本語の音」の説明から始めて「英語の音」に移る点にも表れており…」と述べている（豊田 1939：192）。豊田は「用意」と評したが，母語から英語との違いを学ぶという池田伴庚（編）（1888）以来（⇒p.63）の日英音対照の利点を岩崎のまなざしは見据えていたのである。緒言には表記法に関する彼の考えが述べてある（岩崎 1919：ii）。

　今日我が国に行われている辞典においてまだ余喘を保っているいわゆるウェブスター式表音法の著しく複雑不統一なのは誰も異論のないところであろう。

5.6 『發音と綴字』の特色―――127

同式は元来非科学的な普通の綴字を綴り直す手数を省いて種々の記号を付して発音を示そうとした企てであるが，これ古き革袋に新しき酒を盛らんとしたもので失敗に帰したのは当然である。（ルビ―筆者）

岩崎はウェブスター式表記法の不便さを衝き，本来は発音を学び，上達させるため考案された記号がかえって学習者を苦しめている状況に苦言を呈した。『發音と綴字』にはウェブスター式がもたらした混乱を IPA の導入[13]により，"糾す"という目的があったのである（岩崎 1919：iii）。

Webster 式表音法は複雑，不統一であり失敗に帰したのは当然である。本書に採用した国際音声学会の表音文字は，将来においても優勢なことは疑う余地もない。

その目的通り，同書は英語音声解説書というだけの存在ではなく，ジョーンズの EPD, OEP の輸入と時を同じくしてウェブスター式から IPA へのシフトを決定づけた基本文献となった。ただし，IPA を全面的に採用するのではなく，独自の"編集"を加えたのは日本の学習者の実情に合わせるという配慮からだった。例を挙げるならば，IPA の [j] と [ɪ] を表す記号をそれぞれ，[y] と [ĭ] に変えたのはそうした例である（岩崎 1919：iii）。

唯本書では Yes などの初発の父音を示す [j] 音に変るに [y] を以てした。英語の学習だけにはこの方が適当と考えたからである。

戦後のアメリカ音声学では移行音（glide）の [j] を表すのに [y] が広く用いられていることを踏まえるならば，この判断はまさに彼の慧眼だった（岩崎 1919：iii）。

又 [i] 音と区別して他に [ĭ] を特に認めたのは，強勢のない大分低いこの音を兎角日本語のイのように高く発音しがちなのに注意を与えたいためである。（ルビ―筆者）

―――

[13] 国際音声学会（International Phonetic Association）が制定した発音記号である IPA（International Phonetic Alphabet）は当初「万国音標文字」と訳されたが，近年は「国際音声記号／国際音声字母」と呼ばれる。また。学会と記号の双方の略称が IPA のため，混乱することがままある（三浦 2004）。

岩崎のまなざしは強勢（ストレス）の表記法にも見受けられる（岩崎1919：99）。

> 強勢符号［ ´ ］は強勢が第一音節にある場合には特に記す必要は無い（英語では第一音節に強勢があるのが最も普通であるからである）。

彼はさらに強音節の母音字の上に置く方法を採用した理由を次のように述べている（岩崎1919：99）。

> 強勢の符号は［ ´ ］以外にも種々工夫した人がある。又［ ´ ］を付するにも，例えば（1）about [əˊbout] と強音節の前に置く式，（2）a-bout ´ と強音節の終りに置く式，（3）about [əbáut] との強音節の母音の上に置く式，（4）abou´t [ə-bau´t] と母音の次に置く等種々ある。（1）は現今の発音学の書物に普通に採用される良法であるが，今尚日本で普通辞典に採用されている（2）の式と混同され易い。（3）は良法で且（かつ）（1）の如き誤解の恐れがないから本書ではこれを採用した。（ルビ―筆者）

以上の理由から岩崎はチェンバレン式（⇒p.72）を採用したのである。強音節の母音に強勢記号を振る方式は岩崎が事実上の著者と言われる**市河三喜（編）『英語發音辭典』**（1923）にも採用された。同辞書はジョーンズ式を全面的に採用したが，強勢記号の振り方だけは日本人になじみのあるものにした（神山2023）。

活用語尾又は接尾辭はその意味を補足するに止まって居るから、强勢は第一音節にある。

例、*báking*, *báker*, *féarfully*, *féarlessness*, *físhermen*, *bédtime*.

図 5-8：『發音と綴字』の強勢表記

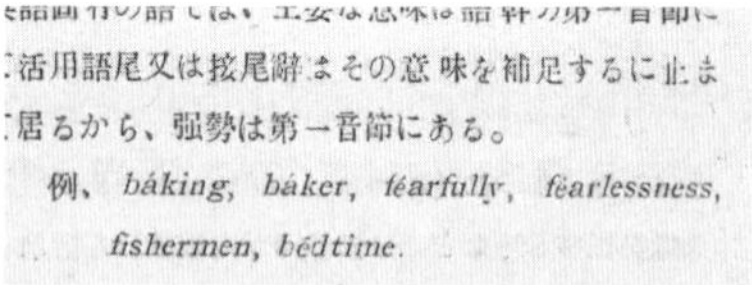

教師，学習者に寄り添った岩崎のまなざしは日本語音，英語音の各音声項目の説明においても一貫している。それは例えば，有声音（voiced），無声音（voiceless）を弁別する箇所にも見られ，それまでの日本の英語発

發　音　辭　典

A

A ei　英語字母の一
a ei（强），ə（弱，常形）一つの
Aachen
Aaron
aback　後方へ
abacus　算盤
abaft　後方へ
abandon　放縦
abandon　棄てる
abase　低くめる
abash　羞ぢさせる
abatable　減じ得べき
abate　減ずる
abatis　逆茂木
abbacy　僧院長の職
Abbas
abbé　僧院長
abbess　尼院長
abbey (A.)　僧院
abbot (A.)　僧院長
Abbotsford
abbotship　僧院長の職
Abbott

abduction　誘拐
abeam　舷横に
abed　床に臥して
Abel（外國人名）
Abercrombie
Aberdeen(shire)
Aberdonian
Abergavenny（姓）（地名）
aberrance　常軌を逸
aberrant　常軌を逸したる
aberrate　常軌を逸する
aberration　常軌を逸
Aberystwith　したる事，
abet　煽動する
abeyance　中止
abhor　大に嫌ふ
abhorrence　大嫌ひ
abhorrent　大嫌ひの
abide（-bode）　待つ，堪へ（の過去及び過分）
abies　樅屬
abigail (A.)　貴婦人の侍女

図 5-9：『英語發音辭典』

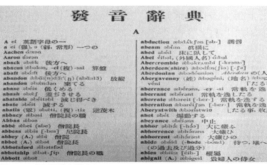

音書の伝統である「こえ」と「いき」という概念を用いて，有声音と無声音の説明をしている（岩崎1919：5）。

> スズリ [suzuri] という語に於いて [z] 音と [s] 音を比較するに，[z] では一種の振動が伴うが，[s] ではその事がない。この振動は [z] 又は [s] を長く引き延ばして発音しながら両耳をおおうとよく感ずる。又は指を単にのど笛に触れてもわかる。又は手で頭をおさえてもよい。[z—s—z—s] と間に他の音を少しも入れぬようにして，[z, s] を交互に長く発すればその差が一層明らかである。

「硯」を例に有声音と無声音の違いを述べ，スウィート，ジョーンズ以降の伝統である "喉が震えるか否か" を生徒の触手により実感させるという手法を採った。また，生徒に有声音と無声音を交互に発音させ，体感させる手法はジョーンズの項でも見たように，簡便，かつ理解しやすい指導技術である。

同化現象（assimilation）を扱った箇所では日本語音をベースにし，そこから英語の音変化へと読者を誘っている（岩崎1919：82）。

> 日本語のンはゲンキン（現金）[geŋkiŋ] におけるが如く普通 [ŋ] である。ところがキンマンカ（金満家）では [kimmaŋka] となり，キントキ（金時）では [kintoki] となる。

最後に，彼のまなざしを確認する意味で日本人学習者にとっての困難点である2つの子音（[l]，[w]）の記述をマッケロー・片山（1902），及び岡倉（1906）のものと対照比較してみる（詳細は田邉2015）。

表5-6：[l] に関する記述の比較　＊末尾の（ ）内の数字は頁数を示す

| マッケロー・片山 | この音は英語諸音中本邦人に取りて最も困難なるものと普通見做さるゝ処のものなれ共著者の経験に依れば必ずしも然らざるが如し。e を生ずる法は l を生ずるにやや似たり，然れ共舌の尖端は堅く硬口蓋に附着し為に空気はその両側を廻り出づ。l が詞の初めに在る場合には舌を先づその位置に置くを得るを以て比較的容易なりといえども他の父音の前に在る時はやや困難なり，本邦人の中には生来 l を生ずるに易く r を発するに困難なる者あり，又 l を生ずるの困難なるにより寧ろ r に近き日本のラ，リ，ル，レ，ロの父音をこれに代て足れりとするは甚だ宜しからず，l は一旦発音の方法を解すれば決して難音に非ざれば早く正音を得んことを勉むべし，low をローなどゝ発音しては長くこの国に在りてかかる音を聞き慣れたる人以外の外国人に了解せらるゝことなし。(81)（ルビ─筆者） |

岡倉	本邦人にはこの音を出す事は中々困難であるが，歯の痛む時などに，舌尖を上の歯に当て，口腔の側面から空気を口内へ吸い込むことがある。その手続きを逆にして『こえ』を口内からふり出すと，この音が成り立つのである。(68)（ルビ，下線—筆者）
岩崎	舌尖を上の歯茎にあて，舌の表面は匙の如く凹ませて「こえ」を発すればよい。「こえ」は中央の道がふさがれているので，舌の片側又は両側から漏れ出る。この故にこの音は特に「側音」(lateral sound) と称せられる。我々は歯の痛む時舌を上につけて息を吸い込むが，あの方法を逆にして「こえ」を出せばよい。無声の [l] 音も容易であるが，英語では普通は有声音しか用いない。[l] の処にラ行の父音を用いるのは誤った発音である。(42)（ルビ，下線—筆者）

　「舌尖を上の歯茎にあて，舌の表面は匙の如く凹ませて」という箇所は初学者にも分かりやすい。[l]，[r] と並んで日本人にとって難しい音素が [w] である。

表 5-7：[w] に関する記述の比較　＊末尾の（　）は頁数を示す

マッケロー・片山	此音は唇を円形にして突出し咽より声を通ずるによって発生す，故に w は無論有声音なり，w は日本語のワ，ヰ，ヱ，ヲの父音と精確には同一ならず，英語に於ては本邦音に於けるよりも唇を一層突出し又稍々緊約す，本邦のフの唇の構へに似たり，今日迄予輩の経験した処によれば w 音は本邦人に別に何の困難もなきものゝ如し，但し本邦にはワ行の第三段の相当音なきを以て woman，wound，womb，would，wood の如き詞の初めを皆ウと発音する僻あり，之れ大なる欠点なり，何となればウは云う迄もなく母音にして woman は w+ ウ +mən（即ち wúmən），wound は w+ ウ +wnd なればなり，換言すればウの前に w なる父音を加へざるべからざるなり，前に述べたるが如く唇を突出して之を極めてつぼめウと発音すれば woman，wound 等の正しき音を得べし，決して困難なる音には非るなり。(67-68)（ルビ—筆者）
岡倉	『後舌唇音』(lip-back consonants) は舌を口腔の奥へ引き退け其後部を『上，後』母音を作る時のように高く上げ，同時に口角を寄せて唇を円く局めて作るので，此場合に『いき』をねり出せば what which などの wh 音 [発音記号 w] を得，『こえ』をしぼり出せば watch，walk などの w [発音記号 w] を得る。(81)（ルビ—筆者）
岩崎	日本語では [wu] を用いぬため，英語の woman，wolf [wumən，wulf] 等の [wu] をもウーと発音するのは日本人の陥る誤りである。[u] の前に [w] 音を入れるべきである。woman は大略 [w+ ウ +mən] なのである。これにはワ行を上から [wa，wi，wu] の順に発音し [wu] の場合も初めの口構えを [wa，wi] と同じくし崩さぬ様に練習するのもよい。(31)

　ここでは最初の部分に日本人が犯しがちな発音上の誤りを述べ，マッケロー・片山からのものを流用し，「woman は大略 [w+ ウ +man] なのである」というイメージしやすい解説を行なっている。さらに「ワ行を上から [wa，wi，wu] の順に発音し [wu] の場合も初めの口構えを [wa，wi] と同じくし崩さぬ様に練習する」と日本語音から，いかに [w] 音をとるかを例示している。

『發音と綴字』の魅力は何よりも日本人英語学習者をその視座の中心に据えたことにある。音声の解説には片山，岡倉からちゃっかり借用した箇所（歯痛の例等）もあるが，イメージしやすい例を盛り込むことに成功している。東京外国語学校において恩師の片山から音声学の知識と実践とを徹底的に学び，卒業後の6年にも及ぶ中学校現場での経験がその根底にあると考えない方が不思議だろう（岩崎1985）。

同書を貫く彼のまなざしは抜群の英語力を獲得した岩崎の英語学習過程にその源があるのではないかと推察するが，彼がいかにして英語達人の域に達したのかはほかの論考にまかせる（小川1954；町田1988；河口1990；斎藤2000等）。

同書がわれわれを惹きつけて止まないのは，何よりも日本人英語学習者の実態を踏まえたことにある。単なる言語学的な音声知識の集合体ではなく，読み手がどのように新知識を理解し，各自の音声スキルへと取り入れるのかという点まで見据えた理論と実践とが絶妙にミックスされた教本だった。

東京外国語大学名誉教授であった梶木隆一の以下の回想はそんな岩崎の人間性を見事に活写している（梶木1985：484）。

戦前のある時期に「友愛結婚」という表現がはやったことがある。岩崎さんに言わせると，「見合結婚」より論理的に筋が通っているとのことで，そのわけを聞くと，「見合いはme and I となるが，友愛はyou and I だから」という説明であった。また同僚の一人の電話番号が「練馬の1066番」だと知って，実に覚えやすい番号だというのである。その理由がわからずに不思議な顔をすると，「Neriman Conquest（the Norman Conquest, ノルマン征服［1066］を下敷きにした岩崎独特のジョーク―筆者）と覚えていれば絶対に忘れませんよ」という返事である。

見事な手際でまとめられた著作ではあったが，教え子の竹林滋は『發音と綴字』の利用者は少数の英語教師，研究者に限られていたと述べている（竹林1968a：251）。1919（大正8）年になっても未だ英語音声学は“新奇な分野”として捉えられていたのだろうか。

なお，この項の冒頭で触れた市河について簡潔に述べておく。市河は英書を多量に読み，辞書を引き，英語表現の蒐集をし，音読，暗唱，友人との英語による会話等，当時考えられるおよそすべての学習法を実践した英語の達人

であった（佐藤2008；神山2023）。彼の学習歴は自身の随筆「英語学習時代」（市河1949）に詳しい。

　文部省留学生に選ばれ欧州に渡った時にはオックスブリッジ（Oxbridge；Oxford University と Cambridge University の併称）での研修の後、UCL ではジョーンズの講義を受講した。東京帝国大学文科大学外国人講師の**ジョン・ロレンス**（John Lawrence, 1850~1916）から音声学を学んでいた市河には心待ちにしていた講義だった。市河は以下のように回想している（市河1949：30）。

> 英国へ来て一年経ったが英語のプラクティカルの知識は少しも進まない。自分のように英語を専門とし且成るべく日本人を避けてイギリス人の中にまじって生活しているものがこんな有様なのだから，日本人ばかりでコロニーを作っている人達の語学力も推して知るべしである。とにかく日本人の語学教育は大いに改善しなければならない問題を沢山持って居る。帰朝してからその方面にも時間と精力の一部を割かなければならないことになるであろう。そして改革の手は問題の根底に向かって下されなければならないが，今日まだ日本では名だけしか知られていない phonetics から出発すべきであろう。これからロンドンへ行って一年ジョーンズのもとで大いにやる積もりです。（中略）ジョーンズから自分の発音を手厳しく矯正されて居るが大変役に立って居る。語学はどうしても生きた言葉の研究をやらなければならない。（ルビ─筆者）

　市河が杉森と同じような体験をしていたという事実は面白い。このように音声学，発音のスキルに精通していた市河が岩崎に言ったとされる「教える事は何もない」という発言（⇒p.124）は決して世辞ではないだろう。"達人は達人を知る"を地で行くエピソードである。

5.7　ムーヴメントの行方

　明治の中頃からの改新ムーヴメントはジョーンズ音声学が追い風となり，英語界にも伝播し始めた。岡倉はこうした流れを以下のようにまとめている（岡倉1922：序）。

> 発音の物学びはかくして次第に世人の耳目をひくようになり，今日では，英

語の教授に従事する者で発音学の一般の知識を，少なくとも公然と無視して
かかる古つわ者は暁の星よりなお稀になるに至り，そろそろ Jones 中毒だの
発音学狂だのという新熟語さえ出来かけて一部の人士の眉をくもらせかけて
来た程である。

　岡倉はこう述べているが，岩崎の名著に対する反応からも推測できるよう
に，明治末期から大正前期におけるムーヴメントは，少なくともその前半は
期待されたほどの変化を英語指導の現場にはもたらすことはなかった（片山
1935）。英語音声知識のレベルは明治前期に比べて大きく発展した。特に音声
学の記述は科学的な視点を取り入れ，その精度は高まった。
　しかし，こうした研究上の進展が，即，指導面に伝播したとは言えなかっ
た。東京，広島の両高師の附属中，学習院，さらには複数のミッションスクー
ル等で音声学を採り入れた授業が“実験的”に行なわれた事実を文献から確認
できるが，一部の研究者を除き，内容とそれを応用した指導法を一般の学校の
教室へ普及するのは容易なことでなく，地方ではなおさらだった（星山1968：
294）。
　ここまで眺めてきたように，日本での「外国語としての英語」の発音は一足
飛びには発展しないものである。なるほど音声学の知識は欧州の専門家から移
入され，それを噛み砕いて伝える岡倉，片山，岩崎のような解説者も登場し
た。しかし，彼らがまとめたものを現場へと伝え，普及するにはさらなる壁が
存在したのである。
　伊村元道は音声重視の理念を実行に移す際，現場が直面する様々な教育条件
を挙げている（伊村1987：149）。

　　…つまり，英語教育の進むべき方向は，すでにこの頃岡倉の著書やこれらの
　　雑誌に示されている通り，音声重視の新教授法であることはよくわかってい
　　たのだが，それが教室で実際にどこまで実行できるかは，それぞれの学校の
　　教育条件による。つまり，教師の質，生徒の質，クラス・サイズ，授業時間
　　数などの改善が以後半世紀にわたる，いや英語教育界永遠の問題なのかもし
　　れない。

　この指摘は明治・大正に限らず，現行の英語教育にも当てはまると思える。
そしてこうした行政的な要因に最も影響を受けたのが発音能力である。

5.8 変則式の進化："受験英語"

　第一次世界大戦（1914～1918年，World War I）に参戦し，"戦勝国" となった日本には未曾有の景気がもたらされた。好景気の中，さらなる発展を目指した産業・経済界は人材を求め，高校の卒業生を多く採用した。しかしそれが却って上級学校への進学熱という火に油を注ぐことになった（竹内1991）。

　激化する競争を勝ち抜くため，文法，和訳，英訳という「文字言語としての英語」のスキル向上に分化された "英語力" を磨くために，"参考書" という名の学習支援書が生まれた。「受験英語」の萌芽は明治中期辺りと思われるが，変則式の進化した手法が確立されたのが改新ムーヴメントのピークとなった大正期だったのである。これも歴史の皮肉であろうか[14]。

　永盛一（ながもりはじめ）は，明治から大正へと受け継がれた変則式の指導・学習アプローチに受験英語という "新たな役割" が加わったことが大きな意味を持つとして，次の指摘を行なった（渡部（責任編集）／永盛1983：36）。

> このようにして英語は，それまでの教育手段としての実用性を失い，同時に学生の語学力が衰えてくると，今度は必修科目として強制的に学ばされる科目になる。また日清戦争後は日本の国力も増し，中学校の数がぐんと増えて上級学校への志望者も急激に多くなってくる。そのために英語は入学試験の科目の中でも最も重要な課目の1つになる。ここで英語は，学問をするための実用英語から完全に選別のための受験英語になる。そして難文難句（なんぶんなんく）が試験に出され，受験生はそれらの暗記に必死になる。

　皆川三郎は当時のベストセラー学習参考書である南日恒太郎（なんにち つねたろう）『英文和譯法　全』（1914）及び，小野圭次郎『最新研究　英文の解釈　考へ方と譯し方』（1921）の「罪」を以下のごとく断罪している（皆川1967：17）。

> 小野圭は南日以上であるが，説明の行届いていることは驚くべきもので，さすがにベストセラーとして受験生がこの1冊に寄せた期待がいかに大きかったと察せられ

図5-10：『英文和譯法　全』

---

[14] この時期には受験専門誌が相次いで発行された（例：『受験英語』，『受験と学生』，『受験研究』）。また，通信教育が発展したのも時代の流れを反映している。

る。しかし英語とは訳すべきものとのみ思い込ませた罪，usage やcolloca-
tionの部に分けて良いものをひっくるめて「文法」偏重の学習法を植えつけ
た罪――罪といって悪ければマイナスの面――が極めて大きい。「複数を単数
に訳す」などという末端の技法などはおよそ20世紀の外国語教授の常識から
外れたもので幕末や明治初年の域を脱けきらない。例文にしても南日，小野
圭ともに落とし穴のある判じ文的なもので，いくら骨折っても青春の血とな
り肉となり得るまとまった思想などは望むべくもない。

　入試科目としての英語が当時の教育／社会制度の中でいかなる意味を与えた
のかについてはほかの論考に任せるが（例えば竹内1991；江利川 2011），皆
川（1967）の指摘通り，英語が試験課目として確立されたこの時期から教師・
生徒（受験者）に英語を学ぶのは“受験に合格するため”という動機が刷り込
まれた（imprinted）ことは疑いのないことだった。
　なお，参考程度ではあるものの，当時の教師，生徒が心血を注いだのは，お
よそ以下のような問題を訳出できる“語彙，文法，読解に限定された英語力”
の獲得だった（清美堂編集所（編）1932：3；問題番号―筆者）。

1. He that loves reading has everything within his reach. He has but
   to desire, and he may possess himself of every kind of wisdom to
   judge and power to perform.
2. Although no sculptured marble should rise to their memory, nor
   engraved stone bear record of their deeds, yet will their remem-
   brance be as lasting as the land they honored.
3. Every bird, beast, fish, and insect is guided through life by move-
   ments within itself to which we give the name of instincts. Not one
   of all these creatures ever stops to argue about its instincts. Not
   one of them ever dreams about doubting its instincts. They all do
   what they do because it is in them to do those things. Man, too,
   has these instincts. He does hundreds of things without thinking
   why. In many ways he is an animal, and lives by animal instincts；
   but there is something in him which cannot remain satisfied with an
   instinctive life. This something extra is called either the Reason or
   the Soul；the name does not greatly matter. The first thing we have

to do is to understand the fact that in man there is a force which uses the brain to give it a power utterly unknown among other creatures.

こうした英文を訳すことができれば音声／発音は関係がなかった。そのような限定された能力がこの時代の"英語力"だったのである。

改新ムーヴメントをよそに訳読法は受験英語と教養主義という"新たな意義"を手に入れ，ますますパワーアップした。福井保は次のように説明している（福井1967：51）。

　教養か実用かという目的論議は明治以来のものであるが，大正の中ごろからドイツ流の観念論がわが国思想界で優勢になるにつれ，外国語教育でも教養を重んじるようになった。外国語は，異なる世界観，人生観に接して国際的視野を広くし，日本人の精神生活を豊富にするためのものである，といったような論が行われた。したがって，文献を通じてその内容を摂取することに主眼が置かれ，学校においても読解力養成の名の下に，もっぱらセンテンス中心の文法的解明とその和訳に主力が注がれた。発音，聞き方，話し方については，これを軽視し，たまたま外[国]人教師（補註─筆者）がいれば，これに一任するという態度であった。「通弁英語」という言葉の生まれたのもこのころである。

　繰り返しだが，西欧文明の摂取という意味での"実用的"役割を失いつつあった変則式はここに来て"教養主義"という新たなレゾン・デートル（raison d'être，存在意義）を手に入れたのだった。同時に英学は英語学・英文学研究という領域へと進化した。こうした新たな分化もまた「目のことば」と「耳のことば」という差別化の傾向を増幅していくことになった。

　明治の英語名人世代の代表格で（太田1981），自らも改新ムーヴメントの一翼を担った新渡戸稲造は本人が一生の間に30回は読んだと語るほど惚れ込んだカーライル（Thomas Carlyle, 1795〜1881；Carlyle 1838）を彷彿させる文体で，以下のごとく述べている（Nitobe 1923：338）。

Japanese teachers make no secret of their utter incompetence in oral intercourse ; it is not expected of them. In fact, there is a deplorable propensity to boast of colloquial ignorance. **A foreign language is thus made an exercise of the eyes and not of the ears.** Its conquests are intellectual and not social. Its best helps are books and worst trials conversation. We treat modern European languages with as much respect and intellectual profit as Europeans treat classical languages. The serious difference in our case, however, is that the languages we study are not yet dead. (強調―筆者)

　引用の中で太字にした箇所は新渡戸なりのアイロニーであろう。明治期の先人の福澤が独学で，膨大な書物を読んで英語を習得したのに比べ，同じ英語名人である新渡戸は学校教育の中で総合的な英語力をマスターした人だった（松隈1981）。そういう人物だったからこそ，変則式から文法・訳読式の教授法が産み出した"成果"に不満をぶつけたのである。

第6章　オーラル・メソッド

6.1　さらなるリフォーム

　大正英語音声学ブームにより新教授法，及び音声学への認知度は現場の教員の間でも確かに高まった。しかしながら，中等教育の発音指導や評価等に目覚ましい変化は起きなかった。むしろ"勢力"を増大する変則式に圧倒される形となり，音声中心の授業を目指す改新者には打撃となった（伊村2003）。それでもリフォーマーたちは改新の手を緩めなかった。本章では改新側からの"次の一手"を扱う。

　改新が次なる段階へと移るきっかけを与えたのが，1921（大正10）年から1922（大正11）年にかけて開催されたワシントン海軍軍縮会議での日本代表の英語力だった。一部の政治家・官僚の英語力は列強の代表者からは相手にされなかったのである。

　全権大使の**徳川家達**（1863〜1940；徳川宗家第16代当主）に同行した神田乃武の会議についての感想をBryant II（1956：23）から引用する。

The Washington Naval Conference of 1921 (sic) highlighted Japan's need for skill in spoken English for increased foreign business relations following World War I. "We make a poor showing at international conferences when compared with the Chinese" remarked delegate Naibu Kanda afterward. Other language reformers urged the need for at least a few representatives who did not speak pidgin English. A result of their dissatisfaction was the appearance in Japan of a <u>remarkable figure</u> whose influence on English teaching theory was profound.
（下線―筆者）

　引用の下線を引いた箇所にある"remarkable figure"とはほかならぬハロルド・E・パーマーのことだった。日本は明治前期と同じく英語教授法の改新を「御雇い外国人」に委ねることにしたのである。しかし今度は音声面を中心とした英語教授法の改新という明確な目標があった。かくして日本版のムーヴメントはIPAの成果を取り入れながら，次の段階に入った。

[138]

6.2 パーマーの略歴

パーマーに関しては数多くの研究があり，その事績についても相当数の著作がある（語学教育研究所（編）1962；Howatt 1984；小篠(おざさ) 1995；伊村 1997；Smith 1999；Howatt & Smith（Eds.））が，ここでは彼の音声指導の観点からその足跡を簡潔にまとめる。

彼は1877（明治10）年にロンドンに生まれ，英国ケント州ハイズ（Hythe, Kent）で育ち，中等教育を受けた。その後，フランスでフランス語を学んだ。帰国

図6-1：H・E・パーマー

後は元学校長だった父親が社主を務める地元新聞社で記者となったが，これを辞した後にベルリッツの教師となり，ベルギーのヴェルヴィエ（Verviers, Belgium）に引っ越し，現地の語学学校で勤務したが，やがて自分の語学学校 Institut Palmer を創設した彼は英語とフランス語の教授を担当した。彼はその後IPA（国際音声学協会）に入会し，ジョーンズと書簡で情報交換をしながら，音声学を積極的に学んだ。

しかし1914（大正3）年のドイツのベルギー侵攻により，命からがら英国に逃げ戻った。帰国後はロンドンで外国人留学生に英語を教え，その経験をもとにリスニングとスピーキングを不得手とする留学生の訓練法としてオーラル・メソッド（Oral Method；以下，OMと略）の原型を考案した。

1915（大正4）年，ジョーンズの推挙によりUCL（ロンドン大学）の夜間コースで「言語教授法」の講義を行なったところ大評判となった。翌年，ジョーンズはパーマーを音声学科の講師（非常勤）に任用し，同時にロンドン大学東洋アフリカ研究学院（University of London SOAS；the School of Oriental and African Studies）の講師にも推挙した。

1921（大正10）年，第一次世界大戦後の日本の教育のこれからを考えるために欧州に出張した文部官僚の澤柳政太郎(さわやなぎまさたろう)（1865〜1927）[1]は美術品の買いつけで渡欧していた川崎造船所所長の松方幸次郎（1866〜1950）[2]とロンドンで出会った。その折に2人は英国人を日本に招いて，英語教育改革を託そうと意気投合し，当時，名声が高まっていたジョーンズに白羽の矢を立てたが，これは

---

[1] 澤柳は文部官僚の後，東京帝国大総長，京都帝国大総長，東北帝国大総長，貴族院勅選(ちょくせん)議員を歴任した教育者。成城学園の設立者でもある。
[2] 松方幸次郎は薩摩出身の明治の元勲(げんくん)（国家に尽くした功績のある人）で，第4〜5代内閣総理大臣松方正義(まさよし)（1835〜1924）の三男だった。幸次郎は当時，帝国教育会会長も務めていた。

あっさりと断られた。

その際, UCLでジョーンズの同僚だった物理学者の**木下正雄**（1883〜1966）[3] が代案として推薦したのがパーマーだった。澤柳はパーマーの招聘を決め, 要請を受けた彼は快諾し, 「イロハニホヘト ワタシハニッポンヘイキマス」という言葉を残して1922（大正11）年に来日することになった。この時, 彼は45歳であった。下世話な話だが, 渡航費用＋初期の3年間の報酬は1万円だった（現在の1億円に近い金額, ちなみに帝国大学総長の年俸は8千円；江利川2023）。明治初期の御雇い外国人のような厚遇が再び可能になったのにはひとえに資金提供した松方の"太っ腹"だった。

かくしてジョーンズが基礎を固めたロンドン学派（London School of Phonetics；Jones 1948）の実践家とも呼べるパーマーは極東の島国に"本場"の英語発音を直伝すべく海を渡ったのである。

来日直後に木下の実家に借り住まいしたパーマーは以降, 精力的に各地で授業参観をし, 講演, 実演授業を行なった。英語教育の実態を自らの目で確認しようとしたのである。1923（大正12）年には名誉総裁に岡野敬次郎首相, 理事長には澤柳, 顧問・理事には岡倉由三郎, 市河三喜, **石川林四郎**（1879〜1939）, **千葉勉**（1883〜1959）, **堀英四郎**（1874〜1963）を置き, 現在の語学教育研究所（語研；1942［昭和17］年に改称）の前身である英語教授研究所（Institute for Research in English Teaching; IRET）が文部省の敷地内に創設され, パーマーは所長（Director of the IRET）に就いた。

同年には機関誌 *The Bulletin of I.R.E.T.*（以下, *Bulletin*）を発行し, 文部省外国語教授顧問（Linguistic Adviser to the Department of Education）として1936（昭和11）年までの14年間, 日本での新教授法の普及に乗り出したのである（Palmer 1924b; Ozasa 2001）。

6.3 パーマーの音声指導

パーマーは"近代言語学の父"と言われる**フェルディナン・ド・ソシュール**（Ferdinand de Saussure, 1857〜1913）の言語観に立脚し, 言語を言語体系（language as code）と言語運用（Language as Speech）に分けた。前者は「記号としての言語」（langue）を指し, 後者は「生活場面で用いられる言語運用」

---

[3] 木下は「絶対零度（absolute zero）」である -273.15℃の小数点以下2桁目を確定したことで知られる東京工業大学の物理学者。澤柳とは父親の木下広次（京都大学初代総長）を通して親しい間柄だった。

(parole）を意味する。

彼は言語運用を第一次伝達（Primary Speech）と第二次伝達（Secondary Speech）と名づけ，当初の目標を第一次伝達の能力中心の英語力の育成とし，英語教育の改新に乗り出した（大西1969；Howatt 1984；語学教育研究所（編）1962；髙梨・安倍・金口1963；Ozasa 1995；小篠1995；伊村1997）。

図6-2：F・ソシュール

パーマーは英語学習のプロセスを「了解」(Identification)，「融合」(Fusion)，「総合活用」(Operation) の3段階に分け，1）原則は音声から入る，2）理解だけではなく，英語を使用できるようにする，3）授業では日本語を禁止するのではなく，なるべく使わないようにするとした（伊村2003）。

こうした教育哲学をもとに日本での一大改新をスタートしたパーマーについて，大西雅雄は，語研会員で麻布中学校教諭の小林光（1885～1962；豊田實の親友；父親は東洋英和学校の創設者・小林光泰）の *Bulletin* への寄稿文を引用しながら，次のように述べている（大西1969：11）。

> Palmer氏は着京早々，帝大初め諸所で講演し，**"Language is sounds, its pictures are soundpictures, and the use of the sounds is the true way to learn."** なる所以を力説したが，氏の講演は熱があり，力があり，新鮮味があり多数の聴衆を引き着けた。（強調—筆者）

パーマーはヒトには生得的な言語習得能力があり，母語習得まではこの能力は働くが，思春期（puberty）になると衰退すると考えた。幼児が母語習得の際に本能的に行なっている言語学習の習慣を外国語学習にも応用するべきであるとし，これを彼は学習の5つの習性（Five Language-learning Habits）と名づけた（Palmer 1927；清水 1980；新里1992a；語学教育研究所（編）1995a）。

1) 音声の観察（auditory observation）
2) 口頭での模倣（oral imitation）
3) 口頭での反復（catenizing）
4) 意味化（semanticizing）
5) 類推による作文（composition by analogy）

142 ──────第6章　オーラル・メソッド

　この中で大西は，とりわけ，3）catenizing から4）semanticizing という流れ
に着目している（大西1969：25）。

[catenizing とは]単語でも成句でも，その発語に意識とか思考を加えない
で，つまり無意識に，機械的に音の連鎖が，「口を衝いて」流れ出るように
練習することをいうのである。言い直せば，頭でなく唇や舌が動きをよく覚
えてしまい，馴れてしまい，癖のようになってしまうことである。他の用語
に learning by heart, learning by rote, memorizing, mechanizing な
どあるが敢てこれらを避けて，むつかしい "catenizing" を採ったのは，次
の "semanticizing" と並べるためであった。普通 memorizing は発音発声
（1）と語義意識（2）との面を含んでいるので，それを二つに分立させたので
ある。例えば "When⌒I⌒want⌒to⌒take⌒it⌒away" は仮りに日本の
表音法にすれば「ウエナイワントテイケトウエイ」に近いものになってしま
うが，個々の語義を考えたりせずに，音声が流暢に，また敏捷に，奔り出る
「口癖」を作ることである。（ルビ─筆者）

　英語を口頭で操ることができる習性を身につける具体的な方法としてパー
マーが提起したのが，次の7つの練習活動である（語学教育研究所（編）
1995b）。

耳を訓練する練習（ear-training exercise）／発音練習（articulation exer-
cise）／反復練習（repetition exercise）／再生練習（reproduction exer-
cise）／置換（代入）練習（substitution exercise）／命令練習（imperative
exercise）／定型会話（conventional conversation）

　パーマー以前の日本の発音指導は何度も述べたように盛んではなく，あった
としても日英音の対照／比較，困難音への集中化，類似音の対比等をもとにし
た手法が中心で，経験則によったものが多かった。パーマーはそうしたそれま
での指導法にロンドン学派から理論的な体系をつけ，教師が行なう包括的な指
導技術，活動（練習）へと昇華したのである（黒田1982；Smith 1999）。
　彼は音声・発音指導の改良に加え，話し言葉としての英語の科学的な記述の
改良にも熱心で，イントネーションの記述に関する独自の研究を進めた。1文
のイントネーションを頭部（head），音調核（nucleus），尾部（tail）の3要素

に分類し，そのまとまりを音調群（Intonation Group; IG）と呼び，スウィートの研究成果を前進させた（長瀬 2001）[4]。さらにイントネーション（トーン）の基本型6タイプを命名し，考案した9種類の記号でトーンを分類したのも彼の功績である（大西1969）。

彼が1922（大正11）に著した *English intonation with systematic exercises*（以下，*English intonation*）は英語母語話者の直観を外国人にも分かるようにまとめた著作で，日本では数少なかったイントネーション研究や音

図6-3：*English intonation*

韻論の研究者に後に影響を与えることになった（千葉1935；有坂1940；安倍1958a, 1958b；Halliday 1967；Bolinger 1972；O'Connor & Arnold 1973；牧野勤 1977；Brazil, Coulthard & Johns 1980；Tench 1990；Cruttenden 1997；Roach 2000；Wells 2006；Ladefoged & Johnson 2015）。

パーマーの教授法は東京高師附属中学校の教師たちを皮切りに実践され，そこから日本全国へと広まることになった。OMは変則式を金科玉条のように絶対的なものと信じて疑わなかった教師たちには一種の衝撃を与え，新教授法の体系は反響を呼んだ。しかしながら以下のように，同時にOMに対して抗う論調が沸き上がったのも事実だった（伊村2003：73）。

パーマーは，コミュニケーションの道具としての英語を教えようとあせるあまり，最初のうちはとかく当時の日本の現実と遊離しがちだった。日本人教師たちは「あれは外[国]人にしかできない，外[国]人メソッドだ」などといって敬遠しがちだった。（補注―筆者）

いずれにしてもパーマーは明治後半から次々に日本にもたらされた音声学研究の知見を彼なりの体系の中でとりまとめ，OMという名のPhonetic Methodを大正時代の英語教室に持ち込んだのである。

6.4 パーマーの修正

現場からの批判についてはパーマー自身も以下のように認めている（Bryant II 1956：23から引用）。

---

[4] 現代では，IGには前頭部（Pre-head）を加え，Pre-head, Head, Nucleus, Tail の4要因で構成されると考えるのが一般的である（Wells 2006）。

Palmer's approach caused initial suspicion. He had come to support a "growing movement in favour of spoken English," but he was warned repeatedly not to emphasize "conversational English," for which few Japanese could have any possible use. "To those who have suggested to me that the Oral Method is therefore of comparatively little value in this country, I have urged that the mastery of Written Language is to be gained through the 'Oral Approach.' …It was, however, difficult to make the point clear; it savoured too much of the paradox, and in spite of my repeated declarations and explanations, my mission and work became associated with the idea of conversational English" (*Memorandum*, pp. iv-v).

　こうした英語教員からの反発に対応するためにパーマーは OM とリーダー中心の訳読教授法を融合した手法へと修正したのである（小篠 1995）。彼は日本語の使用も一部認め，訳も容認する等，**折衷主義**（eclecticism）へと立場を変更した。

　修正を余儀なくされたのは，訳読式教授法に慣れた日本人教師らにはパーマーが英会話のみを推進しようとしているとの誤解があったこと，音声中心の手法に抵抗感が強かったこと（小篠 1995：168），さらには英語教員によるOM の理解がうまく浸透せず，英語のみを用い，極力日本語の使用を控えるという授業形態は生徒側の理解も知識も上滑りになるとの誤解を生んだこと等が挙げられる。加えて，英国式の発音，話し方（アクセント）を強要する等の要因もあったと考えられる。

　このうち，最後のアクセントに関しては，パーマーの一番近くにいて彼を支えた石川は次のように述べている（石川 1936：19）。

　Palmer 氏が発音の教授と矯正とに堪能であったことが，氏の渡来目的がJones 一流の発音を強要することにあったかのように伝えられ，特に米国風の発音を否定するもののように見なされたのは明らかに誤解であったが…

さらに小川芳男は次のように証言している（小川 1983：33-34）。

　音声重視をパーマーはEnglish as speech として強調したが，これはイェス

ペルセン『外国語の教え方』（*How to Teach a Foreign Language*）のLan-guage is primarily speechが脳裏にあったものと思われる。ただし，English as speechを日本語に訳すと「話し言葉としての英語」となってしまう。この日英語のもつニュアンスの違いが，パーマーは「英会話」の主唱者であったような，不幸な誤解を生んでしまった。むしろ「音声としての英語」とか「音声重視の英語」とすべきだったと思う。

教師中心の授業では生徒が話す時間が少なくなる傾向にある。また，生徒は問いに含まれた定型文・語句を用いて危なげなく答えることが多く，彼らが主体的に創造的／即興的な発話をする機会が少なかったのも事実だった。いずれにしてもパーマーの予想よりも日本の学校に存在する言語文化の壁は彼の想像を超えるほど，高く，厚かったのである（伊村1997）。

やがてリフォーマーの間にもパーマーに反感を抱く者も出てきた。その代表格だったのがほかならぬ岡倉だった。岡倉はパーマーの来日時には援助を惜しまずに手助けをしたが，彼が指導技術に前のめりであり，その方針に"浅薄さ"を感じるようになり，やがてパーマーの活動から離反した。岡倉の愛弟子の福原に至ってはパーマーの人格を完全否定したほどだった。これも人間的であると言ってしまえばそれまでである。人の心の変化は時として，その生き方にも影響するものである。

東京府立第五中学校（現・東京都立小石川中等教育学校）教諭で，後に早稲田大学教授になる**萩原恭平**（1898〜1969）はパーマーの手法に対し，次のように述べているのが印象的である（萩原1924：124）。

なお，最後に，日本人として，実際に教壇に立っているものとして自分の小さな考えを述べさせていただけるなら，自分はこう言いたい。「quick answerを必要とする thinking in English の授業は，我々のような poor speaker にはよくなし得ないところで，これは，一週一時間か二時間，外[国]人教師にしてもらうべきものであろう。そう言ったら二三の外[国]人が反対したが，actually is と ought to be とは違う。先決問題は『入学試験』の問題であろう。いや，永久に決まらない『英語教授の目的』の問題であろう」と。（補注―筆者）

紆余曲折を経て，1926（昭和元）年にパーマーが著した教科書 *The standard*

*English readers*はOMを主体にしたもので，反復練習によって英語を身につけることを念頭において作成されたものだった。しかし，外山の*Conversational readers*（1889）（⇒p.72）同様，教師の英語運用能力を前提とした内容であり，現在のような語彙統制（制限）もなく，文法事項も難解で，採用する学校は限られた（⇒第7章 福島プラン）。

6.5　パーマーに刺激された出版物

　この時期，音声関連の文献が数多く出版された。パーマーの来日前には市河三喜（編）『萬國音標文字 *The international phonetic alphabet*』（1920），神保格『邦人本位 英語の発音』（1921）が出版された。神保の発音本はIPAをそのままの形で伝えようとしたもので，岩崎民平の『發音と綴字』が日本人のために編集されたものとは対照的だった。同じく，豊田實『英語発音法』（1922）[5]もパーマー来日時に合わせて出版された（⇒p.6）。

図6-4：豊田實

　加茂正一『英語発音記号の知識と練習』（1923）及び『万国発音記号手ほどき』（1924），安原基輔／石黒魯平（校閲）『英語音韻の研究』（1924），大西雅雄／Martin, J. V.・千葉勉（校閲）『英語発音明解 *The principles of English pronunciation*』（1926），一矢慧『英語の發音に就て ――英語研究の秘訣を知りたい人の為に』（1929）等はパーマーに啓発された著作であろう。また，音声プロパーの書物ではなかったが，上述の石黒魯平『外語教授 原理と方法の研究』（1930）は新教授法を日本の実情に合わせるにはどうしたら良いのかについての提言を試みたものだった。

　そのほか，八木又三『新英文法』（1923）は英文法書だが，同書は八木はロレンス（⇒p.132）の弟子の著作らしく，論理・語彙・発音学，さらに心理的側面の4つの観点から統合的に英文法を論じた優れた書物である。音声面では音象徴（sound symbolism）に関する記述もあり，その先進性には驚かされる。

　伏見繁一『英米標準 発音法と其練習』（1927），上述の神保格『最新英語音声学』（1927），青木常雄『英文朗読法大意』（1933），黒田巍『ラジオ・トー

---

[5] 同書の扉と「序言」との間の遊び紙には "TO MR. HAROLD E. PALMER" と献辞が書かれ，序言は「終にこの本を，我国の英語教授法に関して大切な使命を帯びて来朝せられて居る HAROLD E. PALMER 氏に捧ぐることを得るのは私の非常な喜である。」と結んでいる。但し，同書の原稿はパーマー来朝前の 1916（大正5）年に書き上げており，パーマーに拠るところはない。

キー・蓄音機による英語学習』(1934)等は「応用音声学」的な視点を含んだ著作だった。出版物の急増はパーマーの活動に刺激されたものであることは疑いあるまい。ちなみに音聲學協會（現・日本音声学会）が設立されたのも，パーマーが活躍した1926（大正15）年のことだった。これは「耳のことば」への関心が高まった証左である。

パーマーの影響は辞書界にも見られた。1915（大正4）年の井上十吉（⇒p.70）『井上英和大辞典』は片仮名表記併用だったが，10年後の1925（大正14）年には発音記号と片仮名併記の『井上フォネティック英和辞典』を出版したのも教授法の改新ムーヴメントが背景にあったからだろう。

1921（大正10）年の『A complete English-Japanese dictionary 大英和辞典』上巻（以下，『大英和辞典』）は意義ある出版物である。

この辞書は東京帝国大学言語学科で上田萬年の後任である藤岡勝二（1872～1935）が編纂の音頭を取り，協力執筆陣に前田太郎（1886～1921）と佐久間鼎（1888～1970）を迎え編まれたもので，国産の英和辞書でジョーンズ式（IPA）の発音記号を初めて採用したものだった（永嶋1970；井田1996）[6]。

図6-5：『大英和辞典』

辞書の解説（「語音とその記号」）には子音と母音について簡潔な説明があり，音声表記はアクセント（stress）を太字で示し，ストレスが置かれる母音の持続時間（duration）が音声環境により変化するという言及もある。しかしながら不幸なことに全2冊の同辞書下巻の稿は関東大震災の惨禍に見舞われ，完成は1932（昭和7）年にずれ込んだ。

1922（大正11）年には神田乃武・金澤久の『袖珍コンサイス英和辞典（萬國音標文字附）』（当時は2円20銭；以下，『袖珍コンサイス』）が出版された（宮田1967a）。副題に「万国音標文字附」とあるように『袖珍コンサイス』はIPAを全面採用した日本初の小型辞書として日本英語音声教育史に残る辞書となった。発音記号は丸括弧で示され，強勢は主音節の前に置く方式だった。IPAの移入の流れは続き，翌年には上述の市河三喜（編）『英語發音辞典』が出た（⇒p.128）。

---

[6] 上巻は実質上，前田の執筆だった。彼の早世は執筆中に肺を患ったものである（井田1996；神山2023）。なお，前田には英語学習書の前田（1912），Jesperson（1904）の翻訳の前田（訳）（1913），さらには遺稿となった前田（1922）がある。

1926（大正15）年には**熊本謙二郎・南日恒太郎**が執筆し，**A・W・メドレー**（1875～1940）が発音項目を担当した『**モダン英和辞典**』（ウェブスター方式併用）が出版された。このように大正期に出版された辞書に採用された発音表記は，IPA，片仮名，そして，ウェブスターの"三つ巴"の状態だった（早川2005）。一方，教科書では，大正前期にはウェブスター式が支配的だったものの，後期にはジョーンズ式／IPAがほかを淘汰するようになった（例：*Companion readers* [1924-1926]；*Life readers* [1924]）。

大谷の連載が起爆剤となり，ジョーンズの著作の輸入からパーマーの活動，音声書や辞書を通して，イギリス英語が日本の現場に浸透し始めた。大正時代の末期まではマクドナルド，ジョン万次郎の時代から黒船来航，宣教師，米国の教科書，ウェブスター式のスペリングブックを経て，アメリカ英語の発音が主流だった。しかし，スウィート，ジョーンズ，パーマーに代表される英国からの一連の知識移入を経て，日本での英語アクセントはイギリス発音へと推移することになった。岩崎は次のようにジョーンズ導入時の実態に言及している（岩崎1966：181）。

> そのうちに Jones の発音辞典（1917年）が出て国際音声学協会の発音記号がわが国でも漸く普及するようになったので，市河先生の『英語発音辞典』を編集したときは，IPA の記号をそのまま採用することになった。H. E. Palmer 氏が来朝して「英語教授研究所」を開くに及んで，音声研究の重要性が力説せられ，IPA の音標文字の流行を促進させた。音標文字の普及化は結構だったが，これを用いる人の中には音声訓練がなくただ紙上でこれを見覚え，日本語のローマ字書きのような発音をするようなのが出て来て，Jones中毒という非難も起こって来た。（ルビ―筆者）

6.6　入試のアクセント問題

1924（大正13）年の高等学校，高等商業高等学校等の入試には強勢（ストレス）の位置を問う問題が加えられた（石川・国府田1925；清美堂編集所（編）1932等を参照）。改正には明治末期からの岡倉，岸本等の改新論者の影響があったものと思われる。

峰尾都治・内館忠蔵『英語の發音とアクセントの研究』（1924）はその序において以下のように述べている。

従来我国の英語の学び方は漢文を学ぶと同様な行き方で意味さえ充分に把握すればそれで良いとされがちであった，生命の躍動している日常の言語としてではなく過去の時代の遺骸(がい)でもあるかのように扱われがちであったのだ。近年に至ってその様な方法の誤事が唱えられ発音アクセントの方面に多大の注意が向けられて，この方面に関する著述もまた多く世に出るようになったのは喜ぶべき事である。(ルビ─筆者)

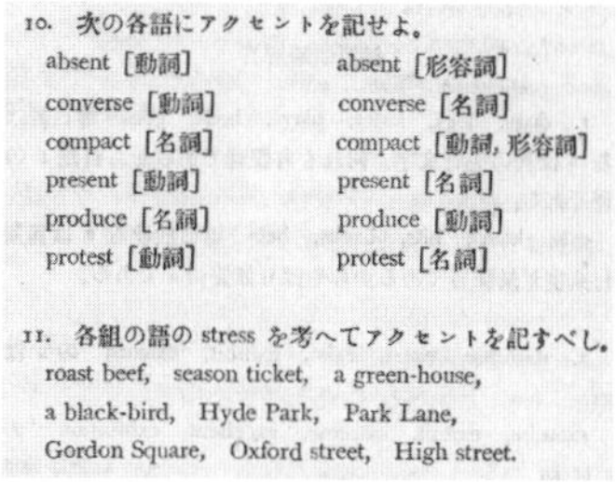

図6-6：ストレス問題の一例

入試にアクセント（ストレス）問題が加えられ，アクセントに特化した上述の峰尾・内館（1924）や図6-6のような書物（長谷川1922；薗川 1923；石川・国府田1925）等も複数出版された。

こうした"参考書"（図6-7，図6-8）によりアクセントへの認識は高まり，"アクセンチュエーション"（accentuation）という用語とともに岩崎や市河が採用したチェンバレン由来の第1強勢母音上につけるアクセント記号も中等学校のみならず，一般にもさらに広まるように思われたが（堀口1966），改新もここまでで，生徒には入試を突破するだけのアクセントの知識が身につくだけで，肝心の発音・聴解面での上達には直結しないとの批判が寄せられ，アクセント問題はやがて入試問題から外されてしまった（片山1935）。

図6-7：『英語の發音とアクセントの研究』

図6-8：『英語アクセント心得』

6.7　実験音声学

本章の最後に，音声学の一領域である実験音声学（Experimental Phonetics）の日本への導入について触れておく。これは英国人の**エルネスト（アーネスト）・R・エドワーズ**（Ernest Richard Edwards, 1871〜1948）の1899（明治32）年の来日を契機に日本にもたらされた（Doi 1976）。

エドワーズはパスィーから音声学を学び，日本語の音韻特徴を調べるために

来日し，その際にカイモグラフ（kymograph,（運動）動態記録器；キモグラフとも呼ばれる）を持ち込んだ。この機器により，声帯を含めた血圧・脈拍等の動きが紙の上に記録できるようになった。実験音声学に興味を抱いた岡倉は留学前にエドワーズから基礎知識を仕入れ，向かったフランス・パリでは水を得た魚のごとく，嬉々として取り組んだと言われる（東 2019）。

しかしそれから実験音声学が日本で発展するのにはさらに相当の年月を要し，1932（昭和7）年になって，やっと兼弘正雄が『實驗英語音聲學』，1936（昭和11）年に『日英兩國語──發音差異の實驗的研究』を著した。千葉勉は1935（昭和10）年に『實驗音聲學上より見たるアクセントの研究 *A study of accent: research into the nature & scope of accent in the light of experimental phonetics*』（以下, *Research*）を上梓し，さらに『母音論 *The vowel, its nature and structure*』(1941) を出版した。実験音声学は教室の発音指導に即座に影響を与えるものではないと思われるかもしれないが，この分野は音声の実態を知る上で不可欠の基礎研究である。UCLでは音声学と同じように実験音声学の科目を受講するのが通例である。

図 6-9：*Research*

なお，ラジオの放送教育が始まったのはパーマー来日前のことだった（山口 2001）。1925（大正14）年7月20日に当時の JOAK（東京中央放送局；現・日本放送協会；NHK）があった東京都港区愛宕山から夏休み中の生徒を対象にした講座が放送された。これが本邦初の英語ラジオ講座となり，岡倉由三郎（⇒p.84）が講師を務めた。彼は放送教育においても先鞭をつけ，以降12年間にわたり，「音波に声を乗せての教育」を行なった（岡倉1932）。パーマーも英語ニュース放送を担当した。音声レコード教材も日本コロンビア蓄音器等の会社から発売され，学校現場に導入された。

1932（昭和7）年の東京文理科大学・東京高師の関係者が編集・執筆した『英語の研究と教授』の刊行は英語教師にとって新たな情報ツールの誕生を意味した。

第7章　福島プランという実証

7.1　福島の実践

パーマーのOMを基盤にしてそこに独自のアレンジを加えた指導で成果を上げたのが，福島中学校（現・福島県立福島高等学校），及び同校の手法を採り入れ，同じくアレンジを加えた湘南中学校（現・神奈川県立湘南高等学校）の実践だった[1]。後者に関しては庭野（1986, 1987, 2008）の包括的な研究があるので本章では地方の県立学校でOMをアレンジし，成果を上げた福島プラン（以下，プランと略す）に限定し，音声指導を中心にその取り組みの総括を行なう。

福島プランとは1932（昭和7）年から1937（昭和12）年の6年間，福島県立福島中学校（通称は福中）で行なわれた英語教育実践の総称である。プランは東京高師出身の英語主任の**磯尾哲夫**（1901~1967）が率いた教師集団により実践された。当時の福中では，クラスは各学年，東組，中組，西組の3編成で，英語科の授業時数は第1学年から第2学年が週5時間，第3学年から第5学年までが週6時間だった[2]。

プラン初期に採用された教科書は以下の表のごとくパーマー執筆のものが中心だった（おそらくは1931年度のもの）。

表7-1：福島プランの教科書（今野 1986：19）

学年	教科書名
1	Palmer, H. E.：*The Standard English Readers Book 1*
2	Palmer, H. E.：*The Standard English Readers Book 2*
3	Palmer, H. E.：*The Standard English Readers Book 3*
	Aoki, Tsuneo：*Aoki's Grammar and Composition*
	Medley, A. W. & Murai, T.：*A Short Course in the Art of English Composition Book1*
4	Palmer, H. E.：*The Standard English Readers Book 4*
	Aoki, Tsuneo：*Aoki's Grammar and Composition*
	Medley, A. W. & Murai, T.：*A Short Course in the Art of English Composition Book2*
5	Palmer, H. E.：*The Standard English Readers Book 5*

---

[1] 福島，湘南以外にも英語教育で成果を上げた学校はあった。竹中（2000b）は福井県の福井師範学校附属小学校での取り組み，さらに竹中（2007）では京都府立福知山中学校（現・京都府立福知山高等学校・附属中学校）での実践をそれぞれ突き止め，報告している。
[2] 1931（昭和6）年1月の文部省令により中学校令施行規則が改訂され，外国語の授業時間数は第1・2学年が週5時間，第3学年が6時間，第4・5学年が4~7時間となったが，福島県はこの時間数を採用していた（今野 1986）。

授業参観の後，東京高師教授の青木常雄は「福島中学校参観記」(1932)を『英語の研究と教授』に寄稿し，全国で評判になった[3]（伊村1997：171）。感想記を読んだ同じ東京高師の寺西武夫（1898〜1965）も参観に出かけ，それを「福島中学英語科授業参観記」と題し，翌1933（昭和8）年の The Bulletin of I.R.E.T. (以下，Bulletin と略）に発表した。2人ともプランを絶賛したが，とりわけ高い評価を下したのが寺西だった。以下はその一部である（寺西1933：6）。

見てくれの小綺麗な軽佻浅薄（けいちょうせんぱく）ないわゆるはきちがえの oral method に対しては，あるいは様々な非難も時に胸にこたえる事もあらうが，この様な空気の中にあって，この様な謙譲な態度で行われる oral method に対しては，漫然たる非難も悪罵も只色青褪（あくば）（ただ）（あお）めて片隅に吾と我が醜悪な姿を恥じ入るのみであろう。（ルビ—筆者）

参観記を寄せた寺西も英語教師が英語を話せないといけないという信念から，英語を常に話す機会を自ら見つける"実践の人"であった。後述する江本少佐の自宅を訪ねて英語で語らう夜会は伝説になっている（出来（編著）／江利川・竹中（校閲）2024：700）。寺西にも英語入門者向けの英語発音の著作がある（寺西1957）。

寺西の感想記を契機に「福島中学では受験とオーラルの両面を鍛える実践が行われている」という評判はさらなる評判を呼び，全国からの授業参観者が引きも切らずの状況が生まれた（青木 1932；寺西 1933）。参観希望者の中で真っ先に訪問したのが，福島出身で"受験の神様"と言われた小野圭次郎だったのは歴史の皮肉と言うべきだろうか（伊村 1997：171）。なお，彼は矢田部の教え子だった（⇒p.76）。

1933（昭和8）年10月17日に東京商科大学（現・一橋大学）の一橋講堂（1996年に解体，現在は学術総合センター）で開催された第十回英語教授研究大会（英語教授研究所主催）では磯尾と前年に福島中に赴任した清水貞助（ていすけ）（1908〜1984）が600名近くの参観者の前で，それぞれ

図7-1：第十回英語教授研究大会

---

3) 青木はこの公開授業を評し，「来て見ればますます高し富士の峰」と詠んだ（青木1932）。

の研究授業を公開した（磯尾は4年生17名の生徒，清水は2年生 15名）。授業内容とその前夜に事前に行なわれた英文和訳と和文英訳のテスト結果は参加者を驚かせたのである。授業を参観した皆川三郎はそれまで相反すると考えられていたリーディング（Reading）とスピーキング（Speaking）の双方の能力が同等に養成できることを以下のように述べている（皆川1980：18）。

図7-2：磯尾（向かって左）と清水（右）

> （プランは）研究所の推進する新教授法の効果が実証されたものとして高く評価され，全国的に大きな反響を呼んだ。Oral Method は読書量を低下させはしないか，日本人の主力は読むことではないか，という全国の英語教員が抱く疑問に答えて speakingと readingは両立し得るのみならず，相互に補強し合って balance の妙を発揮し得るものだということをこの授業実演が示してくれたのである。

公開授業を参観し，診断テストを行なったパーマーの様子が*Bulletin*（寺西1933：6）には次のように綴られている。

> At a later hour, Mr. P. Russo and Mr. H. E. Palmer in turn submitted the pupils to original tests of their own. The result of these showed conclusively that these lads had acquired the skills of immediate understanding, and prompt and accurate response. The only time when they were disconcerted for a moment was when they were asked the trick questions: "Which is the fifth season of the year?" But after a short pause came the response: "There is not a fifth season."

公開授業では"やらせ"ではない，英語母語話者との当意即妙のやりとりも行なわれ，生徒に即興で反応できる音声英語力が育っていることが証明された（清水1969）。

7.2 リーダー磯尾

さて，このような教師集団を率いた磯尾はどのような人物だったのか。彼は1901（明治34）年，鳥取県米子市で生まれた。幼い頃から学業において非凡さを発揮し，米子中学校（現・鳥取県立米子東高等学校）時代には成績優秀で，中でも英語は抜群だった（寺田1999：20）。才能は編入学先の鳥取県師範学校（現・鳥取大学地域学部）でも発揮され，1921（大正10）年に東京高師に合格した。

図7-3：磯尾哲夫

1925（大正14）年に高師を次席で卒業し，熊本県立鹿本中学校（現・熊本県立鹿本高等学校）に着任した。同中の高尾文八校長（生没年不詳）は磯尾を定期的に東京・丸善書店に出張させ，教育関係の洋書を次々と購入させたというエピソードが残っている（橘1969a：72）。

> …そしてそれを磯尾教諭は貪る如く読破したが，その数は数百冊に及ぶ理由である。いわば先生は全くの独学によって，パーマーの教授法理論，それに関連する他の教授法，言語学，心理学，教育学など諸般の知識に通暁せられたのである。（ルビ―筆者）

校長が一教員を出張させ，洋書を購入させるということは現代では考えられないことだが，高尾校長がいかに磯尾に期待していたかを物語るものである。磯尾が熟読した心理学，教育学の文献には，忘却曲線（forgetting curve）で有名な心理学者 **ヘルマン・エビングハウス**（Hermann Ebbinghaus, 1850～1909），ドイツの教育学者で労作学校（Arbeitsschule）により名を馳せた**ゲオルク・ケルシェンシュタイナー**（Georg Kerschensteiner, 1854～1932）等があった。さらにリストの書籍は続き，学校生活論（Schulleben）の**シャイベルト**（K. G. Scheibert, 1803～1898），プラグマティズム（Pragmatism）の創始者である**ジョン・デューイ**（John Dewey, 1859～1952），児童中心主義の教育学説（実験教育学, Die Experimentelle Pädagogik）や日本の大正期新教育運動（大正デモクラシー）に影響を与えたドイツの心理学者 **エルンスト・モイマン**（Ernst Meumann, 1862～1915）等があった（橘1969a）。「天才肌の英語教師」と呼ばれた彼にも血の滲むような努力がその背後にはあったのである（磯尾1948；庭野1987：101）。今，彼が血肉とした教育学の原典を読み込む英語教師はど

れほどいるのだろうか（自戒を込めて）。

　発音指導には音声学の理論だけではなく，実践力が必要であることは言うまでもないが，磯尾の場合，英語学，音声学，教育学全般の理論を学んだ上で，自らの音声能力を高め，それらをプランに応用していたのである。

　現在，英語の音声／発音指導を論じる場合，小手先ばかりの指導技術に目が向きがちであるが（超多忙な現代では仕方がないのかもしれないが…），磯尾は指導技術を支える教育学の基礎理論まで掘り下げて学び，それらを基盤に指導していたのである。それは東京高師伝統の応用言語学的なアプローチだったとも言える。

　磯尾にとって蓄積した知識の"試しの場"が次の赴任先の鹿児島県立川内（せんだい）中学校（現・鹿児島県立川内高等学校）だった。

7.3　磯尾の英語指導観

　磯尾には他校から数多くの移籍オファーがあった。そんな彼が最終的に選んだのが破格の待遇を提示した福島中学校で，1930（昭和5）年3月に列島の南から北への大移動を果たした。彼の教育への情熱は南東北の新任地でも衰えることはなかった。

図7-4：福島中学全景

　磯尾は日本の英語教育実践が言語の体系といった「知識の注入」に偏っていることを指摘した上で，運用面も同じレベルに到達するように教えることの意義を説いた。英語指導が昭和初期においても，文法，訳読に比重を置き過ぎる傾向があることに警鐘を鳴らしたのである。磯尾の考えは，漱石が「語学養成法」の中で述べた以下の「有機的統一のある言語観」と似ている（夏目1911/1980：398-399）。

> 各々（おのおの）を独立せる科目の如くに取り扱ふのは良くない。有機的統一のある言語を，種々の科目に分けて教へるのは，丁度区別しがたき迄一気に活躍せる肉体を切り離して，神経の専門家，胃腸の専門家，呼吸器の専門家を作るようなもので，研究のためには良いが大体の知識のない生徒からいふと，会話とか，文法とか，訳読とかいふ風に，教師が専門的に分れて截然（せつぜん）区別のあるように取り扱っているのはよくない。どうしても各自が互に連絡のつくように

教え込んで行かなければならぬ。(ルビ―筆者)

　統合的な外国語能力を目指す指導は東京高師の伝統であり，古くは外山，矢
田部，高嶺，岸本や岡倉等が理想とした英語教授の形だった。磯尾らは英語を
分化するのではなく，**有機的統一体**（organic whole）として捉え，統合的な
英語力の育成をプランの目標とし，実践したのである。

7.4　福島プランの音声指導

　福島プランにおける音声／発音指導であるが，その最大の特徴は入門期の指
導を音声，なかんずく発音記号から入る点だった。このいわゆるフォネティッ
ク・メソッド（Phonetic Method）は，パーマーが学習の培養期間（incubation
period）に行なうべき指導手順のひとつとして挙げたGroup A という考え方の
影響を受けたものであろう。
　パーマーはGroup A を以下のように定義した（Palmer 1927：64）。

Exercises tending to make pupils proficient in pronunciation, by form-
ing and developing habits of observation and imitation so far as pho-
nemic phenomena are concerned.

　さらにパーマーはこの練習（Exercise）を以下の5つのタイプ（Type）に下
位区分した（Palmer 1927：64-67）。

Type 1) Ear-training exercises other than by phonetic dictation.
Type 2) Ear-training exercises by phonetic dictation.
Type 3) Articulation exercises without phonetic symbols.
Type 4) Articulation exercises with phonetic symbols, in imitation of
　　　　the teacher.
Type 5) Articulation exercises with phonetic symbols and without the
　　　　teacher.

　パーマーは発音記号や教師の発音の模倣（imitation）を利用したリスニング・
発音練習をGroup Bの瞬時的理解練習（すなわちlistening comprehension）と併
せて，教育課程の第1学年の間，それも第1課から用いるべきであると主張した。

聴覚練習（Ear-training）では，発音記号に習熟させるために母音と子音を各1列に配列した表を作成し，各音の下に番号をつけて，教師が実際に発音し，どの音を出したか，生徒に番号を言わせるという手法が採用された。また，別の発音練習（Articulation exercise）では発音記号通りに発音できるまで練習を繰り返すという練習が主体だった（山口1969）。

磯尾もパーマーの影響からか，音声優先の考え方を採り，「発音練習，聴覚練習，口頭練習に根底を置かない総ての外国語教授乃至学習は砂上の楼閣です。無意義です。この基礎工事のない処に外国語学習者の怨嗟と絶望とは胚胎するのです。」（磯尾1932：11；ルビ，下線—筆者）と，音声が外国語指導／学習の核心であるとしている。ここから彼が直接教授法，新教授法，さらにはパーマー等の改新者の考え方の一部を継承していたと判断できる。そうした彼の英語観が表われているのが，以下の記述である（磯尾1935：9）。

　言語を聴き話し書く，──これは言語運用の能力であり，一つの技能である。この能力と技能を極度に涵養せしめるのはとりもなおさず作業教育其物であらう。吾々は，余りに，英語の体系の知識のみを与える事を目的として，英語の運用の能力の錬磨を等閑に附したる故に，却つて，体系の知識を与えても，与えても，零に零を加ふる様な破目を見なかったかもしらぬ。吾等は諸子と共に，与えられた英語の体系の知識を，耳と口と目とを，あるいは各独立して，あるいは同時に用いて活かし行かねばならぬ。（ルビ—筆者）

上述の通り，入門期はアルファベット文字からではなく発音記号の学習から始めるのが福島プランの手法だった（Isoo 1934）。発音記号を用いることで，実際の音声への生徒の認識を高めるのみならず，彼らの口や舌が自動的に動くようにしようというねらいが磯尾にはあったのである。

受験を意識した知識注入型の指導は得てして文字中心の静的視覚学習になりやすいが，プランは既習の英語知識に口と耳と目と手とを加えた統合型だった（下線—筆者）。現行の『学習指導要領』で示された4技能5領域統合は明治時代の外山が求めた理想だが（⇒p.74），昭和の福島の地において見事に実践されたのである。それは同校教諭であった清水貞助の記述からも確認できる（清水1969：123）。

　生徒にはいろいろな記憶の型があるので，耳・口・目・手のすべての感覚に

158 ―――第7章　福島プランという実証

訴えるために，一つには聞き，話し，読み，書く能力を養うために，同時に多くの方面から学習する（Multiple Lines of Approach；パーマーの用語―筆者）。

統合のための具体的な指導技術には，まず繰り返しが挙げられる。これは福島中学に限ったことではなく，ほかの中学でもそうだったとは思われるが，問答練習を兼ねた口頭による英文の暗唱が頻繁に行なわれていた（橘 1969b）。実際，参観した青木も参観記で「新教材の単語，句，文の発音練習に移る。同じ語句を幾度も繰り返して聞かせ，幾度も繰り返して言わせる。実によく繰り返す」と述べている（青木1932：78）。

プランのメソッドのねらいを清水は次のようにまとめている（清水1969：124）。

1）一定時間の練習量を増やし，Fusion を徹底させる。
2）心中翻訳の時間をなくし，英語で考える習慣を養わせる。
3）高音は教師生徒の英語を明瞭に聞きとらせ，高速と相まって生徒の注意を英語音の流れに集中させる。
4）教師と生徒の間に高音高速な clear-cut な刺激と反応を繰り返させる。
5）授業に活気を与え，能率を高める。

注目したいのは，福島の教師は生徒には「間」を置くことなく瞬時に反応すること（Quick Response）を求めていたことだった。参観した寺西は以下のように述べている（寺西1933：5）。

余程耳をそばだてていないと参観人ですら follow し得ぬ程の速い英語でぴしぴしと問答を運んで行く。しかも生徒の応答の迅速なこと，そして正確なこと，只々驚嘆の他はない。かつてある外国婦人が訪れて，'wonderful, wonderful' を連発したのもむべなるかなである。

このように"福島の奇跡"とも呼ばれたプランは，一般にパーマーの OM を応用したものと言われることがあるが，実際には東京高師の教育理念，及びパーマーの手法に"磯尾（福島中）流"の"編集"が加えられた実践だったと捉える方が正確である（小篠 1995：194）。その理由のひとつとして A. P. R.

Howattは以下のように述べている（Howatt 1984：265-268）。

To work properly, oral activities require both linguistic self-confidence and a certain amount of histrionic gusto. As a native speaker, Palmer did not have to worry about the former, and as a keen amateur actor, he no doubt exhibited plenty of the latter. To his Japanese colleagues, however, the task was rather more daunting and many of them 'felt that the oral method was valid only when a native English speaker conducted the class'.

さらに小篠も次のごとく福島プランがパーマーの手法にべったりではなかったと述べている（小篠1995：194）。

この指導技法には Palmer の技法も一部含まれているが，特に Palmer の技法が集中的に使用されているという印象を与えるほどのものではない。実際，Palmer の技法と言えるものは自由聴覚同化練習，自由視覚同化練習，命令練習，発音練習，質疑応答くらいのものであり，その中でも，Palmer 独自の口頭指導技法と言われるものは命令練習くらいのものである。（中略）Palmer の指導技法を日本的コンテクストにあわせて修正したものもここに存在することは注目してよいであろう。

パーマーの理論をそのまま実践するには相応の専門性，英語運用能力，そして何よりも努力とエネルギーが教師側には求められた。別の見方をすれば，パーマーの理論を理解し，受け入れ，さらに日本の実情に合うように編集することができた教師・スタッフが福島中学には存在していたと言うことができる（磯尾／三戸（編代表）1969；松岡 2006；竹中2007）。

これに関して小篠は次のように大切な指摘をしている（小篠1995：196）。

その国固有の種々の制約（constrictions）──入学試験のような社会的要因や，その国の地理的，歴史的社会的条件に規定されるその教科の教育目的と教育目標──などを認め，その制約の中で，外来の教授法は位置づけられ，従属せられなければならないということであろう。「福島プラン」はまさにこの事例と言うことができる。

同時にプランは日本の学校教育環境において統合的な英語力を育成するのには，教授法要因と教師要因の2つが教育効果に少なからず影響を与えるということを実証した事例であるとも言える（Celce-Murcia, Brinton & Goodwin 1996）。

　福島，湘南の両プランの功績は，それまで学校教育では放置されることが多かった英語発音を「このように教えれば，着実に音声技能を向上させ，同時に一番求められる入試でも見事な成果を上げることができる」との仮説を実証したことだった（庭野 2008）。ただその分，上述のように教師集団はそれこそ血反吐が出る思いで指導に当たったのである（鈴木1987）。なお，湘南中学校では福島の教員集団の経験から，教員の負担増にならずに，誰もが追試できるような運営を心がけたと言われる（橘1969b；庭野1987）。

　以上，福島プランを主に教師側の視点から眺めてきたが，プランを実際に経験した元生徒の回想は小林大介の論文（2010）に詳しい。小林は，磯尾が他校に移籍した後の世代の3名の卒業生（それぞれ弁護士，医師，公認会計士）にオーラル・ヒストリーの観点からインタビューを行ない，彼らの話す英語から，受験と実用が両立し得たことを再確認した。私もインタビューをビデオで観たが，福島の成果は誇張ではなかったことを実感した。昭和初期の実践だが，プランから現代のわれわれが学ぶことはまだまだ多い気がする（太田2009）。

　パーマー時代に福島は学校として有名になったが，一個人として名を馳せた英語達人が陸軍少佐（最終階級は陸軍中佐）の江本茂夫（1888〜1966）だった。

　彼は陸軍士官学校で陸軍高等語学試験（仏語）及び陸軍高等外国語試験（英語）に合格し，卒業した後，陸軍委託学生として東京外国語学校（現・東京外国語大学）で学んだ。当時，英語科主任教授だった村井知至は「軍人の中は知りませんが，民間には江本氏より

図7-5：江本茂夫

流暢に英語を話す人は見受けられぬ」と激賞したという。学業だけではなく朝から晩まで，英語漬けの生活を自らに課した江本が後にマシンガンスピーチ（nonstop talk）と呼ばれるほどのスピード感あふれる英語をものにしたのは不断の努力の成果だったのである。

　江本は1936（昭和11）年から1941（昭和16）年という短い期間ではあったが，横浜専門学校（現・神奈川大学）の主任教授を務め，Direct Method を中心に徹底的なドリルを学生に課し，彼らの音声英語の素地を作った（河野

1993；出来 1994；吉村 2008；江利川 2016）。江本は1937（昭和12）年に磯尾が移籍した第三神戸中学校（現・兵庫県立長田高等学校）に横浜専門学校の学生を引き連れて公開授業を行なったと言う。批評会では江本と参加者一同が英語で応酬したとある（出来（編著）／江利川・竹中（校閲）2024：107）。タイムマシーンがあればその日に行ってみたいと思うのは私だけだろうか。出来は以下のように江本の教え方を総括している（出来 1994：120）。

　江本はH.E. Palmerの英語教授法に関する著作を読んでから，Direct Methodを採用したわけではない。この点は磯尾哲夫を中心とする福島中学校や松川昇太郎を中心とする湘南中学校の教師たちと全く異なっている。江本の場合は自分の経験から割り出した方法で，いわば「土着の新教授法」ともいうべきものである。Palmerの諸説を正統と考えれば，江本の方法はその変種とも呼べようが，結果としてそのような関係になっただけである。江本はどの学校でも多大の成果をあげているが，この土着性が大きな要因の一つと考えられよう。

7.5　言語教育を取り巻く社会の変化

　福島中学校・湘南中学校の両プランの成功により，両校で培われた音声を主体とした手法が日本の他の学校にも波及すると期待されたが，ここでも，より大きな要因——戦時体制への移行——という語学教育のレベルとは違う次元の大きな歴史の流れが立ちはだかっていたのである。英語科廃止に向かおうとする強い風当たりに対して，英語教育の効果を上げることができるという“何くその精神”が両校の教員集団にはあったとする庭野（1986）の説に首肯する。

　この節では発音そのものからは離れるが，時代変化について触れておく。時間軸を遡ることになるが，1921（大正10）年の四カ国条約の調印により，1902（明治35）年に締結された日英同盟が失効した。その2年後には関東大震災が起き，社会不安が増大した。

　米国は第一次世界大戦で戦勝国となった日本に対して，その軍事的拡大に警戒感を露わにし，また米国内の日本移民の増加により，アメリカ国民の雇用が奪われるようになると危機感はさらに高まり，1924（大正13）年に排日移民法が成立した。これに伴い，日本では反米感情が急速に広がることになった。そうした中，1929（昭和4）年の世界恐慌を契機として起きたファシズムは日本にも押し寄せ，さらに暗い空気が国中を包むことになった。

こうした社会の変化と相まって英語存廃論が起きた。まず，1924（大正13）年に，海軍少佐だった**福永恭助**（1889~1971）が『東京朝日新聞』に投稿した「米国語を追い払え」があった。その直後に，福永に刺激されたジャーナリストの**杉村楚人冠**（1872~1945）は「英語追放論」を発表した。学校で週に10時間で5年もかけて学んでも，卒業したら役に立たないのは大いなる無駄であるという論調だった。続いて，同じくジャーナリストの**渋川玄耳**（1872~1926）が「何を恐るゝか日本」（『中央公論』1924年7月号）という論考を公表し，同様の主張は多くの新聞・雑誌にそれぞれ掲載された。1927（昭和2）年には東京帝国大学教授の**藤村作**（1875~1953）が「英語科廃止の急務」という過激なタイトルの論文を発表し（『現代』1927年5月号），外国語学習の負担を生徒から取り除くべきであるという持論を公にした。彼は熊本出身で，第五高等学校（現・熊本大学）では漱石に英語を習っていたが，その後の思想形成の過程には何があったのだろうか。

これに対して岡倉は時を置かず同誌8月号において「どんなに優れた国でも，もはや外国から学び取るところはないということはあり得ない」との反論を行なった。英語教育は実用だけに役立つ知識を与えるためではなく，日本人の若者の「精神を陶冶する」（福原 1936：1）ために行なうと反論し，東京府英語教員会もこれに続いた。東京高師英語部も同年10月に「我国中等教育における外国語」と題した論考を公表した（黒田 1948）。英語教育の存続に対して，こうした社会的圧力の中，パーマーが前進させ，福島，湘南で実践された音声重視の新教授法は再び傍流に置かれることになった。

1931（昭和6）年，文部省は中学校令を改正し，中学校を上級学校志望の者と非志望者との課程に分けた。同年の9月には満州事変が起きた。日本が国際連盟を脱退したのは1933（昭和8）年のことだった。こうした社会の大きな変化はちょうど福島プランが実践されていた時期と重なる。

日米関係に暗雲が立ち込める中，米国の対日感情の改善を目指して1934（昭和9）年に日米学生会議（Japan-America Student Conference；JASC）が始まった。これは日本初の日米の学生交流プログラムで，第1回の会議は青山学院大学で開催され，途中，戦争による中断をはさみながらも，現在も継続されている[4]。ここから**松本亨**（1913~1979），**苫米地俊博**（1916~ ？），**宮澤喜一**元首相

---

[4] 会議は現在，一般財団法人国際教育振興会が主催母体になっている（https://jasciec.jp. 2024年2月1日最終閲覧）。

（1919～2007），**伊地知庸子**（1920～2014；後の宮澤夫人，早稲田大学教授の**伊地知純正**の次女）等，音声英語に熟達した人々が育った（城山1988）。なお，米国からは若き**ヘンリー・キッシンジャー**元米国務長官（Henry Kissinger, 1923～2023）も参加していた。

　1936（昭和11）年の二・二六事件（2月26日～2月29日）の後，さらに厳しくなった欧米人に対する差別の中で，パーマーはとうとう離日を決意した。その前にロングマンズ社から語学顧問の話があり，それに応じることにしたのである。

　その翌年，第二次日中戦争が始まり，日本は戦時下体制に突入した。1941（昭和16）年12月にはアジア・太平洋戦争[5]が勃発し，「鬼畜米英」の思潮の中，英語は敵性語（the language of the enemy）となった。

　文部省は1942（昭和17）年に高等女学校の英語を随意科目とし，1943（昭和18）年，中等学校令を公布，師範学校・中等学校における国定教科書の使用を義務づけた。中学校の外国語科は1～2年は必修，3年以上は選択科目にしたが，廃止にまで追い込まれることはなかった。また，軍に関係する諸学校の一部でも英語の授業は継続された。

　しかしながら軍国主義の拡大という時代のうねりは止めようもなく，英語教育は，そして発音指導は軍靴の不気味な響きとともに暗黒の時代を迎えることになった。

---

[5]「太平洋戦争」という名称は，米国の観点から戦後に広められたもので，アジア圏での旧日本帝国軍が行なった侵略範囲を踏まえると適切ではないという考え方が現在は主流になっている（庄司2011）。代案として，「アジア・太平洋戦争」「大東亜・太平洋戦争」「十五年戦争」の名称が提唱されている。

第8章　焦土の中から

8.1　教育の再建

　1940年代の後半から50年代は占領下の復興と戦後民主主義の形成期だった。焼け野原となった都市部は食料危機に陥り，状況は悲惨のひと言だった。戦前まで信じられていた価値観からのコペルニクス的転回が起き，敗戦のショックは大きなものだったが，軍国主義からの解放感もあり，やがて一日も早く立ち直り，復興を願う人々が新しい生活を始めた。

　45万人にも及ぶ占領軍兵士[1]の駐屯とともに戦前には敵国語だった英語の役割は反転した（佐々木・鶴見・富永・他（編）1991）。本章では焦土の中での英語教育の復興から描き始めてみる。

　英語ブームに便乗した『日米會話手帳 ANGLO-JAPANESE CONVERSATION MANUAL』は，玉音放送のあった8月15日からわずか1カ月後の9月15日に科学教材社から出版された（誠文堂新光社（編）2021）。この出版社の創業者・小川菊松（1888～1962）は英文科の学生等を総動員し，これを短期間で完成させた。彼の目論見は当たり，発売後，わずか3カ月で360万部を突破する一大ベストセラーとなった（小川1953）。

図8-1：『日米會話手帳』

　印刷物のほとんどが劣悪紙に刷られたものだったが，『日米會話手帳』に限らず，英語（会話）に関係する書籍，参考書，辞書，雑誌等は飛ぶように売れた[2]。占領軍の将校らが開いた英会話教室も各地で賑わった（朝日新聞社（編）1995）。特定の人々には英語が話せることは生きるための方途(ほうと)のひとつだった。

---

[1] 日本の戦後の占領には米軍のみによる統治のイメージが強いが，連合軍全体における比率は米国が約75％であり，それ以外は英連邦の英国，オーストラリア，ニュージーランド，インドの各国軍だった（統治権限は米国）。ちなみに私の出身地である山口には「ニュージーランド軍が駐留し，街で聞こえるのは Kiwi English ばかりじゃった。兵隊さんが "a lot of～" じゃのうて，"a heap of～" と言うのを聞いて覚えたよ」と高校教員時代の先輩の英語教師から聞いたことがある（田邊2022）。

[2] J・A・サージェントと須藤兼吉の『日米會話必携』(1945) も100万部を超える大ベストセラーとなり，その後，J・B・ハリス（後述）が執筆に加わった改訂版やレコード版も発売された。サージェントは広島・江田島の旧海軍兵学校の講師で，須藤兼吉は玉川大学教授だった。

[164]

戦後の学校教育改革は連合軍の指導の下で行なわれた。教育再建のために連合国最高司令官総司令部 (General Headquarters; GHQ / the Supreme Commander for the Allied Powers; SCAP) の要請で, 1946 (昭和21) 年3月に米国の著名な教育学の研究者たちを日本に招聘した。派遣された米国教育使節団 (United States Education Mission to Japan)

図8-2：米国教育使節団員 1946（昭和21）年3月26日

は2度にわたり (1946年, 1950年), 教育の実態を報告した (Bryant II 1956；アメリカ教育使節団 (編) ／村井 (全訳解説) 1979)。調査報告をもとに実務面を担当した米国民間情報教育局教育課 (Civil Information and Educational Section；以下, CI&E) と文部省が戦後の教育制度の改革に着手した[3]。

教育の再開は1945 (昭和20) 年9月だった。しかし教師, 教材, 設備ともに極めて不十分なままの再開であり, 指導内容は推して知るべしだった。GHQ / SCAPの指導で, 修身科, 歴史科, 公民科, 地理科等の教科は廃止され, 国語科や英語科では墨塗りの教科書が登場した。地域によっては空襲 (air raids) のため, 校舎そのものが焼失したところも多く, 教室数の不足も深刻だった。そのため各地で「二部授業」「圧縮授業」「青空教室」等と呼ばれた苦肉の策でこの難局をしのいだ (仲新・伊藤 (編) 1984)。

中学校では旧制中学校教員の新制高等学校への大量移籍により, 各地で教員不足が起きた (大分県英語教育研究会 (編) 1970)。そのため他教科の教員が英語科に駆り出されるという通常では考えられない事態が続き, 免許状切り替え講習会が各地で行なわれた。

うち, 九州地区の事例ではミシガン大学のチャールズ・C・フリーズ (後述) の下で学んだ**ヴァージニア・ガイガー** (Virginia Geiger, 生没年不詳；九州民事部教育課婦人問題担当官) が九州各地 (福岡・鹿児島・長崎・宮崎・大分) で講習会を開催し, 改善のための提案を行なった記録が残っている (ガイガー／武藤・川東 (共訳) 1952；隈 2011)。

様々な困難に直面しながらも復員した教員はそれぞれの持ち場で健闘した

---

[3] 報告書の「国語の改革」の項では, 漢字の全廃, ローマ字の採用が謳われたが, これは日本文化の歴史を無視した荒唐無稽な提案で, 実現されることはなかった。

(小川1982)。新制中学校ではパーマーの薫陶(くんとう)を受けた教師たちはOM（オーラル・メソッド）にもとづく指導を復活したが，発音指導は形式的・儀礼的なものだった（青木1970）。新制高等学校では戦前の中学，高等女学校での指導に立ち戻ったがごとく，文法・訳読式の授業が主流で発音指導は明治に戻ったような有様だった。

1947(昭和22)年には教育基本法と学校教育法が制定された。新制の6-3-3制が導入され，国民学校は新制小学校となり，新制中学校も誕生した。戦前とは違って英語は義務教育に取り入れられることになった。中学校では選択科目とされたが，高校入試との連動を考慮に入れると，これは事実上の必修科目だった。1948（昭和23）年には新制高等学校が，翌年には新制大学が発足した。

戦後初の『学習指導要領 英語編』（試案）(*Course of Study*；中・高共通）が文部省から発行されたのは1947(昭和22)年だった（図8-3は昭和26年版）。"試案"はこれを一種のたたき台として，現場からのフィードバックを経て，改訂を加えながら，より良いものにしていきたいというGHQ / SCAPや文部省の意向が反映されたものであった。

いずれにしてもこの試案はあわただしくまとめられた。そのためか，記述には「英語で考える習慣を作ること」，「英語の聴き方と話し方とを学ぶこと」等，明らかに戦前にパーマーが提唱していた指導理念が踏襲されていた。なお，附録の「発音について 二」に「イギリスの音とアメリカの音との相違点に注意し，アメリカの発音に習熟されたい。」（下線—筆者）という文言があるのはGHQ / SCAPの意向を反映したものだろう。

図8-3：『学習指導要領』（試案）

同年には教科書検定制度が復活となったが，出版社は即座に対応できる状況にはなく，当座しのぎの国定教科書として文部省は中学校では*Let's Learn English*（教育図書）を，高校では教養に主軸を置いた*The World through English*（中等学校教科書株式会社）を急遽，発行した（紀平1992, 2004；江利川（執筆）／木名瀬・中村（証言）2002b）。しかし，紙不足のため各学校に頒布(はんぷ)されたのは1冊のみで，学校側では書き写したり，ガリ版で刷る等して対応した。

教科書検定にもとづいた教科書展示会では戦後初の教

図8-4：*Let's Learn English*

科書が披露された。復活した教科書の中で，1948（昭和23）年に検定合格となっ
た ***Jack and Betty***（開隆堂出版）は米国へのあこがれからか，採択部数の8割の
シェアを占めた（開隆堂出版（編）1992）。口語中心の同書は，現在につながる
アメリカ英語，米音重視を決定づけた教科書になった。編集代表を務めた稲村
松雄は後日，音声表記に関してはジョーンズ式に慣れた英語教師が米国式の導
入で混乱しないように苦慮したと述べている（稲村1986；松崎2015）。現在，
検定教科書の代表をしているわが身には痛いほどよく分かる話である。

　占領軍に刺激されたのかどうかは不明だが，この頃，明治初期の森有礼の
「国語外国語化論」（⇒p.44）と同様の論調が現れた。作家の**志賀直哉**（1883〜
1971）が日本におけるフランス語国語論を提唱した（『改造』1946年4月号）。
さらに“憲政の神様”と呼ばれた**尾崎行雄**（1858〜1954；号は咢堂）に至っ
ては，漢字を廃止し，ローマ字を採用する英語国語論を唱えた（尾崎1947）[4]。

　英語科の事実上の義務教育化を巡っては，戦後初の英語教育論争も起きた。
きっかけは評論家の**加藤周一**（1919〜2008）が雑誌『世界』（1955年12月号）
誌上に投稿した「信州の旅から──英語の義務教育化に対する疑問」だった。
批判を行なったのが，英仏独語を操る“20世紀の知の巨人”と呼ばれた加藤
だったので，そのインパクトは大きかった。彼はまた翌年にも同誌で「再び英
語教育の問題について」（1956年2月号）という論を発表した。これに対して
教養英語の立場から多くの反論が出された。

8.2　出版物の復活

　英語教育に関連する書物の出版も復活した。発音関係では**福原麟太郎**『英語
を学ぶ人のために──発音と綴り字』（1946），**黒田巍**『英語教授論考』（1948a）
等が世に出た。**語学教育研究所（編）『外国語教授法（新訂版）』**（1948）のほ
か，**市河三喜（主幹）『新英語教育講座』**（1948；全12巻）の第4巻では「発音」
を，第5巻では「スピーキングと聴取・書取」が取り上げられた。また，**青木常
雄『新制中学校英語教授法』**（1948），及び**『新制高等学校英語教授法』**（1949）

---

4) 尾崎の令夫人は英国生まれの日系人である**英子セオドラ**（Yei Theodora Ozaki）で，家庭内言語は
英語だった（長岡1995）。尾崎は工部大学校時代にブリンクリーに学び（⇒ p.49），英語に堪能だっ
た。英子セオドラは1899（明治32）年から数年間，慶應義塾幼稚舎に新教授法を導入し，後任の**中
村キルビー・メリー**（Mary Kirby Nakamura，1877〜1956）はフォニックスを伝えた（田中（編）
1985；長岡1995）。尾崎家の三女**相馬雪香**（1912〜2008）は**西山千**（1911〜2007）とともに日本の
英語通訳者の先駆けとなった。蛇足ながら，英子セオドラが住んだ洋館は港区六本木から世田谷区豪
徳寺に移築されたが，近年になって老朽化のため取り壊しの危機に瀕した。しかしこの洋館を愛する
漫画家や近隣住民たちの努力により，修繕が施され，保存されることになった。

の両書にも発音指導に関する記述がある。

　NHKラジオの英語講座の復活も実に素早いもので，玉音放送後の9月には杉山ハリス（James B. Harris, 1916～2004；日本名は平柳秀夫）・西内正丸（生没年不詳）による『實用英語會話』の放送が始まり，11月には堀英四郎（1874~1963）の『基礎英語講座』がオンエアされた（堀・ピカリング／ホーンビー（抑揚記号担当）1953）。1946（昭和21）年2月からは小川芳男（1908~1990）が堀の後任として『基礎英語講座』を引き継ぎ，杉山の後は平川唯一（1902~1993）が担当となり，『英語會話』（通称「カムカム英語」）の放送が始まった（田中 2003；平川 2021）。

図8-5：『實用英語會話』

　岡山県上房郡津川村（現・岡山県高梁市津川町）生まれの平川は出稼ぎで米国に渡った父親を連れ戻すため16歳で渡米し，父親が帰国した後は自らが現地に残り，苦労しながら，小学校から大学（ワシントン州立大学，Washington State University）まで米国で教育を受けた。彼の英語音声能力はジョン万次郎と同じく米国で身につけたものだった。

図8-6：『英語會話』

　聴取者に語りかけるような口調の"平川節"にラジオの聴取者の大人も子供も魅了され，「カムカム英語」は語学番組の枠を超えて敗戦後の無力感から抜け出す"希望の灯"となり，同時に戦後の英語学習ブームを支えるばかりか，おそらく本人にはそこまでの意識はなかったと思うが，結果的にアメリカ発音普及の一翼も担ったことになった（福田・平川洌（編）／リード（校閲）2021）[5]。

図8-7：平川唯一

　ただ番組は確固たる指導理論にもとづいたものではなく，"アンクル平川"と呼ばれた後の個人体験の性格が濃いもので，そのような点には疑問が投げかけられた。さらに文芸評論家の富岡多恵子の批評（1981：6）に代表されるように，平川の番組では日本人を「英会話のカムカム赤ちゃん」にし，米国へのあこがれを煽った側面があるという批判もあった（紀平1995；柾木 2021）。敗戦後の日本に置かれた当時の人々の豊かな米国に対する屈折した思いは，小

説ではあるものの芥川賞作家の小島信夫の『アメリカン・スクール』(1954)からうかがうことができる。ちなみに玉音放送の格調高い英語版（Hirohito's "Jewel Voice Broadcast"）のアナウンスを行なったのは平川だった。

1949（昭和24）年には1カ月にわたる英語発音教育夏期大学（於・駒沢大学）が語学教育研究所（語研）と日本音声学会の共催により開催された。ただ詳しい記録は入手できておらず，どなたか調査してほしいと願う。いずれにしてもこれはこの時代に音声に対する要望があったことを示すものである（大村・高梨・出来（編）1980b）。1959（昭和34）年にはNHK教育テレビの開局とともに『英語会話』が開始され，1961（昭和36）年からは田崎清忠（1930〜　）の『英語会話・初級』が人気を集めた。視覚ツールを取り入れたテレビは放送語学教育に新たな可能性を切り拓くことになり，音声面の進展が期待された。

図8-8：田崎清忠

なお，翌年には学校向けの英語番組の放送も始まった。田崎先生はその後，教育工学の観点から放送英語教育，さらには英語教育にも数々の提言を行なわれている（田崎1969）[6]。先生には筆者が会長を務める日本英語教育史学会の第38回全国大会（2022年5月14日）で記念講演をしていただいた。時節柄，オンライン配信ではあったが，先生の英語教育にかけられる情熱がひしひしと伝わる心に残る内容だった（田崎2023）。

8.3　音声表記の改新

再び敗戦直後に話を戻す。アメリカ英語が一挙に，それも急激に日本国内になだれ込んだことで，復興途上の英語教育界にはある種の混乱が生じた。そうした状況を高梨と大村は以下のように述べている（高梨・大村1975：246）。

---

[5] NHK総合テレビは2021年11月1日〜2022年4月8日にかけて，平川の「ラジオ英語會話」の主題歌 "Come, Come, Everybody"（曲は「証城寺の狸囃子」）から題名を採った連続テレビ小説「カムカムエヴリバディ」を放送した（米音 /ˈbɑdi/ からの「バディ」に注目）。番組は昭和・平成・令和を生きた母娘孫三代の百年の物語（saga）を描いたもので，平川を演じたのは歌手のさだまさし（佐田雅志，1952〜　）だった。番組でも描かれたように連合軍の駐留キャンプではジャズやカントリー＆ウェスタンの演奏が行なわれた。さらに，進駐軍放送（コールサインはWVTR，後にFENと改称：現・AFN）やアメリカ映画の上映を通して，日本人もナマの英語に触れる機会が増えた。
[6] 田崎先生の英語は以下から聞くことができる（http://kiyofan.com/kiyo/mp3/2016speech.mp3。2024年4月1日最終閲覧）。

学校教育にもアメリカ英語が入ってきた。戦前にイギリス英語で鍛えられた教師は，ホットhot を ハット，リトルlittle を リル，ウォッターユー What are you? を ワラユーと発音しなければ通じない「街の英語」に当惑した。ラーン learn，バード bird などでアール r をひびかせる発音は聞きづらくもあり，さらに変えようとしても口が動かない。

また，竹林滋は，米アクセントについて次のように述べている（竹林1987：18）。

大正末期以来それまで我が国の英語教育界で使用されてきた「Jones式」は主にイギリス発音（南イングランド）を表す方式で，戦後その必要性を認められるようになったアメリカ発音を示す上では不適当であった。そのため当時の英語辞書界では，アメリカ発音を表す何らかの表記方式の導入が焦眉の急務であった。（ルビ―筆者）

日本では戦前からイギリス英語（含むアクセント）が主流だったことを認識していた GHQ / SCAP はアメリカ発音の普及を目指し，担当部署の CI&E から文部省側に英語音声表記法の再検討を求めた（広川2014）。「なぜ表記法なのか？」という疑問も湧くが，欧州の英語教育界では音声／発音指導に関連して精密表記（Narrow Transcription），もしくは教育的な簡易表記（Broad Transcription）のいずれを採るかに関する議論は戦前から存在し（市河1934；小川1955b），そうした論調が影響したのかもしれない。

インターネットを通して世界の様々な英語アクセントに触れることが当たり前の現代からすると，表記法云々は些末な問題に思えるかもしれないが，GHQ にはそうではなかった。こんなところにも米国第一主義を掲げ，共産主義（Communism）勢力の拡大を危惧する"世界の警察"（Global Policeman）を標榜していた大国の思惑が見え隠れする。

やがて CI&E は文部省，語研，英語教育の専門家，及び民間の出版社に発音表記法を検討する標準簡略表記法の協議会の通知を出した。ここで主役となるのがロバート・ゲルハード（Robert H. Gerhard, 1904~1963）だった。

8.4　R・ゲルハードとは

一時は"第二のパーマー"とも称された彼のことは，現在，音声学の専門家

の間でもほとんど知られていない。以下, R・ゲルハードを主役とする戦後直後のムーヴメントの軌跡をたどることにする。P・ゲルハード (⇒p.109) の息子のR・ゲルハードは宮城県仙台市で生まれ育った。清水浩三[7]が「日本語は読めるし, 書ける方なのだそうだが, 授業では一言も日本語を使ったことはなかったということである」と述べているように (清水1984：44), 彼の日本語は母語話者のレベルだった (図8-10参照)。

図8-9：R・ゲルハード

ここでR・ゲルハードの経歴を述べておく。彼は18歳で米国に渡り, フランクリン&マーシャル大学 (Franklin & Marshall Academy) に入学した。卒業後は地元の高校に勤めたが, 1928 (昭和3) 年に東北学院に教師として着任した。

3年後に再び渡米した彼はオハイオ州立大学大学院修士課程 (MA Course of Graduate School, Ohio State University) で修士号を取得し, 1932 (昭和7) 年に東北学院に復帰した。5年後に彼は『英米發音學研究』(*A textbook of English sounds for Japanese students*, 1937) を上梓した。訳出したのは英文学者の三神(みかみ)勲(いさお) (1907~1997) だった (当時は明治学院大学教授)。彼は中野好夫(よしお) (1903~1985) とシェイクスピア作品を共訳したことで知られるが, R・ゲルハードとの関係はキリスト教を通してのものと考えられる。

R・ゲルハードは1939 (昭和14) 年にはUCL (ロンドン大学) に留学し, ジョーンズの下で研究を進

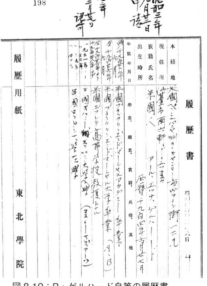

図8-10：R・ゲルハード自筆の履歴書

---

[7] 清水浩三はR・ゲルハードの教え子。1933 (昭和8) 年に東北学院中学部を卒業後, 1940 (昭和15) 年に同学院高等学部文科第II部を卒業した。1957 (昭和32) 年にミシガン大学大学院修了 (フルブライト留学；R・ラドー (Robert Lado) 教授に師事；後述)。清水は執筆時 (1984年), 東北学院榴ヶ丘高等学校校長だった。

め，音声学科及びIPAの試験（Examination for the Certificate of Proficiency in the Phonetics of English）に合格し，第一級免許状（First Class）を取得したのみならず，当該年度の最優秀学生を顕彰するローラ・ソームズ賞（the Laura Soames Prize；⇒p.66）も受賞した（ジョーンズ1939；MacMahon 1994；Beverly & Inger 1998；成田 2009）。これらは彼がいかに優れた音声学者だったかを証明するものであった。

　帰朝後，東北学院に復職したが，1942（昭和17）年には横浜からの俘虜交換船で強制的に送還された。彼もまた歴史の荒波にもまれた人物だった。米国では研究に没頭し，昭和20（1945）年にオハイオ州立大学で博士号を取得した。

　昭和21（1946）年にR・ゲルハードは帰仙し，戦禍の傷跡が生々しい東北学院の復興に全力を尽くした（三品1970a，1970b；大場2002）。推理作家の高城高はR・ゲルハードについて次のように回想している（高城 2008：あとがき）。

> 私は新制中学の第一回生だが，当時の公立学校は設備も教材も何もないに等しかった。そこで父の意向で中高一貫の男子のミッションスクールに入った。試験を受けてわずか百人しか入学できない難関だけに，そこは確かに恵まれた環境だった。例えば一年生の英語は三人の先生が担当する。発音と会話は二人の米国人，文法と和訳が日本人の先生である。しかもどういう縁故があったものか，発音記号の権威 ロバート・ゲルハード博士が教えていた。博士は生徒の机に尻をのっけて一人一人の発音に耳を傾け，自分の口の形，舌の動きを間近に見せて丁寧に指導してくれた。当時の日本にはないふんわりとした替え上着とフラノのズボンの博士は，合間にポケットから絹のハンカチを出して鼻をかむ。痩せこけたわれわれ生徒は，それをぽかんと口を開けて見上げているのだった。

　R・ゲルハードが英語発音の標準簡略表記法協議会についての打診を受けたのはちょうどこの頃のことだった。

8.5　標準簡略表記法[8]

　語研への要請は CI&E の教育課顧問の**ジョン・オーエン・ガントレット**（John Owen Gauntlett, 1907~1988；⇒p.99）が行なった。その名が示すようにJ・O・ガントレットはE・ガントレットの息子で岡山生まれのバイリンガル

---

[8]「簡略／簡易（化）」という用語はR・ゲルハードによるものではなく，改新ムーヴメント時のパスィーの発案だった。なお，ジョーンズは "a quite broad system of notation" と呼んでいた。

だった。彼はCI&E教育課で『中学校高等学校 学習指導要領 外国語科英語編』にも関わっていた。これに対応したのが，語研会員の黒田巍（東京高師）だった。そして両者が白羽の矢を立てたのが，奇しくもガントレットと似たバックグラウンドを持つR・ゲルハードだった[9]。

折衝の後，R・ゲルハードから協力を取りつけた黒田は1948（昭和23）年2月に東京から仙台の東北学院に出かけ，実質的な作業を行なった。そして4月18日に文京区の茗渓会館で開催された標準簡略表記法協議会にのぞんだのである。

協議会の中心議題はゲルハード式の可否だったが，議決までには紆余曲折があったようである。皆川三郎はほかならぬGHQの関係者からも異論が出たことを記している（皆川 1992：46）。

敗戦直後に起こった問題の一つは発音記号の簡素化であった。例えば，/ʌ/ をやめて /ə/ に代えられぬかということ。これはむつかしくて，きまらなかったようである。こんな問題を Chicago大学人類学科の Dr. Hulpurn（ママ―筆者）が提起したように記憶する[10]。

協議会の決定は"満場一致"ではなかったが，最終的には協議会はゲルハード式を「推挙」することになったのである。その特徴は，大きく以下の3点にまとめられる[11]。

1) 母音数の簡略化（12→8）
2) hooked schwa /ɚ/（そり舌母音 retroflex vowel，右フック付きのシュワ）の採用
3) 単音節語のアクセント表示

---

[9] 語研が英語教授研究所だった頃から，父親のP・ゲルハードがパーマーを支援したこと，さらにR・ゲルハードも語研の有力メンバーだったことが選出につながったものと推測される。なお，J・ガントレットは『学習指導要領』の作成にもあたっていた。

[10] エイブラハム・ハルパーン（Abraham Meyer Halpern）は当初，言語学，人類学を専攻していたが，後年，外交政策へと専門を変更した。ちなみに，Kuroda（1948）には「A. M. Hulpurn」と綴られているが，誤記であろう。

[11] 協議会の準備に関わった三省堂に協議会の議事録が保存されていないかと考え，東京都千代田区神田三崎町にあった旧編集部（現在は東京都千代田区麹町に移転）や東京都八王子市にある資料室で探したが，発見には至らなかった。

1点目はジョーンズ式の12母音を4つ減らし，8母音に簡略化したことだった。両者の表記法の違いは /e, ɛ/ → /e/, /a, ɑ/ → /a/, /o, ɔ/ → /o/, /ə, ʌ/ → /ə/ である。これは思い切った変更だった[12]。2点目の特徴は右フック付きシュワ（/ɚ/；right-hooked schwa；鍵付きr）の採用だった。このシュワ（/ɚ/）は当時，IPAでは未承認だったが，実際には音声学者の多くがアメリカ発音の記述に用いていた（Kuroda 1948）。R・ゲルハードは /ɚ/ をケニヨン＆ノット式（Kenyon-Knott phonetic notation / system; Kenyon & Knott 1944）から借用することで，米音 /r/ を伝えられると考えたのである（ゲルハード／黒田・大田（訳）1951）[13]。

3点目は単音節語（mono-syllabic word）にもストレス記号をつけたことである（彼は日本人に合わせてアクセント記号と呼んだ）。日本人が「橋／箸」，「雨／飴」を直感的に区別（弁別，discriminate）できるのと同じように英語母語話者にとって単音節のストレスは直感で処理できる（竹林・斎藤2008）。しかし，R・ゲルハードは英語非母語話者にはこれが習得上の躓(つまづ)きとなると考えた。幼少期から日本人の英語発音を耳にしてきた彼だからこその判断だった。この表記はその後，多くの辞書で踏襲されることになった。

8.6 頓挫

協議会の推挙により，三省堂編修所は1951（昭和26）年の『**最新コンサイス英和辞典**』（佐々木達（編集主幹）；以下，『コンサイス』）にR・ゲルハードを発音担当として迎え，ゲルハード式に改訂した版を世に送った。このように，この音声表記は人気の小型英和辞書に採用され，『コンサイス』は /ɚ/ を採用した初の国産英和辞書となった。ゲルハード式は1951(昭和26)年には『学習指導要領』（試案）の改訂版に「付録」という形でも取り上げられた。彼の表記法改革は順風満帆のスタートを切ったかに思われたが，その後はまさかの展開が待ち受けていた（田邊 2019）。

図8-11：『コンサイス』

[12] ジョーンズ式とゲルハード式の違いについてはKuroda（1948），酒向(さこう)（1956）が参考になる。
[13] ジョン・ケニヨン（John Samuel Kenyon, 1874〜1959）は米国の言語学者。ハイラム大学（Hiram College）を卒業後，同大学で教えた。トーマス・ノット（Thomas Albert Knott, 1880〜1945）と共著で *A pronouncing dictionary of American English*（1944）を著した。この辞書は米発音の規範とされる。

『コンサイス』の販売は激減し，ゲルハード式は肝心の現場の英語教師からも反発を買うことになったのである。キー・コンセプトの発音記号の簡略化に対しても，/o, ɔ/ → /o/, /ə, ʌ/ → /ə/ という母音数の削減は逆に弁別・調音の両面で指導しにくい（例：ball − bowl, among, result ―下線筆者）等，教えにくさを訴える意見が現場から噴出したのである（小川・山家・研究社編集部（編）1959）。

批判の矛先は右フック付きシュワの採用に向けられた（竹林1987）。そして，『コンサイス』の販売は4年間という短命に終わった。R・ゲルハードが編集から外れた1955（昭和30）年版は再びジョーンズ式に戻され，1959（昭和34）年の第10版からはロンドン大学東洋アフリカ研究学院（The School of Oriental and African Studies, University of London；SOAS）の教授だったN・C・スコット（N. C. Scott；生没年未詳）が発音面を担当し，1971（昭和46）年まで，この版が続いた。

頓挫は政策・制度面，人間関係等，様々な要因が複雑に絡み合った結果だと捉える方が正確であろう。読者からの質問に答える『英語教育』誌（大修館書店）の「Question Box」欄（図8-12）からうかがえるように，教師側の戸惑いも大きかったと思われる（石橋（著者代表）／安倍・他 1960）。右フック付きシュワに対する現場の強い反発に見られたように，R・ゲルハードの表記法は教師の目には"簡略"にあらず，むしろ"複雑なもの"に映ったのだろうか（小川1955b）。米式の発音特徴を伝えうるこの記号が，なぜ，これだけの反発を受けたのか，正直，分からない。

11. 英語母音の音韻組織と表記法

Q. 私たちは，むかしから，発音記号といえば，Jones や Palmer のものしか考えませんでしたが，戦後は，Gerhard 式とか，Kenyon-Knott 式とか，Fries-Pike 式とか，Trager-Smith 式とか，やつぎばやに，いろいろなものが現われまして，なにがなんだかわからなくなってしまいました．特にむずかしいのは母音ですが，これについて，今までの諸説を比較し，どこに問題があるかを，わかりやすく説明していただけませんでしょうか．

図8-12：『Question Box』の質問

GHQ / SCAP の意向にもかかわらず，右フック付きシュワ（/ə/）が教科書で採用されたのは1965（昭和40）年度の検定教科書での2種のみだった（『Jack and Betty』及び『New Prince Readers』）。

R・ゲルハードが勧めていた指導技術も取り組みへの逆風となったと考えられる。教え方の根幹は本人が綴っているように UCL 伝統の手法（Phonetic Method）を踏襲したものだった（Gerhard 1949：280）。

For most of thirty years, however, I have been directly involved in the absorbing and constantly challenging problems of helping foreign students to a more satisfactory pronunciation of (American) English speech, and, though I have encountered innumerable varying techniques and experimented personally with many, for practical and tangible results in improved performance on the part of my students. I still know of nothing more effective than extensive careful reading aloud of simple phonetic transcriptions.

　発音記号の判読・音声化という手法が戦後の混乱期の学習者だけではなく、肝心の音声を教える英語教師にとっても負担になったことは否めない。ジョーンズやパーマー等の著書を通して発音記号に習熟していた一部の英語教師は別にして、記号を音読（判読）しながら発音を習得するのは学習者のみならず、一般の日本人英語教師にとっても重荷となった可能性がある。英語音声（特に発音）についての英語教師の認識もゲルハード式の不人気ぶりに寄与したのではないかと思われる。"発音は大切"という思いは教師にありながらも、授業での様々な制約やほかに教えるべき項目（特に文法・訳読）に加え、日本人教師が英語発音を扱わなければならないという現実の問題に R・ゲルハードは直面したのではなかろうか。

　ゲルハード式の普及を進める上で抵抗勢力になったのが、音声に対する日本人の言語文化価値観である。R・ゲルハードのICUでの教え子で、後にNHKのニュースキャスター、解説員を務めた平野次郎は『図解 英語ものがたり　2時間でわかる』（以下、『英語ものがたり』）において次のように指摘する（平野1999：141）。

図8-13：『英語ものがたり』

　それにもかかわらず、発音記号で英語の文章を読むという英語の教育方法は、それほどは普及しなかった。練習ではあるかもしれないけれど、学問ではないという意識が教える側にも、教えられる側にもあったのだろう。プラクティカル（実際的）ではあってもアカデミック（学問的）ではない、ということに対して日本の知識人や学者は弱い。そんなものは"各種学校"ででも教えればよいと主張する学者もいた。

なお，同書は，英語という言語の変遷，世界における言語としての位置づけ，学び方のエッセンス等を凝縮した好著である。平野氏は2024（令和6）年1月に83歳で旅立った。

起こりうる問題点をある程度予測し，政策面においてもサポートすることが教育改革には必須であるが，R・ゲルハードの場合，語研や出版社からの支援はあったものの（市河（監修）／語学教育研究所（編）1962；海後・髙坂（監修）1967），敗戦時ならではの要因により，パーマーが享受することができたサポートは望むべくもなかった。

パーマーの場合，文部省英語教授顧問というお墨付きが与えられ，文部省内に実質的な職務を担う英語教授法研究所という普及のための「手段」が設立された。そうした“手厚い”支援のお陰でパーマーは英語教授研究大会や全国各地での講演会が可能となり，13年半という長期にわたって，じっくりと自分の教授法，音声指導観を浸透（diffuse）させることができた（小篠 1995）。R・ゲルハードには協議会後の普及のためのサポートが少なかったことは否めない。

最後に，これはまったくの想像に過ぎないが，R・ゲルハードの性格も頓挫に何らかの影響を与えたのかもしれないという憶測を禁じ得ない。評伝等から浮かび上がるのは彼の真摯な研究と教育に対する姿勢であるが，その反面，彼には一度決めたことは決して曲げないという頑固な側面があった。彼自身，著書の中で “I'm a stubborn cuss, and I fear I've disregarded their [people around him ―the present author] advice as often as I've followed it.”（Gerhard 1960：Preface viii）と，半ば自虐的に認めている。

いずれにしても，ゲルハードが考えていた「負担のない手法」と「現場の実情」の間にはギャップがあり，加えて，そこには上述のように様々な要因が働いたことがゲルハード式の不発の背景には存在したと思われる。

英語音声，なかんずく，サブスキルである発音は，学問的には「低い次元の領域」であるという誤った価値判断は，残念なことに現在も存在する。これはいわゆる「実用vs. 教養」の二項対立にもつながる問題であろう。

日米の言語，文化に精通し，英米の音声学を学び，学位まで取得し，日本人の英語発音の問題点に精通したR・ゲルハードをもってしても，日本の英語音声教育に変化をもたらすのは容易なことではなかった（田邉2021a）。数々の困難を経験した彼は狭心症のため58歳の若さで召天した。日本の英語教育界にとっては間違いなく大きな痛手だった。

第9章　アメリカ構造言語学の時代

9.1　構造言語学の到来

　本章では，アメリカ構造言語学を基盤にした教授法の到来を取り上げ，日本における，その普及から衰退までの流れを英語音声指導の観点から追うことにする。

　前章と少し重複するが，R・ゲルハードが表記法に取り組んでいた頃，米国政府は日本復興の一環として人物交流計画による留学制度を進めていた。ドミノ理論[1]が提唱され，米国は日本を地政学上の重要ポイント（geopolitically important location）と考え，ロックフェラー財団（Rockefeller Foundation），フォード財団（Ford Foundation），及び日本の財界から資金援助を受け，対日政策として日本人の米国留学や日本の英語教育の振興に力を注いだのである。

　1949（昭和24）年に留学制度は実行に移され，ガリオア資金（占領地救済政府予算，Government and Relief in Occupied Areas; GARIOA）により，50人の日本人が渡米した。1952（昭和27）年からは制度の発案者である米国議員の**ジェームズ・フルブライト**（James William Fulbright, 1905～1995）の名前を冠した**フルブライト・プログラム**（Fulbright Program）に改称され，毎年多数の英語教員が渡米した[2]。

　フルブライトと言うと“日本から米国に”というイメージが強いが，実は“米国から日本の学校へ教員を派遣する制度”（フルブライト教員招致計画）も同時に運営されていた。伊村元道はこのプログラムで東京大学附属中学校に招聘された**E・A・ローソン**（E. A. Lawson）という米国人教師について述べている（伊村2003：225-226）。

　日本から渡米した“選ばれしフルブライター”たちは，現地で英語で生活するという貴重な体験はもとより，最先端の言語学，言語教育を学んだ。音声面での効果は多大だったことが推測される。彼らが日本に持ち帰ったのが**アメリカ構造言語学**（American Structural Linguistics）であり，それを母体にする

---

[1] 東西の冷戦が続いた1950～60年代の米国で提唱された外交政策理論。ある地域での共産主義の勝利により，ドミノ倒しのごとく，当該地域のその周辺国，地域における共産化が進むとする考え方だった。

[2] 1954（昭和29）年に米議会で成立した米国情報教育交流法（スミス・マント法；Smith-Mundt Law）の英語教員交換計画で渡米した教員もいたことは余り知られていない。

[178]

オーディオリンガル・メソッド（Audio-Lingual Methods；この名の下で何種類ものヴァリエーションがあったので複数形；以下，ALM）だった。ALMは発祥地名から**ミシガン・メソッド**（Michigan Method）とも呼ばれたが，日本国内では**オーラル・アプローチ**（Oral Approach；以下，OA）という名称が流通することになった。ここでは海外関係の文脈ではALMを，国内に関することにはOAを用いる。

9.2 ALMの指導原理と教材

ALMは，真珠湾攻撃（1941年）に衝撃を受けた米国政府が1942（昭和17）年に敵国語・文化を理解できる人材を育成する目的で開始した米国の陸軍特別研修計画（Army Specialized Training Program; ASTP）に端を発する。

ASTPでは全米を代表するハーヴァード大学，コロンビア大学（Columbia University in the City of New York）等から優秀な人材を集め，徹底的な集中訓練（intensive training）を施した。具体的には，"ドリル・マスター"（drill master）と呼ばれた対象言語のネイティヴ・インフォーマントが配され，10人を上限とする各クラスの受講生は1日10時間，週6日間，90日間を1セットにした訓練を受けた[3]（パッシン／加瀬（訳）1981）。

1950年代にASTPでの成果を踏まえ，ミシガン大学（the University of Michigan）の**チャールズ・C・フリーズ**（Charles Carpenter Fries, 1887~1967）と**ロバート・ラドー**（Robert Lado, 1915~1995）がALMを考案した。

言語には構造（体系）が存在し，言語の本質は音声であるという，**エドワード・サピア**（Edward Sapir, 1884~1939），**レナード・ブルームフィールド**（Leonard

図9-1：C・C・フリーズ

Bloomfield, 1887~1949）以来のアメリカ構造言語学の考え方に**バラス・F・スキナー**（Burrhus Frederic Skinner, 1904~1990）らの行動主義心理学（Behavioral Psychology）の理論（徹底的行動主義，radical behaviorism）を加味したのがALMだった（Skinner 1957）。

言うまでもなく行動主義心理学では，言語習得は刺激（stimulus）に対しての反応（reaction）がまずありきで，過剰学習（over-learning）を通して学習

---

[3] 英国でも戦時中にロンドン大学東洋アフリカ研究学院（SOAS ⇒ p.175）で語学要員の養成が行なわれていたことは余り知られていない事実である（大庭 1988；河路 2023：203-204）。

は強化 (reinforce) されると考えた。こうした理論をもとに指導法を包括的にまとめたのがフリーズの *Teaching and learning English as a foreign language* (1945；以下，*TLEFL*) だった。理念が述べられた箇所は引用されることが多く，筆者も学生時代に暗唱した (Fries 1945：3)[4]。

図 9-2：*TLEFL*

In learning a new language, the chief problem is not that of learning vocabulary items. It is, first, the mastery of the sound system to understand the stream of speech, to hear the distinctive sound features and to approximate their production. It is, second, the mastery of the features of arrangement that constitute the structure of the language.

ウイリアム・モールトン (William G. Moulton, 1914~2000) による ALM の特色をまとめた5つのスローガンも同時に広く知られることになった (Moulton 1966：86)。

1. Language is speech, not writing.
2. A language is a set of habits.
3. Teach the language, not about the language.
4. A language is what its native speakers say, not what someone thinks they ought to say.
5. Languages are different.

スローガンにあるようにアメリカ構造言語学では音声優先主義を掲げ，言語は習慣形成により習得され，外国語を学ぶ場合，最初に考慮すべきは音体系の習得，そして，それを頭だけの理解ではなく，口を衝いて言葉が出てくるように反復練習することが最も効率的な方法であると考えた。

---

[4] ミシガン大学でフリーズから直接学んだことがある日本人フルブライターは，「博士は常にボソボソと話し，そば耳を立てなければ聞き取ることもできず，板書もあたり構わず書き殴るようなタイプで，えらい学者が良い教育者とは限らないということの典型だった」と証言した (私信)。ただ，中島文雄はエッセイの中で博士の人柄に魅了されたと正反対の人物像を記している (中島 1989)。

ウィリアム・F・トワデル（William Freeman Twaddell, 1906~1982）はこの考えにもとづき，言語学習を 1）Recognition（理解），2）Imitation（モデルの模倣），3）Repetition（繰り返し練習），4）Variation（代入練習），5）Selection（応用）の5段階に分けた（Twaddell 1963）。

音声はすべてに関係するが，1）~ 3）は模倣と暗記（mimicry and memorization）でカバーし，すらすらと言えるようになるまで，何度も教師の真似をして繰り返し練習する段階である。

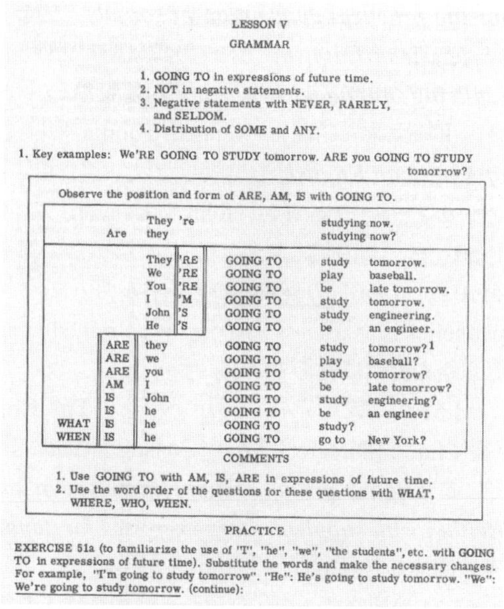

LESSON V
GRAMMAR

1. GOING TO in expressions of future time.
2. NOT in negative statements.
3. Negative statements with NEVER, RARELY, and SELDOM.
4. Distribution of SOME and ANY.

1. Key examples: We'RE GOING TO STUDY tomorrow. ARE you GOING TO STUDY tomorrow?

Observe the position and form of ARE, AM, IS with GOING TO.

		They	're		studying now.
	Are	they			studying now?
		They	'RE	GOING TO	study tomorrow.
		We	'RE	GOING TO	play baseball.
		You	'RE	GOING TO	be late tomorrow.
		I	'M	GOING TO	study tomorrow.
		John	'S	GOING TO	study engineering.
		He	'S	GOING TO	be an engineer.
	ARE	they		GOING TO	study tomorrow?[1]
	ARE	we		GOING TO	play baseball?
	ARE	you		GOING TO	study tomorrow?
	AM	I		GOING TO	be late tomorrow?
	IS	John		GOING TO	study engineering?
	IS	he		GOING TO	be an engineer
WHAT	IS	he		GOING TO	study?
WHEN	IS	he		GOING TO	go to New York?

COMMENTS

1. Use GOING TO with AM, IS, ARE in expressions of future time.
2. Use the word order of the questions for these questions with WHAT, WHERE, WHO, WHEN.

PRACTICE

EXERCISE 51a (to familiarize the use of "I", "he", "we", "the students", etc. with GOING TO in expressions of future time). Substitute the words and make the necessary changes. For example, "I'm going to study tomorrow." "He": He's going to study tomorrow. "We": We're going to study tomorrow. (continue):

図9-3：*Patterns of English sentences*（p.34）より. パタンプラクティスのマトリックス

さらに4)~5) はパタン・プラクティス（pattern practice）である。4) Variation は，5）の応用に進む前の段階の手法で，Substitution（代入・置換），Conversion（転換），Expansion（展開・拡張）という活動が提案された。フリーズらにより開発されたALMは**A・H・マークワート**（Albert Henry Marckwardt, 1903-1975），**W・M・リヴァース**（Wilga M. Rivers, 1919~2007），**E・スティヴィック**（Earl Stevick, 1923~2013）等により，その手法は洗練された（Marckwardt 1966；Rivers 1968；Stevick 1976）。

9.3 ALMの普及

アメリカ構造言語学に立脚した著作も堰を切ったように日本国内に流れ込んできた。発音面に限っても膨大となる情報をすべて扱うことは現実的ではないので，以下，発音関連の主要なもののみ取り上げる。

代表的なものとしては，1942（昭和17）年の**バーナード・ブロック**（Bernard Bloch）と**ジョージ・トレーガー**（George L. Trager）の*Outline of linguistic analysis* がある。さらに1943（昭和18）年の**ケネス・リー・パイク**（Kenneth L. Pike）による*Phonetics: A critical analysis of phonetic theory and a technic* *for the practical description of sounds*, 1945（昭和20）年の *The intonation of American English*, 及び 1947（昭和22）年の *Phonemics: a technique for reducing languages to writing* も外せない。また, 同年, **チャールズ・ケネス・トーマス**（Charles Kenneth Thomas）は *An introduction to the phonetics of American English* を出版した。

ジョン・S・ケニヨン（John S. Kenyon）の *American pronunciation*（1924 / 1950）も, この流れに続いたものだった。筆者が大学院時代に読んだ同書の第10版（1956）の裏表紙のタイトルの下に, "A teacher of speech untrained in phonetics is as useless as a doctor untrained in anatomy." という文言があったことを今も鮮明に覚えている。

ALMの本家本元のミシガン大学の **The English Language Institute Staff**（編；Lado [Director], Fries [Consultant]）によって編集された1953（昭和28）年の *English pronunciation: exercises in sound segments, intonation, and rhythm with supplementary exercises for Japanese students* は ALM の音声指導に関する包括的なレファレンスとなった。

ALMが興隆する中, 英国からの知識移入も復活した。時間軸は戻るが, 1944（昭和19）年の**ピーター・マッカーシー**（Peter MacCarthy）による *English pronunciation: a practical handbook for the foreign learner* は副題の通り, ジョーンズ以来の伝統を継続した音声書だった。**アイダ・C・ウォード**（Ida C. Ward）の1929 / 1945（昭和4 / 20）年の *The phonetics of English* は英語音声学の応用法のあり方を示したものだった。

W・スタナード・アレン（W. Stannard Allen）の *Living English speech: stress and intonation practice for the foreign student*（1954）は超分節音の実際を教師用に分かりやすく, まとめたものである。

時間軸を戻るが, 敗戦後の混乱が落ち着き始めた1950年代には日本人研究者もアメリカ構造言語学を取り入れた書物を出版するようになった。例えば東京大学教授（当時）の**服部四郎**（1908~1995）による『**音韻論と正書法**』（1951），『**音声学**』（1951）は日本における言語学の復興を象徴する著作だった。

教育面での音声関係の書物の出版も続いた。五十嵐新次郎はNHKの海外向け放送のアナウンサーだった時に**真珠湾攻撃**（1941年, Attack on Pearl Harbor）の英語

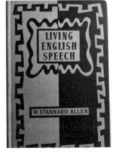

図 9-4：*Living English speech*

アナウンスを行ない，戦後は母校の早稲田大学教授に転じた人だった。

「日本人ノ英語ハ大体ニ於テ頗ルマヅシ，調子ガノラヌ変則流ナリ，切角ノ学問見識モ是ガ為ニ滅茶々々ニ見ラル丶ナリ残念ノ事ナリ字ノ下手ナモノガ下品ニ見ユルガ如シ」（はしがき；―ルビ筆者）という漱石（1995:48）の言葉から始まる『英米發音新講』（1950）は五十嵐渾身の実践発音教本だった（図9-5）。菊池の『秘訣』（⇒pp.60-63）を意識した第一章の「予備編」には彼の英語音声観が網羅されている[5]。巻末にはゲルハード式の表記も紹介されている。本書の第3章でふれたように（⇒pp.62-63），五十嵐はラジオ，テレビでの放送英語教育にも従事し，特にテレビでは立派なヒゲとともに羽織袴姿で出演し，"ヒゲの五十嵐"というニックネームで親しまれた（図9-6）。

図9-5：『英米發音新講』

図9-6：『英語トレーニング』

湘南中学校で東京高師出身の蟹江忠彦（生没年不詳）から英語を習った五十嵐は早稲田大学では岸本以来の英語音声の伝統を継承し，**石原明**（1938〜2016），**田辺洋二**（1933〜2004），**東後勝明**（1938〜2019），**松坂ヒロシ**（1948〜　）等，後に活躍する弟子を育てた（松坂2008）。五十嵐門下にまつわるエピソードは数多い（五十嵐先生を偲ぶ会実行委員会（編）1977；出来2008，松坂2008）。五十嵐は早稲田の学生時代にはジョーンズを3回熟読し（*OEP*か？　―筆者；⇒p.119），発音記号通りに音読することで英国アクセントをマスターしたと言われる。登校中には山手線の高田馬場駅から早稲田大学西門までの早稲田通りを高下駄で闊歩しながら，大声でアルファベットや暗誦した英語スピーチを発声しながら，トレーニングをした。『英米發音新講』はその時の経験がもとになったものであろう。さらに，S・R・ブラウン（⇒p.39）にならったのか，水を入れた小さなボウルを教室に持ち込み，学生の舌を実際に触りなが

図9-7：東後勝明

---

[5] 幸いなことに『英米發音新講』には1981（昭和56）年に復刻された改訂新版がある。

ら，発音を教えたという今では考えられないような伝説もある。

　似たようなトレーニングを自らに課したのがほかならぬ東後先生だった。先生は山手線で高田馬場駅から1周回って元に戻って来る間，車両ごとに，"Ladies and gentlemen, my name is Katsuaki Togo of Waseda University. Let me recite a famous speech by President Lincoln."と前置きをしながら，同じスピーチ（*Gettysburg Address* 1863）を繰り返して暗唱したそうである（東後先生談，記憶から—筆者）。これらは今なら通報モノだが，英語音をマスターしたいというそうした一途な思いだけは伝えておく。2人とも，そんなことが許されたおおらかな時代に英語の習得に励まれたのだった。

　脱線ついでに東後先生の別のエピソードも紹介しよう。先生と個人的に初めてお会いしたのは1992（平成4）年，広島のホテルでのことだった。著者代表を務めておられた中学校検定教科書のティーチャーズ・マニュアルの執筆を依頼された会合の場で，たまたまある単語（epitomeだったか？）の発音が話題になり，答えあぐねた時，茶色の出張バッグから先生が取り出されたのは『研究社新英和大辞典』だった（！）。ポケット版の辞書や電子辞書を携帯するのは業界人にはよくあるが，デスク版の大辞典を出張先にまで持ち歩く人は後にも先にも東後先生だけであった。

　通史に戻ろう。"国宝級の英語発音力"の持ち主と佐川春水から称されたという言う青木常雄（⇒p.152）は1948（昭和23）年に戦前に著した音読・朗読法の本を改訂した『英文朗読法大意』を刊行した（青木常雄先生を偲ぶ刊行会（編）1987）。青木の英語が聞けないかとネットを探ったが，実現できていない。彼の教え子には青木の授業ぶりに触れている人もいるが，実際に"国宝級"の発音がどんなものだったのだろうか。出来成訓は「青木の発音は地味な努力の結果だった」（出来1994：464-465）とし，青木（1970）の回想録を引用しながら，その発音学習をまとめている。この件も興味は尽きない（福原（監修）／桜庭・他（編集）1978；今関2001）。

　そのほか，黒沢浩太郎『英語朗読法の研究』（1957），石井正之助 & H・McAlpine「英文朗読法」（1959），酒向誠『英文音読の基礎——リズムのつかみ方』（1960）等，音読に関連する著作が複数出たのは，当時，国語科教育で「声の復権」（昭和26年度『学習指導要領 国語科』（試案））が提唱され，言語教育全般における音読の重要性が再認識されたことと無縁ではあるまい（泉1953）。

9.4 "受験英語"の復活

　先に述べた敗戦直後の実用的な英語を志向するブームは1952（昭和27）年の占領軍の撤退とともに急速にしぼんだ。長い間，戦火に巻き込まれ，かつ敵国語として英語に触れることが公にはできなかった英語教員の英語力はいかんともしがたい状況だった。特に音声スキルは，使わなければ錆びついてしまうのは当然だった。こうした事態に文部省は教員の英語力の復活，維持，向上を目指し，戦後直後と同じように，各自治体において英語教員講習会を企画・開催した。語研も都市部以外に地方でも講習会を開いた。

　しかしながら，新制高等学校では戦前の変則式／文法・訳読主義が根強く，その結果，"入試科目としての英語"に特化した指導が復活することになった。1956（昭和31）年までには新制の都道府県立高校入試の全国的な整備が進められ，英語が試験科目として復活し，それに伴い入試のための英語指導が息を吹き返した（石井1980；河村2010, 2011）。

　1949（昭和24）年度から本格的に実施された新制大学の入試では難解な文学作品が数多く題材として取り上げられることが多くなり，それは指導や学習を左右することになった（江利川2011）。入試が教室での指導内容，手法に影響を及ぼす波及効果（washback effect）が起きたのである。合格するには効率よく学ぶ必要が生じた。そのため学習者はいきおい分析・解剖的な英文構造の解釈，語彙・文法項目の暗記という文法・訳読中心の学習法へと集中することになり，英語学習の振り子は音声重視とは逆の方向へと振れることになったのである（田邉2000b）。

　やがて，パーマーのレガシーとも呼べる実用・音声志向が残る中学校と教養主義の高等学校との"断絶"が顕著になり，中高連絡会が設けられ，全国都道府県の英語教育研究会のヨコ糸をつなぎ，統括する組織として全国英語教育研究団体連合会（全英連）が1950（昭和25）年に設立された。

9.5 "役に立つ英語"

　この時期，文法・訳読法への回帰を嘆く声は，大正時代と同じく経済界から挙がった（Hino 1988；田邉2000b）。朝鮮戦争（1950～1953年, Korean War）は日本経済にとってのブーストとなり，復興の機運と相まって海外企業等とのビジネス交渉の機会が増え，英語が使えることへの需要が増えた。そうした状況にもかかわらず，1953（昭和28）年に戦後初めて社会に巣立った新制大学の卒業生の英語力は経済界が求める力とは大幅にかけ離れていた（Bryant II 1956）。

1955（昭和30）年には日本経営者団体連盟（日経連）から「新制大学卒業者の英語の学力に対する産業界の希望」という要望書が語研に提出され、"役に立つ英語"の論議が起きた（石井 1980）。パーマー招聘前には"practical"という言葉とともに同様のムーヴメントが起きたが、戦後の今回も「経済・産業界が英語教育界に物申す」という構図も同じだった。海外とのビジネス最前線では、英語による交渉力の優劣が死活問題となることがあり、私自身も通訳者として交渉現場に何度も立ち会ったことがあったので、このような声が挙がったことは十分に理解できる。

　この問題に立ち上がったのが、**松本重治**（しげはる）（1899〜1989；国際文化会館理事長）、**斎藤勇**（たけし）（1887〜1982）、**高木八尺**（やさか）（1889〜1984；東京大学名誉教授；神田乃武（ないぶ）の子息）、**エドウィン・O・ライシャワー**（Edwin Oldfather Reischauer, 1910〜1990）[6]だった。

　彼らは協議を重ね、それが日本英語教育研究委員会（English Language Exploratory Committee；ELEC；後に English Language Education Council に改称）の設立になった（平本 2020）。なお、ELEC には終戦直後と同じようにロックフェラー財団の財政支援があった（Henrichsen 1989）。

図9-8：E・O・ライシャワー

　1956（昭和31）年には ELEC が主体となって英語教育専門家会議が5日間にわたって開催された。出席者は市河三喜（さんき）、斎藤勇、豊田實（みのる）、岩崎民平、**高橋源次**（1899〜1988）、黒田巍（たかし）、**中島文雄**（1904〜1999）、高木八尺、松本重治等だった。海外からはミシガン大学のフリーズ、ブラウン大学（Brown University）のトワデ

---

[6] ライシャワーは、在日宣教師で東京女子大学の創設に関わったオーガスト・カール・ライシャワー（August Karl Reischauer, 1879〜1971）を父に持ち、明治学院の宣教師館（現・インブリー館）で生まれた。Born in Japan（BIJ）として育った彼はオーバリン大学（Oberlin College）卒業後、1931（昭和6）年にハーヴァード大学に入学、1932（昭和7）年に修士号を、1939（昭和14）年に博士号を取得した。1956（昭和31）年に松方正義（⇒ p.139 脚注2）の孫娘である**松方春子**（松方ハル）と結婚し、1961（昭和36）〜1966（昭和41）年まで駐日アメリカ合衆国大使を務めた。退任後は母校で日本研究を継続し、著書の *The Japanese*（1978）や *The Japanese today: change and continuity*（1988）は日本文化論の金字塔である。彼はバイリンガルだったが、大使在任中の公の場では英語のみを用い、信頼の置ける人にしか通訳は任せないほど訳出の質にこだわった。彼の通訳の多くを担当したのが西山千だった（鳥飼 2021）。ただし大使が九州で連続講演をした折には**河上道生**（みちを）（1925〜2012；当時、北九州大学［現・北九州市立大学］助教授）が指名され、通訳を務めた（西山・松本 2004；田邊 2022）。

ル，さらに**アルバート・S・ホーンビー**（Albert Sidney Hornby, 1898〜1978）[7]
の3氏が顧問として招待された。会議では教授法，教材，教員研修，高等学校，
大学入試についての討議が行なわれた（Nakajima (Ed.) 1957）。かくして戦前
と同じく英語教育の問題を改善するために日本はリソースを海外に求めたので
ある。音声を第一義とする OA は米国を含む官民の協力を得て，"本家本元"に
より学校教育に導入されることになった（若林（編集）1980）。戦前との違い
は，OM の時代は主唱者であるパーマーが日本国内に滞在し，改新に当たった
が，今回はそうではなかったことである。いわば遠隔操作によって改新を推し
進めたのであった。

9.6　普及のために

　フリーズとトワデルは1957（昭和32）年に再来日し，国内での OA のさら
なる普及に努めた。OA ベースの教科書の執筆が始まり，ELEC主催の夏期講
習会も催された。同年には**石橋・他（監修）『英語教育シリーズ』**（全20巻；〜
1963）の刊行が始まった。これは世界に先駆け，構造言語学に関する複数の
基本書のほとんどを日本語に訳したエポックメイキングとも言うべき出版物で
あり，OA の強力なリソースとなった（若林（編集）1980）。また，1961（昭和
36）年には**福原麟太郎（編）『英語教育事典』**が出版され，1964（昭和39）年
には**小川芳男（編）『英語教授法辞典』**が続いた。

　戦前の OM は中等学校の生徒を対象とし，パーマーらしく細部にわたった
理論と指導技術が付随し，それを教師が自家薬籠中のものにするのは容易なこ
とではなかった。対して OA は文型を繰り返しながら口頭練習を行なう，シン
プルなもので，英語教師であれば"誰もが実践できるタイプ"のものだった。

　学習者の母語と目標言語の構造の違いを比較分析し，母語と対象言語との言
語的な距離が大きい箇所が学習者にとっての困難点であるという対照分析（con-
trastive analysis）の考え方が全面的に採用された。こう述べると ALM / OA は

---

[7] メンバーの中で異彩を放ったのが英国の辞書編纂者 A・S・ホーンビーだった。UCL 卒業後の1924
（大正13）年に来日し，大分高等商業学校（現・大分大学経済学部）で9年間英語を教えた彼はパー
マーの影響を受け，パーマーの語彙選定に協力した（森本 2021）。1933（昭和8）年には東京に移り，
東京外国語学校，東京高師で教鞭を執ったが，1942（昭和17）年に帰国した。戦後はブリティッシュ・
カウンシル（British Council）に勤務し，英語教育の発展に努めた。彼が心血を注いだ『**新英英大辞
典**』（***Idiomatic and syntactic English dictionary***, 1942；以下，*ISED*）は英語を母語としない上級者
向けの辞書で，名詞の可算／不可算（ⓒⓤの表記），動詞の型（verb patterns），連結（collocation）
といった特色を打ち出した（Hornby, Gatenby & Wakefield 1942；ホーンビー・岩崎 1962）。***ISED*** は
現代の ***Oxford advanced learner's dictionary***（***OALD***）に継承されている（Strenves 1978）。

革新的な教授法のように響くかもしれないが，同様の手法は江戸末期の発音書にも取り上げられ，日本人のリフォーマーやパーマーも実践したように，さほど目新しいものではなかった。ただ，ALM はそれまでに用いられた指導法にタテ糸を通し，体系づけた後，精緻な教材に昇華したことは間違いない。

　かくして OA は"今日もパタン，パタンの音がする"と言われるほど，模倣・繰り返しを中心とする手法が中学校を中心に全国の教室を席巻した。私自身も1970年代に故郷の中学校で OA の洗礼を浴びた。先生がフリーズの信奉者だったのだろう，かなりの速さで文を繰り返したり，キュー（que）に応じて，文を変換したりした。先生は授業で"オーセイ！"（？）と口癖のように言っておられたが，それが"All, say it!"という不思議な掛け声だったと気づいたのは後になってのことだった。

　高等学校では事情は異なり，特に伝統校や進学校では，表向きは OA に従い，発音を重視するふりを見せたが，実際には文法・訳読式の手法を行なっていたところがほとんどだった。紀平健一は 1960（昭和35）年に勤務した伝統校の様子を以下のように述べている（紀平2000：105）。

> 当時，英語教育は，構造言語学に基づくオーラル・アプローチの全盛期であったが，時流には比較的関心を示さず，日常的には,「リーダー」「グラマー」「コンポジション」という伝統的な方法が行われていた。

　このように理念と現実の乖離（かいり）がある中ではあったが，出版物は OA 花盛りとなった。**山家保（やんべ）『パタンプラクティスとコントラスト──新しい英語の学習指導法』**（1956），**ミシガン大学英語研究所（編）山家保（訳注）『英語の文型練習』**（1958），**太田朗（あきら）（訳）『外国語としての英語の教授と学習』）**（1957；上述の**TLEFL**[⇒p.180] の訳書），**本田実浄（じつじょう）『パタン・プラクティス』**（1960）等，OA を紹介する書物が次々に出版された。ここからもパーマー来日後と同じような実際に使える英語を求める時代のうねりを感じる。

　構造言語学に基盤を置く音声関連の出版物も増加した。海外からは**クリフォード・H・プレイター，Jr.**（Cliford H. Prator, Jr.）[8]と**ベティ・W・ロビネット**（Betty W. Robinett）による 1957（昭和32）年の***Manual of American English pronunciation*** の訳書（プレイター＆ロビネット／大浦・鴫原（しぎはら）（訳）

---

[8] 五十嵐（2023）は親交のあったプレイターについての心温まるエッセイである。

1969）は分かりやすいイラストと記述で，研究者のみならず，中等教育の教員の間でも人気となった。

同年には**G・トレーガー**（George L. Trager）と**H・スミス**（Henry L. Smith）の***An outline of English structure*** が上梓され，構造言語学の観点からのイントネーション研究の進展につながった。翌年，**C・K・トーマス**の***An introduction to the phonetics of American English***の第2版が出版された。

法的拘束力を持つ改訂第2回の『学習指導要領』が告示され（中学校1958年；高等学校1960年），1960（昭和35）年には英語教育改善協議会（市河三喜会長）が荒木萬壽夫文部大臣に「中学校・高等学校の英語教員の聞く能力と話す能力を強化する再教育を早急に行うよう」という答申を行なった（下線—筆者）。

協議会の設立はそれまで英語教員を輩出してきた英文科出身のあり方に一石を投じることになった。英語を取り巻く社会の変化に大学の英語教員養成が適応していないことが問題になり始めたのである。同時に答申は音声重視の声が再び高まったことを表すものでもあった。答申にもとづき文部省は同年に全国の英語指導主事や幹部候補の教師を集めた**英語中央講習会**（General Seminar for Teachers of English）を開催した。講習（研修）会は英語発音能力の向上に特化したもので，特別に編集されたガイドブックを使用して，東京で1週間の英語合宿を開催した。こうした研修は戦前に行なわれたものと同じく，「中央から地方へ」という形を取ることになった（形態は現在の教員研修でも踏襲されている）。

日本という言語環境で外国語の音声を身につけるには留学にも似た疑似的な言語使用空間を体験することにより学習が進むことがあり，音声学習には有利に働く。こういう機会を教師が得ることで，それは彼らが教える生徒にも伝播する確率が高くなる。そのような意味でも講習会は何よりの機会であった。

文部省に先んじて講習会を始めた自治体もあった。OAを中心とした講習会として西日本で先鞭をつけたのが愛媛県教育委員会・初代英語指導主事の**今村茂男**（1922~1998）[9]だった（今村／大島（訳）2003）。今村はアジア財団から支援を受け，中央英語講習会が開かれる6年前の1954（昭和29）年に愛媛大学英語セミナーを立ち上げた。

---

[9] 今村は米国サンフランシスコ生まれの日系2世。帰国後には旧制松山中学校（現・愛媛県立松山東高等学校）を経て松山高商（現・松山大学）を卒業後，三重海軍航空隊に入隊，海軍大尉となった。敗戦後には松山に復員し，米軍軍政部の通訳・翻訳者として勤務。その後，愛媛県教育委員会英語科指導主事時代に愛媛県の英語教員研修会を主催し，1951（昭和26）年にガリオア奨学金でミシガン大学に留学。帰国後に愛媛大学，ミシガン州立大学，青山学院大学等で教え，1996（平成8）年に姫路独協大学教授を最後に退職した（今村／大島（訳）2003）。

この時，協力したのが上述（⇒p.186脚注6）の河上先生だった。教員研修の重要性を2人とも痛感していた。河上先生は語法の専門家だったが（河上1991），今村は，ライシャワー大使同様，河上先生を数少ない"日本人の英語使い"として評価し，全面的に信頼して講習会への協力を求めた（田邉2021b；田邉2022）。

図9-9：河上道生

1961（昭和36）年からは宮崎県教育委員会，宮崎大学，北九州大学の援助を受け，宮崎県西諸県郡飯野町（現・えびの市）のえびの高原に会場を移し，名称を「西日本英語講習会」と変更してセミナーを継続した。ところがこの講習会はえびの群発地震（1968年）という自然災害に遭い，主催側は開催地を福岡県遠賀郡芦屋町に移し，名称も「北九州英語講習会」と改めることになった（梅田1992）。こうした講習会は音声を中心にしたもので，スピーキングとリスニングを中心としたスキルの向上と同時に，英米の社会，政治，文化，教育等の教養を巧みに取り入れた実践と講義をミックスしたものだった（『英語教育』1963年10月号）。やがて同様の講習会が全国各地で開催された[10]。

図9-10：『ニッポンーの英語村』

講習会では徳島県三好郡池田町（現・三好市）で1968（昭和43）年から始まった阿波ジャンボーズクラブ主催のセミナーも外せない。同セミナーは英語教師に限らず，社会人，中高生にも門戸を開いたという点でほかの講習会とは一線を画す（國弘（監修）／高階・阿波ジャンボーズクラブ（編）1985）。これには**國弘正雄**氏（1930～2014）や河上先生等も"手弁当"で協力した（図9-10）。

さらに1970年代になるが，先に触れたライシャワーの「日本は語学鎖国」という言葉に触発され，「語学開国」というスローガンの下，話せる英語教師の育成を目指した**福田昇八**（1933～；熊本大学名誉教授）が率いた英語教育振興会主催の英語再研修もまた有名である（福田1979）。これは熊本県内の英語教員向けであった。「カムカム世代」である同教授が研修会の創設・運営に費やした努力の詳細はFukuda（1975），及び福田（1991）に詳しい。

---

10) 福岡・久留米の久留米英語講習会も久留米大学附設高校の真崎良幸氏や福岡県立明善高等学校の田中睦氏（勤務先はいずれも当時）を中心に活発な活動を行なっていた。当時の記録は以下で読むことができる。https://www.eigodendo.jp/pdf/20180122.pdf（2024年2月3日最終閲覧）。

講習会の力はやはり強大であり、教師自身の英語力や発音スキルはもとより、指導技術も磨かれた。多くの講習会でテキストとして使用されたのが、1957 (昭和32) 年から刊行が始まった**ウィリアム・L・クラーク** (William Lawrence Clark, 1930~1977) による『**アメリカ口語教本**』(*Spoken American English*; 入門用, 初級用, 中級用, 上級用; 東日本では通称『アメ口』、西日本では『スポアメ』) の中級用 (1958) だった。講習会で紹介されたのを機に売り上げの累計が500万部超えを記録した同書は英会話本として大ベストセラーになった。

図 9-11:『アメリカ口語教本』(中級用)

敗戦直後に来日し、福島市の桜の聖母短期大学で教え始めたW・L・クラークは短期間に日本人の英語力、会話力についての現状を正確に把握した米国人だった。『アメ口』を通してパタン・プラクティス、日英訳出練習等を体験した教員がその手法を授業に導入し、それが生徒や大学の英語クラブ (English Speaking Society; E.S.S.) などにも広がったと思われる。

OAを取り入れた「役に立つ英語」を求める気運はこうしてピークを迎えた (Henrichsen 1986)。かく言う私も大学のE.S.S.で同書に出会った。クラブの先輩に中級~上級のPresentationを付属テープ通りに完全暗唱するほど音読を繰り返し、英語力を向上させ、刺激を受けた私は彼をまねて、クラークの英文が口を衝いて出るまで、音読を繰り返した (田邉 1995b)。体に染みついた英語表現は現在でも英語で授業、講演やプレゼンをする際等に無意識に出てくる。

W・L・クラークは1965 (昭和40) 年に三省堂から『The Junior Crown: English Course』(全3巻) を出版している。当時、教科書は日本人の著者が共同執筆するのが一般的になっていたが、彼は全巻すべてを独力で著した。また、それまで英国式 "Have you~?" だった一般動詞haveの疑問文を "Do you have ~?" の米式に変えたのもこの教科書からだと言われている。各巻の巻末には『アメ口』にならって折り込み式のChart Drillがついたのもユニークな試みで、その後、ほかの教科書も追随するようになった (青木 2020)。

変遷史に戻る。再び時間軸は1950年代に立ち返るが、構造言語学をベースにした書籍の出版は続き、酒向誠『**米語音声学入門**』(1956)、**中谷博**『**標準口語体英語**』(1957)、**竹中治郎**『**英語音声学セミナー**』(1957) 等があった。これらの刊行はOAを解釈し、それを発音指導に取り込み、伝える余裕が研究者側にも生まれてきたことを意味する。事実、この時期から英語教育／学習関

連の出版物は加速度的に増加した。

　日本の英語音声研究の中で手薄なまま推移していたイントネーション研究を発展させた著作がこの頃，続けて著されたのも時代の流れだった。それが笠原五郎『英語イントネーションの構造』（1956），安倍勇『英語スピーチ・メロディ教本』（1958），及び同年の『英語イントネーションの研究』だった。これらは構造言語学とロンドン学派の研究を踏まえたものであった。Pike（1945），Fries（1952）やTrager & Smith（1957）等のイントネーション表記もいくつかの検定教科書に盛り込まれることになった。

　この頃，OAの観点から日本人の英語音声の実践面に注力したのが中央大学のヴァーノン・ブラウン（Vernon Brown, 生没年不詳）だった。彼の*Improving your pronunciation*（1960）（以下，*Improving*）は日本の大学で教える立場から日本人学習者にとって必要になる英語発音のエッセンスをまとめた著作で，要点をまとめたコンパクトさから，『アメ口』同様，各地の講習会でも紹介された（Brown 1988）。同書はW・L・クラークのものとは違い，発音に焦点を当てたものだった。

　同年に刊行された石橋幸太郎（編）『クエスチョン・ボックスシリーズⅠ　発音』は，R・ゲルハードの項でも触れたように『英語教育』（大修館書店）誌上での教師からの質問に対する回答をまとめたものである。語法に関する質問が多い中，同書は発音に特化した質問をまとめたもので，1960年代の教師が発音指導に抱いていた疑問を知ることができるという意味で貴重な史料である。

　鳥居次好・兼子尚道『英語の発音——研究と指導』（1962）及び『英語発音の指導』（1969）は『英語教育』の連載を単行本化した秀作である。両著書とも構造言語学を拠り所にしているが，学習者を中心にしたプラクティスは現在の視点から見てもすばらしい内容で，教育学の鳥居と音声学の兼子の見事な"マリアージュ"だった（前者の付属テープはV・ブラウンによる吹き込み）。

　そのほか，木村恒夫『英語発音の基礎』（1962）及び『英語発音学演習』（1968），小栗敬三『英語発音の知識』（1964），小川芳男『図解　英語小発音学』（1955）等は現場教員の求めに応じたものであろう。1964（昭

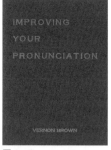

図9-12：*Improving*

図9-13：『英語発音の指導』

和39）年から研究社が刊行を始めた**福原麟太郎・岩崎民平・中島文雄（監修）**の『**現代英語教育講座**』（全12巻）は竹林滋，岩崎民平，安倍勇，**石井正之助**ら第一線級の学者が執筆に当たり，戦前と戦後の知見の融合を試みた。なお，ほかのシリーズを挙げておくと，1969（昭和44）年には教授法に特化した**納谷友一・他（編）『講座・英語教授法』**シリーズ（全12巻）がある（〜1970）。第4巻の『**聞き・話す領域の指導**』（1970）では，ガリオア留学生としてオハイオ州立大学で学んだ石井正之助が発音指導に関わる知見を盛り込んだ。

　大塚高信（監）／東谷岩人『米会話発音教本』（1966）も練習をふんだんに盛り込んだ教本だった。**中島文雄・一色マサ子・一又民子・大束百合子・天満美智子**という津田塾スタッフによる『*The pronunciation of American English: a drill book and five records* **レコードによるアメリカ英語の発音教本**』も同年の出版だった（レコード主体だったことに注目）。

9.7　批判と衰退

　構造言語学はこの頃までにピークを迎え，1950年代末の欧米では認知主義心理学者から批判を浴びることになった。ALM の理論的支柱の「刺激と反応」だけでは言語習得についてヒトが心の中でどのように認知力を駆使するかの過程が曖昧だとの批判を受けた。

　さらに，変形文法学者だった**ノーム・チョムスキー**（Avram Noam Chomsky, 1928〜 ）は，ヒトは生まれながらに言語を獲得できる生物学的能力（Language Acquisition Device；LAD；言語獲得装置）が備わっているとし，習慣形成による言語の習得に疑義を呈した（Chomsky 1965）。

　"チョムスキー革命"から行動主義心理学／構造主義に依拠する ALM の教授法にもそれが文構造の型の操作という機械的な練習だけであり，言語運用そのものではない等の批判が浴びせられることになった。実際，言語の構造（体系）を音声中心に習慣形成だけで獲得できると考えたのは短絡だったかもしれない。なお，チョムスキーの考え方は英語学の様々な領域に影響を与え，その中でも，音声領域では音韻論（Phonology）に新たな地平を切り拓くことになった（寺澤（監修）／島岡・枡矢・原口（編集）1999）。

　教室内での発音指導に関しては，新出単語をレコード／テープで聞かせ発音させる，教科書の本文を教師もしくはレコード／テープによるモデルによって提示し，個人読みや一斉読み等で音読させる，文法事項を含むキー・センテンスをパタン・プラクティスで練習させる等，形式的・儀式的なものになった

（反ALM派からはオウム返し parrotingとも呼ばれた）。しかし"型重視・意味不在"の練習を形式的に繰り返しても英語が使いこなせるようにならないことが次第に露呈し始めた。

　考えてみれば，ALM は米国のASTPというエリート教育の成功体験をもとにした教授法であり，それを英語学習者の人口が増えた戦後の，東洋の島国の"外国語としての英語を教える教室"に，さしたる修正もなくそのまま持ち込むことに無理があったのかもしれない。

　やがて，高等学校では「口と耳」（oral-aural）を売り物にするOA に対して，「こんなことばかりやっていては受験には勝てない！」「入試には役立たない！」といった不信感が教師のみならず，父母の間から広がることになった。現在のコミュニケーション能力を志向する英語教育に寄せられる不信，不満と同じような反発が起きたのである。運用能力と受験の"二刀流"が可能であることを示した福島，湘南両中学校における画期的な成果は大戦をはさみ，すでに過去のものとなった。

　OA 衰退に関して象徴的だったのが，フリーズを擁し，黒田巍，中島文雄，石橋幸太郎，斎藤勇等，当代一流の研究者を編者に迎えた検定教科書の *New approach to English*（1962）が採択数に結びつかず，途中，出版社も変更されたもののそれでも売上は伸びず，1971（昭和46）年に廃刊となったことである。これには「特定の指導法に偏る」ことを禁止する1958（昭和33）年改訂の『中学校学習指導要領』の文言があったという背景を若林俊輔が伝えている（若林／若有（編）2023:39）。

　　この教科書（New approach to English―筆者）は誕生以前から不幸な運命を
　　背負った教科書であった。この教科書は，半身不随にせよ，その「思想」及び
　　「方法」はthe Oral Approachであった。そして，これは「特定の指導法」で
　　あることに変わりはなかった。当時文部省教科調査官であった宍戸良平氏[11]は，
　　the Oral Approachは「特定の指導法」である。学習指導要領は「特定の指導
　　法に片寄ることなく」と述べている。したがってthe Oral Approachを「用い
　　る」ことは好ましくない，こういう理論を展開して全国を行脚した。文部省の

---

[11] 宍戸良平（1915～1999）は東京高師から東京文理科大学（英語学英文学専攻）を1939（昭和14）年に卒業後，文部省に入省し，教科調査官や視学官等を歴任。市河三喜（主幹）の『新英語教育講座』第3巻（1948）に「英語教育関係法規及びコース・オブ・スタディーについて」という論考がある（広川 2022）。

担当官の発言力は強い。ELECは，発足早々，致命的な打撃を受けたのであった。

　OA導入に関しては官民の一枚岩だったと思ってきたが，若林の"証言"が真実であれば，検定に関してはそうではなかったことになる。そこにはどのような思惑があったのか，興味ある一件である（広川 2022）。
　いずれにしても，ALM / OA による改新はやがて終幕を迎えることになった。以下のD・ウィルキンズの ALM自体についての総括は日本にも当てはまろう（Wilkins 1992：4）。

Exercises in the perception and production of minimal pair contrasts provided an elegant solution to pronunciation teaching and one which reflected the linguists' own procedures of phonemic analysis. In spite of this, few applied linguistic or language teachers would have been prepared to assert with confidence that these or any other procedures actually resulted in significant, observable improvements in learners' pronunciation.

　衰退とは別に，この教授法は音声教材の刷新という副産物も残した。背景には科学技術（テクノロジー）の発展があった。パーマー時代のレコードから戦後の聴覚補助教材（audio aids）はソノシート（Flexi disc），オープン・リールのテープ（open-reel tape），そして，カセット・テープ（cassette tape）へと移行した（安藤 2018）[12]。特にカセット・テープの普及は音楽を身近にしただけではなく，英語発音やリスニング（練習）も比較的気軽に行なえるようにした。ランゲージ・ラボラトリー（language laboratory; LL。LLは和製英語，英語の短縮形はlanguage lab―筆者）と名づけられた教育工学の技術をもとにした語学実習室の普及は ALM時代に始まった[13]。1961（昭和36）年には語学ラボラトリー協会（現・外国語教育メディア学会）が発足した。リンガフォン（Linguaphone），マクミラン（Collier Macmillan），ロングマンズ

---

[12] 東京通信工業（現・ソニーグループ）がテープレコーダーを発売したのは 1950（昭和25）年のことだった。なお，いわゆる Z 世代にとってこれらは昭和遺産として捉えられている。
[13] LL が日本で最初に設置されたのは 1951（昭和26）年のことで，京都学芸大学（現・京都教育大学）と南山大学が最初だった。中等教育現場にこれが設置され始めたのは 1970 年代以降のことだった。

196 ──── 第9章　アメリカ構造言語学の時代

(Longmans)，ソニー（SONY），研究社等がOAを基盤にした教材を現場に供給し始めた（春木1962）。こうした教材が学校および個々人の音声指導・学習に与えた恩恵は計り知れない。

9.8　英語ブーム再来

　ALMの衰退とともに音声英語への関心も薄れたが，1959（昭和34）年の第55回国際オリンピック委員会（International Olympic Committee; IOC）の総会で，東京が第18回オリンピック競技大会（1964年）の開催地（venue）に選出されたことで戦後2回目の英語学習（英会話）のブームが起き，英語教育は息を吹き返した。ブームは，1960（昭和35）年の池田勇人首相（1899~1965）の国民所得倍増計画とも相まって，交通網，宿泊施設等のインフラの整備はもとより，テレビの購入等のオリンピック特需から再燃した。

　この頃，英語教育の学会が相次いで設立された。まず，1963（昭和38）年には大学英語教育学会（Japan Association of College English Teachers; JACET）が創立された。これは東京教育大学（現・筑波大学）で1952（昭和27）年に行なわれた英語科教育の講習会が母体だった（江利川（監修・解題）2018）。JACETは大学人主体の学会だが，中等教育の教員も含め，科学的で，効率の良い英語教育を求める独立した英語教育学の体系作りが始まった（垣田（編）1979）[14]。1975（昭和50）年には高知大学において，それまでに各地に設立された各英語教育学会の連合研究大会として全国英語教育学会（Japan Society of English Language Education; JASELE）が発足した。

　時間軸は戻るが，財団法人日本英語検定協会が発足したのは1963（昭和38）年のことで（公益財団法人化は2012年），同年に第1回実用英語技能検定（以下，英検）が実施された。これも「役に立つ英語」を希求する動きと無関係ではなかろう。以降，英検は外部試験ながら日本の学校教育に浸透し，現在に至ることになる。なお，英検第1回の文部大臣賞を受賞したのは東後勝明先生だった。

　構造言語学の勢いに圧倒された感は拭えないものの，敗戦直後と同じく，ロンドン学派からの知見は途絶えることなく日本にもたらされた。**ロジャー・キ**

---

[14] 音声には関係しないが，この頃，英文学者・岩田一男の『英語に強くなる本──教室では学べない秘法の公開』（1961）が148万部を売り上げる大ベストセラーになった。また，語彙学習の効率化を図った森一郎の『試験にでる英単語──実証データで重大箇所ズバリ公開』（1967）は1488万部という天文学的な数字を叩き出し，受験生の“バイブル”となった（晴山2008）。

ングドン（Roger Kingdon）による1958（昭和33）年の*The groundwork of English stress*及び*The groundwork of English intonation*はストレスとイントネーションの理論とその表記法を扱い，研究者に刺激を与えた。

　ジョーンズの後継者としてUCLの音声・言語学学科長（the head of the Department of Phonetics and Linguistics）[15]を務めた**アルフレッド・C・ギムソン**（Alfred Charles Gimson,1917~1985）による1962（昭和37）年の*An introduction to the pronunciation of English*及び1975（昭和50）年の*A practical course of English pronunciation: a perceptual approach*は音声学の必読書になった。

　さらに**ヴィヴィアン・J・クック**（Vivian James Cook；1940~2021）が1968（昭和43）年の*Active intonation*，及び翌年に**デイヴィッド・クリスタル**（David Crystal, 1941~ ）がまとめた*Prosodic systems and intonation in English*（1969）は超分節音の仕組みと教え方に関する好著だった。特に後者は従来の音声学の射程（scope）にはなかったノンヴァーバル・コミュニケーション（Nonverbal Communication）の観点から音声のパラ言語的特徴（Paralinguistic features）の役割を論じた示唆に富むものである（詳細はクリスタル／風間・長谷川（訳）1992；田邉1994）。

　筆者もUCLで教わる幸運に恵まれた**ジャック・W・ルイス**（Jack Windsor Lewis, 1926~2021）による1969（昭和44）年の*A guide to English pronunciation: for users of English as a foreign language*では独自の発音記号を提起した。GA（General American）に相対する呼称としてGB（General British）という概念を提起したのはルイス先生だった。

　1973（昭和48）年には**ジョゼフ・D・オコナー**（Joseph Desmond O' Connor）の*Phonetics*，**オコナー**と**G・F・アーノルド**（Gordon Frederick Arnold）共著の*Intonation of colloquial English: a practical handbook*が刊行され，特に後者は副題の通り，英語イントネーション指導の実践面に寄与した。

　ロンドン学派のイントネーションに関する研究の進展は特筆すべきだったが，主に研究者向きであり，アメリカ英語へと切り替えが行なわれていた日本の中等教育現場ではこうしたロンドン学派からの知見は音声学者，英語学者のみが知る，まだ限定的なものだった。

---

[15] UCLの音声学科は1971（昭和46）年に言語学科と統合され，音声学・言語学科（Department of Phonetics and Linguistics）となり，2008（平成20）年には心理学科及びコミュニケーション学科に再編成され，心理学・言語科学部（Division of Psychology and Language Sciences）の1学科となった。

9.9 第二言語習得論の萌芽

1966（昭和41）年には第一次ベビーブーム期に生まれた「団塊の世代」が18歳を迎えた。中等教育の学校では1学年の教室数が二桁にしても，1クラス50人以上が普通で，実践的な英語授業を行なうには，余りにも厳しい教育環境だった。特に少人数を理想とする発音指導にとって，いわゆるマンモス教室での指導は困難の連続であった。

1969（昭和44）年に『学習指導要領』の改訂が行なわれ，「国際理解」が目標に加えられた。さらに「言語活動」が「学習活動」に代わって奨励されることになったのは文部省側の音声指導への期待を示すものだった。

しかし，1960年代末頃には大学闘争（紛争）の嵐が吹き荒れ，大学や有力な高等学校を中心に授業が行なえない時期があった（島2005）。同じ1969（昭和44）年7月の米国のアポロ計画によるアポロ11号の人類史上，初の有人月面着陸の生中継では英日同時通訳（E-J simultaneous interpretation）が注目を浴びることになった（西山1977；鳥飼2019）。英語を日本語に，日本語を英語に"魔法のごとく"置き換える技術が当時の生徒／学生たちに与えたインパクトは計り知れない（鳥飼2021）。

この頃，発音領域は別の意味での"壁"にぶつかっていた。それが1950年代末から台頭した**臨界期仮説**（Critical Period Hypothesis；Penfield & Roberts 1959；Lenneberg 1967；Scovel 1969, 1988；Suter 1976）だった。これは，脳の発達には母語話者と同じ言語能力の習得が可能かどうかを分ける臨界期が存在し，ある一定の年齢（12〜13歳）以上の者には外国語の音韻体系を獲得することはできないとする仮説だった。これは学校教育における発音指導（formal instruction）の部分的な否定にもつながるもので，発音研究者たちには少なからずショックを与えた[16]。

1967（昭和42）年に**スティーヴン・P・コーダー**（Stephen Pit Corder, 1918〜1990）が提唱した**誤答分析**（Error Analysis）では，言語習得上の誤りを"ミステーク"（mistake）と定義し，学習者が犯す言語的な誤りを"エラー"（error）と区別した。こうして「何を理解していないか」を学習者自身が気づくメタ認知的な視点（metacognitive perspective）を提起したのである（Corder

---

[16] 近年の研究によると，臨界期を超えて外国語学習を始めた場合にも言語学習の環境，動機づけ，言語適性，指導手法等の因子次第では母語話者に近い発音（near-native pronunciation）を獲得できる可能性があるというデータも多数示された（宮崎2001；酒井2002；Hyltenstam & Abrahamsson 2004；今仲2014）。

1967）[17]。

1970年代に入るとコーダーの視点をさらに拡大し，学習者の持つ言語体系の全体の言語習得プロセスを理解する必要があるとした**ラリー・セリンカー**（Larry Selinker, 1937～ ）は，学習者は母語（L1）とも目標言語（target language；以下，TL）とも異なる別個の言語体系を持っているとの仮説を提唱した（Selinker 1972）。彼はL1からTLへと移行する別個の言語体系を**中間言語**（Interlanguage）と呼び，言語習得はこの移行をスムーズに行なうことであるとの仮説を発表した。さらに彼は中間言語において化石化（fossilisation）が起こりうることも，併せて指摘した。これまで英語母語話者の発音を到達目標として絶対視することがあった発音目標に大きな示唆を与えることになった。

9.10　ポスト大教授法の時代

1970（昭和45）年には国公立大学入試の共通一次学力試験が実施された。1970年代後半には海外から"新しい教授法"が矢継ぎ早に紹介されたが，どれもかつてのOMやOAのように大掛かりなものではなく，日本では散発的に紹介された形になった（田崎（責任編集）／佐野（編集コーディネーター）1995）。いわゆるポスト大教授法の時代に入ったのである。

1972（昭和47）年にはシンクタンクの日本経済調査協議会（日経調）が「外国語教育の抜本的改革」を提唱した。1955（昭和30）年の日経連の提言から約15年後だったが，これは英語運用能力の獲得が経済の長期計画の観点からも重要であるとの指摘だった。つまり，15年間，英語教育における音声指導には抜本的な改新はなかったことになる。

海外渡航者の数が100万人を突破したのも同じ1972（昭和47）年のことだった（独立行政法人統計センター；e-Statの出入国管理統計）[18]。

今ではおなじみの"語学留学"という言葉が生み出され，海外の語学学校，大学の付属学校等への留学熱が起きた。平安時代の僧侶が経験した"留まり学ぶ"（『日本大百科全書 ニッポニカ』）というかつての留学から進化した海外体験が誕生した。これは音声能力の伸長のためには願ってもないことだったが，1970年代に実際に留学できた人は一般にはそれほど多くはなく，まして地方

---

[17] エジンバラ大学大学院でコーダーの下で学んだ広島大学の小篠敏明が1970年代末に編集し，日本に紹介した（垣田（監修）／小篠（編）1983）。

[18] 『e-Stat 政府統計の総合窓口』による出入国管理統計（https://www.e-stat.go.jp/stat-search/files?page=1&toukei=00250011&tstat=000001012480）。2024年2月3日最終閲覧。

の中学生や高校生にとって留学はまだ憧れの的だった。

　そのため実践的な英語力を志向する学習者はNHKのラジオ・テレビの英語講座や民間のラジオの英語番組『百万人の英語』（文化放送，ラジオ短波；1958~1992）や語学学校等に活路を求めた。五十嵐新次郎，J・B・ハリス，國弘正雄，**トミー植松**（本名・植松利康，1929~ ）[19]，鳥飼玖美子（1946~ ），**小林克也**（1941~ ），**御園和夫**（1942~2022），**奈良橋（野村）陽子**（1947~ ）等，英語（教育）界の“スター”たちが講師となり，学校教育でカバーできない部分（主にリスニングやスピーキング）を補い，動機づけを行ない，使える英語の学び方を電波に乗せて全国に伝えた。

　同じく英語学習の定番になったのが月刊の英語専門誌である。私も学部生の時，研究社の**『時事英語研究』**（1945~2000；その後**『Current English』**として2003年まで存続）の付属のカセット・テープに収録された時事英語（News in Brief）や映画のセリフを嬉々として繰り返しdictationをしたものだった。1971（昭和46）年には時の人への英語インタビューが聴けるという方針の**『English Journal』**（アルク；2022年まで存続）も創刊された。しかし両誌とも学習者の学習スタイル（learning style）の激変により，のちに，その歴史に幕を引いてしまった。両誌ともに前者は時事英語，後者はインタビュー英語について，オーセンティックな音声の学びに貢献した。英語学習者向けには**松本亨**（1913~1979）[20]，東後勝明，國弘正雄[21]，**村田聖明**（1922~ ）等，“英語達人”の著作が広く読まれた。日米学生会議の箇所（⇒p.162）で触れた

---

19) 中学生の時にトミー植松氏主催の English Galaxy（？）という英語合宿に参加したことがある。父が山口県から静岡県御殿場市の東山荘まで連れて行ってくれたが，あまり記憶はない。トミー先生の授業で単語の音節数を当てるゲームでは，どの単語でも即答でき，トミー先生や米国人講師から褒められたことは覚えている。ゲストには國弘正雄氏や鳥飼玖美子氏もおられた。また，東京や神戸から参加した帰国生と英語で話し，楽しかったことも覚えている。後で知ったが東山荘は「YMCA東山荘」のことで，1915（大正4）年に YMCA 夏季学校施設として，米国の建築家 ウィリアム・M・ヴォーリズ（William Merrell Vories, 1880~1964）が設計した由緒ある施設だった。これは NHK 連続テレビ小説『あさが来た』（2015年9月28日から2016年4月2日まで放送）で有名になった大同生命の創業者の広岡浅子（1849~1919）の多額の寄付により建設されたとのことである。なお，ヴォーリズはP・A・スミス（⇒ p.92 脚注 13）と同じ時期に滋賀県に滞在していたので，2人の間に交流があったものと考えられる。

20) 松本亨の英語は YouTube で聴くことができる（NHK『ラジオ英会話』1971（昭和46）年7月20日（火）放送分。https://www.youtube.com/watch?v=aF2bvU6reRI&t=34s．2023年9月1日最終閲覧）。

21) 國弘氏の英語も YouTube に複数アップされている（『NHK テレビ英語会話中級　トークショー』。https://www.youtube.com/watch?v=r1hbnAD MH4&list=PLpSeg4HZamTs0Ov4n1na9SJS-fY6x-SlQq&index=1．2023年9月1日最終閲覧）。

松本は、戦前にキリスト教を学ぶために渡米したが、日米開戦後は自らの意志で米国に留まりアッパーニューヨーク湾内のエリス島の収容所（Japanese Internment at Ellis Island）に収容された。

1949（昭和24）年に帰国した後、1951（昭和26）年に平川唯一の後を受け、NHKラジオ『英語会話』の講師に就任した。松本が番組を通して聴取者に与えた影響は測り知れない。特にその魅力ある低音の米アクセントに多くの聴取者が魅了され、以降、22年間にわたって番組は継続した。彼は1953（昭和28）年には母校の明治学院大学に戻り、総主事兼建築常務主事、及び経済学部教授を8年間兼任した（武市 2015）。彼が1968（昭和43）年に出版した『**英語で考える本 Think in English**』（以下、『英語で考える本』）はベストセラーになった。

図9-14：『英語で考える本』

"Thinking in English"は元々はパーマーが唱えた概念ではあるが、英語上級者であればあるほど、自分が伝えたい内容と論理が語彙、文法、音声とともに同時に英語が口を衝いて出てくる「自動化」（automatization）状態になる。そういうところまで学習を進めないと英語（外国語）は"モノ"にはできないとする内容であり、それを実践してきた人物が著した同書には説得力があった。

同じように自らの英語学習体験をもとにまとめられたのが國弘正雄の『**英語の話しかた――同時通訳者の提言**』（1970、以下、『話しかた』）だった。タイトルからは英語習得のハウツー本のように思うが、江利川（2023：218-219）の指摘するように、文化人類学を学んだ國弘氏らしく、英語の役割から英語教育改革にその頁の多くを割いている。音声に関係する習得法が出てくるのは第3部で、同氏は自らの経験から**只管朗読**（ひたすら音読すること）・**只管筆写**（ひたすら模範英文を筆写すること）をキーワードにあくなき音読の効用を訴えた。

図9-15：『話しかた』

同氏とは講演会やスピーチ・コンテスト等の折に何度もお会いする機会に恵まれた。やや堅い、フォーマルな英語の使い手の同氏は机上の学者にあらず、有言実行の実践家だった。図9-16（⇒p.202）は同氏に私の大学院生の教え子のために一筆をお願いしたところ、いやな顔ひとつされずに書いてくださった含蓄のある言葉である。

同じく個人的にお世話になった（いや，それ以上だった）のが，五十嵐を取り上げた箇所で触れた東後勝明先生である（⇒ p.183）。松本亨の後任として1972（昭和47）年から担当されたNHK『ラジオ英語会話』は1985（昭和60）年まで13年半続いた長寿番組となった。授業だけではなくラジオやテレビの放送教育，著作や講演を通して英語音声の学び方を人々に伝えられた。

再び，東後先生にまつわるエピソードだが（実際，数限りない），先生が学生時代に英語のスピーチ・コンテストで優勝できなかった際，その理由を審査委員の英語母語話者にたずねたところ，前歯の隙間からもれる hissing

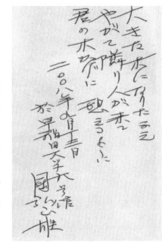

図9-16：國弘氏直筆の色紙

sounds（歯擦音）が耳障りだったのが原因と言われ，その後，夏休みに思い切って差し歯にされたという。先生はそれほど英語発音に賭けておられた（東後 1985）。

東後先生のあの独特の英語は"間大西洋アクセント"（Mid-Atlantic Accent；Wells 1982）と呼ばれ，英国人には米国風に，米国人には英国風に聞こえると言われた[22]。先生の業績のひとつにはパーマーにならって，語のつながりに文法があるのと同様に，音声にも"音法"があると指摘され，体系化され，それをラジオ，テレビ，著作等を通して伝えられたことである（八木1923；Palmer 1924a；東後1977）。

1973（昭和48）年に日本大学の川島彪秀（たけひで）はジョセフ・A・ワグナー（Joseph A. Wagner）と共著で『**Introduction to English Pronunciation 英語発音の基本と演習**』を出版した。さらに翌年にはB・G・ローガンビル（Bruce G. Loganbill）との共著である『**英語スピーチ・正しい発音**』を出版し，当時の日本ではまだメジャーではなかった**スピーチ・コミュニケーション**（Speech

---

[22] 東後先生の英語もYouTubeにある（『NHKテレビ英語会話 II（1989年）東後勝明先生（前半）』。https://www.youtube.com/watch?v=EwR4_xxawdA. 2023年12月3日最終閲覧）。番組収録の翌日にJACETの大会が早稲田大学であり，懇親会で東後先生がイギリスの言語学者の**ランドルフ・クワーク博士**（Sir Charles Randolph Quirk；1920～2017）に引き合わせてくださり，歓談できたのは一生の思い出になった。

Communication）という領域に光を当てた。

ちょうどこの頃から大学の英語クラブの学生が参加する英語スピーチ（Public Speaking），ディベート（Debate），ディスカッション（Discussion），ドラマ（Drama）のコンテストが盛んになってきた。英語弁論術を学んだ学生の中には卒業後に英語教師となり，それぞれの持ち場で，自分が経験した音声教育を生徒に伝授した人たちがいた（三熊 2003）。

1974（昭和49）年刊行の**中津燎子**の『**なんで英語やるの？――ある英語塾の記録**』は日本人の英語発音の問題を正面から衝いた著作だった。彼女はその後，教員，学生や英語学習者に発音の訓練を行なう『発音研究会』（現・NPO法人 ACROSS）を創設した。

翌年には『**呼吸と音とくちびると――なんで英語やるの？ 反響編**』（以下，『**呼吸**』）が刊行された。中津氏は"英語らしく響く"音声は，腹式呼吸によって生み出されるとした。私も彼女のワークショップに参加したことがあり，ジャンプをしながらアルファベットを発声するなどの活動をしたことを覚えている。活動の中には図9-17にある本の表紙の写真のように指3本を縦にして口に入れる等（例：A /eɪ/, K /keɪ/），確かに日本語音声では余り使わない筋肉の動きを実感したが，これはロシアで幼少期を過ごした彼女が帰国して近所の中学生の発音を矯正したときの経験にもとづいており（中津1983），音声学的な意味での論拠はない。いずれにしても，かつてP・ゲルハード，岸本，ジョーンズ等が提唱した口型の重要性にスポットライトを当てたのは彼女の功績である。

図9-17：『呼吸』

ニューヨーク大学附属語学学校（American Language Institute, New York University）で移民を対象に英語を教えていた**キャロリン・グレアム**（グラハム；Carolyn Graham, 1931～ ）の ***Jazz chants*** (1978) もまた画期的な書籍だった。彼女が考案した**ジャズ・チャンツ**（Jazz Chants）は日本にも紹介され，英語教師の耳目を集めた。彼女の手法はジャズのリズムに乗りながら身体を使って発音し，超分節音のストレス，リズム，イントネーションを身につけさせるものだった（Graham 1978）。私も彼女の講演会に出向いたが，これは実際に

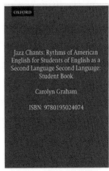

図9-18：*Jazz Chants*

体験しないと言葉では説明しにくい。幸いYouTube上でその実際を視聴できるようになっている。

　その後，彼女は同様の観点からの類書をオックスフォード大学出版局から著した。彼女がそれまで経験的に関係があると思われていた音楽（洋楽）と音声の関係を具体的に教材化し，効果検証をしたという意味でも同書は意義ある著作である。以下は彼女の指摘である（Graham 1978：43）。

Music opens doors, giving language students a greater awareness of the new culture to which they are being exposed and a sense of feeling more at home with the sounds and rhythms of the language they are learning.

　本書ではこれ以上，音楽と発音の関連については言及しないが，思えば私の外国語学習にはいつも音楽や詩歌があった。幼い頃から耳にしてきた楽曲（マザーグース，戯れ歌，ポップス，クラッシック，映画音楽，ジャズ，ロック，etc.）は自分自身の英語音声回路のどこか深いところに関わっている実感がある。実際，これまでの指導経験でも高校教員時代から現在に至るまで授業に洋楽を導入してきた（小林 2003；Schön, Boyer, Moreno, Besson, Peretz & Kolinsky（Eds.）2008；Dolean 2015；柊元 2022）。

　1970年代半ばに英語音声／発音関係の出版は活況を呈し，松本亨，田中長敬，兼弘正雄，安井稔，竹中治郎（1901〜1976）等がそれぞれの著作を世に問うた。このほか，中島文雄（編著）『〈テープによる〉アメリカ英語の発音教本』（1974），奥田夏子『英語のイントネーション──研究と指導』（1975），枡矢好弘『英語音声学』（1976），田所信成『英語の学び──構えと発声』（1975），東後勝明『英会話の音法50』（1977），島岡丘『現代英語の音声 ヒアリングと音読』（1978），高本捨三郎（編著）『英語の発音とヒアリング』（1978）等は発音指導を進める英語教師の“味方”になった一連の著作であり，その中でも，1977（昭和52）年に音声学者の牧野勤が著した『英語の発音──指導と学習』は応用音声学の観点から，それまでの発音書に一石を投じるものだった。牧野の次の指摘は当時までの英語音声学書の傾向を端的に表している（牧野 1977：8）。

　従来の英語音声学に関する本は，英語の発音に関する事実の紹介が多かった。

例外として発音指導をねらった本もないわけではないが非常に少ない。

通史を眺めても，牧野の指摘はまさにその通りである。私自身，「発音指導」というタイトルに引かれて多くの図書を買い漁ってきたが（今も続けている），多くの場合，言語学／音声学の観点から音声事実を記述したものがほとんどで，指導感覚からすると，述べられている事柄が現場から余りにかけ離れていてがっかりしたことが何度もある。牧野（1977）は現場教師の思いに応えたという意味において，鳥居・兼子（1962⇒p.192）に次ぐ良書である。

図9-19:『英語の発音』

9.11　英語母語話者を教室に

1976（昭和51）年には海外駐在を終えて帰国したビジネスパーソンの子弟子女の教育を担保するために，「海外子女教育推進の基本的施策に関する研究協議会」が発足した。1970年代からいわゆる安定経済成長期に入り，企業の海外進出が盛んになり，それに応じてそれぞれの家族の赴任地において現地の言葉で教育を受け，いわゆる"帰国子女"（returnee）が増え始めたことも関係していると思われる。こうした動きに対して，すでに1965（昭和40）年に国立大学附属学校に帰国子女教育学級が設けられてはいたが，増加の一途をたどる帰国生の受け入れを公立及び私立学校で整える取り組みが本格化し始めたのである（小林1981）。

帰国生と言ってもそれぞれの事情はまちまちで一括りにはできないが，教室に異文化を体験し，熟達した音声技能を持った者が同級生として入ってくることは他の生徒／学生にとっても刺激になるはずである。しかしながら，同一性を求める同調圧力（peer pressure）の強い日本の学級では，いわゆる本物の英語発音を身につけた者を排除することもあり，帰国生の中にはせっかく身につけた発音をモーラ式の日本語英語発音に意識して変えたり，自己主張も回避したりするなど，仲間との軋轢を回避する者も出るようになった（江渕1986）。

帰国生の増加という現象が顕著になったことも手伝って，1976（昭和51）年からは文部省主催の「英語教育指導者講座」が筑波大学で開催された。"筑波プリズン"とも俗に呼ばれた，合宿制（25日間）のオール・イングリッシュの集中講座は戦後直後の英語中央講習会の後継の講座だった。英語の教師が英

語を話せないというのは帰国生のケアも満足にはできまい。

　"音声言語としての英語"の指導を後押しするように，1977（昭和52）年には米国から9名の英語指導主事助手（Mombusho English Fellows；MEF）を招致するプログラムが開始され，翌年には英国人英語指導教員招致事業（British English Teacher Scheme；BETS）が続いた（和田1987）。明治期に菊池大麓が夢見た制度がここに来てようやく実現されたのである（⇒p.59）。

　これにより外国人教師との**ティーム・ティーチング**（Team Teaching; TT）が認知されるようになり，音声教育にも変化が生じることになった（長江1988；Brumby & Wada 1990；築道2000）。やがてAssistant Language Teacher（ALT）を中心に全国語学教師協会（Japan Association of Language Teachers）が設立されたのは1977（昭和52）年のことだった（後述）。これが現在の**全国語学教育学会**（Japan Association for Language Teaching; JALT）の設立になった。

　この頃，私は高校の新米教員であったのにもかかわらず，山口県の教育委員会から依頼を受け，1982（昭和57）年の山口県高等学校教育研究会（高英研）英語部会の秋季大会でMEFのティモシー・クック氏（Timothy Cook；ハーヴァード大学卒）とTTの公開授業を行なった（田邉1983）。Timは私の公務員住宅に前々日から泊まり込みで授業準備をしたが，その折に彼が西山千先生（⇒p.167脚注4）の親戚であると聞き，先生から通訳法の手ほどきを受けた私はその奇縁にただ驚くばかりだった。肝心のTTの方も比較的うまくいった記憶がある（田邉1983）。

　音声からは少しそれるが，言語政策の論争では，1974（昭和49）年に英仏語を操る元外交官で，参議院議員だった**平泉渉**（1929〜2015）が「外国語教育の現状と改革の方向——一つの試案」と題する改革試案を自由民主党の国際文化交流特別委員会に提出し，注目を集めた。外国語（英語）が義務教育となった中学校で，一生外国人と話す機会はないと思われる生徒に対して何故に英語を教える必要があるのか，というのがその内容で，英語を必要とする5%程度の生徒を選抜してエリート教育を行なうのがのぞましいという大胆な提案だった。試案はジャーナリスト，学者，現場教員を巻き込み，ELECやそのほかの出版社等がパネル・ディスカッション等を複数開催し，話題を呼んだ。1975（昭和50）年には上智大学教授の**渡部昇一**（1930〜2017）が英語教育は日本人のための有益な知的訓練となる旨の反論を提起した（平泉・渡部1975）。論点の相違は平泉がコミュニケーション能力の養成を求めたことに対して，渡部は教養としての英語教育を求めたことにある（江利川2022a）。論争は当時かなり広

く注目されたが，英語発音指導に影響を与えることはなかった。

　平泉・渡部論争の数年後の1979（昭和54）年，ビジネスを円滑に行なうには英語によるコミュニケーション能力が必須という意識が高まり，第1回TOEIC（Test of English for International Communication）の公開テストが実施された。当時の学校教育には直接の影響はなかったが，英検に加え，この資格試験は英語教師にとっても学習の励みになった。その内容はビジネス中心ではあったが，とりわけリスニングの重要性が広く認識されることになったのは学校の音声教育にも影響を及ぼすことになった。

　同じ年に文部省は現場教師を海外へ送る「英語担当教員海外研修事業」をスタートさせた（現在は独立行政法人教職員支援機構が継続）。1981（昭和56）年には中学校で英語授業「週3時間制」が4月から施行された。

　また，1978（昭和53）年秋には英語音声の学習環境に大きな変化があった。NHKでテレビの多重音声（バイリンガル）サービスが開始され，以降，在京の民放もこれにならうようになり，ニュース番組でも英語要約（サマリー）を聞くことができるようになった。ソニーが**ウォークマン**（Walkman）というポータブルカセットプレーヤーを発売したのはその翌年で，音楽は無論のこと，外国語のリスニング学習を手軽なものにし，こうした技術革新の恩恵を受けた英語学習者は無数にいたと思われる。

第10章　CLTと音声指導の見直し論

10.1　ポストALM

　日本はALMと急激に決別したわけではなく，地域によっては1970年代の半ば辺りまでパタン・プラクティスを続けた学校もあった。時間軸の上で前章と若干重なる箇所もあるが，この章では主にALM以降の欧米でのコミュニケーションを中心とする外国語教授理論の萌芽をまとめる。

　まず，ポストALMの初期に起きた研究上の変化に目を向けてみる。一時，構造言語学のアンチテーゼとして登場した認知主義派（Cognitivist）の認知学習（Cognitive-Code Learning; CCL）に研究者や教師の注目が集まった。CCLは文法事項等のポイントは演繹的に提示し，練習を通して内面化するものだったが（鳥居・佐々木・斎藤 1969），これも外国語習得の特効薬にはならないと分かると，人々の関心は急速に薄れた（Ausubel 1963）。

　ただし，チョムスキーが基盤を確立した変形生成文法（Transformational Generative Grammar）は音声研究の領域において，音韻論（Phonology）という普遍的な音韻ルール解明への足がかりとなる分野を生み[1]（Chomsky & Halle 1968），教育面においては**スティーヴン・クラッシェン**（Stephen Krashen, 1941〜 ）の**ナチュラル・アプローチ**（Natural Approach；後述）に知的刺激を与えることになった。

　その後，ALM衰退の引き金となったチョムスキー理論に対しても，反論が起きた。米国の人類学者・社会言語学者の**デル・ハイムズ**（Dell Hymes, 1927〜2009）は言語能力には文法的に正しい文を作る能力だけではなく，場面や状況に応じて適切に言語を使用できる能力，つまり「コミュニケーション能力」が存在する可能性を示唆したのである（Hymes 1972）。ハイムズの考え方は言語の社会的機能に着目した理論で，言語には構造（体系）だけでなく，コミュニケーションを通して相手との人間関係を構築する等，社会的機能があると考えるものだった。

　1970年代の欧州では移民や労働者の圧倒的な増加が始まった。そのためヨーロッパ共同体の意識が高まり，伝達能力の育成が早急の課題となっていた。1971（昭和46）年にヨーロッパ協議会（the Council of Europe）は言語教授法

---

[1] 20世紀の音声学，音韻論の発展史に関する文献で，網羅的なものとしては寺澤（監修）／島岡・枡矢・原口（編集）（1999）がある。

の開発を目指し，専門家チームに現状の分析を依頼した。その一員がレディング大学（University of Reading）教授の**ディヴィッド・A・ウィルキンズ**（David Arthur Wilkins, 1945～）だった。彼はコミュニケーションを重視する立場から従来の文法・構造を軸としたシラバス（Grammar-structured syllabus）から概念・機能シラバス（Notional-functional syllabus）への転換が急務という旨の報告書を提出した（Wilkins 1972）。

　この頃の日本の発音指導はコミュニケーション研究の進展とは対照的に暗礁に乗り上げたような状況だった。発音そのものは相変わらず"添え物"状態で，たとえ取り上げたとしても授業の流れにそった新出単語の導入や本文の音読等，形式的なものだけで，その手法もOA時代に培われた習慣形成的な手法を継続するのみだった。

10.2　コミュニケーション能力の研究

　欧米の語学教育に関する思潮の変化はコミュニケーション中心主義の教育の創出につながった。以降，コミュニケーション能力をいかに学校教育で実現するのかという目的のために教育モデルとその教授法の開発を進めた応用言語学研究が本格化することになった。

　日本の現場指導からは離れるが，理論の構築において中心的な役割を果たしたのが**クリストファー・N・キャンドリン**（Christopher N. Candlin, 1940～）や**ヘンリー・G・ウィドウソン**（Henry George Widdowson, 1935～）等の応用言語学者だった。彼らは言語学習におけるコミュニケーション能力を特定し，それを身につけることの必要性を訴えた。

　応用言語学者たちはハイムズの社会言語学的（Socio Linguistic）な観点からの研究を発展させた機能言語学（Functional Linguistics）や発話行為理論（Speech Act Theory；スピーチアクト理論；Austin 1962；Searle 1969）等，実際の言語使用の場面や言語の機能的な側面に焦点を当てた語用論（Pragmatics）の研究成果を取り入れながら，コミュニケーション能力育成のための教授法の開発に傾注した（Kramsch 1986）。それまでの行動主義，習慣形成からとは違った切り口からコミュニケーションへとアプローチし始めたのである（石井・小川・寿岳・他 1959）。

　ハイムズ（Hymes 1972）に共感し，コミュニケーション能力を第二言語としての英語教育（Teaching English as a Second Language; **TESL**）の枠組みの中で発展させたのが**カナル**と**スウェイン**（Canale & Swain 1980）だった。

彼らはコミュニケーション能力を構成する3つの要素として，文法能力（Grammatical Competence），社会言語的能力（Sociolinguistic Competence），方略的能力（Strategic Competence）を提起した。その後，Canale（1983）は談話能力（Discourse Competence）を加えた。なお，音声／発音は文法能力の一部に組み込まれるのみであった。

コミュニカティブ・ランゲージ・ティーチング（Communicative Language Teaching; CLT；Communicative Approach [CA] も同義）の方向性と内容に，さらなる影響を与えたのがナチュラル・アプローチだった。これは1970年代後半から1980年代に**クラッシェン**と**トレイシー・テレル**（Tracy D. Terrell, 1943~1991）によって開発された考え方だった。

クラッシェンは第二言語習得に関する5つの仮説を発表した（Krashen & Terrell 1983；クラッシェン＆テレル／藤森（訳）1986）。

1) 習得・学習仮説（Acquisition-Learning Hypothesis）
2) 自然順序仮説（Natural Order Hypothesis）
3) モニター仮説（Monitor Hypothesis）
4) 入力仮説（Input Hypothesis）
5) 情意フィルター仮説（Affective Filter Hypothesis）

よく知られているようにクラッシェンは第一言語習得論（First Language Acquisition；FLA）の結果から，幼児は，まず「聴く」ことを行なうので，ナチュラル・アプローチでは聴解期間（listening comprehension period）という，ひたすら目標言語を聞かせる期間（数日~1週間）を設定した。これは明治期のL・ソヴールのナチュラル・メソッド（⇒p.56）の流れを汲んだもので，培養期間はパーマーと同じ発想からのものだったが，クラッシェンが提起した期間はそれよりも短いものだった。

言語の学びを，対象言語で生活することにより自然に学ぶ「習得」（Acquisition）と，意識的に学ぶ「学習」（Learning）に分けたのもクラッシェンの功績である。区分は後の第二言語習得論や英語教育学の研究に大きな影響を与えることになった。これに従うと日本の学校教育の学習者が学ぶ英語は後者になる。彼は第二言語に

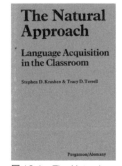

図10-1：*The Natural Approach*

も習得順序（Acquisition Order）が存在すると考え，それは学習者の母語や年齢，学習環境に関係なく普遍的なものと考えた。同じく，学習された知識は自分の文法や発音等の正確さを自己チェックするモニター（Self-monitor）として機能すると考えた。

　さらにクラッシェンは理解可能なインプット（Comprehensible Input）が習得には重要だとし，理解可能なインプットは「i＋1」と主張した。彼は学習者が既に習得したレベルを「i」とすると，それよりも少し高いレベル「＋1」を学習することで習得の段階が上がるとした。

　インプット仮説は広く受け入れられているが，インプットだけでなく，アウトプット（産出，output；Swain 1985）や気づき（noticing；Schmidt 1990），続いて，インタラクションに関する言説等も打ち出された。

　情意フィルターは学習上の情意面を捉えたもので，クラッシェンは不安感やネガティブな感情があると，情意フィルターが上がると考え，安心した状況で学べるように，フィルターを下げる必要性を訴えた。とりわけ人前で外国語を話すことに一種の心理的な圧迫感，さらには恐怖感（anxiety）を覚える傾向がある日本人には，クラッシェンの考えは大きな影響を与えることになった。彼の指導法は文法・語彙・音声等を明示的に習うのでなく，コミュニケーションのやり取りを通して対象言語を習得することを目的にするものだった。これも明治期のナチュラル・メソッドに通じる手法である。

10.3　CLTの創成

　こうした一連の研究がCLTの誕生に結びついた。CLTは指導原理から指導技術で包括的に体系づけられた大教授法の OM や ALM とは違って様々な特徴や理念を包括した**アプローチ**である（Rodgers & Richards 2001）。

　CLTは正確性や形式を重視する伝統的教授法への理論上の疑問に加え，実際に学習者の外国語運用能力を伸ばすことができなかったことからの反省から生まれたもので，言語学能力（Linguistic Competence）よりも，コミュニケーション能力（Communicative Competence）を重視する社会言語学（Sociolinguistics）の影響を受けている（ウィドウソン／東後・西出（訳）1991）。かつては言語学，行動主義心理学が理論基盤だった外国語教授法は応用言語学，第二言語習得論に比重を移し始めたことが明らかになった。

　CLT と一口に言っても，強いバージョン（strong version）から弱いバージョン（weak version）までの様々なバリエーションが認められるが，根底を

212 ────── 第 10 章　CLT と音声指導の見直し論

貫く指導原理としては，1) コミュニケーション能力の発達が目標，2) 目標言語の使用が活動の中心，3) 正確さ（accuracy）より，流暢さ（fluency）を重視することである。

　指導技術としては，現在の英語授業では当たり前のようになったペアワーク（pair work），ロール・プレー（role play），プラスワン・ダイアローグ（plus-one dialog），インフォメーション・ギャップ（information gap），問題解決（problem-solving）等が推奨された（伊藤 1984；田崎（責任編集）／佐野（編集コーディネーター）1995）。

　こうしたスタンスのため CLT における発音の捉え方はまちまちではあるが，おしなべて発音は活動の中で，という考え方が強まってきたと考えられる。現場では結局，ALM 時代の指導手法がそのまま用いられることが多く，発音指導は曖昧な位置づけになっていった（島岡 1980）。

10.4　国際英語論

　1980 年代は**国際英語論**が誕生した時期でもあった。戦後の ALM に次いで変わりゆく英語発音の現状を踏まえたこの考えは，ここから英語発音指導のパラダイム（paradigm）に大きな影響を及ぼすことになる。

　日本における同様の考え方の萌芽は，戦前の斎藤秀三郎にすでに見受けられるが，戦後の比較的早い時期に提唱したのは鈴木孝夫の "Englic" という概念だった。海外では 1976（昭和 51）年のブラジ・カチュル（Braj Bihari Kachru, 1932~2016）の論考が比較的早期のものだった。彼は第三世界での英語教育のあり方に問題意識を抱き，Kachru（1985）で World Englishes（国際諸英語；WE）という概念を打ち出した。そこで彼は世界の英語を分布のタイプ・獲得のパタン・機能の範囲を表す円にたとえて表し，それを 3 つの同心円に区分して，それぞれ内円（inner circle），外円（outer circle），拡大円（expanding circle）と称し，欧米中心の英語教育の思潮に疑問を呈した。これには当然，発音の目標，指導法にも大きく関わることになる。

　筆者はシンガポールの学会（SEAMEO Regional Language Centre [RELC]）で発表をした際にカチュル教授から質問を受け，発表後に話をすることができた（質問者が同教授だったとは名刺交換をするまで分からなかった！）。インドの出身で，エジンバラ大学で学位を取得し，イリノイ大学アーバナシャンペーン校（University of Illinois at Urbana-Champaign; UIUC）で教えていた教授は世界の英語人口の趨勢を見通した大きなビジョンを持っておられた。そ

の予想通り，"脱・英米発音化"（de-Anglo-saxonisation of English pronunciation）の動きはこの頃から加速化することになった。

急速な地球上の物理的距離の"圧殺"（the annihilation of distance—Toynbee & Caplan 1972）が進行する中，複数の研究者も刺激を受けたのか，時をほぼ同じくして，**ラリー・E・スミス**（Larry E. Smith, 1941~2014）は国際補助語としての英語（English as an International Auxiliary Language; EIAL）を提唱し，英語の役割を見直し，その中で 国際語としての英語（English as an International Language; EIL）という概念を打ち出した（Smith（Ed.）1983）。

国際英語論の背景には世界経済の大きな変化を引き起こしたプラザ合意（Plaza Accord）があった。1985（昭和60）年に先進5カ国（アメリカ・フランス・イギリス・西ドイツ・日本）の蔵相・中央銀行総裁会議がドル高の是正に合意し，各国金融当局が協調介入に乗り出した結果，ドル安・円高状況が生まれ，米国の輸出の増大をもたらすことになった。

これにより日本企業の海外進出は1970年代にも増して拡大した。人的交流が大幅に進み，経済の実態が英語の位置づけにも大きく関係することになり，財界人は話し言葉としての英語能力の必要性を実感するようになった。

国際英語論の研究は「脱・英米英語」が進行する現状から始まり，日本では**比嘉正範**，**田中春美**，**本名信行**，**末延岑生**や**日野信行**等の研究者がアジアにおける英語の役割を見直す必要性を主張し，発音，アクセントを含む広範囲にわたる研究を開始した（比嘉 1976, 1979a；田中 1986；本名（編）1990；本名 1999；日野 2001, 2003, 2008；末延 2010；田中春・田中幸（編）2012）。

英語発音指導の専門家の中にも，拡大する国際英語の現実を踏まえた研究が行なわれるようになった。時間軸を進めるが2000年代になって**ジェニファー・ジェンキンズ**（Jennifer Jenkins, 1950~ ）は発音を中心に*The phonology of English as an international language*（2000）と*English as a lingua franca*（2007；以下，*The Phonology*）を出版した。

彼女は様々な英語変種のコアとなる部分を取り出し，通じ合えるリンガ・フランカ（Lingua Franca）としての英語（＝国際英語）を定めようとした（Jenkins 2002a）。そこで彼女は英語を母語としない人（非英語母語話者；Non-native speakers of English）同士のコミュニケーションでの発音の明瞭性，通じ易さ（Intelligibility）の

図10-2：*The Phonology*

データをもとに共通言語中核（Lingua Franca Core; LFC）という概念を提唱した。日本人関連の項目では，困難音"th"音を日本語の近似値音で置き換える等の現実的な提案も行ない，音韻体系の単純化を提案した。終戦直後のR・ゲルハードの場合は表記法の簡略化だったが，ジェンキンズのコンセプトは音声項目そのものの簡略化だった。

　時間軸は下るが，2005（平成17）年にLevis（2005）は発音目標を，**Nativeness principle**（母語発音原則）と**Intelligibility principle**（明瞭性原則）に分け，この観点から国際英語論の研究は進展することになる（清水 2011）。前者は目標言語の母語話者のような発音を目標にすべきであるという考え方であり，後者は学習者の母語干渉を受け入れ，コミュニケーションの妨げにならない発音を容認するという寛容的な考え方である。特に明瞭性原則は，「誰にとっての通じやすさ」（"Intelligible to who?"）という点において，研究者の見解にもゆらぎがあるが，その後の発音指導の考え方に大きく関わることになった。

　これに少し補足すると，戦後の英語発音の目標に関する見解は学習指導要領では中学校，高等学校ともに「現代のイギリスまたはアメリカの標準的な発音」（中学校）や「現代の標準的な英語」（高等学校）等のように指導者任せの文言で推移してきた（ある意味，指導要領らしいが…）。

　ただ当時の音声学者の記述を眺めてみると，理想派（idealistic）と現実派（realistic）の2つの見解が存在していた。以下の表10-1は，そうした言説のほんの一部である（富永・田邉 2007）。

　いずれにしても手がつけられていなかったこの領域に研究者の目が向くようになったのはかつての英音／米音というような固定された地域アクセントをモ

表10-1：発音目標に関する言説

Idealistic views	Realistic views
英語又は米語いずれの発音をとるにしろ, Vulgarism と Provincialism を取り除いた正確な，最も広く普及した，標準的と考えられる "Received Pronunciation" が我々の学習対象である。(小栗 1953：2)	私たち日本人が英語を外国語として口にする場合，その英語は，1. できるだけ多くの英語国民にわかる英語であること 2. なるべくくせのない英語であること (五十嵐 1950：33)
A speaking knowledge of a language, therefore, requires very close to a one hundred percent control of the phonology and control of from fifty to ninety percent of the grammar, while one can frequently do a great deal with one percent or even less of the vocabulary. (Gleason 1961：252)	いうまでもなく理想的には英米人と同様の発音ができればよいのであるが，それは到底望めないであろう。…話す方では相手に理解されることが第一条件であるから，あまり耳ざわりでないいわゆる acceptable pronunciation であれば結構であろう。(飯野 1953：29)

今日学界の一部に，日本人なまりのある発音を"Neutral English"なる美名で呼んで，これからの日本人の英語はこれでいいのだ，発音なんかに浮身をやつす必要はない，といった安易な意見をもつ人もある。しかし，わたくしは今後も日本人はイギリスやアメリカの英語を手本として勉強すべきであると思う。(オコーナー／黒田 (注) 1973：序)	Is it really necessary for most language learners to acquire a perfect pronunciation? Intending secret agents and intending teachers have to, of course, but most other language learners need no more than a comfortably intelligible pronunciation. (Abercrombie 1956：37)

デルとして絶対視する視点では，もはや音声／発音指導を捉えられない状況が進行し始めたことを物語るものである（本名1999; Nelson 2011）。この1点のみを捉えても英語発音指導のあり方について再考する時期がきていたことが分かる。

10.5　発音指導の見直し論

　CLT が登場した初期には音声指導にも変化が起きると，期待のようなものを抱いた教師も多かった。ところが蓋を開けてみると，正確さよりも流暢さを優先する帰納的な活動の中で，発音は力点を置かれることはなく，指導は伝統型を継承する形で曖昧な位置づけになった。

　しかし発音の不備を主因とするコミュニケーション障害の事例が教育現場のみならず，ビジネスの最前線の場面等で噴出し（Hinofotis & Bailey 1981），それらが相まって欧米での見直し論の出現につながった（Morley (Ed.) 1987）。これは英語発音分野における戦前の改新ムーヴメントに次ぐ革新の萌芽だった。

　見直しが具体的な形を取り始めたのは筆者も出席した1985（昭和60）年の第19回TESOL（Teaching English to Speakers of Other Languages；英語を母語としない人々のための英語教授法）Conventionからで，当時は "New-look Approach"，"Affective Cognitive-Communicative Approach"（頭文字からACC）とも呼ばれた。

　この大会では今後の発音指導の方針として以下の合意がなされた（Morley (Ed.) 1987：Preface）。

1. a focus on working with pronunciation as an integral part of, not a part from, oral communication;
2. a focus on the primary importance of suprasegmentals (i.e., stress,

rhythm, intonation, etc.) and how they are used to communicate meaning, with a secondary importance assigned to segmentals (i.e., vowels and consonants);

3. a special focus on syllable structure, linking (both within words and across word boundaries), phrase-group divisions (thought group, chunking and pausing), phrasal stress and rhythm patterns;

4. learner involvement in the learning / teaching process including speech awareness and self-monitoring;

5. meaningful practice set in speech activities suited to the communication styles in the learners' real-life situations;

6. a focus on providing speech modeling that is natural and contextual, and avoiding hypercorrect or foreigner-talk modeling.

それぞれに解説を加えるなら, 1. は CLT の中で流暢さを優先するために発音を軽視する風潮に対し, コミュニケーションにおける発音の位置づけを再確認したものである。

2.~3. では従来のボトム・アップ (bottom-up approach, 下位 [母音, 子音等] から上位 [ストレス, イントネーション等] へのアプローチ) に時間を使い過ぎる傾向があることを認め, コミュニケーションに影響を与える超分節音に力点を置くトップ・ダウン (top-down approach, 上位から下位へのアプローチ) が奨励された。

4.~5. は指導に関するポイントで CLT の影響が色濃く出ている。求められるのは学習者中心の指導・練習法であり, 教師中心で機械的な発音練習からの脱却だった。自己モニタリング (self-monitoring) が重視され, 学習者が自分の耳で音をとらえ, 自己修正 (self-correction) ができるように指導することが求められている。実際問題として, 授業で一気に発音習得がかなうことはありえないわけで, 時間をかけながら音声は習得されるものである。そのための第一歩は学習者による音の重要性の認識 (awareness) であり, 自分で自分の発音をモニターし, エラーをチェックする力である。音声学の研究では光が当てられなかった重要なポイントである。

6. は教材の刷新を求めたものである。単語レベルだけではなく, 文脈 (context) の中で, 目標とする発音項目がコミュニケーションの意味に関係する教材の開発を求めたものである。

上記の6点にはないが，発音目標は ALM 時代のものよりも，ずいぶんと柔軟，寛容的に扱われるようになったことも見直し論の特長だった。到達目標として強調されたのは，現実に達成可能な発音であり，かつ World Englishes に顕在する音声要素の習得だった（Kachru（Ed.）1982）。世界各地に存在する様々なアクセント変種（dialectic variations）を認め，学習者の母語アクセントが英語発音に干渉することがあっても，相手に負担をかけない発音（comfortably intelligible pronunciation）であれば良い，という姿勢を打ち出したのである。これは明らかに国際英語論の考え方を取り込んだ変化だった。

ALM辺りまでは，英語発音の目標は母語話者という図式が規準のようになっていたが，それがあまりにも非現実的であり，教育的効果が低いことを発音専門家たちが賛同したのは大きな進歩だった（比嘉1979b；日野2001；有本（編著）2009；塩澤・吉川・倉橋・小宮・下内 2016；柴田・仲・藤原2020）。

さらに，発音とリスニングとの関連が強調され始めたのも見直し論からだった。2つの領域はそれまで別個に扱われることが多かったが，後述するコミュニカティヴな活動を通して両方の領域を連動させながら指導することが強調された。

このように見直し論は従来の教師中心（teacher-centered），もしくは教師主導（teacher-fronted）の伝統的手法ではなく，学習者が自ら音声力を獲得することを目指す学習者中心主義（learner-centeredness）を指導の中核に置いた手法へのシフトを提起したものだった（Morley（Ed.）1987；Anderson-Hsieh 1989；田邉 1999）[2]。

10.6　見直し論のその後

TESOL の大会での議論はその後，TESL（Teaching English as a Second Language）や音声学，第二言語習得，認知心理学（特に社会構成主義を採り入れたもの），脳科学（brain sciences），さらには情報処理理論（information processing theory）等の隣接諸科学からの知見を取り入れながら発展し，1980年代の終わりから90年代にかけて，ACC に準じた発音指導の理論書，教材（リソースブック，コースブック），教材ソフト（テープ，CD，CD-ROM）等が順次，開発・出版されるようになった（田邉 2007b）。

主な文献には，発音指導に特化したものではないが，TESOLを立脚点にボー

---

[2] その意味では「英語音声**指導**」という教師の立場からの用語は再考が必要なのかもしれない。

エン（J. D. Bowen），マッドセン（Harold Madsen），ヒルファーティ（A. Hilferty）が著した TESOL techniques and procedures（1985，以下，TESOL と略）である。特に冒頭には簡潔な教育史の流れが平易な文でまとめられており，参考になる。

そして1987(昭和62) 年にはジョアン・モーリー(Joan Morley)（編）による Current perspectives on pronunciation: practices anchored in theory（以下，Current perspectives），及び同（編）の Pronunciation pedagogy and theory: new views, new directions（1994）が刊行された。両書には見直し論の理念や指導の具体例が記述されている。

図 10-3：TESOL

同じく1987(昭和62) 年刊行のジョーン・ケンワージー(Joanne Kenworthy) の Teaching English pronunciation は発音の明瞭性（intelligibility）や発音への意識・関心の起し方（building awareness and concern for pronunciation）等を扱い，国際英語の事例も取り上げた。上述したように intelligibility の研究はその後，Derwing & Munro (1997, 2005, 2015), Jenkins（2000），Seidlhofer（2011）等，多くの研究者によって引き継がれることになる。

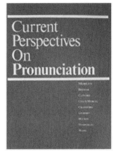

図 10-4：Current perspective

発音・リスニングの両面をねらった教本としては1984（昭和59）年に出たジュディ・B・ギルバート（Judy B. Gilbert）の Clear speech: pronunciation and listening comprehension in north American English（以下，Clear speech と略）という秀逸な実践書がある。

コミュニケーションでは発音が大切で，それは楽しく学ぶことができるという彼女からのメッセージが伝わってくる。学習者用と教師用に分けて用意する等，実にJudyらしい作品である[3]。なお，初級者向けの Clear speech from the start も

図 10-5：Clear speech

---

[3] 筆者がサンフランシスコに在住していた時，ジュディが愛車のアウディ（Audi）A6 を駆ってやって来て，2日間にわたって発音指導のあり方について議論を交わした。彼女は徹頭徹尾，学習者の側に立つ指導者，かつ英語発音教材デザイナーである。TESOL Speech Pronunciation Interest Section（TESOL PronSIG）の発起人のひとりでもあった。

版を重ねている。

90年代に入って ACC にもとづいた著書の出版は続き，**アダムズ・ブラウン**（Adams Brown）（編）の *Teaching English pronunciation: a book of readings* (1991) は見直し論を踏まえた論考を集めたアンソロジーである。

1992（平成4）年刊行の**ピーター・エィヴリー**（Peter Avery）と**スーザン・アーリック**（Susan Ehrlich）による *Teaching American English pronunciation* は音声学然とした教本ではなく，ESL教師に向けた音声指導のリファレンスとして指導法のパラダイムの転換がつかめる良書である。

T・ボーエン（T. Bowen）と**J・マークス**（J. Marks）の *The pronunciation book: student-centered activities for pronunciation work*（1993）はタイトル通り，学習者中心の活動をまとめたもので構造言語学頼みの指導手法からいかに脱却すべきかを示している。

マーク・ハンコック（Mark Hancock）の *Pronunciation games*（1995）はすべての頁をそのままコピーして教室で使用できる良質な活動をふんだんに紹介している。同著者の2003（平成15）年の *English pronunciation in use* と併せると，英語圏では見直し論が具体的な形を取り始めたことを実感する。

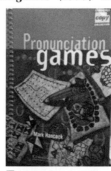

図10-6：*Pronunciation games*

クリスティーヌ・ダルトン（Christiane Dalton）と**バーバラ・ザイデルホーファー**（Barbara Seidlhofer）による *Pronunciation*（1994）は見直し論にもとづく数種の発音教本のポイントを指導事例とともに紹介した解題書である。

マリアンヌ・セルシー＝マルシア（Marianne Celce-Murcia），**ドナ・ブリントン**（Donna Brinton），**ジャネット・グッドウィン**（Jannet M. Goodwin）による1996（平成8）年刊行の *Teaching pronunciation: a reference for teachers of English to speakers of other languages*（以下，*Teaching pronunciation*）は見直し論の変遷と実践をまとめた包括的な発音指導の理論・実践書である。

以上，見直し論を採り入れた理論書，教本，学習本の一部の概観を試みたが，どの著作を見てもALM当時の発音指導からは大きく前進したことが分かる。

図10-7：*Teaching pronunciation*

第11章　コミュニケーションの波

11.1　"国際化"時代の音声関連の著作

　1980年代の日本の英語教育では，好むと好まざるとにかかわらず，"国際化"がキーワードとなり，コミュニケーション能力に注目が集まり始めた。しかしながら，コミュニカティブ・ランゲージ・ティーチング（CLT）の移入に当たっては欧米とはまたまた"時差"が生じ，中等学校への導入は90年代に入ってからとなった。

　この時期は，受験の突破を主眼にした教師中心（teacher-centered）の「詰め込み主義」への反発が起き，学習者中心（student-centered）の教授法がCLTや人間中心主義の言語教育（Humanistic Approach）とともに欧米から紹介され始めた頃でもあった。

　発音指導に特化したものではないが，こうした学習者中心のトレンドに国内で先鞭をつけたのが，羽鳥博愛・松畑熙一『学習者中心の英語教育』（1980）だった。彼らは学習者の視点に立った指導を心がけること，コミュニケーション能力を養成すること，さらに言語習得のプロセスを重視し，学習者を参加させることを主張した（Tudor 1996）。

　脱線話をひとつ。松畑先生は私の博士課程時代の指導教官だった。先生は問題の核心を見極める力とずばりと切り込む能力に長けておられ，その切れ味も見事だった。岡山大学時代には学習者中心の授業学を全国に広められ（松畑1982，1991等），退官後には私大の学長を務められ，さらに岡山県備前市の教育長としても活躍された。

　このように発音指導の見直し論にあった中核概念の学習者中心主義は日本の英語教育界に持ち込まれたが，肝心の発音指導の方はやはり教師中心の手法のままで，学習者中心の発音指導のあり方すら起きなかった。

　そうした中，国内の音声関連の出版物の中には小さな変化が現れた。まず，1980（昭和55）年に渡辺和幸は『現代英語のイントネーション』及び『英語のリズム・ハンドブック』を同時に出版した。これらは，単（分節）音に力点を置く傾向がある教師に超分節音の重要性を伝えたものだった。

　小島義郎も同年に『英語発音の基礎』を出版し，竹林滋は1982（昭和57）年の著作『英語音声学入門』で音声学の正統派の観点から音声知識の基本を初級者向けにまとめた。特にフォニックスの解説は教室でも役立つものだった。彼

[220]

は数々の辞書の編纂や著名な音声学の翻訳を行なう等，戦後の音声学の牽引役のひとりだった。

小野昭一の『英語音声学概論』(1986) ではパラ言語からの音声を捉えることの重要性が述べられている（⇒p.197 ; Crystal 1969）。彼はフルブライター (⇒p.178) だったので，コミュニケーションにおける音声の機能を米国で体験したと思われる。ノンヴァーバル・コミュニケーション（Non-verbal Communication ; NVC）に分類される"声の表情"に関係するこの領域は，先に述べたように伝統的な音声学では扱われることは少なく，もっぱらコミュニケーション学の観点から研究されてきた（Crystal 1969 ; Berko, Wolvin, Wolvin & Aitken 2013 ; 上村 2023）。人的なコンタクトの増加とともに近年，声がもたらす役割に注目が集まっている。

上智大学の**ロベルジュ，クロード・霜崎實・許圭南（岩村圭南）**[1]の『**VT法による英語発音指導教本**』(1985) はクロアチアのザグレブ大学（University of Zagreb）の**ペタル・グベリナ**（Petar Guberina, 1913~2005）の**ヴェルボ・トナル法**（VT法 ; Verbo-Tonal Method）を用いたユニークな指導法を提案した。VT法は身体運動と連動して発音・リズムを習得する手法である（Acton 1992 ; グベリナ／ロベルジュ（編）／他 2012）。

松坂ヒロシ『**英語音声学入門**』(1986) は学習者の立場になって包括的に音声項目の提示を行なった名著である。松坂の恩師である五十嵐新次郎の精神が乗り移ったかのごとく，豊富な手書きイラストを盛り込み，分かりやすい説明が秀逸である。私も音声学の授業で何回も使用した。

図 11-1：『英語音声学入門』

さらに同年，**島岡丘**は『**教室の英語音声学Q&A**』を出版した。最大の特徴は音声学という専門分野の敷居を平易な言葉と事例で低くし，教室への応用ができるようにしていることである。それは同氏の英語音声学への深い造詣がもとになっている。

図 11-2：『教室の英語音声学 Q&A』

---

[1] 岩村氏とは面識はないが，その自伝的エッセイ『英語をめぐる冒険』(2008) ではご本人の英語学習遍歴が克明に記されている。また彼の発音教本は教育現場でベストセラーとなっている（岩村 2019a, 2019b）。

1989（昭和64／平成元）年には東後先生は『**日本人に共通する英語発音の弱点**』を上梓された。これはラジオ番組に寄せられた聴取者からの質問をまとめたものである。「これまでに発音に関する本はずいぶん書かれていますが、いずれも解説をしているうちに、もともと難しいものをさらに難しくしてしまったという印象を与えるものが多いようです」（東後 1989：はじめに）とあり、それを受けてイラストを織り交ぜながら、弱点項目を平易な言葉と例で解説した。

　当時茨城大学で教えていた**長澤邦紘**（くにひろ）『**教師のための英語発音——呼吸法を重視した訓練メソッド**』（1987）は見直し論のACCに沿ったものではなかったが（否、研究者でも見直し論を認識していた人々は少数だった）、**中津メソッド**（⇒p.203）を10カ月受講した自身の体験を英語教師向けにまとめたという点においてユニークな著作だった（Nagasawa 1994）。

　今井邦彦『**新しい発想による英語発音指導**』（1989）（以下、『新しい発想』）は認知構造、情報理論の視点から発音指導法に新たな視点を提起した会心の作だった。特に第4章「文のアクセント」で取り上げた「アクセント配分の原理」には説得力があり、従来の音声学の学習書にはなかった視点を教師に与えた。ちなみに今井はUCL（ロンドン大学）で音声学の第一級免許状（First Class）を取得した数少ない日本人のひとりである[2]（⇒p.172）。

図11-3:『新しい発想』

　英語スピーチ・コミュニケーションについて再び触れておく（⇒p.202）。この分野の進展に寄与したのが元フルブライターの**近江誠**（1941～　）である。近江先生の『**オーラル・インタープリテーション入門——英語の深い読みと表現の指導**』（1984）はそれまでの音読活動に息吹を吹き込んだ力作で、音声と文学作品（テキスト）とをつなぐ提言だった。先生は米国でドラマ・スピーチ学を専攻された。米国では当時はやっていた百科事典の販売員を経験し、帰国後は高校での指導経験の後、南山短期大学に採用され、オーラル・インタープリテーション（Oral Interpretation；音声作品解釈）の手法を軸足に英語音声、スピーチ教育の改善に乗り出した（近江 1984, 1988, 1996, 2003）。1996（平

---

[2] 当時、First Classに受かったもうひとりの日本人が**赤松力**（つとむ）（ツトム・アカマツ）だった。彼は東京外国語大学を卒業後、UCLで音声学を、パリ大学で一般言語学を学んだ後、リーズ大学（Department of Linguistics and Phonetics, University of Leeds）で学位を取得した。その後、同大学で長年にわたって音声学を講じた。

成 8）年刊行の『英語コミュニケーションの理論と実際——スピーチ学からの提言』（以下，『英語コミュの理論と実際』）は音声中心の学習が総合的な英語力向上につながるとの信念を基本に教室での指導事例を盛り込んだものである。

再び個人的なエピソードになるが，近江先生には岡山時代に講演にお越しいただいて以来，その後もお話をうかがう機会が何度かあり，その教育理念に感銘を受けた。先生の研究はまさに言語音としての英語音声指導の実現を目指すものである。時に理論に偏りすぎて，実

図 11-4：『英語コミュの理論と実際』

践が伴わない専門家がいる中で，先生は両面に精通した人だった。活動は近年も旺盛で，「近江アカデミー」を主宰され，音声教育の普及を続けておられる[3]。

年代は少し戻るが，1982（昭和 57）年にはアルクの「1000 時間ヒアリングマラソン」が始まった。多聴（Extensive Listening），精聴（Intensive Listening）という概念を組み合わせたこの教材に挑んだ英語教員は私の周囲にも数多くいたが，現在は販売休止となった。

1970 年代後半から私立高等学校で始まった海外修学旅行は，文部省が 1988（昭和 63）年に公立高等学校に認めることを表明し，バブル景気も手伝って参加高校は確実に増え始めた。また海外の高校との提携も進み，短期や中期の留学を進める学校も登場した。こうした動きは音声／発音面のためにもまたとない機会となったはずである（日本修学旅行協会（編）2005）。1980 年代に発音関連の著作が数多く出たのは，コミュニケーション能力を目指した英語教育のトレンドと関係があったのかどうかは判然としない。1981（昭和 56）年に公立中学校での英語授業が週 4 時間から 3 時間に削減されたことに危機感が生まれたのかもしれない。

上述のように変化は起こりつつあったが，総じて国内の音声関係の代表的な出版物には見直し論で提起されたポイントは反映されているとは言い難く，より大きな CLT そのものに注目が集まることになった。欧米で起きた見直し論の盛り上がりとその後の出版物を知る者にとってはこの間の日本の経緯には何とも言えないもどかしさを覚えたものである。

---

[3] 近江先生の英語は以下で聞くことができる。「近江誠の英語コミュニケーション教育講座①：開講に先立って——四つの言語入力」(https://www.youtube.com/watch?v=xnGO_hFvMr4. 2024 年 1 月 15 日最終閲覧)。

11.2　コミュニケーションの流れと『学習指導要領』

「外国語で積極的にコミュニケーションを図ろうとする態度を育てる」を
キー・コンセプトにした『学習指導要領』が告示されたのは1989（平成元）年
だった。その前段階の1986（昭和61）年の臨時教育審議会（臨教審）の第二
次答申では英語教育の内容・方法論の改善が提言されている。

　1987（昭和62）年には，第9章（⇒p.206）で触れたMEF（Mombusho English
Fellows）やBETS（British English Teacher Scheme）の事業が発展して，語
学指導等を行なう外国青年招致事業であるJET（Japanese English Teacher）プ
ログラムが総務省，外務省，文部科学省，及び一般財団法人自治体国際化協
会（Council of Local Authorities for International Relations; CLAIR）の協力で
始まった。外国語指導助手（Assistant Language Teacher; ALT）は学校配置だ
けではなく，国際交流員（Coordinator for International Relations；CIR），ス
ポーツ国際交流員（Sports Exchange Advisor；SEA）へと拡大された。

　授業におけるTTの導入は現場の日本人英語教師（JET）は英語を話さなけ
ればならない状況を生み出すことになった。授業準備のために英語を使用しな
ければならなかったのである。JETもALTも協働し，真剣に授業に取り組む
ことになり，結果としてJETの英語力の向上に貢献することになったと言える
（和田1991）。

　こうした事業は首相の中曽根康弘（1918~2019）の肝煎で始められたもの
だったが，その背景には米国の双子の赤字（twin deficits）を軽減するという政
治的な意味合いがあった。ビジネス界では円の変動相場制（floating exchange
rate system）への移行に伴い，貿易摩擦の緩和という観点から企業の海外進出
が増加したのもこの頃の特徴である。

　1991（平成3）年にはバブル経済が崩壊し，日本は失われた20年と呼ばれる
経済不況の長いトンネルに入った。この頃，学校の英語教育は十分な成果を上
げていないと三度，経済界から指摘され，小学校からの英語教育を開始する議
論が始まった。1992（平成4）年に文部省は「国際理解・英語学習」に関する
実証データを収集するための研究開発校として，大阪の公立小学校2校を指定
し，1996（平成8）年4月には各都道府県に1校ずつ研究開発学校が指定され，
小学校での教科としての英語教育への布石が打たれた。

　1993（平成5）年には中学校で新しい『学習指導要領』が実施され，翌年の
高校では「オーラル・コミュニケーションA, B, C」が始まった。また，中学
校・高校ともに「国際理解教育」が明示された。この『学習指導要領』の下で

「コミュニケーション」をキーワードにした出版物が1980年代にも増して著さ
れるようになった。1997（平成9）年には日経連は「グローバル社会に貢献す
る人材の育成を」という提言を行ない，英語力重視を求めた。

　これを受けたものと思われるが，1998（平成10）年に改訂された『学習指
導要領』ではグローバル社会における「生きる力」を備えた人材の育成がキー
ワードとなった。こうした流れの中，発音指導に関しては「コミュニケーショ
ン」という文言を冠した教本類が複数出版されたが，それらの内容や手法を見
るとそのほとんどが ALM（Audio-Lingual Method）までに培われた手法と大
差のないものだった。米国で始まった**ACC**（Affective Cognitive-Communica-
tive）の発想にもとづく発音指導改新の流れはこの国には流れてこなかったの
である。「コミュニケーション」はバズワード（buzzword；中身が伴わない専
門的流行語）に過ぎなかったのか。

　事実，高校では，オーラル・コミュニケーション科目の導入により発音指導
にも新たな展開が期待されたが，進学校や伝統校では"Oral Communication
Grammar"（OCG）と揶揄された文法シラバス中心の授業が多かった。また，
流暢さを重視する余り，正確性を軽視してしまうことも多々あった。清水武雄
と多賀谷宏は現場の声として生徒からの応答を性急に求め過ぎ，発音のみなら
ず英語そのものへの苦手意識を植えつける場合もあったと述べている（清水・
多賀谷1990：120）。

　　一方，コミュニケーション能力の育成を狙うあまりに，学習内容の理解が不
　　十分なまま性急に生徒から英語の応答を求めたり，発話場面に重点を置くこ
　　とで生徒に英語に対する恐怖心を逆に助長してしまう傾向もなくはなかった。

　コミュニケーション能力という，元々，紙の上では捉えにくいものをいかに評
価するのかという現場の声に応じるために評価（Evaluation, Testing）にも注目
が集まった。この領域は戦前にPalmer（1925b）によるもの等，散発的にあった
が，戦後の評価論のもとになったのは**ジョン・B・キャロル**（John Bissell Car-
roll, 1916~2003），**バーナード・スポルスキー**（Bernard Spolsky, 1932~2022）
からである（キャロル／大学英語教育学会（訳編）1972；Spolsky 1978）。

　現在，スピーキングとともに音声／発音の評価論の応用言語学からの研究
は本格化しているが，ここに至るまで確たる評価基準は見出せてはいない
（2022年度からの東京都における都立高等学校入試のスピーキング試験はその

良い例であろう；Sasaki 2008)。

評価研究は日本でも着手され，例えば，田中正道
『コミュニケーション志向の英語教材開発マニュアル』
(1991)，和田稔（編著）『オーラル・コミュニケーショ
ンの指導と評価』(1993)，松畑熙一（編）『英語コミュ
ニケーション能力評価実例事典』(1994) 等は現場から
の要望に応えたものだった。

1990年代の発音関連の出版物では，まず，寺島
隆吉『英語記号づけ入門——その誕生と現在の到達点』
(1991) がある。視覚的に音声を教えた方が効率的であ
るとの現場での実践を経た本である。寺島はその後，記
号づけをシリーズとして授業向上のあり方を提起した。

図11-5：『イギリス英語』

1994（平成6）年にはロンドン学派のオコナーとアーノ
ルドの名著が翻訳出版された。イントネーションとポーズ
によって意味が変わることで有名な She dressed and fed
her baby. が含まれる**オコナー＆アーノルド／片山嘉雄・
長瀬慶來・長瀬恵美**（共編訳）の『**イギリス英語のイン
トネーション——実用ハンドブック**』(以下，『イギリス英
語』と略；原本は O'Connor & Arnold 1973；⇒p.197) で
ある。これにより教師が日本語により，最先端のイント
ネーション研究に触れることができるようになった。

図11-6：『ハンドブック』

**緒方勲（監修）／高本裕迅・萩野博子・関典明『英語
音声指導ハンドブック』**(1995)（以下，『ハンドブック』）
が挙げられる。これはコミュニケーション能力の育成に
はどういった音声項目を，いかに指導すべきかを追及し
た教師向けの本格的な指導教本だった。同じ出版社の中
学校教科書をベースに項目を精選し，音声の解説，指導
例について具体的に述べてあるが，ALM からの脱却は図られてはいなかった。

図11-7：*Fluent*

同じ1995（平成7）年には見直し論を踏まえた日本初の英語音声教本と思わ
れる**アン・C・セサリス**（Ann C. Cessaris）の *Fluent American speech*（以
下，*Fluent*）が出版された。著者は日米会話学院（東京・新宿区四谷）での指
導経験があり，日本人の発音の弱点も熟知していると思える。ALM のように繰
り返しを過度に求める（overlearning）のではなく，読み手の認知面に訴える

内容は新鮮である。大学教科書ではあるがもっと評価されてよい教本である。

1996（平成8）年の**竹林滋**による『**英語音声学**』は日本語音声から一般音声学，英米の音声学を体系的に扱った書であり，かつ，発音指導に関しても有益なアドバイスが散りばめられている。**高木信之（編著）『英語のリズムとイントネーション再入門ワークショップ——音法・文法・コミュニケーション活動一体の』**（1996）は高校教師だった著者が「忍者音シュワ退治」，「感情曲線読み」等，パーマーの6つのイントネーション型（例：「滝型」，「飛び込み型」等）の呼称を彷彿させる呼び名を与え，学習者に寄り添った練習問題を数多く盛り込んだ現場の発想からのものである[4]。高木は熊本県の英語教員の再研修（⇒p.190）においても熊本大学・福田昇八教授に協力している。

出版物の中で，初期の見直し論で主唱された超分節音主体の指導と分節音を主体にした指導の違いを実証的に研究した学術書が登場した。それがNaomi Uenoの*Teaching English pronunciation to Japanese English majors: a comparison of a suprasegmental-oriented and a segmental-oriented teaching approach*（1998）だった。

見直し論には関係しないが，**杉藤美代子『日本語音声の研究2　日本人の英語』**（1996）は実験音声学からの知見をもとに，通じる英語発音を目指すためのポイントがカワイサウンド技術・音楽振興財団が開発した音声認識（Speech Recognition）を活用した科学的な実証から提起している。

音声認識テクノロジーは1980年代後半辺りから各機関や研究所でその研究が進むことになる。特に英語音声関係では1986（昭和61）年に大阪で視聴覚機構研究所として起業したATR（Advanced Telecommunications Research Institute International）が，ヒトの聴覚・音声のメカニズム解明の研究に着手した。その成果のひとつが1987（昭和62）年のATR Hearing Schoolという音声認識のソフトウエアで，私も初期型を購入し，早速，試してみた。当時はその先進性に驚いたが，現在ではそれを上回る精度のものが簡単に入手できるようになり日進月歩のテクノロジーの進歩に驚くばかりである。

コミュニケーションへの認識が高まる中，学校教育の範疇ではないが1987

---

[4] 高木は同書のエッセイの中では，教員生活4年目にスチューデント・タイムズ（*The Student Times*）主催のレシテーション・コンテストで全国2位になり，1位で後にミュージシャンになった竹内まりや氏（1955~）と一緒に副賞のハワイ旅行に出かけたというエピソードが披露されている（高木（編著）1996：179）。なお，竹内氏はAFS（American Field Service；公益財団法人AFS日本協会）の留学制度により米国で1年間の留学を経験した。

（昭和62）年にNHKラジオ番組『**やさしいビジネス英語**』を始めたのが**杉田敏**（1944～　）だった。米国の企業でのビジネスパーソンが普通に使う会話の寸劇の「ビニェット」（vignette）を中心に大学生からビジネスパーソン，そして英語教員から支持を得た。途中，中断をはさんで再開された『**ビジネス英会話**』でも人気は衰えず，音声面でも実に生き生きとしたナマのビジネス英語をお茶の間にもたらした。私はNHKでの語学番組収録時に杉田先生とスタジオが入れ替わりになることがあったが，収録に精魂傾けられたのか，声をかけるのにも気が咎めた。杖をつかれて秘書の方と出て行かれるお姿が瞼に焼きついている。なお，杉田先生の『英語の達人』（1996）は各界で活躍する英語達人の学習歴をインタビューによりまとめた良書である。

　ラジオ番組『**百万人の英語**』で人気を博した**遠山顕**先生（1947～　）は1994（平成6）年のNHKラジオ番組『**英会話入門**』において語学の"楽習"をモットーに演繹的な学校英語のフレームワークでは身につきにくい話術としての英語指導に乗り出した。その言語指導観は2001年刊行の『**遠山顕の英会話の素**』や同年の『**脱・「英語人間」**』等の著作から学ぶことができる。

　遠山先生は多趣味の方であり，特に演劇はプロレベルである。そうした観点から音声／発音にも造詣が深く，文脈・場面を考えた発音練習を自らも実践されている。先生は，私が岡山の大学にいた時に講演でお越しいただいた際に，私が社会人向けの通訳講座を開いていた岡山外語学院の学院長の従兄弟であることが分かり，以来，お世話になっている。季節のご挨拶を欠かされないきめ細やかな方である。

　さて，歴史に戻ろう。ミレニアム（2000年, Millennium）を前に，「国際化」という非常に日本的な文言から「グローバル化」にキーワードも変わり，企業の海外進出はさらなる増加の一途をたどった。民間での留学もさらに身近なものになった。上述の通り，高校，大学での留学も増加した。留学先としてはそれまで米国が一番人気だったが，主に治安の観点[5]から英国，カナダ，オーストラリアやニュージーランド等に"留学先市場"は拡大した。

　日本から海外へという図式とは逆ベクトルの教育も始まった。1980年代から米国の大学が日本市場に参入し始めたのである。これも JET プログラムと同

---

[5] 1992（平成4）年10月17日に AFS で米国ルイジアナ州バトンルージュ（Baton Rouge, Louisiana）の高校に留学した高校2年生の服部剛丈さんがハロウィーンの夜に射殺された悲しい事件は米国留学ブームに大きな影を落とした。銃を構えた人間が発する"Freeze！"（動くな！）という表現が日本の英語授業で紹介されたのはこの時からだった。

じく，背景には米国の対日貿易摩擦の不均衡を是正するための政治的な思惑があったと考えられる。この新たな取り組みは英語音声面での変化に寄与すると思われたが，様々な理由が重なり，多くの大学が撤退を余儀なくされた（田中義郎1991）。

中等教育には直接関係しないが，1980（昭和55）年のオーストラリアとの締結を皮切りに始まったワーキング・ホリデー（Working Holiday）を活用して生活体験をしながら英語力の向上を図ろうとする若者も増えた。

「グローバル化」という用語とともに，英会話へのあこがれは増幅され，TOEIC関連の教材はどれも爆発的なヒットとなり，1995（平成7）年の受験者数は56万人に達した。発音の指導や習得には望ましい学習環境が整ってきたと言えよう。留学気運は教員にも波及した。

1990（平成2）年からは文部科学省，総務省，地方公共団体が協力して「外国教育施設日本語指導教員派遣事業」（Regional and Educational Exchanges for Mutual Understanding；通称REXプログラム）が開始された。教員の派遣先は地方公共団体の姉妹都市で，教員は現地の学校で日本語，日本社会，歴史，文化等を教える活動を行なった。私の元同僚や後輩もプログラムに応募し，スコットランドのエジンバラやオーストラリアにそれぞれ派遣された。最大2年の滞在で彼らのSpoken Englishの力が飛躍的に伸びたことを記憶している。しかしながら，この有意義なプログラムは残念なことに2013（平成25）年度の派遣をもって終了となった。

11.3 小学校の英語教科化

1998（平成10）年改訂の『学習指導要領』ではグローバル社会における「生きる力」を備えた人材育成がキーワードとなった。2000（平成12）年には小渕恵三首相の私的懇談会「21世紀日本の構想」では英語第二公用語化の可否が提言され，英語第二公用語化の論議が湧き上がった（船橋2000）。これはグローバル社会において英語能力を持つことが日本という国のこれからの発展の鍵を握るという危機感が政府にあったからであろう。

この年，『英語教育』誌上で片仮名発音の表記でちょっとした論争があった。1997（平成9）年出版の『**ヴィスタ英和辞典**』（三省堂）の片仮名表記に対して島岡丘が批判を行なったのである。ある程度の音声現実を表せれば良いとする編者の**若林俊輔**（1931～2002）に対して島岡は自分の表記法ではかなり原音に近い音声を表すことができると主張した。終着点が見えぬままに論争は終

わったが，片仮名の使用の是非は明治時代から平成を経てもやはり未だ決着を見ることはない。

　2002（平成14）年には文部科学省（2001年に中央省庁再編により改名）が「『英語が使える日本人』の育成のための戦略構想」を発表し，中学校卒業段階で英検3級，高校卒業段階で英検準2級〜2級程度の英語力を国民全体に求めることにした。2002（平成14）年度から2009（平成21）年度までの7年間に「『英語が使える日本人』の育成のための行動計画」の一環として，実践的な英語教育法を研究するため，指定校を決めてこの行動計画が実施された。

　指定校は Super English Language High School（SELHi，セルハイ；不思議な名称である）と称され，先進的な英語教育カリキュラムの開発や，中学―高校―大学と続く効果的な英語教育のあり方等の研究を実施，この成果を先進事例として全国の高校へ普及させる計画であった。

　私はこの時，中央教育審議会のメンバーのひとりだった。そのため詳細を述べるのは差し控えるが，1年以上の議論の後に構想をまとめ，行動計画として発表した。そこでは学校教育の枠組みの中で，今できることを定め，到達目標の設定，「英語は英語で行う」，中学・高校英語教員の指導力のアップ，英語教員の研修（悉皆研修），

図11-8：『英語教員研修ガイドブック』

小学校の英語学習の支援等を答申した（文部科学省（編）2003）。戦略構想，行動計画には多くの批判が寄せられたが，文部科学省が前面に出ての，フリーズ以降，久しぶりの語学教育改新だったことだけは間違いない。

　同じく2002年には「総合的な学習の時間」における「英語活動」の実施が認められ，2008（平成20）年の改訂において小学校高学年に週1時間の外国語活動（英語）が必修として設定された。中学校の外国語科は必修となり，原則週3時間になった。

　高校の改訂ではそれまでの「英語I」に代わって「オーラル・コミュニケーションI」が登場した。外国語科がこれまでの選択教科から必修教科として位置づけられ，国際語である英語を基本的に指導することが示された。また，実践的コミュニケーション能力の育成が外国語科の目標の柱となり，音声指導は一層強調されるようになった。

　少し戻るが2000年代初頭，英語音読に再び脚光が集まった。OA（Oral Approach）の反動として英語発音に注意を向けなかった時期が続いたせいな

のか，生徒・学生の音声／発音能力は著しく低下したことが意識されるようになった。英語音読は漢学，英学を通して日本では王道の学習法であり，古くは新渡戸稲造，内村鑑三，斎藤秀三郎，五十嵐新次郎から近年は國弘正雄，河上道生，東後勝明，松坂ヒロシ，近江誠等，実に多くの英語達人が実践してきた"正攻法"である。その音読がミレニアムになって國弘の「只管朗読・只管筆写」が再び見直されたのである（⇒p.201）。

そのきっかけが國弘正雄・千田潤一『英会話・ぜったい・音読——頭の中に英語回路を作る本』（2000）（以下，『英会話・ぜったい』）だった。同書のキャッチフレーズを借りるなら，「家を建てる際には基礎工事が不可欠であるように，英語学習でも基礎回路が必要であり，それが音読である」という編集方針で，同書は学習者になじみのある中学校検定教科書から素材を選び，CDを付属して売り出した。するとやはり音声／発音は大切だという読者の心に届いたのか，15万部を超えるヒット作となった。2001（平成13）年には現場指導の名手である久保野雅史を迎えた『英会話・ぜったい・音読【入門編】——英語の基礎回路を作る本』等，シリーズ化された。音読練習にもきちんとしたステップが組まれており，現在でも親しまれる教材になっている。ちょうどこの頃，教育学者の齋藤孝による『声に出して読みたい日本語』（2001）が出版され，英語，日本語で音読，暗誦・朗誦のブームが起きたのは偶然だったのだろうか。

図11-9：『英会話・ぜったい』

音読ブームと連動したのかどうかは分からないが，この通訳訓練法のひとつのシャドーイング（Shadowing）も注目されるようになった。シャドーイングは同時通訳技術の基本の原音声を聞いた後に，数秒遅れて復唱する技術である。

現役／元通訳者や通訳訓練法を受けた研究者がこの手法を発音／リスニングを向上させる手法として，紹介し始め，それが別の手法 **FIFO**[6]やスラッ

---

[6] FIFO（First-in First-out，先入先出法）は同時通訳（simultaneous interpretation）の訓練で用いられる手法で，最初に入ってきた情報からまず訳出するといった意味である。元々は商品管理用語で，先に入ってきた商品を商品棚で顧客に見えるように前面に並べ，商品を円滑に流通させるという意味である。現在は「語順訳」や「意味順」等と呼ばれているが，幕末には箕作阮甫（⇒ p.35）が言葉の流れ通りに理解することを唱え，大正〜昭和前期には神田乃武や村田祐治（1915；「直読直解」；"Read at sight"）や文検合格者の浦口文治（1927；『グループ・メソッド』）がそれぞれの著書で主張していた。SOV言語の日本人がSVO言語である英語の情報を取り込む際に役立つ手法である（田邉 1993a，1993b）。

シュ・リーディング（Slash Reading）[7]，**サイト・トランスレーション**（Sight Translation；業界ではサイトラと略）とともに検定教科書にも採り入れられるようになった。

　私自身，通訳訓練を1980年代の後半から某公的機関で受け，通訳技能の語学教育への応用には関心を寄せていたので，**八島智子「通訳訓練の英語教育への応用I―shadowing―」**（1988），**田邉祐司「日英通訳訓練法と英語コミュニケイション能力との接点」**（1993b）という論考で口火を切ったひとりで，その後，**鳥飼玖美子（監修）／玉井健・田中深雪・西村友美・染谷泰正・鶴田知佳子『はじめてのシャドーイング――プロ通訳者の基礎訓練法で，英語の“音”感覚が飛躍的に身につく』**（2003）等が刊行されたのには時代の要請があったのであろう。

　無論，プロ通訳者養成の手法をそのまま応用するのではなく，現場でアレンジを行なう必要があるが，現在では中等教育，高等教育でも広く知られる手法となった。以降，類書は数多く出版されることになったが，理論面でしっかりとしているのが，**門田修平『シャドーイングと音読の科学』**（2007）であろう（2015年に増補改訂され**『シャドーイング・音読と英語コミュニケーションの科学』**として出版）。

　ちなみに音読，シャドーイング等を扱った本の著者たちが援用しているのが，それぞれの手法に共通する認知心理学の“脳のメモ帳”と呼ばれる**ワーキングメモリ**（working memory）という概念である。これは「作動記憶」等と訳される短期記憶（short-term memory）の一種である。序章でも述べたが，認知心理学も音読／発音指導では大きな役割を果たすものと考えるが，そこに立ち入ると紙幅に関係するので，ここは**A・バドリー**（Alan Baddeley）提唱の概念（Baddeley 1986）を英語教育学に紹介した二谷廣二先生の**『教え方が「かわる・わかる」――認知心理学の動向から』**（1999）を紹介するにとどめておく（大学院時代に同書の校正に関わった）。

　中等教育現場からは離れるが進行するグローバル時代への意識が具体的な形として，11.2の節で触れたTOEICの音声だった。同試験のListening Partの音声はそれまではアメリカ音のみだったが，2006（平成18）年の試験からアメリカ・アクセントに加え，イギリス，カナダ，オーストラリア，そしてニュージーランドの各アクセントが加わり，計5種が採用されるようになったのであ

---

[7] スラッシュ・リーディングは英文の意味の切れ目（センスグループ，sense group）にスラッシュ（／）を入れて区切り，意味のかたまり（チャンク，chunk）ごとに意味をとり，訳出する練習法である。

る。こうした動きに呼応するように，中等学校の教科書の付属CD等の中にもアメリカ以外のアクセントが採用されるようになった。

　筆者が関係していた公共放送の番組では，こちらがいくら懇願しても，「聴取者はアメリカ英語に慣れており，混乱する」との理由で，それ以外のアクセントは絶対に認められなかった。それからの数十年で大きな変化を実感している。

11.4　EFLの辞書

　時間は前後するが，この時期の辞書にも社会の変化が押し寄せた。大きな変化としては1980年代の終わりからEFL（English as a Foreign Language）学習者を主眼にした辞書が数多く出版された。

　音声関係では**ジョン・C・ウェルズ**（⇒p.119）の ***Longman pronunciation dictionary***（1990；*LPD*）がある。世代間，地域等で発音が微妙に違う単語，例えば harassment という語のストレスは hArassment（強調した大文字は便宜的な強勢記号―筆者）なのか，harAssment なのかを問う独自のアンケート調査を行ない，その結果をPronunciation Poll という項目にまとめたのは斬新な仕掛けだった。UCLで学ぶ者はこの辞書を講義に持ち込むというのが 一時，必須となった（最新刊は 2008年の3版）。

　1997（平成9）年には**ピーター・ローチ**（Peter Roach）と**ジェームズ・ハートマン**（James Hartman）がジョーンズの***EPD***（第15版）を改訂した。1977（昭和52）年の14版以来，実に20年ぶりの全面改訂だった。モデルとなる音声をジョーンズ時代のRPではなく BBC English とし，また，米音もGAではなく，Network Englishと称した。変わりゆく英語発音の実態を反映した版となった（Lindsey 2019）。これで思い出すのが，**ジャック・W・ルイス**（編）の***A concise pronouncing dictionary of British and American English***（1972）である（⇒p.197）。同書はジョーンズ以来のUCLの伝統を踏まえ EFL学習者をその視座に置いた辞書で，彼らが学ぶべき発音を1語につき，ひとつ挙げるという姿勢を貫いた先駆的なものだった。

　2001（平成13）年には**クライヴ・アプトン**（Clive Upton），**ウイリアム・クレッチマー , Jr.**（William Kretzschmar, Jr.）と**ラファル・コノプカ**（Rafal Konopka）（編）の***The Oxford dictionary of pronunciation for current English***もオックスフォード大学出版局から出たが，現在はラウトレッジ社（Routledge）に版権が移った。

11.5 音声出版物の小さな変化

ミレニアムの直前に出た発音教本で1999(平成11)年刊行の川越いつえ『英語の音声を科学する』は出色の出来である。英語と日本語の音の使い方の違いはどこで，同じ点はどこかを考える本であるとし，学習者が気づき，認知した後にExerciseをこなせるように配慮した構成で，国産の音声学書の記述内容にも小さな変化がきたことを感じる（2007年には新装版が出た）。

図11-10：『英語の音声を科学する』

田辺洋二先生の『これからの学校英語──現代の標準的な英語・現代の標準的な発音』（2003；以下，『学校英語』と略）はグローバル化が進む国際社会の中で，学校教育はどのように対応すべきかについて正面から向かい合った書である。ご存知のように，『学習指導要領』では教える発音の目標として「現代の標準的な発音」が長年用いられているが，この何とも曖昧な文言の意味を田辺先生なりに解釈されたのが本書である（特に第4章は白眉である）。音声研究を行なう研究者の多くが共時的な視点に集中する中，田辺先生はタテ糸にも目を向けられた数少ない方だった（田辺1987）。

図11-11：『学校英語』

私は早稲田大学で田辺先生にお世話になり，同書が出た時，「標準的な」を巡ってお話をうかがうことができたのは，フィンランドのユヴァスキュラ大学（University of Jyväskylä）で開催された国際応用言語学会（Association Internationale de Linguistique Appliquée; AILA）で昼食をご一緒した時だった。森と湖に囲まれた美しいキャンパスでの語らいは今も脳裏に残っている。また，その後，何かの学会の懇親会（日本？）で私が司会を仰せつかり，先生のスピーチが終わったところで，先生に"Thank you so much, Father!"と申し上げると，"Welcome, Son!"と，当意即妙の答えが返ってきて会場が爆笑に包まれた（その後，関係者の間では私は息子となっていたらしい）。なお，先生のご遺志はTALK（Tanabe Applied Linguistics Kenkyukai）という学会で継承されている。

同じく2003（平成15）年に出た英語音声学研究会（編）『大人の英語発音講座』は文字通り，成人（adult learner）をターゲットにしたものであった。「理屈で分かってから声に出して練習しよう」というモットーは，上述の川越

（1999）と同じく「認知→練習」というプロセスを踏まえている（なお，2023［令和5］年には新装復刻版が出た）。著者のひとり**牧野武彦**は『**日本人のための英語音声学レッスン**』を2005（平成17）年に出版した。日本語の話者への英語音声学概論であるという立場から，岩崎民平（1919）と同じように「日本語→英語」という流れの中で音声項目を簡潔にまとめている。2012（平成24）年に出た**井口篤**と**ステュウット・ヴァーナム-アットキン**（Stuart Varnam-Atkin）の『**発音をめぐる冒険 A wild pronunciation chase**』は放送大学の教科書だ

図11-12：『発音をめぐる冒険』

が，知る人ぞ知る発音教本となった。著者はともに文学畑の人たちであるが，音声学プロパーの専門家が気づかない題材から発音項目を取り上げており，音読教材として英語教師の間でも話題になった。

　島岡丘『**日本語からスーパーネイティヴの英語へ——10段階完全マスターのコツと処方箋**』（2004）のタイトルは「スーパーネイティヴ」と刺激的なものだが，日英の違いに気づき，英語母語話者を究極の目標としなくても，通じる発音の共通項目を習得するための段階を示したという点において，OAベースの類書とは一線を画している。

　さらに同じく2004（平成16）年に理系のエンジニアだった**松澤喜好**が著した『**英語耳——発音ができるとリスニングができる**』は「発音できない音は聞き取れない」という考えをベースに構造言語学的な練習を組み合わせた内容だったが，タイトルの「英語耳」というキャッチフレーズが一般の英語学習者の心に響いたのか，ベストセラーになった。

　手法はまちまちながら，2000（平成12）年辺りから，発音書，音声学書にも学習者の視点を意識して記述を試みたものが現れるようになった。**今井邦彦**『**ファンダメンタル音声学**』（2007）はコミュニケーションに重要な働きをする文強勢やイントネーションについて必要な知識を分かりやすく説いている。付属のCD-ROMには著者自身が正確なイギリス英語を吹き込んでいる。**竹林滋・斎藤弘子**『**新装版 英語音声学入門**』（2008）は竹林（1998）の全面改訂版である。前作と比べ，学習者中心という視点がより鮮明になっている。同じく2008（平成20）年出版の**土屋澄男**『**英語コミュニケーションの基礎を作る音読指導**』（以下，『音読指導』）は1998（平成10）年の同著者による『**あなたも英語をマスターできる——成功のための五つの公理と只管音読のすすめ**』で論じた手法

を教室でいかに実際の音声技能へとつなげるのかを具体的に示した著作だった。東京高師英文科の最後の卒業生としての著者の英語指導への意気込みが伝わる。

2009（平成21）年の**東後勝明（監修）／御園和夫・他（編）『必携 英語発音指導マニュアル』**（以下，『マニュアル』）は，数少ない教師用の発音指導に特化した専門書であるが，一般の英語学習者が特定の音声項目を学習する場合にも役立つマニュアルである。筆者も編集に加わり，担当した箇所の練習問題では，意図的に見直し論を踏まえたタイプを盛り込んだ。

図 11-13：『音読指導』

竹内真生子『日本人のための英語発音完全教本』（2012）は米・英両方の発音を「完全網羅した」と謳う教本である。初版にはDVDとCDが付属していたが，現行版ではWeb動画を採用した。**深澤俊昭『改訂版 英語の発音パーフェクト学習事典』**（2015）は，同著者の『ヒアリングの基礎 話せる聞ける英語の音』（1988）を改訂した包括的な英語発音・リスニングのための学習本である。「総論」「各論」「特別講座」「資料編」を通してアメリカとイギリス両方の発音に配慮があるのは著者の留学の経験からであろう。ただ，練習内容等は比較対照がベースでALM時代のものそのままである。

図 11-14：『マニュアル』

この時期には欧米で急増する移民のためにSpeech trainingという領域において各種の英語発音本／ソフトが出版された。多くは，いわゆる速修コース（crash course）の類だったが，**H. Ashton & S. Shepherd**の ***Work on your accent: clearer pronunciation for better communication*** （2012；以下，*Accent*）は別格である。ロンドンで俳優やESL learnerの音声矯正（Speech clinic）を行なってきたプロのトレーナー（コーチ）である著者たちが標準的なイギリス英語の発音について発音記号にもとづき発音矯正のポイントをまとめたのが同書である（2020年には2nd ed.も刊行された）。

以上，研究書や一般向けの発音書には1960年代に比較すると，CLT研究の影響を受けたものが現れ始めた。

図 11-15：*Accent*

しかし、それはまだ研究レベルのことであり、教育現場での指導では発音は傍に置かれた伝統的アプローチに依拠するものが多かった（幸野1995）。この頃の音声指導に関して、太田かおりは以下のように述べている（太田 2012：69；田邉 1991；田邉 1992）。

> 日本の英語科教育において、音声指導が適切に行われていない実態に大きな問題があると考えている。充分な英語音声指導が行われていない中学校・高等学校の実態については本研究の調査結果が明らかにしたとおりであり、英語学習者の87.9％が中学校において、84.8％が高等学校において音声に関する指導や音の規則に関する授業を「受けていない」と回答した。

発音指導に関してはこの辺りが当時の実態だったと思われるが、他方、リスニング面は教室でも容易に導入できることもあり、注目が集まった。これには1980年代前半から音楽市場で主流となったCDの人気が関係したと思われる。カセットテープよりも大容量で、文字通り「コンパクト」だったからである。

1991（平成3）年にはSONYがMDと呼ばれた光学ディスク記録方式の媒体を発売し、2001（平成13）年にはCDから発展したDVDが発売されたが、やがてPCやiPod等の登場によりCD等と一緒に表舞台から姿を消すことになった。

2006（平成18）年にはゲーム機メーカーの任天堂がニンテンドーDS向けの英語トレーニングソフトである『英語が苦手な大人のDSトレーニング えいご漬け』を、翌年には『英語が苦手な大人のDSトレーニング もっとえいご漬け』（以下、『もっとえいご漬け』）を発売した。ソフトはゲーム感覚で英語を楽しみながら学ぶゲーミフィケーション（gamification；これはゲーム以外の領

図11-16：『もっとえいご漬け』

域である仕事や学習等にゲーム性を取り入れ、意欲を高めながら楽しく目標達成することにある；正頭 2020）の発想から企画、発売されたものだった。私は続編の音声解説を担当し、国際英語アクセントを素材にディクテーション問題（**ディクトグロス**を応用した手法；dictogloss、英文復元法）等を作製した。これは学習者が主体となり、聞こえる英語を考えながら、聞き取り練習ができるようにしたものだった。ちなみにこの頃から高校や大学現場でもディクトグロスを用いた授業も登場することになった（Wajnryb 1990；岡山県立倉敷南

高等学校2009）。

　上述の通り，欧米で見直し論が起きたのは1980年代の後半だったが，日本での発音指導の状況は1960年代の頃と大差はなかった。まず，理論面で変化があり，そこから現場へと伝播していくことが望ましいのだが，そうはならなかったのである。確かに伝統型の手法からはわずかに変化し始めたとは言えようが，欧米のように革新的な変化があったわけではなかった（柴田・横山・多良2008）。

　海外の発音指導の改新トレンドは2000年代に向けて高まっていったが，国内では，研究者の努力不足なのか（含む筆者），はたまた江戸末期から続く，英語音声技能への興味・関心の低さなのか，国内の英語教授に多大な影響を与えることはなかった（岡崎（代表者）1998）。優れた実践者である手島良は2010年代の発音指導について次のように述べている（手島2011：32）。

　　筆者が中学・高校時代を過ごしたのは1970年代であるが，それから30有余年がたった現在，中学や高校における英語の発音指導は，きわめて残念なことに，全体として大きく変化したとは言いがたい。もちろん，適切かつ効果的な発音指導をしている教員もいるが，比率的にはごくわずかと言わざるを得ない。

　現場で音声指導に長年携わってきた手島の発言は正鵠を射ている。音声はコミュニケーションの時代になっても傍流に置かれたままだったのである（菊池2010；大塚・上田2011；大嶋・多良・柳澤2011）。

　またまたエピソードであるが，筆者は中教審委員の時に全国を回って結構な数の授業視察を行なったことがある。その折に「ここは明治時代か！」と勘違いするような授業に出会ったのも1つや2つではない。例えば，某県の，藩校の流れを汲む高等学校でも視察と講演を行なったが，参観した2つの授業はともに変則式の手順通りに行なわれ，生徒は黒板に教師が書く訳をひたすら筆写するというタイプの授業で，教室で生徒の音読すら聞くことはまったくなかった。あれほど静まりかえった50分間の授業は初めての体験だった。

　参観後の講演（やりにくかった…）では，当然，こうした手法の“愚”をちくりと指摘したが，講演後の協議会において先生たちは東京大学への進学実績を挙げながら，“これしかない”と聞く耳持たずの構えだった。あれは意識的にコミュニケーションへの対抗を示したデモンストレーションだったのだろ

う。文法・訳読式に教師ブリーフを置かれていたあの先生方は今はどうしておられるのだろうか。

11.6　CLTの軌道修正

　発音指導からは脱線するが，CLTが本格的に導入されてから，「流暢さ」のために「正確性」が犠牲になる傾向にあるというCLTへの批判に応えるために**フォーカス・オン・フォーム**（Focus on Form；FonF）という考え方が提唱されることになった。さらにタスク中心の言語教授法（Task-based Language Teaching；TBLT；和泉2009；松村2012）や内容言語統合型（Content and Language Integrated Learning；CLIL；クリル；渡部・池田・和泉2011）が次々と紹介された。

　CLILはバイリンガル教育やイマージョン・プログラム，特殊で実用的な目的のための外国語教授法である目的別言語教育（Languages for Specific Purposes；LSP）等のように外国語を使用して教科内容を学習するものである。CLILでも発音は活動の中で暗示的（implicit）に学ぶことが基本となり，かつての札幌農学校で実践された手法（⇒p.57）が現在の学校教育の文脈の中で実現できるかどうかはこれからの課題である。

　インターネットが日本の家庭に浸透し始めたのは2000年代後半のことだったが，以降，ネットを通して，それまでなかなか触れることができなかった世界の英語にアクセスが可能になったことは，特にリスニング領域での大きな進展となった。繰り返しになるがテクノロジーの進化は留まることを知らず，2002（平成14）年にはサービスツールの日本語化が行なわれ，Webよりも簡易に投稿が可能になったブログ（Blog）も開始された。その中には英語音声関係のものも数多く出現した。さらに2005（平成17）年に米国で誕生したYouTubeというオンライン動画共有プラットフォームが人気となり，日本語版が登場した2007（平成19）年からは英語学習に関係する動画の数も雨後の筍のように増加し，ここにも発音関連のサイトは無数にある（柳瀬2023）。

　このうち，1984（昭和59）年に米国で始まったTechnology, Entertainment, Designの頭文字を取ったTEDは著名人による講演をインターネット上で配信するようになり，英語の音声学習という面からも有意義なサイトになった。かつての音声認識技術はコンピュータの画面を通して自分の発音の音調と分節音の不備をパソコン等のスクリーン上で比較しながら修正するという形で行なわれてきたが，各種音声認識のソフトが開発され，Speech AnalyzerやWaveSurfer等を用いた音声の分析手法が紹介された。

240 ──────第 11 章　コミュニケーションの波

　そうした中，1995（平成7）年にアムステルダム大学（University of Amsterdam）の**ポール・ボアズマ**（Paul Boersma）と**デビッド・ウィーニンク**（David Weenink）が開発した**プラート**（Praat）は音声を分析，変換，合成することができるフリーソフトで音声学者や学生の間で重宝されるようになった。こうした音声認識技術の進展とともに各種のソフト，アプリが提供されるようになったことも音声学習上の朗報である（Ehsani & Knodt 1998）。

　2008（平成20）年には iPhone が日本で販売開始され，以降，スマートフォン（smartphone；スマホ）の普及拡大とともに英語学習のアプリが次々と開発，販売され，学習ツールにもさらなる変化が起きた。これにより場所を選ばない英語（音声）へのアクセスが可能になった。

　"スキマ時間"（spare time）と呼ばれる通学（勤）時の移動時間等にスマホを介して，ラジオの英会話番組やポッドキャスト（Podcasting）を聞いてのリスニング学習やさらに英字新聞の電子版でリーディングをするというような新たな形態の学習が生まれた。

　テクノロジーの進化は続き，フェイスブック（Facebook；現・Meta），ツイッター（Twitter；現・X），ライン（LINE）等のソーシャルネットワークサービス（Social Networking Service；SNS，但し，この略称は日本のみ―筆者）が始まり，英語教材の多様化は拡大の一途をたどっている。

　2012（平成24）年には楽天やファーストリテイリングが英語を社内公用語とすることが発表され，グローバル人材の育成に対する企業の姿勢を世間に広めた。そのような中，実験的な実証を経て，上述の通り，英語が小学校で正式な教科として導入されることになった。

11.7　アクティブ・ラーニング

　最新の『学習指導要領』（小中学校は2017年告示，高等学校は2018年告示）にもとづく**令和の教育改革**は，小学校が2020（令和2）年度，中学校が2021（令和3）年度，そして高校が2022（令和4）年度にスタートした。

　英語科では欧州の基準の**CEFR**（セファール，Common European Framework of Reference for Languages；ヨーロッパ言語共通参照枠）という指標が採用された。また，英語の4技能のうち，スピーキングを「**やり取り**」（interaction）と「**発表**」（presentation）の2領域に分けることが決定された。

　「戦後最大の教育改革」と言われるムーヴメントでは，これまでの"何を学ぶか"（what to learn）に加え，"どのように学ぶか"（how to learn）という授業の

手法が提起された。それが「**主体的・対話的で深い学び**」（アクティブ・ラーニング［Active Learning］；能動的学修法；以下，AL）と**ICT**（Information and Communication(s) Technology，情報通信技術を活用した教育手法）の活用である（Bonwell & Eison 1991；小田・杉原（編）2010；溝上 2014；小林2015）。

新機軸に関する論文，研究書等が数多く公表され，ネット上にも実に多くのサイトが登場した。2021（令和3）年は「ICT元年」とも呼ばれ，**GIGAスクール構想**（GIGA；Global and Innovation Gateway for All）[8]の下，現場では電子黒板，パソコンやタブレット等のデジタル機器が導入され，インターネットを介しての学習支援ツールの活用を行なう教育がスタートした。

急速な社会変化と教育手法との乖離（かいり）は何も日本だけの問題ではなく，実は世界的なものである。早くからこうした問題点に着目し，改善に向けての提言を行なってきたのがOECD（Organisation for Economic Co-operation and Development；経済協力開発機構）であり，その具体的な形が DeSeCo（デセコ；Definition and Selection of Competencies）（ドミニク＆サルガニク（編著）／立田（監訳）／今西・他（訳）2006）だった。

理論的な基盤はルソー，**マリア・モンテッソーリ**（Maria Montessori；1870~1952），デューイ等の経験学習と**レフ・ヴィゴツキー**（Lev Simkhovich Vygotsky；1896~1934）の流れを汲む社会構成主義（Social Constructivism）の2つの教育理論である。

ボンウェルとアイソン（Bonwell & Eison 1991）に代表される**Active Learning（AL）**はこうした流れを踏まえて提唱された理論の現場への応用手法である。提唱から20年以上が経過したALが日本に導入された当初，英語科ではプレゼン，ディベート，ディスカッション等生徒に何らかの活動をさせることと受け取られたことがあった。しかし，それらはこの手法の一端に過ぎない。

ALの核心を一言でまとめるなら，それは "Learner Involvement"（学習者関与，エンゲージメント）と言えよう。上述のボンウェルとアイソン（Bonwell & Eison 1991）は ALを "anything that involves students in doing things and

---

8) これは ICT を活用し，伝統的な一斉授業だけではなく，Society 5.0 時代の児童，生徒，学生にとって，多様な学習者のそれぞれの力を見極め，個別最適化された教育の実現が重要であるとの認識に立つ教育構想を指す。Society 5.0 は，狩猟社会（Society 1.0），農耕社会（Society 2.0），工業社会（Society 3.0），情報社会（Society 4.0）に続く新たな社会を意味し，仮想空間（ヴァーチャル）とフィジカル空間（リアル）を高度に融合させたシステムにより，経済発展と社会的課題の解決を両立する人間中心の社会のことを指す（内閣府ウェブサイト https://www8.cao.go.jp/cstp/society5_0/）。2023 年 7 月 30 日最終閲覧）。

thinking about the things they are doing"と定義した。教師が一方的に知識を伝授（impart）し，学習者は与えられたものをノートに取り，理解し，覚えるという古典的教育法でなければすべて"active"であるという自由度の高い手法なのである（菅・松下2017）。

　ALは日本では中央教育審議会での議論の後，「主体的・対話的で深い学び」というやや長い名称に変更され，ICTとともに現行の『学習指導要領』の目玉として導入されるに至った（中央教育審議会2016；文部科学省ウェブサイト「アクティブ・ラーニングに関する議論」）。実は発音指導の見直し論と，この「主体的・対話的で深い学び」の考え方の根底にあるものはほぼ一致する（田邉・伊庭・小田 2022）。30年以上の年月を経て2020年代になってやっと，というのが正直なところである。

　「主体的・対話的で深い学び」という授業手法は，社会科や理科等では比較的イメージしやすいが，英語科では普及のためのセミナーや出版物はあるものの（例えば，山本2015；中嶋2017），現実にどう実践すれば能動的な授業が展開できるかは検定教科書の記述頼りになる。まして英語音声教育の領域では文献，資料ともに少ない。教師はどのような心構えで，何を，どのように進めていけば良いのか。これは新たなチャレンジである（英語教育編集部（編）2015；田邉2018a）。

11.8　近年の流れ

　近年の動向を"歴史"として捉えるには時の検証（test of time）が必要であることは重々承知しているので，以下の記述は参考程度のものに過ぎないということを先にお断りしておく。

　元号が令和（2019年〜）になってからは再び，英語発音の書物が数多く出版されるようになった。英語学習者向けの一般書の多くが構造言語学時代の内容を現代的に置き換えたものである。そのような中，キラリと光る著作として2018(平成30)年に**ジョン・レヴィス**（John Levis）が著した *Intelligibility, oral communication, and the teaching of pronunciation*（以下，*Intelligibility*）があった。著者は長年，アイオワ州立大学（Iowa State University）でアクセント研究や発音指導を専門にし，同書ではintelligibility をキーコンセプトにして，研究と実践の統

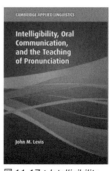

図 11-17：*Intelligibility*

合を試みている。なお，同書の10年以上前に著されたLevis（2005）も見直し論以降のムーヴメントをとりまとめた啓発的な論文だった。

同年には**ポール・カーリー**（Paul Carley），**インガ・メイス**（Inger M. Mees）と**ビバリー・コリンズ**（Beverley Collins）による ***English phonetics and pronunciation practice*** も出版された。彼らはUCLのSCEP（夏季英語音声学セミナー⇒p.121注9）で英語音声学を講じてきた実践家でもあり，英語音声学の基礎理論から21世紀型のBritish Accentのあり方を整理した著作である（邦訳版はカーリー・メイス・コリンズ／三浦（訳）2021）。

UCLのJ・C・ウェルズの下で音声学を学び，現在，SCEPのディレクターとして音声学，発音指導法の普及に活躍している**ジェフ・リンゼイ**（Geoff Lindsey）の***English after RP: standard British pronunciation today***（2019）は英国での発音の変化を扱ったものである。

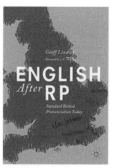

図11-18：*English After RP*

変化する英国の社会構造から，ともすればアッパークラス（upper-class；略号はU）が用いるRP（Received Pronunciation；容認発音）が「お高くとまっている」「気取っている」（posh）等と庶民が次第に敬遠するようになり（トラッドギル／土田（訳）1975），テムズ河口域英語（Estuary English）と呼ばれるアクセントを話すミドル・クラスやアッパー・ミドル・クラスの人々が急増した現実を捉えたリンゼイはそうした新たな形のアクセントをイギリス南部標準発音（Standard Southern British [SSB] accent）と呼び，その背景と音声特徴をまとめたのが同書である。彼の提案による母音を分かり易く伝えようとした用語（例えば，Strut：/ʌ/ → /ɐ/，Mouth：/aw/ → /aʊ/）等は日本の音声学者の間でも用いられるようになっている（残念ながら中等学校の現場にはまだ波及していない）。

リンゼイの強みはEFL学習者への指導だけではなく，英国の俳優や声優等にも，英語発音のスピーチトレーナーとして実践的指導をしており，理論と実践を見事にミックスした活動を行なっていることである。さらに彼は2023（令和5）年にこれまでの実践をまとめた ***SMART speech: 5 practice techniques for teachers and learners of pronunciation*** を上梓した。

さて，ご存知のように2019（平成31 / 令和元）年12月初旬に中国の武漢市（Wuhan City）において新型コロナウイルス（COVID-19）の第1号となる感染者が報告されてから，わずか数カ月程の間に世界的な流行となった。社会活

動における人的コンタクトが難しくなり，学校教育ではコミュニケーション通信ツールが標準となり，Skype, Zoom, Microsoft Teams, Google Classroom 等を介しての授業が行なわれるようになった。

靜哲人 の『発音の教科書——日本語ネイティブが苦手な英語の音とリズムの作り方がいちばんよくわかる』(2019) は「従来の英語発音教本では，個々の母音と子音だけ扱って終わっているものがほとんどで，それでは英語の音声イメージを決定する非常に重要な部分がカヴァーできない」という信念から，英語リズムの習得を中心に70のレッスンを用意した"靜流"の発音指南書である。

高山芳樹『最強の英語発音ジム——「通じる発音」と「聞き取れる耳」をモノにする』(2019) は日本人特有の発音の歪みを矯正するには英語発音のコア（体幹）を鍛えることであるとする著者の発想からは，発音の不備を疾病になぞらえた岸本（1910）の原理を思い起こさせられる（⇒p.103）。

2021（令和3）年刊行の有本純・河内山真理・佐伯林規江・中西のりこ・山本誠子の『英語発音の指導——基礎知識からわかりやすい指導法・使いやすい矯正方法まで』は，外国語教育メディア学会関西支部の英語発音教育研究部会のメンバーによる研究成果の集成である。指導上のポイントがQ&A形式で解説されている。

図11-19：『英語発音の指導』

松坂ヒロシ『歯型と絵で教える英語発音——発音をはじめて教える人へ』(2021;以下，『歯型と絵』) は口腔内の舌の動きが分かる歯学用の口腔プラモデルとイラストを多用し，日本人にとって困難な項目ごとに学習者目線に立った解説が秀逸である。

松坂先生にも早稲田大学で大変お世話になった。日本で英語を学ばれ，英語母語話者の域にまで到達した数少ない方である。上述のG・リンゼイも賞賛を惜しまない，歯切れの良い先生の発音は早稲田大学の学生のみならず，ラジオやテレビを通して，全国の英語学習者に届いたはずである[9]（葛谷 2017）。

2023（令和5）年刊行の大和知史・磯田貴道の『プロソディを重視した英語音声指導入門——指導の枠組と教科書の活用法』(以下，『英語音声指導入門』) は著者た

図11-20：『歯型と絵』

ちの長年に及ぶプロソディの研究をいかに授業に落とし込むのかを考究した良書で，現場教員を念頭に置いた教科書の活かし方にも言及している。

辞書の変化も著しい。紙の辞書はもはや教室で見かけることもまばらとなり，一時は電子辞書（electronic dictionary）に取って代わったが，昨今はさらにタブレットが主流になりつつある。電子辞書は1979（昭和54）年の携帯型の簡易タイプから市場に導入されたが，2006（平成18）年以降は手書き入力対応の機種も発売され，さらには2017（平成29）年からは音声認識機能を備えた簡易の発音判定も行なえるようになった。

図 11-21：『英語音声指導入門』

2020（令和2）年頃から，電子辞書は，パソコンやスマホ，タブレット端末に対応するインターネット上の辞書に変わりつつある。こうした流れは誰にも止めることはできないようである。SNSにはインスタグラム，TikTok等が参入し，ネット・コミュニケーションをさらに拡大させている。さらにYouTubeにより様々な分野の学習方法が提示され，英語学習の分野でもYouTuberと呼ばれる人が次々に参入している。「英会話レッスン」にもオンライン化の波が訪れ，いつでもどこでも英語を聞き，話すということが可能になった。同時に海外の母語話者講師，ノンネイティヴ講師と対話ができることになったのは英学事始めの時代から比べるとまさに隔世の感がある。

2021（令和3）年の大学入試センター試験から名称を変更した大学入学共通テストにおいては，英検，ベネッセのGTEC（Global Test of English Communication），ケンブリッジ英語検定（Cambridge English Exams）等，6つの民間団体が行なう資格・検定試験のスコアを利用する予定だったが，民間試験の難易度とCEFRの指標との間に対応関係は認められず，地域的な事情や，検定料の捻出が困難な家庭がある等の経済格差への対応が試験の設計段階で不十分であったことにより，反対を受けて中止となった。

2022（令和4）の年末には，Chat GPT（Generative Pre-trained Transformer）という生成AI（Artificial Intelligence）が公開され，その機能の一部にスピー

---

9) 松坂先生も恩師である五十嵐新次郎と同様に素晴らしいお弟子さんを育てられた。そのひとりの英語教諭が「オンセー屋英語教師のつぶやき」というブログで松坂先生について語っている（http://takeondo.com/2015/06/18/ 英語達人列伝① %E3%80%80 松坂ヒロシ先生 /. 2023 年 11 月 23 日最終閲覧）。

キングも組み込まれていることから，音声／発音指導・学習にも新たな変化が生まれようとしている。対話型AIの開発も進み，人間ではなくAIのヴァーチャル相手と話をし，評価が行なわれるというシステムもすでに実証を終え，発売されているものもある（例：ChatGPT-4o）。「リアルとデジタルによる学び」は今後もますます進化していくと思われる（柳瀬 2023）。

　そうしたテクノロジーが，日本人が抱える英語発音というボトルネックにどのように作用することになるのか，私にも答えは分からない。

第12章　歴史が語るもの

12.1　歴史の根底を流れるもの

　最後の本章では，これまで叙述してきた英語音声／発音指導・研究に関する歴史の総括を行ない，史実からすくったものをもとに，これからの指導のあり方への展望を述べることにする。

　まず，私なりの時代区分をまとめたのが表12-1である。これは略年表をもとに（⇒資料：英語発音研究／指導に関連する略年表），序章で挙げた豊田（1939），及び高木（1987）に補足する形で作成したものであるが，第10期以降の区分は大まかなものであることを断っておく。

表 12-1：英語発音研究／指導の小通史

区　　　分	特　　　徴
第 1 期 1600（慶長 5）年〜 英学前史	日本と英語との最初のコンタクトは漂流人のウィリアム・アダムズだった。家康は西欧事情に強い関心を示し，英国との交易を許可し，英国商館が平戸に開設された。英語学習の絶好の機会だったが，その後，商館は閉じられ，英語とのコンタクトは途絶えた。
第 2 期 1809（文化 6 年〜 英学事始め	フェートン号事件により幕命を受けた蘭通詞が英通詞として兼務し，オランダ語を基軸言語として英語研究に乗り出した。英語母語話者が国内にいなかったため，発音のお手本はオランダ人で，片仮名を用いて発音を記録し，発音の仕方を解明しようとした。
第 3 期 1854（嘉永 7 / 安政元）年〜 開国	発音の人的資源は不法侵入者や漂流民だった。辞書の発音表記にも変化が出た。英語母語話者が国内にいないという状況は続き，語彙・表現，文法構造の研究に比べ，音声研究は遅れた。発音へのオランダ語音の干渉は強いものだった。強勢が英語らしい発音の鍵になるとの記述を含む書物が出た。開国により，蕃書調所で，より正確な音声の記述が行なわれるようになった。宣教師たちが発音を重視した指導法を広めたのは一筋の灯りとなった。
第 4 期 1868（明治元）年〜 学校教育開始	維新直前に英学ブームが起き，人々は英学塾に押し寄せた。維新後，文部省が設置され，学制令が発布された。御雇い外国人が教育制度の基礎作りに関わり，中学校で英語が課せられ，小学校でも科目として加えられた。一斉授業の形態が採り入れられた。師範学校の制度も整えられた。教科書は舶来本が使用された。ウェブスター式記号が紹介され，スペリングブックの翻案書，訳注書等が多数出版された。学校教育では変則式が圧倒的だった。少数ながらミッション系の学校では直接教授法による指導が宣教師等により進められた。直接教授法の最たる事例が札幌農学校でのイマージョン教育だった。体系的なものではないが，発音書も著されるようになった。

[247]

248 ――――第12章 歴史が語るもの

第5期 1886（明治19）年～ リフォームの始まり	『英語發音秘訣』が著され，その後も発音書が複数出版され，文部省も発音指導の小冊子を出版した。だが，変則式の授業はさらに広がりつつあった。スウィート音声学（Broad Romic）が東京高師に導入され，発音記号を中心としたフォネティック・メソッドが紹介された。それが教授法の改新ムーヴメントになった。しかし日本語が教授言語となり，国家主義的な動きが生まれた。
第6期 1901（明治34）年～ 中学校教授要目に音声中心の 指導理念が盛り込まれる	体系的な『英語發音學』が出版され，広島高師にも発音学が導入された。現場では依然として音声学には冷ややかだった。中等学校英語教授法調査委員会の報告書が作成され，中学校教授要目に音声重視の指導理念が盛り込まれた。岡倉による一連の著書やガントレットの英語教員向けの発音指導教本が出版され，岸本が発音の実践書を著す等，音声学の普及は続いた。教員向けの講習会が官民の学校・組織により開始され，発音が重視されるようになった。蓄音機を用いた指導法も提案された。ムーヴメントは次の段階に入ったが，音声指導が拡大したとは言えなかった。
第7期 1913（大正2年）～ 大正英語音声学ブーム	大谷によりジョーンズが紹介され，彼の著作やIPAの移入が契機となり，大正英語音声学ブームが起きた。ジョーンズの著作を噛み砕いた岩崎のような出版物や発音辞典が著されたのは音声への関心を示すものだった。しかしこの時期には「受験英語」が確立され，訳読法は強固なものになった。政財界から英語教授法改革の声が上がり，1922（大正11）年にパーマーが日本に招聘され，OMをもとに改革に乗り出した。パーマーに触発されIPAの解説本，辞書，音声教本が出版された。ラジオの英語講座も始まった。
第8期 昭和初期 1926（昭和元）年～ 福島・湘南プラン	パーマーも精力的な活動を続け，実験音声学の著作も出版されたが，大正初期からの英語科廃止論が再び盛り上がりを見せた。反米への社会の空気が醸成される中，福島及び神奈川の学校で画期的な実践（プラン）が行なわれた。こうしたプランはそれまで分化して捉えられていた読解力と音声能力が両立しうることを証明した。しかしながら，英語は敵性語となり，暗黒の時代を迎えることになった。
第9期 昭和復興期 1945（昭和20）年～ 新制学校教育の開始	占領軍兵士の駐屯とともに戦前は敵国語だった英語の役割は反転し，英会話ブームが起き，NHKラジオ番組の「カムカム英語」が社会現象になった。教育基本法，学校教育法が制定され，新しい『学習指導要領』（試案）が公表された。英語発音表記の改新が行なわれたが，現場では不評だった。米政府による留学制度により留学生はアメリカ構造言語学，それを母体とするALM（オーディオ・リンガル・メソッド）を持ち帰った。敗戦直後の英語ブームは占領軍の撤退とともに衰退した。中学校ではOMの再生が図られたが，高校では戦前からの変則式の伝統が根強く，中学校と高校の間の「断絶問題」が起きた。新制大学入試制度が確立され，高校入試科目にも「英語」が復活するに至り，教師の関心は訳読の指導へと向かった。

第 10 期 昭和構造言語学期 1955（昭和 30）年〜 OA の普及	朝鮮特需を契機に国際社会の舞台に戻った経済界から「役に立つ英語」育成の要請が起きた。英語教育専門家会議が開かれ，OA の普及が本格化した。OA 関連の出版物が世に出され，英語中央講習会等の講習会も開催された。NHK テレビによる「英語会話」番組もオンエアされた。聴覚補助教材はソノシート，オープン・リールのテープへと進化し，ランゲージ・ラボラトリーの設置も開始された。発音指導の原型は，戦前の蓄積をもとに，この時期にほぼでき上がった。同時に脳科学分野から発音習得の臨界期仮説が唱えられ，発音指導研究者には打撃となった。
第 11 期 昭和ポスト構造言語学期 1964（昭和 39）年〜 英会話ブーム	ALM はチョムスキーを中心とする認知主義派から批判を浴び，日本も世界の趨勢に従い OA と離反することになった。高度経済成長，東京オリンピック開催の流れから戦後 2 回目の英語学習ブームが起きたが，1969（昭和 44）年の『学習指導要領』の改訂では「国際理解」が目標になり，「言語活動」が加えられた。海外渡航者の数も増加した。英語教育の専門の学会も複数誕生した。1970 年代にはラジオ，TV での各種講座が活況を呈した。しかし教師は OA 時代の発音指導の手法を継続するのみだった。
第 12 期 昭和発音指導停滞期 1970（昭和 45）年〜 第二言語習得論の萌芽	海外から OA に代わる教授法が散発的に紹介された。文部省主催「英語教育指導者講座」が始まった。実践的な英語力を志向する人々は英会話学校，放送教育や英語月刊誌等を拠り所にするようになった。英語達人も活躍するようになったが，現場の発音指導には進展はなかった。ロンドン学派からはイントネーションを中心とする刺激的な研究が届けられた。MEF，BETS 等，英米人を招致するプログラムが始まったが，同時に共通一次試験が導入された。誤答分析，中間言語仮説等新たな言語習得の考え方が発表されたこの時期は第二言語習得論の萌芽期となった。
第 13 期 昭和コミュニケーション萌芽期 1980（昭和 55）年〜 発音指導の見直し論	コミュニケーション能力／ CLT が台頭してきた。『学習者中心の英語教育』が著され，クラッシェンが来日し，ナチュラル・アプローチが紹介された。文部省は公立高等学校に海外研修を認め，海外の高校との提携も進み，短期や中期の留学を進める学校も登場した。米国の大学が日本市場に参入し始めた。外国青年招致事業 JET プログラムが始まった。海外では発音指導の見直し論が起き，学習者中心主義，自律学習，第二言語習得研究，国際英語論等を取り入れて発展した。見直し論を基本にする理論書，リソースブック，コースブック，教材ソフト等が出版されたが，日本では大元の CLT に焦点が集まり，広まることはなかった。
第 14 期 平成 CLT 導入期 1990（平成 2）年〜 学校教育に CLT の導入	1989（平成元）年に「コミュニケーションを図ろうとする態度を育てる」を主唱した『学習指導要領』が告示され，1993（平成 5）年に中学校で，翌年には高校で CLT を取り入れた授業が始まった。その実，進学校や伝統校では “Oral Communication Grammar” と揶揄された授業が行なわれた。ALT を現場に迎え，運用面での機会を増やす試みも実施された。教師のみならず，学生・生徒の留学体験も飛躍的に増えた。1996（平成 8）年には公立小学校での実験的な英語教育の「研究開発校」が全都道府県に拡大された。

第15期 平成マルチメディア導入期 2000（平成12）年〜 教育テクノロジーの進展	2000年代当初，英語の音読に再び脚光が集まった。文部科学省『『英語が使える日本人』の育成のための戦略構想』，同・「行動計画」発表。マルチメディアの普及は発音指導・学習に変化をもたらした。大学入試センター試験にリスニングテストが導入され，YouTubeが人気となり，日本語版も登場した。スマホの普及拡大とともに英語学習のアプリが次々と開発され，音声認識の学習ツールが電子辞書，携帯アプリにも導入された。ソーシャルネットワークサービスも始まり，英語教材の多様化は拡大の一途をたどった。
第16期 令和 の教育改革期 2010（平成22）年〜 ALとICTの導入，対話型AIの発展	2011（平成23）年には小学校で新たな『学習指導要領』が，翌年には中学校で，さらに2013（平成25）年には高等学校で施行された。2019（令和元）年の新型コロナウイルスの蔓延でコミュニケーション通信ツールが急速に拡大した。最新の『学習指導要領』にもとづく教育改革が2020（令和2）年度は小学校で，その後，中学校（2021年度），高校（2022年度）で施行された。目玉はALとICTの活用だが，発音指導をどう進めるかの具体案はないままで推移している。その一方，テクノロジーの進展は日進月歩で，対話型AIの開発は進み，ヒトではなくヴァーチャルの相手と話をし，評価が行なわれるというシステムも実証を終え，「リアルとデジタルによる学び」は今後ますます進化していくと思われる。

　この表から，第1期は別にしても，第2期から現在に至るまで，英語の研究，指導・学習は各時代の社会，政治・経済，文化，出来事等とは切っても切り離せなかったことが分かる。英語音声／発音そのものの流れもこうした環境要因の影響を受けてきたと言えよう。

　以下，各時代を通して見られる音声／発音指導に関する特色を箇条書きにしてみる。

1）編集・加工

　日本では外来の文物を移入する際，そのままの形で取り入れることは少なく，国内の実情に合うように編集・加工してきた。文化人類学者の石田英一郎（1903〜1968）は海外からの生物，植物などの日本への移植を"異質馴化"(habituation) と呼んだが（石田1969），そうした馴化は彼が対象としている動植物にとどまらず，洋服，傘，靴，建築，食文化，馬車や鉄道などの輸送手段等，衣食住，政治・経済・文化等，あらゆる分野・領域に及んだことを確認しておきたい（加藤 1974）。

　こうした編集は無論，英語の移入プロセスにも当てはまり，それは第2期以降の英語音声／発音領域の取り込み方，さらには明治期以降の学校教育での音声／発音の教え方，学び方にも及んだ。

2) 分化

　馴化プロセスの一部が，対象とする外国語を分化して学ぶ手法である。分化は漢学以来の外来文化移入の先人たちの知恵であり，英語音声では音声を中心にする正則式と文法・訳読中心の変則式に分化する手法が採り入れられた。特に第2期から第3期の基礎研究期には英語母語話者から直接，発音を学ぶ機会は皆無という現実もあり，研究は文字を通してのものに偏り，当座，音声とは分けるという現実的な選択が採られた。それはある意味，時代のニーズに合わせた，現実的な選択だったとも言えよう。

　英語学習の分化は第3期以降の「商売のため」「学問のため」という区分に始まり，その後の目的論や指導面でも踏襲され，以降，「正則」vs.「変則」，「実用」vs.「教養」，「役に立つ」vs.「学問のため」，「実用」vs.「入試」，「コミュニケーション」vs.「教養」等，二分法（dichotomy）の形で，英語教育の歴史を流れることになった。どの時代においても，「音声に関係するもの」と「そうではないもの」との分化があるのは日本固有の現象だろうか。

3) 視覚学習

　3つ目の特色は文字を重視する視覚学習・指導がどの時代にも顕著だったことである。池田義一郎は次のように述べている（池田 1971：36）。

> 日本人は昔から外国語を学ぶのに音声と意味を結びつけることをしなかった。これは，外国人に接する機会がほとんどなく，もっぱら文字を通して外国文化を吸収してきた島国の特殊事情による。古典中国語が入ってきたとき，日本人は持ち前の器用さで返り点や送り仮名を工夫して，漢文をそっくり日本語読みにするという，外国語音無視の方法をとった。…つかまえどころのない「音」を相手にするより，昔から動かない「文字」を相手にするほうが正真正銘だ。

　「外国語音無視」というのは言い過ぎだと思うが，第2期～第3期に蘭通詞が時間を費やしたのは，文字を通して研究を進めることができる語彙や文法の領域だった。音声の体系，その発音方法を明らかにしようと思っても，モデルも手段もなかったのである。

　ウォルター・J・オングは世界の言語文化を「声の文化」と「文字の文化」との2つの範疇に区分し，それぞれがどちらかの文化圏に属する人々の発想

に大きく作用すると述べているが（オング／桜井・林・糟谷（訳）1991），表意文字（ideogram）の日本語を母語にする日本人にとって，表音文字（phonogram）である英語音を研究するに当たって，日本語の近似音で英語音を代用することはオランダ語学習からのレガシーだった。正確さは別にして聴覚像を記録に残すという意味でも片仮名の使用は現実に取りうる簡便な手法だった。かくして片仮名利用という通詞の研究手法もそのまま明治の英学の学習・指導につながり，その後の英語学習法，発音指導に流れることになったのである。

このようにして文字主体の視覚的な研究・教育は明治，大正，昭和，平成を経て，令和の現在の英語教育に伝播したと考えられる。

4) 傍流化

英語の教え方，学び方そのものも，正則式と変則式という2つのタイプに分化された。これも漢学・蘭学の手法の踏襲だった。当初は，変則式で学び，正則式に進んで基礎を固めるという趣旨のものだったが，ほとんどの学校では日本人教師による変則式が主流になった。

明治初期に教育を担っていた御雇い外国人は第5期頃にはその役目を終えた。日本語が教授言語として確立されるようになってから英語授業は日本人教師に取って代わられ，国語主義化政策の台頭の中，変則式が堅固な教授法になった。英学の時代の「実学としての英語」はなくなり，第7期の「受験英語」と呼ばれる変則式の進化系の手法は上級学校への入試のための「訳読」法へと発展した。そしてこれもまた，学校によっては令和の現在にも存続する手法となった。そこでは授業のほとんどが語彙表現と文構造の理解と訳読に費やされることになった。

かくして日本の英語教育において，音声／発音は副次に扱われ，文法訳読の変則式が教え方，学び方の主流になったのである。音声言語である英語を日本式の視覚中心の言語として馴化して教育に取り入れたと捉えても良いであろう。第7期以降，この視覚英語としての教授・学習は発展し，あらゆる外来の文献を日本語に置き換え伝えるという，後に"翻訳文化"と呼ばれるようになる発展を遂げることになった。

江戸末期から日本に広まってきたミッション系の学校や英語学校では直接教授法が宣教師，外国人教師，留学体験のある日本人教師によって広められた。彼らはナチュラル・メソッドを基礎にした指導法を学び，日本はその実践の場でもあったが，変則式と比較すると圧倒的に少数派だった。視覚学習は伝統的

な言語への価値観とともに学校教育に根ざすことになった。音声面の扱いは英語事始めの昔から手薄だったのである。

5) リフォーム

　日本人教師の中にも変則式の広がりに対して疑問を抱くようになり，明治中期にはそれまでになかった発音教本が出版された。そうした中，欧州で現代語教授法の改新運動が起き，こうした流れを受けた改新ムーヴメントが日本でも起きた。初期音声学が持ち込まれ，外山，神田，岡倉，杉森等の留学組により音声優先の指導法が伝えられ，東京，広島の両高師を中心に知識の普及が始まった。

　第6期には発音面でそれまでにない進展があったが，音声言語としての英語の普及は限定的で，教育現場では舶来の音声学には冷たい視線が注がれた。半世紀近く教育の主流となった変則式の勢力は圧倒的だった。

　さらなるリフォームは明治後半から大正英語音声学ブームが起きた第7期から始まった。スウィート音声学を発展させたジョーンズ音声学が導入され，IPAがもたらされた。音声記号を用いた書き取りや記述を中心とした音声教授法（Phonetic Method）が導入されたが，ブームも上級学校への入試制度の確立とともに新たな活路を開くことはなかった。そのため政財界からはさらなる改革の声が上がり，それがパーマーの招聘につながった。明治以来の「筆のことば」中心の指導を変えるという意味でも第7期のパーマー来日の持つ意味は大きかったはずだったが，彼が持ち込んだ教授法に接し，「筆のことば」としての英語教育に慣れ親しんできた教師には戸惑いが生じ，その意図するところを現場の実践に移すのは容易ではなかった。外国人と話をするということ自体が日常的ではなかった地方では，音声面の学習自体の動機づけは困難を極めた。

6) 咲いた花

　パーマーらの努力にもかかわらず，音声中心の指導が日本全国に広まることはなかった。日本の視覚文化の壁はそれほど厚かったのである。

　しかしながら，第8期には彼らの蒔いた種が福島及び湘南の地において花開いたことは特筆すべきことで，少なくとも正則も変則もこの時には統合された形として，「実用」にも「入試」にも対応しうることが，第4期の札幌農学校での実践以来，初めて世に知らしめられることになった。ただ，こうしたプランは英語廃止に向かう社会の風潮に抗うような強固な意志を持った有能な教師

集団によって実践されたもので，遂行には相当の犠牲がともなった特殊なケースだった。

7) 理論と実践の乖離

　明治から大正時代にかけて音声面の研究は格段に進歩した。英語音声学に関しては昭和初期までには海外からの基本知識の移入は完了したと思われる。同時に英米文学，英語学，英語教育という現在につながる英語の3分野の原型ができ上がったのもこの時期だった。

　英語を学ぶための日本語による基本的図書が出揃ったのもこの時代の先人の努力によるものである。しかしながら音声面を重視する教師にとって不幸だったのは，英語音声学が英語学の一部として取り込まれ，音声学そのものが学問的な対象となり，"解剖学的"な意味での研究が比重を占め，"実践現場学"としての側面が薄くなったことである。ジョーンズらが求めていた方向とは違う形で音声学は発展することになったのである。これも日本式の「編集」のひとつだったのだろうか。

8) 戦後のリフォーム

　敗戦とともに敵国語だった英語の役割は反転し，英会話ブームが起きた。NHKラジオの「カムカム英語」が社会現象になった。しかしブームは1952（昭和27）年の占領軍の撤退により自然消滅し，新制高校では戦前の変則式主義が復活し，"入試科目としての英語"に特化した指導が広まった。再び英語学習の振り子は音声重視とは逆の方向へと振れることになった。

　朝鮮特需を契機として1955（昭和30）年に日経連から「新制大学卒業者の英語の学力に対する産業界の希望」という要望書が提出されたことで，"役に立つ英語"の論議が起きた（石井 1980）。戦前に使われた「リフォーム」という用語は用いられることはなくなったが，教授法の改新を図るという意味ではほぼ同じ要望だった。1956（昭和31）年には英語教育専門家会議が開催され，フリーズ，トワデル，ホーンビーがアドヴァイザーとして招聘され，新たな音声重視の教授法OAが紹介された。パーマー時代と同じようにOAの手法を普及させるために各種講習会が開催された。この流れは第7期のものと同じである。

　普及の努力はある程度実り，OAは中学校を中心に全国の教室を席巻する勢いになった。ミムメム（模倣記憶練習），パタン・プラクティス等の指導技術のおかげで教室では確かに生徒の"声"は響くことになったが，伝統校や進学

校の高等学校では文法・訳読式の手法を行なっていた。分化手法により日本で根づいた視覚学習はこの時期でも圧倒的で，福島や湘南での成果は過去のものとなった（Bryant II 1956）。

9) 現場に届かなかった見直し論

ALMが衰退した後，複数の教授法が散発的に紹介されたが，どれも普及という段階には至らなかった。やがて社会言語学，第二言語習得論，学習者中心の心理学等の影響を受け，コミュニケーション能力／CLTが台頭するようになった。『学習者中心の英語教育』が著され，CLTに影響を与えたクラッシェンが来日し，ナチュラル・アプローチが紹介された。文部省は公立高等学校に海外研修を認め，海外の高校との提携も進んだ。

ALM以降，発音指導の領域は等閑視された格好だったが，第12期の欧米での見直し論の中で息を吹き返し，発音指導に再びスポットが当てられることになった。見直し論は学習者中心主義，自律学習（autonomous learning），第二言語習得研究，国際英語論等の知見を取り入れて，今日のAL(Active Learning)に通じる発音指導の原型を示した。

見直し論の背景には英語への需要と英語非母語話者の増大という現実があった。発音目標は母語話者のレベルから達成可能な現実志向の明瞭度（intelligibility）へと移行した。ALMまでは英語母語話者の発音を達成目標としていたのでこれは大きな変化であった。背景には相互依存（interdependence）の進む世界経済の動向があった。もはや英語は"英米人だけの持ち物"ではなくなったことに人々が気づき始めたのである（Widdowson 1994）。

研究者レベルではこの領域における研究が始まり，理論書，リソースブック，コースブック，教材ソフト等が欧米では出版されたが，なぜかは分からないが変化はCLTという教授法というより大きなレベルでの移入に興味・関心が集まり，サブスキルの発音指導の見直しは日本では広まることはなかった。

10) CLTの中でも発音は傍流

欧米からのCLTの指導法が日本に伝わったのは第14期の1990（平成2）年のことで，そこには研究上の時差があった。1989（平成元）年に「コミュニケーションを図ろうとする態度を育てる」を主唱した『学習指導要領』が告示された。1993（平成5）年には中学校で新しい『学習指導要領』が実施され，翌年に，高校では「オーラル・コミュニケーションA, B, C」の授業が始まっ

た。しかしCLTは発音を文法能力（Grammatical Competence）に含んだことで，発音指導上，さしたる変化は起きなかった。欧米のCLTでは発音技能は初めからそこに存在するもので，コミュニケーション活動の中で自然に身につく（Pronunciation takes care of itself.）と捉えられていたのがその理由だった。CLTは，少なくともその初期理論では"声の文化"から構築されたものであり，"文字の文化"である日本の実情は加味されることはなかった。ただ，英語母語話者を ALT として教育現場に迎え入れ，運用面での機会を増やす試みが開始されたのは大きな進展であり，教師のみならず，学生・生徒による留学・生活体験も飛躍的に増えた。

11）学習メディアの中での発音指導
　ミレニアムを迎えた第15期に文部科学省は「『英語が使える日本人』の育成のための戦略構想」，同・「行動計画」を発表し，英語教育改革の基盤としてCEFR（ヨーロッパ言語共通参照枠）を導入した。音声認識テクノロジーは1980年代後半辺りから各機関や研究所でその研究が進み，マルチ・メディアの普及も発音指導・学習に変化をもたらすことになった。インターネットが日本の家庭に浸透し始めたのもこの時期だった。
　大学入試センター試験にリスニングテストが導入され，YouTube が人気となって，英語学習の動画もアップされるようになった。スマホの普及拡大とともに英語学習のアプリが次々と開発，販売され，学習ツールにもさらなる変化が起きた。ラジオの英会話番組やポッドキャスト（Podcasting）を聞いてのリスニング学習やソーシャルネットワークサービスも始まり，英語教材の多様化は拡大の一途をたどった。
　このように言語学習環境が大きな進展を見せる一方，学校英語の発音指導ではリズムやイントネーション等の超分節音指導への教師の意識は高まったものの，指導法・技術としてはOA時代の模倣，繰り返しの授業技術が主体のままで推移していた。

12）ALとICTの中の発音指導
　2011（平成23）年に新たな『小学校学習指導要領』が施行され，2012（平成24）年には『中学校学習指導要領』が，翌年には『高等学校指導要領』が施行された。急速な社会変化と教育手法との乖離は令和の教育改革のもとになった。2019（令和元）年には新型コロナウイルスが地球上で蔓延し，そのために

コミュニケーション通信ツールが急速拡大した。

　2020（令和2）年度は小学校で，中学校では2021（令和3）年度，そして高校では2022（令和4）年度に新たな教育課程がスタートした。目玉はALとICTの活用である。しかし発音指導におけるこうした理念の活用の仕方に関しては共通理解がないままに推移している。テクノロジーの進展は顕著で対話型AIの開発も進み，「リアルとデジタルによる学び」は今後もますます進化していくと思われる。

13）ブーム，リフォームに抗するもの

　音声教育史の各期を通して共通して見られるのが，改革のたびに音声・話し言葉に対する"偏見"をベースにした言語文化的な風潮が起き，教授法の革新に抗ってきたという事実である。英語ブーム，リフォーム等の音声重視の動きが高まると，それに対しての反動が起きるというのもこの国の英語教育の特徴である。

　第4期の英学ブームの後には国粋主義的な動きが起こり，第5期の音声学の移入期には日本語を大切にするという風潮が起きた。第6期には英語存廃論が沸き上がった。第7期には大正英語音声学ブームと同時進行で受験英語が確立されるに至った。音声中心の改新に乗り出した人々が直面した壁，そこにこそわが国の発音指導の──さらにはリスニング，スピーキングも含むコミュニケーション能力の──問題が凝縮されている気がする。

　第8期の福島・湘南プランの時には反米意識の大きなうねりがあり，音声云々の前に英語そのものが排斥されることになった。第11期のオリンピック景気による英会話ブームに対しては受験英語の台頭があった。そして現在，コミュニケーション志向にはそれを良しとはしない教養主義の思潮がある。言語教育の振り子は常に音声／文字中心の間を揺れ動いてきたのである。

　音声を主体とする英語教育へのリフォームや改新は何度も起きた。しかし，なぜそれは根づかないのか？　明治から大正時代のリフォームに対して，当時，現場教員だった安原基輔の言葉も悲しい響きとなる（安原1924：4）。

　　従来我が中等学校では目の英語の教育に専念して，口及び耳の英語を等閑視して来た。スペリング時代やリードル時代の遺風を完全に脱しきらず，教科書の講読を終ることのみに追われてきたが故に，今日の如き結果を招来したのである。大正中期以来この欠点が気づかれ，漸次口と耳の英語が重んじら

れ，この欠点が補われているのは同慶に耐えないが，その実績に至っては未だ理想を遠ざかること甚だしいといわねばならない。

　第7期のパーマー時代の改新について，堀口俊一は以下のように断言している（堀口 1966：959）。

　口の重い日本人には，Direct Methodの手段として行うoral workにまず僻易し，そのうえ，漢学，蘭学，英学以来，外国語教育といえば，文字教育と考え，文字を学ぶことが学問で，言葉を口に出すことは低俗なことと考える伝統があり，この伝統とも衝突したことも事実である。（ルビ—筆者）

　公式の場での自己表現を受け入れずに話すという行為そのものを軽視，もしくは低次元のものとし，逆に文字言語を貴ぶといった社会・文化的要因が何らかの形で英語音声教育史にはあったように思えてならない。
　日本という島国は欧米とは対照的に“言挙げ”を回避し，お互いの意図を“察し合う文化”を持ち，その中で話し言葉を中心とする文化は副次的なものとして発展してきた（外山 1992；木下 1996）。英語学習者の多くが耳にする「とりあえず音声は別にして」，「発音・聴解力は単語力，文法，訳す力がついてから」，「会話はその辺の会話学校にでも行け」といった言葉はそうした言語文化の一部を端的に示している。この考え方は今も生き続けているように思える（芳賀 1985）。“生きた英語”を学ぼうとしても，いつのまにかそれに反対する，目に見えぬ大きな流れが起き，巻き込まれるのである。この点に関して水谷修一の発言は傾聴に値する（文化庁編 1983：頁不明）。

　音声の教育・指導を邪魔しているのは，教授側に知識や技術が不足しているというよりも，音声の持つ価値や必要性についての認識が不足しているということではなかろうか。音声などどうでも良いという意識である。

12.2　日本での英語発音指導法
　以上を踏まえ，この項では英語発音指導法そのものにスポットライトを当て，指導法の流れを歴史の文脈で論じてみたいと思う。
　指導法は以下の表に示したように直感・模倣的アプローチ（Intuitive-imitative）と分析・言語学的アプローチ（Analytical-linguistic）と呼ばれる二大ア

プローチに大別される（川島浩勝・他 1999）。

表 12-2：発音指導の二大アプローチ

名称	Intuitive-imitative Approach （直感・模倣的アプローチ）	Analytical-linguistic Approach （分析・言語学的アプローチ）
特徴	モデルを必要とする反復中心の習慣形成的手法	言語学・音声学等の知見を活用した教師による解説的手法
指導手法	聴解反復（Listen-and-repeat），早口言葉，音読，暗唱，歌やリズムを用いた手法（リズム・ボックス）等	基本母音図や口腔図・チャート，音声器官の模型等を利用した説明，対照（Contrast）を基盤にしたドリル，識別練習，発音記号等

　発音指導において直感・模倣的アプローチは初源的なもので，おそらくは前節に挙げた第1期のアダムズの時代から用いられていたものと推測される。その後，第4期に来日したブラウンなどの宣教師たちが広めた。学校教育では第5期からの正則式において広まり，スウィート，パーマー，ジョーンズ等を通してALMの到来により，構造言語学の観点から整理し，順列化し，教材へと編成された。代表的な指導技術は表にあるように聴解反復や音読がある。そのほか暗唱，早口言葉，歌やリズムを使った手法（例えば，Jazz Chantsやリズム・ボックスを使ったもの）等もこのアプローチに分類できる。

　一方，分析・言語学的アプローチは言語教授の改新ムーヴメントに端を発する。ムーヴメントは音声を第一義とし，音声学の発展とともに発音指導の方法に科学的な知見を与えてきた。戦後はそこまでに積み重ねられた手法にALMがさらなる知見を加え，指導方法や教材等の体系化を行なった。指導技術には基本母音図や口腔図・チャート，Ear-training exercise と呼ばれる音素を中心とした識別練習，音声器官の模型等を利用した説明，Contrast（対照分析）を基盤にしたドリル，発音記号の活用が挙げられる。

　日本では教師がこれらの二大アプローチを適宜，織りまぜながら発音指導を行なってきた。しかし，当然ながら問題点はある。まず，直感・模倣的アプローチは，習慣形成の発想から学習者に「量」を求める傾向がある。そのためドリルは機械的な練習に陥りやすく，音声が内在化には結びつかないことが非常に多い。また，文脈のない「練習のための練習」に陥りやすいことも指摘されている。繰り返し主体の習慣形成型のアプローチは少数の動機づけられた優秀な個人には有効だったが，高学年の学習者の中には長続きしない生徒が多かった。なお，Z世代と呼ばれる，現在の学習者にはこうした単調な繰り返しを拒絶する者が多い。

他方，分析・言語学的アプローチでは教師は一方通行的に音声知識の伝授を行なう傾向にあり，学習者が実際に筋肉組織を使う練習が欠如し，その結果，音声学の用語は増えても，実際に発音させてみると，うまくできないといった知識面と運用面とのギャップが生まれる場合もある。

表12-1を見ると，江戸末期の宣教師たちが用いた手法に音声学の知見が加味され，パーマーにより体系づけられた発音指導法が日本にももたらされた。しかし，フリーズたちは指導の仕方を構造言語学の観点から整理し，順列化し，教材へと編成したと言えよう。これにより，その理念と具体的な指導法が現場教員に伝わりやすくなったことは間違いない。ただ，その視点には変容する学習者の姿はなかったとも言える。

音声重視の手法が日本で根を張らないのは，まさにこの歴史的潮流，その変化にシステムとしての英語教育が正常に対応していないことに起因する。現実的な対応ができないことこそが音声重視の英語教育を考える上での基本的問題だと考えられる。元来，英語という言語は単体で，ひとつのものであるはずだが，それを「視覚学習」（筆のことば）と「聴覚・音声学習」（口のことば）に分け（⇒p.85），後者を低い次元の領域として扱うような捉え方は言語学習に対する一種の“偏見”（bias）を生み出す可能性がある。明治後期からのリフォームはOM, ALM時代を経て，コミュニケーション時代の令和の今も流れている。ボトルネックが今なお堅固に存在していることを通史は語っている。大村喜吉も同じ立場からこう記している（大村1967：47）。

> もちろん今日の英語教育は蘭学から移行した英学とは切れているものであるが，やはりこの影響は残っている。それは今なおわれわれ英語教師，あるいは英語学習者一般の心の片すみに根を降ろしている，話し言葉（spoken language）に対する誤った考えである。たとえば，「会話などはつまらない。本を読むほうがはるか上だ」というコンプレックスである。

12.3　展望

新学習指導要領の下，「令和の教育改革」が始まった。2021（令和3）年度は中学校におけるアクティブ・ラーニング（AL），すなわち「主体的・対話的で深い学び」導入の初年度となった（溝上 2014；小林 2015）。英語発音指導はこのALに沿っていくのが望ましいと思われるが，「主体的・対話的で深い学び」という授業手法は社会科や理科などでは比較的イメージしやすいものの，

英語科では現実にどう実践すれば能動的な授業が展開できるかは検定教科書の記述頼りになる。まして英語発音指導の領域では，文献，資料ともに少ない。教師はどのような心構えで，何を，どう進めていけば良いのか。これは新たなチャレンジであろう。

　ALにもとづいた発音指導を実践するのに際して，伝統的なアプローチをすべて放棄することは現実的ではない。直感・模倣的アプローチの中核にある"繰り返し"は英語に限らず，あらゆる語学学習，いや，おそらくすべての学習での要諦である。また，分析・言語学的アプローチによる音声学の知見，音声知識が生徒の理解を手助けすることは間違いない。

　このように考えると，手法の考案には伝統型の"長所"を活かしながら，そこに「主体的・対話的で深い学び」の手法を上手く組み入れ（good mix），現行の学習指導要領に謳われている目標であるグローバル・コミュニケーションに対応できる音声能力を生徒に習得させるという方向性が視野に入ってこよう。

　第7期以降，第13期あたりまでは主に言語学，心理学の発想から"学習者まかせ"だった伝統型アプローチを見直すことである。求められるのは伝統型の主流である言語事実（音声知識）をルールとして教師が説明し，練習をさせ，後は活動の中で生徒が獲得するのを期す，という形態ではないことは自明である。

　指導過程で重視されるのは，英語発音に生徒の興味・関心を引きながら現実的に達成可能な音声項目を提示し，彼ら自身が日本語音との違いを相互・体験活動の中で気づき・発見できるような練習を経て，学習ストラテジー（strategy）を支援し，フィードバック・評価等の学びの各段階へと教師が関与することが求められる。

　そのための具体的な手続きとなるのが，ペア，グループなど生徒間，生徒・教師間の相互活動（ロールプレイ，ゲーム，タスクなど）である。生徒同士に協働で考えさせ，話し合いをさせる。そのような学び合いの中には仮説の設定，比較，類推，問題解決など，学ぶ側の思考活動が求められる。加えて，ここには生徒による口，唇，その他の器官による身体活動を入れておくと，学びにさらなる「深み」ができることも分かっている（Bonwell & Eison, 1991）。

　また教師も主権を学習者に渡した手法になじむ必要があり，できるだけ一方通行の知識伝授ではなく，いかに生徒に体験させ，考えさせるかということに注意を払わねばならないだろう。なお，発音指導の最先端の潮流のまとめとしてはPennington（2021）が参考になることをつけ加えておく。

　以下，今後の方向性のヒントになるようにという思いから，田邉・伊庭・小

田（2022）で紹介した事例の一部を記しておく（一部は実際に筆者が編纂した中学校教科書に採用されたものである）。

　まず，母音の導入に関わる1例を示すと，以下の練習のような伝統型の典型の対照分析にもとづく最小対語（minimal-pair）の提示と量に訴える繰り返しだけではこれまでと同じである。

伝統型の例（母音の発音）

> CDを聞きながら，各々の単語を発音しなさい。
> 　　feet – fit – fat　　　　heat – hit – hat

　見直し論，ALが提案するのは以下の事例のような協働学習を通して，口形の変化を生徒が体験し，母音によって口形がどのように変わるのかについて考えるプロセスを組み込んだ気づき・発見を起こす形式の活動への転換である。

ALの例（母音の発音）

> 先生の口がどのように変化するか，ペアで話し合いながら，各語の母音の違いをつかんでみよう。
> 　　feet – fit – fat　　　　heat – hit – hat

　別の事例を見てみよう。以下は音とつづり字のルール（sound-letter correspondence; SLC）を発見させる活動である。

ALの例（文字と発音）

> 下線部の音に注意しながら，次の単語を読んでみよう。次に，下の表にある単語を発音し，下線部が同じ音の単語を（　　）に書き入れてみよう。
>
> pick　home　clean　bag　but　nice　music　take　leg　hot
>
> | 注意する文字 | | | | |
> | --- | --- | --- | --- | --- |
> | a | cat | （ bag ） | face | （　　） |
> | e | ten | （　　） | Japanese | （　　） |
> | i | six | （　　） | like | （　　） |
> | o | dog | （　　） | nose | （　　） |
> | u | fun | （　　） | use | （　　） |

ペアによる英語音の「類似性」を生徒自身に考えさせ，音とつづり字のルールを発見させるのが目的である。さらに，e で終わる語では，e の直前の母音が二重母音になる（例：f<u>a</u>ce，l<u>i</u>ke，n<u>o</u>se）というルールの発見にもつながるようにした（例外の use も取り入れている）。

次の事例は単語のリズムが文にも起こることに気づかせるものである。

AL の例（単語と文のリズム）

左の単語と同じリズムをもつ文を右の中から探して，それぞれを線で結んでみよう。次に，単語と同じ速さで文を発音するにはどうしたらいいかペアで考えてみよう。

    prob・lem   ・   ・ She likes it.

    Ja・pan   ・   ・ He's Paul.

    Sep・tem・ber ・   ・ Thank you.

英語の強弱リズムは, prOblem, of cOUrse, She lIkes it.（語頭以外の大文字は強勢の意）のように，語から句，句から文へと共通して現れる。ところが学習者の中には，単語→句→文を彩るリズム・パターンをつかめずに，長くなればなるほどモーラの単位で発音する傾向が強い。単語と同じリズム・パターンが文単位でもあるという気づきを起こさせるために，ペア同士で取り組み，ストレスの箇所で発音しながら「ハイタッチ」を取り入れ，身体でも分かるようにしたのがこの手法である。

次の音変化の事例もこれと同じ形態を採用したものである。この音声項目ではいきおい何度も口が慣れるまでListen & Repeatを繰り返して定着を図ることが多いが，ここでも「主体的・対話的で深い学び」の発想でのぞむことが可能である。

伝統型の例（音変化）

音のつながりに注意して発音してみよう。

    Thank you.　Did you 〜?　Can you 〜?　meet you　miss you

伝統型では教師（もしくはカセットテープ，CD等）の後について繰り返す指導法が中心だった。構造言語学の末期には「変化している箇所を線で結んでみよう」といった類の手法が教科書にも導入されていたが，やはり練習をする生徒に思考するステップがないと，生徒の学習にはつながりにくい。ALを重

264 ───── 第 12 章　歴史が語るもの

視した指導では以下のようなタスクが考えられる。ここでも学習者の思考を喚起する認知的な形式が提示されている。

AL の例（音変化）

> 左側の 2 つの単語を続けて読むと，どのような発音になりますか。ペアで話し合いながら，つながる音と似ている音を持つ単語を右から選び，それぞれ線で結ぼう。次に英語を聞いて，あとに続いて発音しよう。
>
> thank + you ・　　　　　　・ shoes
>
> did + you ・　　　　　　・ choose
>
> can + you ・　　　　　　・ June
>
> meet + you ・　　　　　　・ new
>
> miss + you ・　　　　　　・ excuse

　伝統的な発音指導法は，主に教師の観点から，確立された音声事実をいかに効率よく教えるかということを中心に発展を遂げてきた。その一方で，音を学ぶ学習者の実態はCLTの登場あたりまではさほど考慮されることはなかったと言えよう。

　これからの発音指導では，伝統的なアプローチと学習者が主体となるアプローチをいかに融合させるかが，今後の指導方法論上の鍵となる。伝統的発音指導法の意義は，それまでの発音指導に関する知見を体系化し，教材を作成し，加えて具体的な指導技術を併せて提示したことにある。しかしこうした指導手法に「学ぶ者の観点からの学び」への配慮があったのかどうかというと，どうであろうか。言語学，音声学の観点から学習者を一律に捉えてきた感があるのではないだろうか。

　学習過程における「気づき」や「発見」は学習の原風景であるはずだが，それを教え込む形の伝統型手法の発音指導ではどこかに置き忘れてしまったとさえ思える。見直し論で議論された内容や「主体的・対話的で深い学び」を主体とする指導手法の改革は，教育の原点に立ち返ることの重要性を示唆している。教師が教え込むのではなく，学習者につかませる手法が少しずつ浸透していくことを期す。ALを行なう教師はまず授業の主権を学習者へと明け渡すことである。教師はどうしても主導権をにぎろうとするが，あくまでファシリテーター（facilitator；進行役）に徹する心構えが必要である。その活動プロセスを図示すれば，以下のようになろう。

$$\boxed{? \rightarrow !}$$

　「？」は発問，指名等，教師の働きかけを表す。ここでは教師が学習者の興味・関心を引き出し，「なんだろう？」と思わせるものを仕掛ける。大切なのは決して，解答を先に与えないことである。教師は答えを知っているばかりに先取りしてしまいがちであるが，学習者が自ら見出すためにそれを封印するのである（田邊 2018a）。

　ALの根幹とも呼べる過程は先の図の「→」で示される箇所である。ここで重要なのが，事例でもふれたように思考を誘発するような仕掛けを忍ばせることである。具体的には比較，対照や分類，類推ができるもの，さらには推測，もっと時間に余裕がある場合には，分析ができるような仕掛けを忍ばせることである。ペアでもグループでも，協働で考えさせ，話し合いをさせるのである。そうした学び合いの中に身体を使った検証ができるものを入れておくと，さらに学ぶ内容に深みができることが分かっている。

　図中の「！」は特定の事項が飲み込めた段階を示す。活動を通しての「分かった感」（aha experience；アハ体験）が自己効力感（self-efficacy）を生み，それが学ぶ喜び，自信へと生徒をつなぐ。

　何事もそうではあるが，「主体的・対話的で深い学び」に関しても，無論，懸念はある。まず，多様な生徒が教室にいるという現実を踏まえるならば，気づきに長けている生徒にとっては有効かもしれないが，そうではない生徒も存在しうるということを忘れてはならない。性格面から他者と交わりながら思考，活動をするのを苦手とする生徒もいよう。インクルーシブ教育（inclusive education）の観点から考えても「主体的・対話的で深い学び」の手法の実践にはこうした生徒に対する配慮が必要である。また，学習進度との兼ね合いも考えねばならない。良く指摘されるように「主体的・対話的で深い学び」は往々にして時間がかかる。そのため，この手法を導入する場合，英語科の教員間でしっかりとした知識の共有はもとより，授業マネージメントにも細心の注意を払わなければならなくなる。

　こうしたことを踏まえるなら，最初からすべての手法をALという形態へと変えるのではなく，まずはできるものから少しずつという姿勢の方が現実的な指導法の方向性であろう。ALを補完するICTも活用しながら，段階的に「主体的・対話的で深い学び」プロセスを繰り返すことで，学習者の発音の学びを

AL，すなわち「主体的・対話的」で，「深い学び」へと変換できるのではと期待したい。

　日本の英語音声／発音を歴史的な変遷から綴ってきた。日本語音声との比較対照という観点から英語の音声の構造を知るところから始まり，積み重ねた知見をどのように日本人に伝えるかを腐心してきた。教室では直感・模倣的と分析・言語学的アプローチという二大アプローチによる指導を行なってきた。

　しかしながら，言語学や音声学という英語を分析的に捉えた視点だけの手法も英語の学習人口の広がりから，様々な学習者に対処する必要が生じ，かつてのように教師中心で引っ張っていく形態の指導法，指導技術には限界が見えた。学習者の視点からの発音さらに英語発音の目標も，個人内コミュニケーションにとどまらず，対人，公的コミュニケーションの必要性が高まってきた。そこまでは英語母語話者の音声を目標として、彼らの発音に近づける（近似化―― approximation）ということに焦点をあててきたが，昭和期の末期から起きた国際英語論を前にそうしたネイティヴ信仰はもはや現実的ではないということに気づき始めた研究者は新たな観点から通じる発音を模索し始めた。そうした言語環境の変化に中等学校の指導現実は果たして追従できているのだろうか。

　英語音声という日本人が英語を学ぶ上でのボトルネックという隘路を打開するための鍵はおそらくは見直し論からALへと推移してきた発音指導の展開の中にあると言えよう。

あとがき

　本書執筆のきっかけは40数年前の高校教員時代に遡る。筆者の初任先は工業高等学校だった。生徒の多くが英語を苦手にし，発音は"Mike=三毛"が標準だった。私はただ若さに任せて，語彙，音声，文法中心の習慣形成の授業を行なっていた。音声／発音に関しては，徹底した繰り返し，音読やディクテーションを主体とした徹底的ドリルに，時折，音声学的知識を盛り込むという指導が中心だった。そんな中，何が起こるかは読めないのも教育である。担任クラスでは英語検定2級の合格者が複数名出て（2次対策も行なった），さらに，ひとりが山口大学工学部に合格した。これには達成感もあったが，教師が生徒を引っ張っていく指導のあり方に限界を感じたのも事実だった。若いからやれているとの自覚もあった。

　そうした中，初任校の先輩教師に語学の天才がおられたことも重なり（田邉・服部・坂本・ブラウン・松畑 2007），英語も，教育学も学び直したいという思いが強くなり，退職届を出し（当時はそれ以外，方法はなかった…），大学院へ進むことにした。われながらずいぶんと思い切ったことをしたものだった。

　広島大学の大学院では，広島高師の伝統から歴史重視の教育が行なわれており，小篠敏明先生からわれわれに与えられた課題は半年かけて戦後の国内外の主要学会誌の論文をカードに記入しまとめることだった。同期で，附属中学校から内地留学をされていたK教諭と一緒に，当時大流行していた「知的生産カード」（梅棹 1969）に論文のタイトルと概要等を書き込み，時系列，領域別にカードボックスに分類した。手間のかかる課題だったが，おかげで英語教育はどのような変遷をたどり，何が問題で，どんな研究者がどのような領域で，何を考究してきたのか等の全体像をつかむことができた。

　課題には別の発見もあった。それが英語発音研究／教育の論文が圧倒的に少ないという事実だった。生徒，学生のあこがれである英語の運用能力を構成する要素のひとつが発音能力であるはずなのに，この領域の論考が極端に少ないとは一体なぜかと疑問を抱いた。

　そんな折，指導教官の五十嵐二郎先生から，UCLA（University of California, Los Angeles）のJ・D・ボーエン博士（Jean Donald Bowen, 1922〜1989；⇒pp.217-218）が奥様と一緒に来広されるので観光のご案内を，と仰せつかっ

た。当日の午前中には車で原爆ドーム，広島平和記念資料館等の定番コース
を回ったが，「午後は非常勤の授業があります（"I hate to say this, but I'll have
to teach this afternoon."）」とお伝えすると，博士は，"I wanna see you in ac-
tion."とウインクされながら言われたのである。TESOL の大家の前でどんな
"action"をしたのかの記憶は飛んだが（恥ずかしかった！），博士は観光より
も次の授業にも出たいとおっしゃり，2日後の音声学のクラスは博士に全面的
におまかせすることにした。博士は病いを患われていたが，そんなことはみじ
んも感じさせない学習者中心の手法に目がテンになり，頭を殴られた思いだっ
た。この日の体験で発音指導研究の導火線に火がつき，日本での発音指導の経
緯を綴ろうと決心したのである。それから幾星霜，資料を集め，少しずつ学会
等で発表した。

　あれから40年。この間，学会で発表し，論文化したものをとりまとめて一
冊の本にと考えていた時に研究社の吉田尚志社長からお声がけをいただいた。
重い腰を上げて，集中的に（それでも2年以上がかかった…）整理し，まと
め，綴るという作業を続けてきたが，途中で思わぬ病いに見舞われ，緊急手術
と入院を経て，本書の執筆は大きく遅れた。その後，何とかドラフトまで漕ぎ
着けた段階で，日本英学史，日本英語教育史を研究される竹中龍範先生に目を
通していただき，本当に丁寧な修正を行なっていただいた。編集部の高橋麻古
氏にはそこからさらに finishing touches の労を執っていただき，最後の最後ま
でご迷惑をかけてしまった。ここに記してお詫びとお礼を述べたい。

　なお，小通史と銘打ちながら，思い入れのある事項，人物についてはついつ
い筆が暴走した。そういう意味で各章や項目間の凸凹感はぬぐえない。

　200年以上（学校教育としては約150年）にも及ぶ人々や教育の営みをたど
ればたどるほど，本書は氷山の一角を撫でた程度に過ぎないというヘンな確
信もある。名著の A history of English language teaching（1984）の著者で，
エジンバラ大学大学院でご指導いただいたトニー先生（Anthony Philip Reid
Howatt, Tony は愛称）ですら，その著書名を A history…とされたように本書
も発音指導通史の一断面を紡いだ A history…に過ぎない。歴史は掘れば掘る
ほど…であり，誤謬や誤認識，思い違い等の the slip of the "key board" も数多
く残っているだろう。

　ここからはこれまで指導していただいた恩師の先生方のお名前を挙げ，お礼
に代えさせていただきたい。広島でお世話になった五十嵐二郎先生，小篠敏明
先生，中谷喜一郎先生，高橋久先生，濱口修先生，故・松村幹男先生，三浦省

吾先生には感謝あるのみである。特に松村先生からは，君は「英語音声の歴史をまとめなさい」と激励されたにもかかわらず，このように御霊前に捧げる形になった。博士課程の兵庫教育大学大学院連合学校教育学科博士課程（配属先・岡山大学大学院）では，松畑熙一先生，二谷廣二先生，故・山岡俊比古先生から指導を受けることができたのは幸運だった。

　上京後にお世話していただいた故・東後勝明先生にもお礼を申し上げたい。先生のお誘いで客員教授として都の西北で過ごした13年間は実に知的刺激に満ちたものだった。早稲田では東後先生のほか，矢野安剛先生，松坂ヒロシ先生等からもご援助をいただいた。早稲田時代の教え子には優秀な教師となった者が数多くいるが，そのひとりに早稲田大学を卒業後に専修大学大学院に進学し，現在，故郷の静岡県にある公立高校の教師として活躍している小林大介先生がいる。本書の第7章は彼の修士論文をもとにしたものである。

　本文でも言及した故・河上道生先生には心からお礼を申し上げたい。故・國弘正雄氏が生前，英語の最大のライバルとして先生の名を挙げられたほど，4技能を見事に統合された"河上英語"は今もって超えることができない。その通訳の切れ味には震えたことが何度もある。さらに朝日新聞社きっての英語達人で，文化部長で勇退された今井眞澄氏も私の英語のロールモデル（role model）である。今でも目を閉じると，同氏の流麗な British accent が頭の中で再生できる。

　現在，筆者が会長を務める日本英語教育史学会（Society for Historical Studies of English Learning and Teaching in Japan; HiSELT. http://hiset.jp）の方々にもお礼を申し上げたい。歴代の会長である故・出来成訓先生，故・伊村元道先生，小篠敏明先生，竹中龍範先生，江利川春雄先生からは歴史研究のあるべき姿を示していただいた。また副会長の馬本勉先生，久保野雅史先生，並びに事務局長の河村和也先生からも毎回，刺激をいただいている。

　本務校の専修大学文学部英語英米文学科は居心地の良いところで，同僚の方々からは研究・教育両面でサポートしていただいている。特に音声学の三浦弘氏からの強い"推し"なしには西日本から東日本へと移るという life change はありえなかった。

　お礼の言葉は続く。三省堂では神田翁以来の伝統ある中学校検定教科書『New Crown English Series Books 1-3』の音声／発音項目を3クールにわたって執筆させていただいた。これにより，学んだ理論を全国区での実践に移すことが可能になり，かつ現場から数多くのフィードバックを受けることができた

のはありがたいことだった。

　このほかにお世話になった人々はここには書き切れない。そこには数多くの生徒・学生の存在がある。彼らと教室で交わることで英語音声／発音に関する自分自身の哲学が研ぎ澄まされた。彼らには最大の感謝の言葉を伝えたい。生徒・学生によって生かされてきた自分を自覚している。

　最後に私事ながら，本書の完成は家族のサポートなしにはあり得なかったことを述べておく。英語とのつながりを作ってくれた父母には感謝をしてもしきれない。父は10数年前にみまかったが，高齢の母にはできるだけ長生きをしてもらいたいと願う。さらに，書斎や研究室に籠って研究三昧の生活を送る私のわがままを許してくれた家内と子供たちには感謝あるのみである。

　私なりの日本人の Speech and Pronunciation への"あこがれの軌跡"を描いた本書が英語発音に関しての真の"実践の軌跡"へと変わる基礎データとなるなら，それは大きな喜びである。こう綴ると辞世の感もあるが，英語音声／発音というボトルネックの解消を願う私の営みはまだまだ続くことになろう。

＊本書は2023（令和5年）度の専修大学長期在外研究員制度（令和5年4月1日〜令和6年3月31日）を利用することで最終的にまとめることができた。ここに記して大学当局にお礼を申し上げる。

田邉祐司

資料：英語発音研究／指導に関連する略年表

西暦（号）	事　項
1600（慶長5）	リーフデ号漂着／ウィリアム・アダムズ，ヤン・ヨーステン外交顧問
1613（慶長18）	平戸にイギリス商館開設
1616（元和2）	キリスト教禁令
1623（元和9）	イギリス商館の閉鎖
1633（寛永10）～ 1635（寛永12）	徳川禁令考（鎖国令）
1636（寛永13）	長崎に出島を築造
1637（寛永14）	島原・天草の一揆／ポルトガル人追放
1641（寛永18）	オランダ商館が平戸から出島へ移転
1760（宝暦10）	英国で産業革命始まる
1790（寛政2）	寛政異学の禁
1808（文化5）	フェートン号，長崎湾に闖入
1809（文化6）	譜厄利亜文字言語修学の命／長崎通詞による英語事始め／国防としての学習／ブロムホフによる口授／英語研究は漢学・蘭学学習法の踏襲
1810（文化7）	『譜厄利亜言語和解』
1811（文化8）	『譜厄利亜興学小筌』（**英語入門用の単語・成句・会話集**）
1814（文化11）	『譜厄利亜語林大成』（**本邦初の英和辞典**）
1825（文政8）	異国船打払令（無二念打払令）
1839（天保9）	緒方供庵の適塾開塾
1840（天保11）	『英文鑑』（**本邦初の本格的英文法書**）
1842（天保13）	異国船打払令の緩和
1848（嘉永元）	マクドナルドの不法入国／英語母語話者による通詞への英語指導／森山多吉郎の努力
1851（嘉永4）	中濱万次郎の帰国
1852（嘉永5）	『漂巽紀略』
1853（嘉永6）	ペリー来航／翌年，再来航
1854（嘉永7）	日米和親条約／開国
1856（安政3）	蕃書調所設立／学習の分化「通商のための実学は長崎で，教養のための英学は江戸で」
1857（安政4）	手塚・他『英吉利文典』（「木の葉文典」）
1858（安政5）	日米修好通商条約／長崎英語伝習所
1859（安政6）	フルベッキ，ヘボン，ブラウン等の来日／中濱『英米対話捷径』／本木・他『和英商賈対話集 初編』（**日本初の英語強勢記号**）

[271]

1860（安政7/ 万延元）	桜田門外の変／万延元年遣米使節団（**帰国時にウェブスターの辞書等を持ち帰る**）／清水『ゑんぎりしことば』／福澤『増訂 華英通語』（**発音表記の工夫**）
1861(万延2)	石橋『英語箋』
1862（文久2）	生麦事件／蕃書調所→洋書調所に改称（翌年に開成所に改称）／横浜に英学所設置／文久遣欧使節団／堀『英和対訳袖珍辞書』（**本邦初の英和辞典**）／ヴァン・リード『和英商話 全』
1864（文久4/ 元治元）	新島襄の国外脱出（1874年帰国）
1866（慶応2）	開成所刊『英語階梯』
1867（慶応3）	ヘボン『和英語林集成』（本邦初の和英辞典）／ヘボン式ローマ字／柳河『洋学指針・英学部』
1868（慶応4/ 明治元）	東京遷都／福澤の英学塾「慶應義塾」開塾／尚友堂主人『和英通韻以呂波便覧』
1869（明治2）	「日本 薩摩学生」（編）『改正増補 和訳英辞書』（**国産辞書初の英語強勢記号**）
1870（明治3）	「大学南校規則」（"正則生ハ教師ニ従ヒ韻学会話ヨリ始メ"，日本人と外国人の分業体制による指導）
1871（明治4）	文部省設置／米欧回覧・岩倉使節団／最初の女子留学生（津田梅子・山川捨松ら5名）が米国に出発／森有礼の「国語外国語化論」／ジェーンズ来日（熊本洋学校，熊本バンド）／『薩摩辞書』（1871版，**ウェブスター式採用**）
1872（明治5）	**学制発布**／東京・湯島に師範学校設立（→東京高等師範学校）／日本アジア協会設立（初代会長ヘボン）／尺・須藤『傍訓・英語韵礎』／ダラス『英音論』／青木・他『英吉利語学便覧 初編』
1873（明治6）	太陽暦採用／キリスト教解禁／英学本位制／東京外国語学校開校／柴田・子安『附音挿図 英和字彙』
1874（明治7）	愛知，大坂（阪），広島，長崎，新潟，宮城に官立外国語学校を設置
1875（明治8）	新島襄が同志社英学校を開学／ブラウン *Prendergast's Mastery System*／ブリンクリー『語学独案内』（**独自の音標文字**）
1876（明治9）	札幌農学校開校（1907（明治40）年に東北帝国大学農科大学」と改称，1918（大正7）年に北海道帝国大学，1947（昭和22）年に北海道大学に再編）
1877（明治10）	西南戦争／エジソンが蓄音機を発明／正則・変則の二大アプローチが定着か／スウィート *A Handbook of Phonetics*
1878（明治11）	米国でベルリッツ開校
1879（明治12）	**教育令公布**／正則式・変則式確立／横浜ダイアレクト広まる
1880（明治13）	グアン *L'Art d'Enseigner et d'Étudier les Langues* 出版
1881（明治14）	**小学校教則綱領／中学校教則大綱**（外国語は1〜4学年，週6時間）
1883（明治16）	鹿鳴館竣工

資料：英語発音研究／指導に関連する略年表―――273

1884（明治17）	**小学校教則綱領改正（英語の初歩を加える）／中学校通則**
1886（明治19）	**帝国大学令，師範学校令，中学校令，小学校令の公布／**「小学校ノ学科及其程度」（高等小学校に英語を加えることが可能になる）／「中学校ノ学科及其程度」（1〜5学年，週5〜7時間）／教科書検定条例の発令／東京帝国大学設立／パスィーが音声学教師の会を設立（→現代語教師音声学協会，IPAの母体）／菊池『英語發音秘訣』（**本邦初の英語発音教本**）
1887（明治20）	日本式のリフォームこの頃，始まる（特定はできない）／チェンバレン *Directions for the Pronunciation of English*／吉村（訳）『英語・発音独案内』／田村『初学者英語発音指鍼 全』
1888（明治21）	国民英学会創設／池田（編）『和英発音原理 全 英語綴字法附』
1889（明治22）	大日本帝国憲法／外山『正則文部省英語読本』（**世界初のEFL教科書，4技能統合の概念**）／practical Englishへの期待高まる／佐藤（編訳）『英語発音解』
1890（明治23）	**教育勅語発布**／「小学校令」改正（高等小学校に外国語を加えることが可能）／東京・神田に東京YMCA青年夜学校が開設
1891（明治24）	**小学校教則大綱**／神原『英語発音法手引』
1892（明治25）	グアン *The Art of Teaching and Studying Languages*（英語版）出版
1893（明治26）	井上毅文相の国語主義化政策（授業言語は日本語になる）／「人為的に外国語を抑圧した」（漱石）／崎山『外國語教授法改良説』
1894（明治27）	日清戦争（〜1895）／Primacy of Speechの概念導入／国粋主義広がる（→アンチ英語）／「尋常中学校ノ学科及其程度」（1〜5学年，週6〜7時間）／東京高師に英語専修科設立
1895（明治28）	東京高師に英語専修科加設
1896（明治29）	斎藤秀三が正則英語学校を創立／重野『英語教授法改良説』／岸本能武太，東京専門学校英語学部実用英語科主任になる／帝国教育会設立（1883年発足の大日本教育会を改称）／文部省主催中等教員向けの講習会
1897（明治30）	**師範教育令**／経済界から英語力不足を嘆く声があがる／欧州で国際音声学会が発足／**ワトキンによる英語音声学（スウィート式）の日本への初導入（東京高師）**／『東京高等師範学校附属小學校教授細目』／外山『英語教授法――附・正則文部省英語読本』
1898（明治31）	マッケロー，東京外国語学校で音声学を講義か／矢田部の（東京）高師校長昇進／P. ゲルハード，東北学院に着任。口頭教授法を始める／『英語青年』創刊（創刊時は『青年』）
1899（明治32）	**中学校令改正**／実験音声学者のエドワーズ来日（カイモグラフの紹介）／内村『外国語之研究』／ブラッドベリー *English Letters and Their Sounds: Or, Useful Facts of English Phonology.*
1900（明治33）	**小学校令改正（高等小学校に英語を加えることが可能になる）**／小学校令施行規則（「英語ヲ授クルニハ常ニ実用ヲ主トシ又発音ニ注意シ正シキ国語ヲ以テ訳解セシメンコトヲ務ムヘシ」）／日本版英語教授法改新ムーヴメントの萌芽

1901（明治34）	**中学校令施行規則**（「外国語ハ発音，綴字ヨリ始メ，簡易ノ読方，訳解，書取，作文ヲ授ケ進ミテハ普通ノ文章ニ及ホシ又文法ノ大要，会話及習字ヲ授クヘシ」）（1〜5学年，週6〜7時間）／スワン来日／岡倉『發音學講話』／スウィート（著）八杉（訳）『外国語教授法』／神田『英語讀本説明書──附・英語発音説明』／伊澤『視話法』／『中外英字新聞』にて「発音学入門講座（英語発音図解）」連載
1902（明治35）	日英同盟／**中学校教授要目**／広島高等師範学校設立／文部省中等英語教員夏期講習会（グアン・メソッドの普及）／帝国教育会に英語教授法調査部設立／マッケロー・片山『英語發音學』／佐藤『英語研究法』／英学ブーム下火／御雇い外国人の離日
1903（明治36）	高橋『最新英語教習法』／松田『蓄音機応用 英語会話独習』／斎藤秀 *Spelling and Pronunciation, 3 volumes*（〜1904）
1904（明治37）	日露戦争（〜1905）／斎藤秀 *Text-Book of Accent, 3 volumes*／イェスペルセン英語版 *How to Teach a Foreign Language*
1905（明治38）	ガントレット *The Elements of Japanese and English Phonetics for the Use of Japanese Teachers of English*（**本邦初の日本英語教師向けの音声学教本**）／蓄音機を使った発音・リスニング指導法の講習会（佐川，英語発音研究会）
1906（明治39）	広島高師に発音学導入（杉森・スミス）／『英語教授』（*The English Teacher's Magazine*）創刊（日本最初の英語教育専門雑誌）／ブレブナー（著）岡倉（訳）『外国語最新教授法』／岡倉『英語発音学大綱』
1907（明治40）	**小学校令改正**（英語は随意科目）
1908（明治41）	『小学校用文部省英語読本』
1909（明治42）	文部省中等学校英語教授法調査委員会（委員長・新渡戸稲造）／「中等学校における英語教授法調査報告」（委員長・新渡戸稲造）／スミス *Notes on Practical Phonetics*／杰田『英語教授法綱要』／佐川『教習実用 英語蓄音機詳解』／ジョーンズ *The Pronunciation of English*
1910（明治43）	**東京高師付属中学校教授細目**／岸本『英語研究　發音の原理』／生田『英語獨習法』
1911（明治44）	**中学校令施行規則改正**「外国語ハ発音，綴字ヨリ始メ近易ナル文章ノ読方，訳解，話方，作文，書取ヲ授ケ進ミテハ普通ノ文章ニ及ホシ又文法ノ大要及習字ヲ授クヘシ」（1〜5学年，週6〜7時間）／岡倉『英語教育』／小学校令施行規則改正（**英語は商業科に含められる**）
1912（大正元）	市河『英文法研究』
1913（大正2）	第1回英語教員大会（京都）／英語アクセント（ストレス）に関する注意喚起／ジョーンズ＆ミカエリス *A Phonetic Dictionary of the English Language*
1914（大正3）	第一次世界大戦（〜1918）／第2回英語教員大会（東京）／南日『英文和譯法 全』
1915（大正4）	第3回英語教員大会（大阪）／大谷「ヂョウンズ先生の英語發音學」『英語青年』で連載開始（〜1916)／井上『井上英和大辞典』／村田『英文直読直解法』

資料：英語発音研究／指導に関連する略年表―――275

1916（大正5）	大岡育造の英語廃止論／ソシュール『一般言語学講義』
1917（大正6）	大正自由教育運動（新教育運動）始まる／UCL 夏季英語音声学セミナー（SCEP）開始／ジョーンズ An English Pronouncing Dictionary ／細江『最新英文法汎論』
1918（大正7）	**大正英語音声学ブーム始まる**／ジョーンズ An Outline of English Phonetics
1919（大正8）	**小学校令改正（土地の情況に依り外国語を加えることが可能）／小学校令施行規則改正（外国語は日常簡易の英語を習得させる）／中学校令施行規則改正**（1~5 学年，週 6~7 時間）／岩崎『英語 發音と綴字（ENGLISH SPEECH AND SPELLING）』
1920（大正9）	市河（編）『萬國音標文字 The international phonetic alphabet』
1921（大正10）	ワシントン海軍軍縮会議（~1922）／四カ国条約調印／澤柳政太郎のロンドン出張，パーマーをリクルート／岡倉『英語發音練習カード』／神保『邦人本位 英語の発音』／藤岡（編）『A Complete English-Japanese Dictionary 大英和辞典』（下巻の完成は 1932 年，**本邦初の IPA 採用の英和辞典**；実質上の著者は前田太郎）／小野『最新研究 英文の解釈 考へ方と譯し方』
1922（大正11）	**パーマー来日**（文部省英語教授顧問；~1936)／オーラル・メソッドの普及／文検で音声学の知識求められる／岡倉『英語小發音學』／パーマー English Intonation with Systematic Exercises ／豊田『英語発音法』／神田・金澤『袖珍コンサイス英和辞典（萬國音標文字附）』
1923（大正12）	関東大震災／英語教授研究所設立／ The Bulletin of I.R.E.T. 創刊／市河（編）『英語發音辭典』／加茂『英語発音記号の知識と練習』，『万国発音記号手ほどき』／八木『新英文法』
1924（大正13）	米国で排日移民法の成立／英語存廃論起こる／英語教授研究所「第 1 回全国英語教授研究大会」開催／高等学校入試にアクセントの問題／安原（著）石黒（校閲）『英語音韻の研究』／英語研究の専門化・細分化が進む／ケニヨン American Pronunciation
1925（大正14）	**JOAK ラジオ放送開始**（本邦初の英語ラジオ講座）／『井上フォネティック英和辞典』
1926（大正15/昭和元）	**小学校令改正（土地の情況に依り外国語を加えることが可能）**／音聲學協會設立／ラジオ「初等英語講座」（担当・岡倉）を開始／大西（著）Martin・千葉（校閲）『英語発音明解 The principles of English pronunciation』／熊本・南日・メドレー（編）『モダン英和辞典』
1927（昭和2）	伏見『英米標準 発音法と其練習』／神保『最新英語音声学』／青木『英文朗読法大意』／浦口『グループ・メソッド』／岡倉『研究社新英和大辞典』／藤村『英語科廃止の急務』『現代』（5 月号）
1928（昭和3）	『英語青年』「中等学校英語科問題」に関する特集記事（~1929 年 6 月号［第 61 巻第 6 号］）
1929（昭和4）	パーマー The First Six Weeks of English ／石黒『外語教授 原理と方法の研究』
1930（昭和5）	**福島プラン**（~1937）開始

276 ─────資料：英語発音研究／指導に関連する略年表

1931（昭和6）	満州事変／「**中学校令施行規則**」**改正**「外国語ハ発音，綴字，聴方，読方及解釈，話方及作文，文法ノ大要並二習字ヲ授クヘシ」（1~3学年，週5~6時間，4~5学年，実業組2~5時間，進学組4~7時間）／『英語英文学論叢』創刊（広島文理科大学内英語英文学論叢編集室）
1932（昭和7）	『英語の研究と教授』（東京文理科大学・東京高師の専門誌）創刊／青木「福島中学校授業参観記」／兼弘『實驗英語音聲學』
1933（昭和8）	国際連盟脱退／第10回英語教授研究大会（**福島プランの授業実演**）／寺西「福島中学英語科授業参観記」
1934（昭和9）	福島県英語教育研究大会（**福島の2度目の授業実演**）／*The Fukushima Plan of Teaching English in Schools of Middle Grade*（*Bulletin, No.106 Supplement*）／黒田『ラジオ・トーキー・蓄音機による英語学習』
1935（昭和10）	研究社「英語教育叢書」刊行／千葉『實驗音聲學上より見たるアクセントの研究 *A Study of Accent: Research into the Nature & Scope of Accent in the Light of Experimental Phonetics*』
1936（昭和11）	二・二六事件／パーマー帰英／櫻井『日本英語教育史稿』／兼弘『日英兩國語──發音差異の實驗的研究』
1937（昭和12）	第二次日中戦争／戦時下体制への移行
1938（昭和13）	藤村「中学英語科全廃論」／赤祖父『英語教授法書誌』
1940（昭和15）	ホーンビー・石川（編）『基本英語学習辞典』
1941（昭和16）	「アジア・太平洋戦争」（~1945年）／国民学校令（**高等科において外国語を設けることができる**）／千葉『母音論 *The Vowel, Its Nature and Structure*』
1942（昭和17）	**高等女学校の外国語を随意科目**（週3時間以内）／福島中学校英語部が岡倉英語教育賞／トレーガー *Outline of Linguistic Analysis*／ホーンビー・他（編）『新英英大辞典』（*Idiomatic and Syntactic English Dictionary; ISED*）
1943（昭和18）	**中等学校令公布**（修業年限4年，教科書は国定，外国語は1・2年必修，3・4年は選択）1~4学年，週4時間／語学教育研究所（編）『外国語教授法』／パイク *Phonetics: A Critical Analysis of Phonetic Theory and a Technic for the Practical Description of Sounds*
1944（昭和19）	準国定教科書『英語』／マッカーシー *English Pronunciation: A Practical Handbook for the Foreign Learner*
1945（昭和20）	「アジア・太平洋戦争」敗戦／「二部授業」「圧縮授業」「青空教室」／墨塗りの教科書／NHKラジオ英語講座『實用英語會話』開始／『時事英語研究』創刊／『日米會話手帳』／フリーズ *Teaching and Learning English as a Foreign Language*／ウォード *The Phonetics of English*
1946（昭和21）	日本国憲法公布／GHQ教育改革／米国教育使節団，CI&E教育改革の実務に着手／平川「カムカム英語」／サージェント・須藤『日米會話必携』／福原『英語を学ぶ人のために──発音と綴り字』

1947（昭和22）	**教育基本法，学校教育法**／旧制中学校教員の新制高等学校への移籍始まる／免許状切り替え講習会／『**学習指導要領一般編（試案）**』／英語の義務教育化／『**学習指導要領英語編（試案）**』（中学校・週1〜4時間）／新制小学校・中学校発足／*Let's Learn English*（中学校用教科書）／*The World through English*（高等学校用教科書）
1948（昭和23）	**新制高等学校発足**／標準簡略表記法協議会（R・ゲルハードの協力）／*Jack and Betty*（中学校用教科書）／語研（編）『**外国語教授法（新訂版）**』／市河（主幹）『**新英語教育講座**』／青木『**英文朗読法大意**』再刊
1949（昭和24）	**新制大学発足**／ガリオア資金により日本人留学生が渡米（ロックフェラー財団，フォード財団）／英語発音教育夏期大学（於・駒沢大学）
1950（昭和25）	朝鮮戦争（〜1953）／東京通信工業（現・ソニー）テープレコーダー発売
1951（昭和26）	日米安全保障条約調印／『**学習指導要領一般編（試案）**』発行／ランゲージ・ラボラトリー設置開始／全国英語教育研究団体連合会（全英連）第1回大会開催／『**中学校・高等学校学習指導要領 外国語科英語編（試案）**』（本篇は英語，及び日本語の大意訳，全3巻759頁）（中学・週4〜6時間，高校・週5時間）／服部『**音声学**』／松本亨『**NHKラジオ英語会話**』（〜1972）／R・ゲルハード式の『**最新コンサイス英和辞典**』出版
1952（昭和27）	ガリオア資金留学はフルブライト・プログラムに名称変更
1953（昭和28）	テレビ本放送開始／The English Language Institute Staff（編）*English Pronunciation: Exercises in Sound Segments, Intonation, and Rhythm with Supplementary Exercises for Japanese Students*
1954（昭和29）	ドミノ理論，提唱される／スミス・マント法／五十嵐『**英米發音新講**』／愛媛大学英語セミナー開始
1955（昭和30）	『**高等学校学習指導要領一般編**』／加藤「信州の旅から——英語の義務教育化に対する疑問」／日本経営者団体連盟の「新制大学卒業者の英語の学力に対する産業界の希望」という要望書の提出（**役に立つ英語議論始まる**）
1956（昭和31）	『**高等学校学習指導要領外国語科編**』／アメリカ構造言語学の移入始まる／日本英語教育研究委員会設立（ELEC，後に財団法人英語教育協議会）／フリーズ来日／山家『**パタンプラクティスとコントラスト——新しい英語の学習指導法**』／酒向『**米語音声学入門**』／笠原『**英語イントネーションの構造**』
1957（昭和32）	石橋・中島・黒田（監修）『**英語教育シリーズ**』（全20巻，〜1963）／太田（訳）『**外国語としての英語の教授と学習**』／黒沢『**英語朗読法の研究**』／プレイター＆ロビネット *Manual of American English Pronunciation*／クラーク『**アメリカ口語教本**』
1958（昭和33）	『**中学校学習指導要領**』告示（言語材料・学習活動の学年指定，最初の必修語彙表）（週3時間，中3は3〜5時間）／ラジオ番組『**百万人の英語**』放送開始／安倍『**英語イントネーションの研究**』，『**英語スピーチ・メロディ教本**』／キングドン *The Groundwork of English Stress*, *The Groundwork of English Intonation*

1959（昭和34）	『中学校外国語（英語）指導書』（文部省）／NHK 教育テレビ開局，2 年後に田崎『英語会話・初級』／『英語科ハンドブックス』（全 11 巻，〜1960）／石井＆マカルパイン「英文朗読法」／『新英語教育』創刊／認知主義派の紹介
1960（昭和35）	国民所得倍増計画発表／『高等学校学習指導要領』告示（外国語は必修，英語 A と英語 B の 2 つに）［英語 A・週 3 時間，英語 B・週 5 時間／英語教育改善協議会（市河会長）が文部大臣に「中学校・高等学校の英語教員の聞く能力と話す能力を強化する再教育を早急に行うよう」を答申／英語中央講習会開催／V. ブラウン Improving Your Pronunciation
1961（昭和36）	ライシャワー駐日大使着任／語学ラボラトリー協会発足／福原（編）『英語教育事典』／「西日本英語講習会」（えびの高原セミナー）開始
1962（昭和37）	『中学校学習指導要領』施行／大学英語教育学会（JACET）創設／New Approach to English ／鳥居・兼子『英語の発音 研究と指導』／木村『英語発音の基礎』／ギムソン An Introduction to the Pronunciation of English
1963（昭和38）	『高等学校学習指導要領』施行／第 1 回実用英語技能検定の試験実施
1964（昭和39）	東京オリンピック開催／小川（編）『英語教授法辞典』／福原・岩崎・中島（監修）『現代英語教育講座』（全 12 巻，〜1966）
1966（昭和41）	チョムスキー来日／「団塊の世代」が 18 歳を迎える／石橋（編）『クエスチョン・ボックス シリーズ I　発音』／大塚（監）東谷（著）『米会話発音教本』／中島・一色・一又・大束・天満 The Pronunciation of American English: A Drill Book and Five Records レコードによるアメリカ英語の発音教本』
1967（昭和42）	レネバーグの臨界期仮説／コーダーの誤答分析
1968（昭和43）	阿波ジャンボーズクラブ主催のセミナー開始
1969（昭和44）	大学闘争／アポロ 11 号の月面着陸 同時通訳（者）への関心高まる／『中学校学習指導要領』告示（「学習活動」から「言語活動」へ，目標に「国際理解」入る）（週 4 時間（中 2 は 3〜4 時間）／「北九州英語講習会」／鳥居・兼子『英語発音の指導』／クリスタル Prosodic System and Intonation in English ／ルイス A Guide to English Pronunciation: For Users of English as a Foreign Language
1970（昭和45）	大阪万国博覧会開催／共通一次学力試験始まる／『高等学校学習指導要領』告示（外国語選択へ戻る，「初級英語」「英語会話」加わる）（英語 A・週 3 時間，英語 B・週 5 時間）／中学校で英語授業「週 3 時間制」／國弘『英語の話しかた――同時通訳者の提言』
1971（昭和46）	沖縄返還協定の調印／欧州でヨーロッパ協議会がウィルキンズ等に教授法開発を依頼（概念・機能シラバス）／コミュニケーション能力に関する研究高まる／『English Journal』発刊
1972（昭和47）	海外渡航者数 100 万人突破／日経調が「外国語教育の抜本的改革」提唱／『中学校学習指導要領』施行（中学校英語教科書，5 社 5 種）／「語学留学」／東後『NHK ラジオ英語会話』（〜1985）／ハイムズ "On communicative competence"／セリンカー，中間言語仮説を提唱

資料：英語発音研究／指導に関連する略年表―― 279

1973（昭和48）	**『高等学校学習指導要領』施行**／『英語教育ライブラリー』（全10巻，〜1977）／オコナー＆アーノルド *Intonation of Colloquial English: A Practical Handbook*／スピーチ・コミュニケーション／川島・ワグナー『Introduction to English Pronunciation 英語発音の基本と演習』
1974（昭和49）	平泉渉による「平泉試案」と渡部昇一の反論（翌年，『英語教育大論争』として出版）／「実用」か「教養」かの論争／中津『なんで英語やるの？――ある英語塾の記録』／一色『アメリカ英語の発音教本』／奥田『英語のイントネーション――研究と指導』
1975（昭和50）	ベトナム戦争終結／全国英語教育学会第1回大会／高梨・大村（編）『日本の英語教育史』／中津『呼吸と音とくちびると――なんで英語やるの？　反響編』／桝矢『英語音声学』
1976（昭和51）	文部省主催「英語教育指導者講座」（筑波研修始まる）
1977（昭和52）	**『中学校学習指導要領』告示**（英語は週3時間）／海外修学旅行（私立高校）／米国人英語指導主事助手（MEF）開始／ティーム・ティーチング奨励される／牧野『英語の発音――指導と学習』／東後『英会話の音法50』
1978（昭和53）	**『高等学校学習指導要領』告示**（「英語I・II」総合英語化）（週4時間）／英国人英語指導教員招致事業（BETS）開始／高本『英語の発音とヒアリング』／島岡『現代英語の音声 ヒアリングと音読』／グレアム *Jazz Chants*
1979（昭和54）	国公立大学で共通一次学力試験実施／「英語担当教員海外研修事業」／TOEIC第1回テスト実施／垣田（編）『英語教育学研究ハンドブック』
1980（昭和55）	ワーキング・ホリデー制度開始（最初はオーストラリア）／カナルとスウェインによる英語教育へのコミュニケーション能力の応用／CLTの台頭／羽鳥・松畑『学習者中心の英語教育』／渡辺『現代英語のイントネーション』，『英語のリズム・ハンドブック』
1981（昭和56）	**『中学校学習指導要領』施行**（週3時間始まる）
1982（昭和57）	アルク「ヒアリングマラソン」開始／竹林『英語音声学入門』／松畑『生徒と共に歩む英語教育』
1983（昭和58）	スミスEILを提唱／垣田（監修）「英語教育学モノグラフ・シリーズ」刊行（〜1986）
1984（昭和59）	クラッシェン来日し，「ナチュラル・アプローチ」（第二言語習得仮説）を提唱／TED米国で始まる／語研（編）『日本の英語教育――過去・現在・未来』／近江『オーラル・インタープリテーション入門――英語の深い読みと表現の指導』
1985（昭和60）	プラザ合意／第19回TESOL Conventionでの英語音声指導の見直し論／国際英語論の誕生，カチュルによるWorld Englishesの提唱
1986（昭和61）	いじめ事件が全国で起こる／松坂『英語音声学入門』／島岡『教室の英語音声学Q&A』

1987（昭和62）	外国青年招致事業 JET プログラム（語学指導等を行なう外国青年招致事業）開始／intelligibility 研究／ATR Hearing School 発売／FonF の提唱／モーリー（Ed.）*Current Perspectives on Pronunciation: Practices Anchored in Theory* ／ケンワージー *Teaching English Pronunciation*（intelligibility に注目が集まる）／ギルバート *Clear Speech* ／長澤『教師のための英語発音――呼吸法を重視した訓練メソッド』
1988（昭和63）	文部省 公立高等学校の海外修学旅行認可
1989（昭和64/平成元）	『**中学校学習指導要領**』告示（コミュニケーションの態度，「国際理解」復活，言語材料の学年指定はずす）（週3時間（+1））／『**高等学校学習指導要領**』告示（オーラル・コミュニケーション A・B・C 新設）（週4時間）／今井『新しい発想による英語発音指導』
1990（平成2）	共通1次試験に代わり，大学入試センター試験を実施／REX プログラム開始／本名（編）『アジアの英語』／ウェルズ *Longman Pronunciation Dictionary* ／ディクトグロス 発表
1991（平成3）	安藤（編）『英語教育現代キーワード事典』／田中『コミュニケーション志向の英語教材開発マニュアル』／寺島『英語記号づけ入門』／ブラウン（Ed.）*Teaching English Pronunciation: A Book of Readings* ／ボンウェル & アイソン *Active Learning*
1992（平成4）	文部省委嘱「小学校における外国語学習研究開発」がスタート（大阪）／英語科教育実践講座刊行会（編）「ECOLA 英語科教育実践講座」（全18巻）／エィヴリー & アーリック *Teaching American English Pronunciation*
1993（平成5）	『**中学校学習指導要領**』施行／「国際理解教育」／和田『オーラル・コミュニケーションの指導と評価』／ボーエン & マークス *Pronunciation Book: Student-centered Activities for Pronunciation Work*
1994（平成6）	『**高等学校学習指導要領**』施行．「オーラル・コミュニケーション A, B, C」始まる／小中学校不登校児童・生徒の増加／文部省（刊）*Handbook for Team-Teaching* ／オコナー & アーノルド（著）片山・長瀬・長瀬（共訳編）『イギリス英語のイントネーション』／遠山『NHK ラジオ英会話入門』
1995（平成7）	阪神・淡路大震災／日本児童英語教育学会「小学校から外国語教育を！JASTEC アピール」を採択／プラート（Praat）の開発／緒方（監修）・高本・萩野・関『英語音声指導ハンドブック』／ハンコック *Pronunciation Games* ／セサリス *Fluent American Speech*
1996（平成8）	公立小学校で実験的に英語教育を行なう「研究開発校」を全都道府県に拡大／セルシー＝マルシア，ブリントン，グッドウィン *Teaching Pronunciation: A Reference for Teachers of English to Speakers of Other Languages* ／近江『英語コミュニケーションの理論と実際――スピーチ学からの提言』／竹林『英語音声学』

1998 (平成 10)	**『小学校学習指導要領』告示**（「総合的な学習の時間」の新設．その一つに国際理解に関する学習の一環としての外国語会話が取り上げられる）／「生きる力」を備えた人材の育成／**『中学校学習指導要領』告示**（実践的コミュニケーション，外国語（**原則として英語**）が必修に）（週3時間（+1））／全国外国語教育振興協会，「オーラル・コミュニケーション検定」実施／米山・松沢（訳）『新しい英語教育への指針——中級学習者レベル〈指導要領〉』（*Threshold level 1990* の邦訳）／杉藤『日本語音声の研究2 日本人の英語』／音声認識テクノロジーに注目集まる．
1999 (平成 11)	**『高等学校学習指導要領』告示**（外国語必修，コミュニケーション活動の指導，週3～4時間）／「英語コミュニケーション能力テスト」（ベネッセ；後の GTEC）の実施／川越『英語の音声を科学する』／鈴木『日本人はなぜ英語ができないか』／平野『図解 英語ものがたり』／二谷『教え方が「かわる・わかる」——認知心理学の動向から』
2000 (平成 12)	「21世紀日本の構想」首相の私的懇談会報告（英語第二公用語化の議論）／ワーキングメモリの研究が英語教育学でも盛んになる／ジェンキンズ *The Phonology of English as an International Language*／國弘（編）千田（2000）『英会話・ぜったい・音読——頭の中に英語回路を作る本』
2001 (平成 13)	文部科学省『小学校英語活動実践の手引き』／國弘（編）久保野・千田『英会話・ぜったい・音読【入門編】』／齋藤（2001）『声に出して読みたい日本語』
2002 (平成 14)	**『小学校・中学校学習指導要領』施行**／文部科学省「『英語が使える日本人』の育成のための戦略構想」発表／悉皆研修始まる／SELHi の指定始まる
2003 (平成 15)	**『高等学校学習指導要領』施行**／「『英語が使える日本人』の育成のための行動計画」／文部科学省『英語教員研修ガイドブック』／田辺『これからの学校英語——現代の標準的な英語・現代の標準的な発音』／英語音声学研究会（編）『大人の英語発音講座』／鳥飼（監修）玉井・田中・西村・染谷・鶴田『はじめてのシャドーイング——プロ通訳者の基礎訓練法で，英語の"音"感覚が飛躍的に身につく』
2004 (平成 16)	ソーシャルネットワークサービスが日本でも開始される／吉島・大橋・他（訳）『外国語教育Ⅱ——外国語の学習，教授，評価のためのヨーロッパ共通参照枠』（*Common European Framework of Reference for Languages: Learning, teaching, assessment* (2002) の日本語訳）／松澤『英語耳——発音ができるとリスニングができる』／Facebook 始まる
2005 (平成 17)	大学入試センター試験にリスニングテスト導入／ポッドキャスト（Podcasting）の英語学習開始／YouTube 始まる／牧野『日本人のための英語音声学レッスン』／井口・ヴァーナム-アットキン『発音をめぐる冒険』
2006 (平成 18)	Twitter 始まる
2007 (平成 19)	YouTube 日本語版始まる／音声コンテンツ動画の普及／今井『ファンダメンタル音声学』／ジェンキンズ *English as a Lingua Franca*／門田『シャドーイングと音読の科学』／『英語が苦手な大人の DS トレーニング もっとえいご漬け』

2008（平成 20）	『**小学校学習指導要領**』告示（外国語活動が必修に。「総合的な学習の時間」［小学校高学年・週 1 時間］）／中学校学習指導要領告示（週 4 時間）／ iPhone 日本で販売開始／土屋『英語コミュニケーションの基礎を作る音読指導』／竹林・斎藤『新装版 英語音声学入門』
2009（平成 21）	『**高等学校学習指導要領**』告示（コミュニケーション英語Ⅰ・Ⅱ・Ⅲの新設，授業は英語で行うことを基本）／文部科学省『英語ノート 1』『英語ノート 2』／タスク中心の言語教授法（TBLT）／東後（監修）・御園（編集主幹）・他（編）『必携 英語発音指導マニュアル』
2010（平成 22）	外国語能力の向上に関する検討会発足
2011（平成 23）	東日本大震災／『**小学校学習指導要領**』施行／文部科学省「国際共通語としての英語力向上のための 5 つの提言と具体的施策」を公表／CAN-DO 形式の学習到達目標の必須化／フォーカス・オン・フォーム（FonF）／内容言語統合型学習（CLIL）／LINE 開始／ゲーミフィケーション始まる
2012（平成 24）	『**中学校学習指導要領**』施行／文部科学省『Hi, friends! 1』『Hi, friends! 2』／アッシュトン＆シェパード *Work on Your Accent: Clearer Pronunciation for Better Communication*／英語の社内公用語開始（楽天，ファーストリテイリング）／竹内『日本人のための英語発音完全教本』
2013（平成 25）	『**高等学校学習指導要領**』施行／教育再生実行会議による大学入試改革案／文部科学省「グローバル化に対応した英語教育改革実施計画」（小学 3 年生から英語を教科として導入．中学校では英語の授業は英語でという提言）
2014（平成 25）	英語教育の在り方に関する有識者会議の発足／文部科学省「英語教育改善のための英語力調査事業」を開始
2015（平成 26）	深澤『改訂版 英語の発音パーフェクト学習事典』
2016（平成 29）	『**小学校・中学校学習指導要領**』告示／内閣府による「Society 5.0」の提唱
2017（平成 30）	『**高等学校学習指導要領**』告示／高校の理数科が探求科等に名称変更進む
2018（平成 31）	レヴィス *Intelligibility, Oral Communication, and the Teaching of Pronunciation*／カーリー＆メイス＆コリンズ *English Phonetics and Pronunciation Practice*
2019（平成 31/令和元）	新型コロナウイルス蔓延／コミュニケーションツールの急速拡大(Skype, Zoom, Microsoft Teams, Google Classroom)／文部科学省による GIGA スクール構想の提唱／リンゼイ *English After RP: Standard British Pronunciation Today*
2020（令和 2）	『**小学校学習指導要領**』施行／アクティブ・ラーニングと ICT の活用／「探究型学習」の開始
2021（令和 3）	大学共通テスト開始／『**中学校学習指導要領**』施行／4 技能 5 領域／ICT 元年 GIGA スクール構想の運用開始／有本・河内山・佐伯・中西・山本『英語発音の指導――基礎知識からわかりやすい指導法・使いやすい矯正方法まで』

2022 （令和4）	**『高等学校学習指導要領』施行**／Chat GPT（対話型生成AI）の登場／対話型AIの広がり／「リアルとデジタルによる学び」
2023 （令和5）	大和・磯田『プロソディを重視した英語音声指導入門──指導の枠組と教科書の活用法』／リンゼイ *SMART Speech: 5 Practice Techniques for Teachers and Learners of Pronunciation*
2024 （令和6）	能登半島地震／出来（編著）江利川・竹中（校閲）『日本英学者人名事典』

参考文献

[和文]

青木輔清（編述）（1873）『英吉利語学便覧初編』行田町：青木輔清［私家版］.

青木節一（編）（1935）『バジル・ホオル・チェンバレン先生 追悼記念録』東京：国際文化振興会.

青木常雄（1933）『英文朗読法大意』東京：研究社.

青木常雄（1932）「福島中学校参観記（一）」『英語の研究と教授』第1巻 第5号，78. 東京：興文社.

青木常雄（1948）『新制中学校英語教授法』東京：研究社出版.

青木常雄（1949）『新制高等学校英語教授法』東京：研究社出版.

青木常雄（1970）『教壇生活の思い出──英語教師六十年』東京：修文館出版.

青木常雄先生を偲ぶ刊行会（編）（1987）『青木常雄先生を偲ぶ』東京：リーベル出版.

青木真里（2020）「学校で英語を学ぶ意義についての一考察──自身の経験から，臨床心理学的視点から」『福島大学人間発達文化学類論集』第31巻，13-23.

赤井励（2006）『オルガンの文化史』東京：青弓社.

赤石恵一（2007）「札幌農学校のイマージョン・プログラム──1・2期卒業生──英語学習の軌跡」『日本大学大学院総合社会情報研究科紀要』第8号，125-136.

明石康・NHK「英語でしゃべらナイト」取材班（2004）『サムライと英語』東京：角川書店.

赤祖父茂徳（編）（1938）『英語教授法書誌』東京：英語教授研究所.

赤松則良（述）／赤松範一（編注）（1977）『赤松則良半生談──幕末オランダ留学の記録』（東洋文庫）東京：平凡社.

秋枝蕭子（1963）「キリスト教系女子教育研究のしおり──明治時代プロテスタント系女学校について」『文藝と思想』第25号，51-65.

阿久津智（2018）「〈研究ノート〉「母音」，「子音」，「音節」という用語について」『拓殖大学語学研究』第137号，123-147.

ACTIVE ENGLISH 編集部（編）（1989）『起きてから寝るまで表現550』東京：アルク.

浅地昇（1970）「広島の英語教育──回顧」『英語教育研究』第13号，2-4. 広島大学教育学部英語教育研究室.

淺田榮次（1909）『浅田英語読本』（Asada's English readers；1巻-5巻）東京：文會堂 生文館.

淺田みか子（編）（1916）『淺田榮次追懐録』浅田みか子［私家版］.

淺田みか子・東京外語会有志（1996）『淺田榮次追懐録＜復刻版＞』浅田みか子・東京外語会有志［私家版］.

朝日新聞社（編）（1995）『日米会話手帳はなぜ売れたか』東京：朝日新聞社.

東眞須美（編）（1992）『英語科教育法ハンドブック』東京：大修館書店.

安倍勇（1958a）『英語スピーチ・メロディ教本』東京：篠崎書林.

安倍勇（1958b）『英語イントネーションの研究』東京：研究社出版.

安倍勇（1963）『英語の発音とその急所（Essentials of English pronunciation）』東京：文建書房.

阿部一興（2023）『ヘボン伝──和英辞典・聖書翻訳・西洋医学の父』神奈川：有隣堂.

安部規子（2012）『修猷館の英語教育　明治編』福岡：海鳥社.

安部規子（編）（2019）『杉森此馬　英国留学日記　明治37年1月1日-12月31日』福岡：海鳥社.

[284]

アメリカ教育使節団（編）／村井実（全訳解説）（1979）『アメリカ教育使節団報告書』（講談社学術文庫）東京：講談社.

荒木伊兵衛（1931）『日本英語学書志』大阪：創元社.

荒俣宏（2023）『福翁夢中伝』（上・下）東京：早川書房.

有坂秀世（1940）『音韻論』東京：三省堂.

有本純（1991）「英語発音教育のストラテジー」『熊本商大論集』第38巻第1号，161-186.

有本純（2005）「発音指導における教師の役割――怪しい発音指導の正体」『英語教育』12月号：27-29.

有本純（2007）「発音の学習と指導」河野（編集主幹）／井狩・石川・門田・村田・山根（編）（265-273）.

有本純（編著）（2009）『英語の発音指導法の開発――国際英語の観点に基づく導入から矯正まで』科研報告書（課題番号18520470）・関西外国語大学.

有本純（2022）「英語発音指導の課題と解決策」『関西国際大学研究紀要』第23号，1-13.

有本純・河内山真理・佐伯林規江・中西のりこ・山本誠子（2021）『英語発音の指導――基礎知識からわかりやすい指導法・使いやすい矯正方法まで』東京：三修社.

安藤貫一（1904）『Resume of Lectures Given at the Summer School of English 明治三十七年夏期　金澤英語講習会筆記　全』東京：三省堂.

安藤潔（2018）「1960年代の英語学習」『関東学院大学国際文化学部教員コラム』（2018.07.06）ウェブサイト（https：//kokusai.kanto-gakuin.ac.jp/column/column-3192/）．2022年12月3日最終閲覧.

安藤昭一（編集主幹）（1991）『英語教育現代キーワード事典』東京：増進堂.

安藤昭一・比嘉正範・西村嘉太郎（1979）「Japanese Englishは目標か結果か」『英語教育』4月号，30-37.

飯田宏（1967）『静岡県英学史』東京：講談社.

飯野至誠（1953）『英語科教育法』京都：柳原書店.

飯野正子・亀田帛子・高橋裕子（編）（2000）『津田梅子を支えた人びと』東京：有斐閣.

伊ケ崎暁生・松島栄一（編）（1990）『日本教育史年表』東京：三省堂.

五十嵐明子（2022）『話せる英語教育その方法――あなたは子や孫にどんな教育を望みますか』東京：幻冬舎メディアコンサルティング.

五十嵐二郎（1981）『英語授業過程の改善』東京：大修館書店.

五十嵐二郎（2023）「プレイター教授の一言と教訓」『英學史論叢』第26号，65-67.

五十嵐新次郎（1950）『英米発音新講』東京：語学出版社.

五十嵐新次郎（1967）『毎日10分英語トレーニング――英語らしい英語に慣れよう』（実用小百科 Do It Yourself）東京：実業之日本社.

五十嵐新次郎（1981）『英米発音新講 改定新版 English its vocal expression』東京：南雲堂.

五十嵐先生を偲ぶ会実行委員会（編）（1977）『五十嵐新次郎先生を偲んで』五十嵐先生を偲ぶ会実行委員会.

五十嵐康男（1970）『英語発音、その教え方と学び方』東京：日本放送出版協会.

生田長江（1910）『英語独習法』東京：新潮社.

井口篤・ヴァーナム-アットキン，S.（2012）『発音をめぐる冒険 A wild pronunciation chase』東京：放送大学教育振興会.

池田義一郎（1971）『言語学概説――表現と伝達のための』東京：篠崎書林.

池田哲郎（1966）「日本英学史の研究法覚書」『日本英学史研究会研究報告』第1966巻第68号，

1-9.

池田哲郎（1968）「Noah Websterの辞典と綴字書を巡って——アメリカと日本と」『日本英学史研究会研究報告』第90号，1-19.

池田哲郎（1979）『日本英学風土記』東京：篠崎書林.

池田伴庚（編）（1888）『和英発音原理——全　英語綴字法　附』東京：博文社.

池田眞（1999）『ノア・ウェブスターとリンドレー・マレーの文法戦争』東京：篠崎書林.

池田稔（1988）「明治初期女子教育と英語の教授・学習」『日本英語教育史研究』第3号，5-29.

池中雅美（1992）「英語発音表記としての片仮名の功罪」『北陸学院短期大学紀要』第24号，211-219.

池本明（1977）『リズム論を中心とした英語音声学』東京：杉山書店.

伊澤修二（1901）『視話法』東京：大日本図書.

石井研堂（1908）『明治事物起源』東京：橋南堂.

石井正之助（編）（1970）『聞き・話す領域の指導』（講座・英語教授法4）東京：研究社出版.

石井正之助（1980）「検討・反省期に入る」若林（編集）（93-106）.

石井正之助・McAlpine, Helen・小川芳男・寿岳文章（1959）『語学的指導の基礎（中）』（英語科ハンドブックス3）東京：研究社出版.

石井正之助・McAlpine, Helen（1959）「英文朗読法」石井・McAlpine・小川・寿岳（1-104）.

石井孝（1960）『明治維新の舞台裏』（岩波新書）東京：岩波書店.

石川文吾（1924）「恩師神田先生の思ひ出で」『英語青年』（神田乃武男追悼號）第50巻第11号，326.

石川林四郎（1936）「パーマ氏の貢献とそのと思い出」『Bulletin』（復刻版）第123号，18-20. 東京：名著普及会.

石川林四郎・国府田国一（1925）『英語アクセント心得』東京：興文社.

石黒魯平（校閲）（1924）『英語音韻の研究』東京：大倉廣文堂.

石黒魯平（1930）『外語教授　原理と方法の研究』東京：開拓社.

石田英一郎（1969）『日本文化論』東京：筑摩書房.

石田秀雄（1994）「「国際語としての英語」と音声指導」『甲子園大学紀要B』第22号，37-41.

石橋幸太郎（1969）「磯尾哲夫君の思い出」磯尾／三戸（編代表）（21-23）.

石橋幸太郎・中島文雄・黒田巍（監修）（1957～1963）『英語教育シリーズ』（全20巻）東京：大修館書店.

石橋幸太郎（編者代表）／安倍勇・他（1960）『クエスチョン・ボックスシリーズ第1巻　発音』東京：大修館書店.

石原千里（1980）「『英語階梯』と Lindley Murray のスペリングブックについて」『英学史研究』第13号，139-156.

石原千里（1984）「『エゲレス語辞書和解』とその編者たち」『英学史研究』第17号，109-124.

石原千里（1990）「ラナルド・マクドナルドの生徒たち」『英学史研究』第23号，57-82.

石原千里（2007）「*The Elementary catechisms, English grammar*, 1850 ——『英吉利文典』（「木の葉文典」）の原本」『英学史研究』第40号，37-53.

石原千里（2008）「『英吉利文典』（木の葉文典）各版について」『英学史研究』第41号，69-85.

イーストレーキ，ナヲミ（1936）『憶ひ出の博言博士』東京：信正社.

和泉伸一（2009）『「フォーカス・オン・フォーム」を取り入れた新しい英語教育』東京：大修館書店.

泉節二（1953）『音読と黙読』東京：明治図書出版.

磯尾哲夫（1932）「英語学習に就いて」『信夫草』第34号，10-14，福島中学校校友会.

磯尾哲夫（1934）「明治天皇御製」『信夫草』第37号，106-107，福島中学校校友会.

磯尾哲夫（1935）「英語学習法と受験準備について」『信夫草』第38号，8-11，福島中学校校友会.

磯尾哲夫（1948）『英語教授の理論と実際』東京：教育文化研究会.

磯尾哲夫／三戸雄一（編代表）（1969）『斯の道ひとすじに──磯尾哲夫教授追想集』東京：開隆堂.

磯邊弥一郎（述）（1918）『国民英学会創立第三十周年回想録』東京：国民英学会出版局.

磯邊弥一郎（1924）「人格の人　神田男爵」英語青年社（編）（325）.

井田好治（1996）「国際音声記号（IPA）の移入と藤岡勝二著『大英和辞典』第一巻（大倉書店大正10年刊）──英学史的再検討」『英学史研究』第29号，13-29.

井田好治（2008）『日本英学史論選集』東京：Culture Publication.

市河三喜（編）（1920）『萬國音標文字 The international phonetic alphabet』東京：光風館書店.

市河三喜（1923）『英語発音辞典』東京：研究社.

市河三喜（1928）『An English spelling book』東京：研究社.

市河三喜（1934）「英語教授の合理化と簡易化に就て」英語教授研究所（編）（71-85）.

市河三喜（1936）『英語學──研究と文献』東京：三省堂.

市河三喜（編）（1940）『研究社　英語学辞典』東京：研究社.

市河三喜（主幹）（1948〜1952）『新英語教育講座』（全12巻）東京：研究社.

市河三喜（1949）「英語学習時代」『小山林堂随筆』東京：研究社.

市河三喜（監修）／語学教育研修所（編）（1962）『英語教授法事典』東京：開拓社.

市河晴子（1936）「杉森此馬先生」『英語青年』第75巻第9号，23-24.

一矢慧（1929）『英語の發音に就て──英語研究の秘訣を知りたい人の為に』兵庫：福音舎書店.

伊藤嘉一（1984）『英語教授法のすべて』東京：大修館書店.

伊藤健三先生喜寿記念出版委員会（編）（1994）『現代英語教育の諸相』東京：研究社出版.

伊東勇太郎（1925）『文検受験用　英語科研究者の爲に』東京：大同館書店.

稲村松雄（1984）『青表紙の奇蹟──ウェブスター大辞典の誕生と歴史』東京：桐原書店.

稲村松雄（1986）『教科書中心昭和英語教育史──英語教科書はどう変わったか』東京：開隆堂出版.

乾隆（1995）「『英米対話捷径』と『ゑんぎりしことば』の音声学的考察」『英語英文学研究』第1号，78-90. 東京家政大学文学部英語英文学会.

乾隆（2010）『ジョン万次郎の英会話──幕末のバイリンガル，はじめての国際人『英米対話捷径』復刻版・現代版』東京：ジェイ・リサーチ出版.

井上篤夫（2022）『フルベッキ伝』東京：国書刊行会.

井上勝生（2006）『幕末・維新　シリーズ日本近現代史1』（岩波新書）東京：岩波書店.

井上十吉（1915）『井上英和大辞典』東京：至誠堂書店.

井上十吉（1921）『井上和英大辞典』東京：至誠堂書店.

井上十吉（1925）『井上フォネティック英和辞典』東京：至誠堂書店.

井上能孝（1987）『箱館英学事始め』札幌：北海道新聞社.

井深梶之助とその時代刊行委員会（編）（1969〜1971）『井深梶之助とその時代』（全3巻）東京：明治学院.

井伏鱒二（1947）『ジョン万次郎漂流記』東京：文學界社.

今井邦彦（1989）『新しい発想による英語発音指導』東京：大修館書店.

今井邦彦（2007）『ファンダメンタル音声学』東京：ひつじ書房.

今井宏（1994）『日本人とイギリス──「問いかけ」の軌跡』東京：筑摩書房.

今井博昭（2014）『歴史に隠れた大商人　清水卯三郎』（幻冬舎ルネッサンス新書）東京：幻冬舎メディアコンサルティング.

今井博昭（2022）『清水卯三郎──文明開化の多彩な先駆者』埼玉：さきたま出版会.

今井むつみ・秋田喜美（2023）『言語の本質──ことばはどう生まれ、進化したか』（中公新書）東京：中央公論新社.

今尾康裕・岡田悠佑・小口一郎・早瀬尚子（編）（2017）『英語教育徹底リフレッシュ──グローバル化と21世紀型の教育』東京：開拓社.

今関敦（2001）「私の英語教育史──思い出の記」『日本英語教育史研究』第16号，1-25.

今仲昌宏（2014）「英語発音習得における成人学習者の抑制要因」『東京成徳大学研究紀要』第21号，1-12.

今村茂男／大島謙（訳）（2003）『神風特攻隊員になった日系二世』東京：草思社.

伊村元道（1988）「日本人と英語1．日本の英語受容・教育史」岩崎・忍足・小島（編）（125-160）.

伊村元道（1994）「英語教育年表──この10年を中心に」『現代英語教育』3月臨時増刊（創刊30周年記念）号，6-11.

伊村元道（1997）『パーマーと日本の英語教育』東京：大修館書店.

伊村元道（1998）「伊藤健三の生涯と業績」『日本英語教育史研究』第13号，29-62.

伊村元道（2003）『日本の英語教育200年』東京：大修館書店.

伊村元道・木村松雄・茂住實男（編著）（2008）『あたらしい英語科教育法──小・中・高校の連携を視座に』東京：学文社.

伊村元道・若林俊輔（1980）『英語教育の歩み──変遷と明日への提言』東京：中教出版.

イリッチ，イヴァン／東洋・小澤周三（訳）（1977）『脱学校の社会』（現代社会科学叢書）東京：東京創元社.

岩崎克己（1935）『柴田昌吉伝』岩崎克己［私家版］.

岩崎民平（1919）『英語　発音と綴字（ENGLISH SPEECH AND SPELLING）』東京：研究社.

岩崎民平（1955）「あのころ　このころ」『英語教育』8月号，130-132.

岩崎民平（1965）「英米語の発音」『現代英語教育講座4　英語の発音』東京：研究社出版.

岩崎民平（1966）「半世紀」語学教育研究所（編）（177-183）.

岩崎民平（1967）「青春の日の想い出」『鼓海』（山口県立徳山高等学校学校新聞），49.

岩崎民平（1985）『岩崎民平文集──英語ひとすじの生涯』東京：研究社.

岩崎民平教授還暦記念英語英米文学論集編纂委員（編纂）（1954）『岩崎民平教授還暦記念英語英米文学論集』東京：研究社出版.

岩崎春雄・忍足欣四郎・小島義男（編）（1988）『現代人のための英語の常識百科』東京：研究社出版.

岩田一男（1961）『英語に強くなる本──教室では学べない秘法の公開』東京：光文社.

岩堀行宏（1995）『英和・和英辞典の誕生──日欧言語文化交流史』東京：図書出版社.

岩村圭南（2008）『英語をめぐる冒険』東京：NHK出版.

岩村圭南（2019a)『【改訂版】英語の正しい発音の仕方（基礎編）』東京：研究社.

岩村圭南（2019b）『【改訂版】英語の正しい発音の仕方（リズム・イントネーション編）』東京：研究社.

ウィドウソン, H. G.／東後勝明・西出公之（訳）（1991）『コミュニケーションのための言語教育』東京：研究社出版.

上田辰之助（1956）"The late Prof. Edward Gauntlett" *The Japan Times*（Readers in council 欄）. No. 20647, 8.

上野舞斗（2017）「カナ表記による初学者への英語音声指導——明治期の通信教育教材を手掛かりに」『中部地区英語教育学会紀要』第46巻, 209-214.

上野舞斗（2019）「教育的な英語音声表記としての仮名の可能性——歴史から学び現在に活かす」『英語教育』4月号, 68-69.

ウェルズ, J. C.／長瀬慶來（監訳）（2009）『英語のイントネーション』東京：研究社.

宇佐美昇三（1980）「英語教育番組略史——大正14年から昭和54年まで」『NHK放送文化研究年報』第25集, 339-426.

氏家洋子（1996）『言語文化学の視点——言わない社会と言葉の力』東京：おうふう.

臼井勝美・高村直助・鳥海靖・由井正臣（編）（2001）『日本近現代人名辞典』東京：吉川弘文館.

内ヶ崎作三郎（1917）「＜東北三県学事視察報告＞大正5年の東北学事視察」『早稲田学報』第263号.

内丸公平（2014）「新事物を教ふるに當りては必ず既に知れる事物と比較し」——岡倉由三郎「外國語教授新論」に於ける英語教授法とその教育的背景（1）」『國學院大學紀要』第52巻, 57-80.

内村鑑三（1899）『外国語之研究』東京：東京独立雑誌社.

内村鑑三／亀井俊介（編集）（1988）『外国語の研究』（講談社学術文庫）東京：講談社.

馬本勉（2005）「明治期の英語授業過程に関する一考察——広島高等師範学校附属中学校の教育実習教案下書をもとに」『英学史論叢』第8号, 19-26.

馬本勉（2009）「広島中学校『英語之基礎』における語彙選定」『英學史論叢』第12号, 13-24.

馬本勉（編著）（2014）『外国語活動から始まる英語教育——ことばへの気付きを中心として』（現場と結ぶ教職シリーズ10）京都：あいり出版.

楳垣実（1961）『江戸のかたきを長崎で——続 語原随筆』東京：関書院.

楳垣実（1963）『日本外来語の研究』東京：研究社出版.

梅棹忠夫（1969）『知的生産の技術』（岩波新書）東京：岩波書店.

松園梅彦／杉本つとむ（編著）（1869/2000）『五国語箋』（洋学資料文庫2）東京：皓星社.

梅田星也（1992）「河上道生と私」御手洗（編集委員代表）（443-455）.

梅溪昇（1965）『お雇い外国人——明治日本の脇役たち』（日経新書）東京：日本経済新聞社.

梅溪昇（編）（1991）『明治期外国人叙勲史料集成5』京都：思文閣出版.

梅溪昇（1996）『緒方洪庵と適塾』大阪：大阪大学出版会.

梅溪昇（2007）『お雇い外国人——明治日本の脇役たち』（講談社学術文庫）東京：講談社.

浦口文治（1927）『グループ・メソッド——外国文学研究の近道』東京：文化生活研究会.

卜部氏（訳）（1871/2016）『増補改正 英語箋』東京：桜の花出版.

英語音声学研究会（編）（2003）『大人の英語発音講座』（生活人新書）東京：日本放送出版協会.

英語科教育実践講座刊行会（編）（1992）『ECOLA ——英語科教育実践講座』（全18巻）東京：ニチブン.

「英語教育」編集部（編）（2015）「英語教師のための発音ブラッシュアップ講座」『英語教育』
　11月号.
英語教授研究所（編）（1934）『英語教授研究所主催 第十回英語教授研究大会 記念論文集』
　（1934：71-85）.
英語研究編集部（編）（1975）『英語研究の70年――もう一つの日本英学史1908~1975』東
　京：研究社出版.
英語青年社（編）（1924）『英語青年』（神田乃武男追悼號）第50巻第11号，東京：英語青年
　社.
「英語青年」編集部（編）（1948）「片々録」『英語青年』第94巻第7号，30.
英人ダラス／吉尾和一（訳）（1873）『英音論』（*The Sounds employed in the English lan-*
　guage）東京府：尚古堂.
江越弘人（2008）『幕末の外交官　森山栄之助』東京：玄書房.
エデュケーション・ファースト（Education First）（2023）『世界最大の英語能力指数ランキン
　グ』（第2023版）（https://www.efjapan.co.jp/epi/）．2024年2月10日最終閲覧.
蝦名賢造（2017）『札幌農学校――日本近代精神の源流』（復刻版）札幌：札幌農学同窓会.
江渕一公（1986）「帰国子女を取り巻く日本社会の環境的特質に関する研究」東京学芸大学海
　外子女教育センター（編）（294–321）.
江利川春雄（1993）「高等小学校における英語科教育の目的とその変遷――小学校における英
　語科教育の歴史（3）」『鈴鹿工業高等専門学校紀要』第26巻第2号，67-82.
江利川春雄（1996）「小学校における英語科教育の歴史（5）――全体像の把握をめざして」
　『日本英語教育史研究』第11号，131-183.
江利川春雄（2002a）「英語教科書の50年」『英語教育』創刊50周年記念別冊，27-36.
江利川春雄（2006）『近代日本の英語科教育史』東京：東信堂.
江利川春雄（2008）『日本人は英語をどう学んできたか――英語教育の社会文化史』東京：研
　究社.
江利川春雄（2011）『受験英語と日本人――入試問題と参考書からみる英語学習史』東京：研
　究社.
江利川春雄（2016）『英語と日本軍――知られざる外国語教育史』（NHKブックス）東京：
　NHK出版.
江利川春雄（監修・解題）（2017）『英語教育史重要文献集成 第Ⅰ期』（全5巻）東京：ゆまに
　書房.
江利川春雄（監修・解題）（2018）『英語教育史重要文献集成 第Ⅱ期』（全5巻）東京：ゆまに
　書房.
江利川春雄（監修・解題）（2019）『英語教育史重要文献集成 第Ⅲ期』（全5巻）東京：ゆまに
　書房.
江利川春雄（2022a）『英語教育論争史』東京：講談社.
江利川春雄（2022b）「日本における英語教育学と英語教育研究組織の発展史」『中部地区英語
　教育学会紀要』第51巻，258-263.
江利川春雄（2022c）「日本の英語教育と『英語教育』誌70年史年表（1950s-2010s)」『英語
　教育』4月号，1-9.
江利川春雄（2023）『英語と日本人――挫折と希望の二〇〇年』東京：筑摩書房.
江利川春雄／木名瀬信也・中村道子（証言）（2002b）『日本英語教育史研究』第17号，95-108.
遠藤智夫・堀孝彦（1997）「現存『英和対訳袖珍辞書』初版15本の調査研究」『英学史研究』第

30号，137-150.

遠藤義光（編）（1954）『スミス先生の思い出』[私家版].

遠藤隆吉（1906a）『英語の発音』東京：大日本図書.

遠藤隆吉（1906b）『視話音字　発音学』（帝国百科全書第150編）東京：博文館.

近江誠（1984）『オーラル・インタープリテーション入門──英語の深い読みと表現の指導』（英語指導法叢書）東京：大修館書店.

近江誠（1988）『頭と心と体を使う英語の学び方』東京：研究社出版.

近江誠（1996）『英語コミュニケーションの理論と実際──スピーチ学からの提言』東京：研究社.

近江誠（2003）『感動する英語！』東京：文藝春秋.

大分県英語教育研究協議会（編）（1970）『大分県英語教育100年の歩み』東京：第一学習社.

大久保利謙（編）（1972）『森有禮全集』（全3冊）東京：宣文堂書店.

大阪女子大学附属図書館（編）（1962）『大阪女子大学蔵　日本英学資料解題』大阪女子大学.

大澤法子／バーダマン，ジェームス・M.（監修）（2023）『吾輩は英語がペラペラである──ニッポンの偉人に学ぶ英語学習法』東京：Gakken.

大島明秀（2009）『「鎖国」という言説──ケンペル著・志筑忠雄訳『鎖国論』の受容史』（シリーズ・人と文化の探究5）京都：ミネルヴァ書房.

大嶋秀樹（2021）「直近の学習指導要領に見る英語の音声・発音指導──英語教育の広がりの時代を迎えて」『滋賀大学教育学部紀要』第70号，235-243.

大嶋秀樹・多良静也・柳澤佳代子（2011）「英語の音声・発音指導に関する学生の意識──英語教員を目指す学生の意識調査から」『滋賀英文学会論集』第16号，17-31.

太田朗（訳）（Fries, C. C. 1945［原著］）（1957）『外国語としての英語の教授と学習』東京：研究社出版.

太田朗（1959）『米語音素論──構造言語学序説』東京：研究社出版.

太田かおり（2012）「日本の英語科教育における音声指導の現状──初期英語教育における音声指導の導入及びその教授法の確立を目指して」『社会文化研究所紀要』第69号，53-73. 九州国際大学社会文化研究所.

太田耕軌（2009）「「福島プラン」の再評価──先人に学ぶ」『天理大学学報』第57巻第1号，55-71.

太田雄三（1981）『英語と日本人』東京：TBSブリタニカ.

太田由佳・有賀暢迪（2016）「矢田部良吉年譜稿」『国立科学博物館研究報告E類──理工学』第39巻，27-58.

大高博美（1998）『英語音声教育のための基礎理論』（関西学院大学研究叢書86）東京：成美堂.

大高博美・長谷尚弥（2000）「英語教師（中学校から大学まで）の意識調査を通して見た日本の英語音声教育の現状と諸問題」『英語音声学』第3号，589-608.

大谷繞石（正信）（1915〜1916）「ヂョウンズ先生の英語発音学」『英語青年』第34巻第1号-第36巻第6号.

大谷繞石（1933）『己がこと人のこと』東京：春陽堂.

大谷泰照（2007）『日本人にとって英語とは何か──異文化理解のあり方を問う』東京：大修館書店.

大谷泰照（2012）『時評日本の異言語教育──歴史の教訓に学ぶ』東京：英宝社.

大谷泰照（2013）『異言語教育展望──昭和から平成へ』東京：くろしお出版.

大谷泰照（2020）『日本の異言語教育の論点──「ハッピー・スレイヴ症候群」からの覚醒』東京：東信堂.

大谷鑪江（1898）『英語正音正字学』（中学英語叢書2）東京：中学書院.

大津由紀雄（2007）『英語学習7つの誤解』（生活人新書）東京：NHK出版.

大塚高信（1941）『イェスペルセン教授　語學教授法新論』（前田（1913）の訳補）東京：冨山房.

大塚高信（1949）『英語学論考』東京：研究社出版.

大塚高信・寿岳文章・菊野六夫（編）（1969）『固有名詞英語発音辞典』東京：三省堂.

大塚高信・中島文雄（監修）（1982）『新英語学辞典』東京：研究社出版.

大塚高信（監）／東谷岩人（編著）／伊藤鎮（指導）（1966）『米会話発音教本』東京：南雲堂.

大塚朝美・上田洋子（2011）「中学・高校での発音学習履歴と定着度──大学1年生へのチェックシートと質問紙が示唆するもの」『大阪女学院大学紀要』第8号, 1-27.

大槻修二（編）（1877）『日本洋学年表 全』発行人・大槻修二［私家版］.

大槻如電（編）（1927）『新撰 洋学年表』発行人・大槻茂雄［私家版］.

大槻如電／佐藤栄七（増訂）（1965）『日本洋学編年史』東京：錦正社.

大西雅雄（1969）『パーマ博士と英語教授理論』東京：開拓社.

大西雅雄／マーチン，J.V.・千葉勉（校閲）（1926）『英語發音明解 The principles of English pronunciation』東京：開拓社.

大野延胤（1982）「明治後半期における外国人教師」『学習院女子短期大学紀要』第20号, 1-21.

大野延胤（1985）「正則文部省英語読本（The Mombusho conversational readers）について」『学習院高等科研究紀要』第14号, 1-17.

大庭貞男（1988）『戦中ロンドン日本語学校』（中公新書）東京：中央公論新社.

大場時也（2002）「東二番丁物語」『東北学院資料室』第2号, 6-11.

大橋昭夫・平野日出雄（1988）『明治維新とあるお雇い外国人──フルベッキの生涯』東京：新人物往来社.

大村喜吉（1957）「＜英学史の一断面＞発音記号の移入──マッケローの事績」『英語教育』9月号, 19-20.

大村喜吉（1960）『斎藤秀三郎伝──その生涯と業績』東京：吾妻書房.

大村喜吉（1967）「I 外国語教育の意義　2 外国語教育の変遷　(2) 明治時代」海後・高坂（監修）／岡本・他（編）(47-50).

大村喜吉（1968）『日本の英学100年 大正編』東京：研究社出版.

大村喜吉・高梨健吉・出来成訓（編）（1980a）『英語教育史資料』（全5巻）東京：東京法令出版.

大村喜吉・高梨健吉・出来成訓（編）（1980b）『英語教育史資料3　英語教科書の変遷』東京：東京法令出版.

大村喜吉・高梨健吉・出来成訓（編）（1980c）『英語教育史資料2　英語教育事典・年表』東京：東京法令出版.

大森裕實（2012）「国際化時代の英語音声 PEDAGOGY 考察」『紀要（言語・文学編）』第44号, 23-48. 愛知県立大学外国語学部.

大和田建樹（1894）『明治文学史』（国民文庫, 第10編）東京：博文館.

岡倉由三郎（1898）「発音綴字科」『英学講義』（第1回第1-5巻）大日本英学会.

岡倉由三郎（1901）『発音学講話』東京：宝永館書店.

岡倉由三郎（1905）「中学校に於ける英語教授法」帝国教育会（編）『教育公報』第298号,

17-23.

岡倉由三郎（1906）『英語発音学大綱』東京：三省堂.

岡倉由三郎（1911）『英語教育』東京：博文堂.

岡倉由三郎（編）（1921）『英語発音練習カード』東京：研究社.

岡倉由三郎（1922）『英語小發音學』東京：研究社.

岡倉由三郎（編）（1929）『研究社スクール英和辞典』東京：研究社.

岡倉由三郎（1932）「ラヂオと外国語の教授」『調査時報』第2巻第10号，30-33.

岡倉由三郎（1933）「外国語の教授とその再検討」I.R.E.T.（Eds.）（148-155）.

岡倉由三郎（1935a）「ラヂオと外国語教授」『放送』第5巻第1号，33–37.

岡倉由三郎（1935b）「恩師チャムブレン先生を偲ぶ」『英語青年』第73巻第2号，39-42.

岡倉由三郎「英語講座」NHKアーカイブス ウェブサイト「NHKテレビ放送史」（https://www2.nhk.or.jp/archives/tv60bin/detail/index.cgi?das_id=D0009060003_00000）．2022年9月22日最終閲覧.

岡崎哲（1994）『英語と英語教育――経験論的研究と実践』東京：近代文芸社.

岡崎節子（代表者）（1998）「中学・高校における音声指導の実際と，音声指導に対する英語教師の意識」『STEP Bulletin』第10号，99-112.

岡田章雄（1948）『三浦按針』（創元選書）東京：創元社.

緒方勲（監修）／高本裕迅・萩野博子・関典明（1995）『英語音声指導ハンドブック』東京：東京書籍.

尾形裕康（1961）「西洋教育移入の方途」『野間教育研究所紀要』第19集.

尾形裕康（1973）『学制成立史の研究』東京：校倉書房.

岡田美津（1936）『女子英語教育論』（英語教育叢書29）東京：研究社.

岡山県立倉敷南高等学校（2009）『平成20年度スーパー・イングリッシュ・ランゲージ・ハイスクール研究開発実施報告書――Dictoglossによる4技能を統合した指導方法――研究成果の共有と普及のために（資料編）』岡山県立倉敷南高等学校.

小川菊松（1953）『出版興亡五十年』東京：誠文堂新光社.

小川修平（2017）「英語教育の歴史的展開にみられるその特徴と長所」『盛岡大学紀要』第34号，55-56.

小川芳男（1954）「岩崎民平先生年譜に序して」岩崎民平教授還暦記念英語英米文学論集編纂委員（編纂）（503-508）.

小川芳男（1955a）『図解　英語小発音学』東京：有精堂出版.

小川芳男（1955b）「発音符号の統一を」『英語教育』10月号，巻頭エッセイ.

小川芳男（編）（1964）『英語教授法辞典』東京：三省堂.

小川芳男（訳）（Sweet, H., 1899［原著］）（1969）『言語の実際的研究』東京：英潮社.

小川芳男（1979）『私はこうして英語を学んだ』東京：TBSブリタニカ.

小川芳男（1982）『英語の教えかた――50年の経験から』東京：サイマル出版会.

小川芳男（1983）『英語交遊録』東京：三省堂.

小川芳男（1984）「英語教育――私の半世紀」語学教育研究所（編）（311-326）.

小川芳男・山家保・研究社編集部（1959）『英語教授法展望』（英語科ハンドブックス1）東京：研究社出版.

沖原勝昭（1999）「HenrichsenのELEC研究書の今日的意義」『英語展望』第106号（Summer），34-38.

奥田夏子（1974）『英語のイントネーション――研究と指導』東京：英和出版.

小栗敬三（1953）『英語發音學（The Pronunciation of English）』東京：篠崎書林.

小栗敬三（1962）『英語音声学概論（English phonetics）』東京：篠崎書林.

小栗敬三（1964a）『英語発音の知識』東京：篠崎書林.

小栗敬三（1964b）『英語発音の急所』東京：篠崎書林.

オコナー, J.D. ／黒田巍（注）（1973）『英語音声学 Better English pronunciation』東京：成美堂.

オコナー, J. D.・アーノルド, A.F. ／片山嘉雄・長瀬慶来・長瀬恵美（共編訳）（1994）『イギリス英語のイントネーション──実用ハンドブック』東京：南雲堂.

尾崎行雄（1947）「漢字亡国論」『民主政治読本』東京：日本評論社.

小篠敏明（1968）「パターン・プラクティスの成立」『広島大学教育学部紀要』第1部, 139-148.

小篠敏明（編）（1983）『英語の誤答分析』（英語教育学モノグラフ・シリーズ）東京：大修館書店.

小篠敏明（1995）『Harold E. Palmer の英語教授法に関する研究──日本における展開を中心として』広島：第一学習社.

小篠敏明・江利川春雄（編著）（2004）『英語教科書の歴史的研究』東京：辞游社.

長田新（編）（1959-1960）『ペスタロッチー全集』（全13巻）東京：平凡社.

小田隆治・杉原真晃（編）（2010）『学生主体型授業の冒険──自ら学び、考える大学生を育む』京都：ナカニシヤ出版.

小野圭次郎（1921）『最新研究 英文の解釈 考へ方と訳し方』東京：山海堂.

小野圭次郎（1923）『最新研究英語のアクセント──覚え方と見附け方』東京：山海堂.

小野圭次郎（1939）「臨時官費英語専修科を語る（3）」『英語の研究と教授』第7巻第11号, 341.

小野昭一（1986）『英語音声学概論』東京：リーベル出版.

小野木重治（編著）（1992）『ある英語教師の思い出──小泉八雲の次男・稲垣巌の生涯』東京：恒文社.

小幡篤次郎・小幡甚三郎（編）／竹中龍範（解題）（1982）『英文熟語集・全　復刻版』広島：あき書房.

折井（秋田）麻美子（2014）「英語音声教員研修の必要性──発音指導に関する中学校教員の意識調査から」『学術研究　人文科学・社会科学編』第63号, 203-222. 早稲田大学教育・総合科学学術院教育会.

オールコック, ラザフォード／山口光朔（訳）（1962）『大君の都──幕末日本滞在記』（岩波文庫, 上・中・下）東京：岩波書店.

オング, ウォルター・J. ／桜井直文・林正寛・糟谷啓介（訳）（1991）『声の文化と文字の文化』東京：藤原書店.

ガイガー, V. ／武藤潔・川東松男（共訳）（1952）『英語教育の新技術』東京：開隆堂出版.

海後宗臣（1965）『教育勅語成立史の研究──明治教育史研究　第一冊』東京：東京大学出版会.

海後宗臣・高坂正顕（監修）／岡本圭次郎・小田豊・国枝高治・宍戸良平・竹中治郎（編）（1967）『学校教育全書17　外国語教育』東京：全国教育図書.

カイザー, シュテファン（2005）「Exercises in the Yokohama dialect と横浜ダイアレクト」『日本語の研究』第1巻第1号, 35-50.

貝瀬千章（1981）「日本人の英語発音──戦後英語教育の成果と課題として」『英語展望』第75号～第76号, 50-53.

開隆堂出版（編）（1992）『JACK and BETTY あの日あの頃』（復刻版付録ブックレット）東京：開隆堂出版.

科学教材社（刊）（1945）『日米會話手帳』東京：科学教材社.

垣田直巳（編集）（1979）『英語教育学研究ハンドブック』東京：大修館書店.

垣田直巳（監修）／小篠敏明（編集）（1983）『英語の誤答分析』（英語教育学モノグラフ・シリーズ）東京：大修館書店.

学制百年史編集委員会（編）「六　戦後の教育改革」『学制百年史』. 文部科学省ウェブサイト（http://www.mext.go.jp/b_menu/hakusho/html/others/detail/1317571.htm）. 2021年10月30日最終閲覧.

笠原五郎（1956）『英語イントネーションの構造』東京：開拓社.

笠原五郎（1962）『英語音声学』東京：開拓社.

梶木隆一（1985）「岩崎先生の思い出」岩崎民平（483-484）.

片桐一男（2021）『阿蘭陀通詞』（講談社学術文庫）東京：講談社.

片山寛（1935）『我国に於ける英語教授法の沿革』（英語教育叢書26）東京：研究社出版.

片山嘉雄・長瀬慶來・上斗晶代（1996）『英語音声学の基礎——音変化とプロソディーを中心に』東京：研究社出版.

勝俣銓吉郎（1936）『日本英學小史』東京：研究社出版.

加藤周一（1955）「信州の旅から——英語の義務教育化に対する疑問」『世界』12月号，141-146.

加藤周一（1974）『雑種文化——日本の小さな希望』（講談社学術文庫）東京：講談社.

加藤富夫（1994a）「音声学・発音教育関係雑誌論文年表（1）——明治・大正時代」『北海道教育大学紀要』（第一部A，人文科学編）第44巻第2号，29-43.

加藤富夫（1994b）「音声学・発音教育関係雑誌論文年表（2）——昭和時代前期」『北海道教育大学紀要』（第一部A，人文科学編）第44巻第2号，45-65.

加藤富夫（1994c）音声学・発音教育関係雑誌論文年表（3）——昭和時代中期」『北海道教育大学紀要』（第一部A，人文科学編），第45巻第1号，55-65.

加藤祐三（2012）『幕末外交と開国』（講談社学術文庫）東京：講談社.

門田修平（2007）『シャドーイングと音読の科学』東京：コスモピア.

門田修平（監修）／高田哲朗・溝畑保之（2007）『シャドーイングと音読　英語トレーニング』東京：コスモピア.

金沢朱美（2006）「オレンドルフ教授法の受容の考察——井上勤ならびに岡倉由三郎の受容を中心に」『目白大学人文学研究』第3号，149-161.

金子健二（1923）『言葉の研究と言葉の教授』東京：東京寶文館.

兼弘正雄（1932）『實驗英語音聲學』東京：泰文堂.

兼弘正雄（1936）『日英兩國語—發音差異の實驗的研究』東京：研究社出版.

兼弘正雄（1967）『英語音声学 The Phonetics of English』東京：山口書店.

上村妙子（2023）『異文化コミュニケーション——自文化と異文化の理解をめざして』東京：専修大学出版局.

神山孝夫（2019）『脱・日本語なまり——英語(＋α)実践音声学』（新装版）大阪大学出版会.

神山孝夫（2023）『市河三喜伝——英語に生きた男の出自，経歴，業績，人生』東京：研究社.

亀井俊介（1988）『亀井俊介の仕事3　西洋が見えてきた頃』東京：南雲堂.

加茂正一（1923）『英語発音記号の知識と練習』東京：文友堂書店.

加茂正一（1924）『万国発音記号手ほどき』東京：文友堂書店.

カーリー, P.・メイス, インガ, M.・コリンズ, B. ／三浦弘（訳）（2021）『イギリス英語音声学』東京：大修館書店.

河上道生（1972）「通訳はいかにするか──通訳法の実際」『英語研究』, 2-5.

河上道生（1991）『英語参考書の誤りとその原因をつく』東京：大修館書店.

河口昭（1988a）「浅田栄次の英語教授論──岡倉由三郎との対比から」『中国地区英語教育学会研究紀要』第18巻, 59-66.

河口昭（1988b）「浅田栄次と英語教育──英語教授史的観点からの一考察」『中国地区英語教育学会研究紀要』第18巻, 165-170.

河口昭（1990）「英学徒・石田憲次, 岩崎民平──その MOTIVATION の解明」『英學史會報』第8～13合併号, 45-50.

川越いつえ（1999）『英語の音声を科学する』東京：大修館書店.

河路由佳（2023）『日本語はしたたかで奥が深い──くせ者の言語と出会った〈外国人〉の系譜』東京：研究社.

川島幸希（2000）『英語教師 夏目漱石』（新潮選書）東京：新潮社.

川島彪秀・ローガンビル, B.G.（1974）『英語スピーチ　正しい発音』東京：三修社.

川島彪秀・ワグナー, ジョセフ（1973）『A Introduction to English Pronunciation　英語発音の基本と演習』東京：英潮社フェニックス.

川島浩勝・田中祐治・山川健一・伊藤彰浩・大野秀樹・大和知史・三浦省五（1999）「英語の発音指導」（英語教育学モノグラフ [19]）『英語教育』10月増刊号.

川澄哲夫（2005）『黒船異聞──日本を開国したのは捕鯨船だ』神奈川：有隣堂

川澄哲夫（編）／鈴木孝夫（監）（1998a）『資料日本英学史I　英学ことはじめ』（上）東京：大修館書店.

川澄哲夫（編）／鈴木孝夫（監）（1998b）『資料日本英学史I　英学ことはじめ』（下）東京：大修館書店.

河添恵子（2005）『アジア英語教育最前線──遅れる日本？進むアジア！』東京：三修社.

川田順造（1988）『聲』東京：筑摩書房.

川原繁人（2015）『音とことばのふしぎな世界──メイド声から英語の達人まで』（岩波科学ライブラリー）東京：岩波書店.

川原繁人（2017）『「あ」は「い」より大きい!?──音象徴で学ぶ音声学入門』東京：ひつじ書房.

川又正之（2002）「どのような英語を教えるか──『規範性』と『変種』の問題について」『外国語教育論集』第24号, 177-203. 筑波大学外国語センター.

河村和也（2010）「新制高等学校の入試への英語の導入（1）：──その経緯と背景に関する基本問題」『日本英語教育史研究』第25号, 49-67.

河村和也（2011）「新制高等学校の入試への英語の導入（2）：── 1952年度の入試をめぐって」『日本英語教育史研究』第26号, 55-78.

菅正隆・松下信之（2017）『アクティブ・ラーニングを位置づけた高校英語の授業プラン』東京：明治図書出版.

神田乃武（1892）『ロングマンス第四読本注解 附英語綴字法』（Notes of Longmans' fourth reader, and English spelling）東京：内田老鶴圃.

神田乃武（1896）「中学校に於ける英語」『太陽』第2巻第4号, 236.

神田乃武（1901）『英語読本説明書 附英語発音説明』東京：三省堂.

神田乃武・金澤久（編）（1922）『袖珍コンサイス英和辞典（萬國音標文字附）』東京：三省堂.

神田乃武・ガントレット，G.E.L.（1901）『Kanda's new scientific copy books（英習字）』（全6巻）．東京：三省堂書店．

ガントレット，G.E.L.（1906）*Shinshiki nippongo sokkijutsu*. Tokyo：Chikyudo Publishing.

ガントレット，G.E.L.（1949）"How I teach English"『英語教育と教養』2月号，24.

ガントレット，G.E.L.・佐々木文美（1901）『英会話篇』東京：有朋堂．

ガントレット，D.（1949）「祖父エドワード・ガントレットを語る」『松風』第87号，5-12. 徳山大学学生部松陰会．

ガントレット，恒（1949）『七十七年の想ひ出』東京：植村書店．

芳　即正（1993）『島津斉彬』（人物叢書）東京：吉川弘文館．

神原守文（1891）『英語発音法手引　A KEY TO THE ENGLISH PRONUNCIATION FOR BEGINNERS』東京：神原守文．

神戸直吉（1903）『神戸英語読本』東京：神戸書店．

菊池武（2010）「発音指導に関しての高等学校英語教員の見解」『外国語教育研究』第28号，69-85. 獨協大学．

菊池武信／清水彦五郎（訂）／フルベッキ（校閲）（1886）『英語発音秘訣』菊池氏蔵［私家版］．

菊池武信／フルベッキ（校閲）／田口鼎軒（題辞）（1902）『英語発音秘訣』（明治三十五年四月再版）東京：池田榮進舘．

岸本能武太（1903）『中学教育に於ける英語科の教材教程及び教授法に就いて』東京：鐘美堂．

岸本能武太（1910）『英語研究　発音の原理』東京：北文館．

岸本能武太（1915）『岡田式　静坐三年』東京：大日本図書．

岸本能武太（1925a）『英語・音標文字早分かり』東京：北文館．

岸本能武太（1925b）「英語の綴り字，発音，語原等に就いて」第一外国語学校（編纂）（1925：143-163）．

ギート，フランツ（1958）*Systematic exercise for pronunciation of American English*（米語発音練習帳）．東京：開拓社．

儀同保（1992）『獨学者列傳』東京：日本評論社．

木下是雄（1996）『木下是雄集3　日本人の言語環境を考える』東京：晶文社．

紀平健一（1992）「戦後高等英語教科書の成立── The world through Englishの検討」『日本英語教育史研究』第7号，49-86.

紀平健一（1995）「「カムカム英語」──戦後「英会話」の原型」『日本英語教育史研究』第10号，111-141.

紀平健一（2000）「戦後英語教育史私論──ひとつの総括」『日本英語教育史研究』第15号，91-112.

紀平健一（2004）「*Let's Learn English*の考察──内容と歴史的意義」『日本英語教育史研究』第19号，107-127.

ギムスン，A.C.／竹林滋（訳）（1985）『英語音声学入門 An introduction to the pronunciation of English』　東京：金星堂．

木村毅（1969）『丸善外史』東京：丸善．

木村恒夫（1962）『英語発音の基礎』東京：開拓社．

木村恒夫（1968）『英語発音学演習』東京：開拓社．

木村直樹（2012）『〈通訳〉たちの幕末維新』東京：吉川弘文館．

喜安璡太郎／福原麟太郎（編）（1972）『湖畔通信・鵠沼通信』東京：研究社出版．

キャロル，J. B／大学英語教育学会（訳編）（1972）『英語の評価と教授』東京：大修館書店．

柊元弘文（2022）「第二言語習得における洋楽使用の意義及び授業実践報告──洋楽で
　TOEICスコアアップを目指す授業実践」『関西外国語大学　研究論集』第116号，251-268.
草間俊郎（1976）「横浜の英語教育機関──幕末維新期・明治期における公認諸学校」『英学
　史研究』第9号，23-31.
楠家重敏（1986）『ネズミはまだ生きている──チェンバレンの伝記』（東西交流叢書2）東
　京：丸善雄松堂.
葛谷登（2017）「貧しき英語学習体験の記　今も昔も──松坂ヒロシ先生の風景」『Aichi Uni-
　versity Lingua』第10号，20-22.
國弘正雄（1970）『英語の話しかた──同時通訳者の提言』東京：サイマル出版会.
國弘正雄（1976）『異文化に橋を架ける──国際化時代の語学教育』東京：ELEC出版部.
國弘正雄（1981）『落ちこぼれの英語修行』東京：日本英語教育協会.
國弘正雄（1999）『國弘流英語の話しかた』東京：たちばな出版.
國弘正雄（2006）『國弘正雄の英語の学びかた』東京：たちばな出版.
國弘正雄（監修）／高階玲子・阿波ジャンボーズクラブ（編）（1985）『ニッポン一の英語村
　──高校野球の池田に咲くもう一つの花』東京：三友社出版.
國弘正雄・千田潤一（2000）『英会話・ぜったい・音読【標準編】──頭の中に英語回路を作
　る本』東京：講談社インターナショナル.
國弘正雄・千田潤一・久保野雅史（2001）『英会話・ぜったい・音読【入門編】──英語の基
　礎回路を作る本』東京：講談社インターナショナル.
國弘正雄・鳥飼久美子（1982）『英語で何をやる？』東京：日本英語教育協会.
國弘正雄・西山千・金山宣夫（1969）『通訳　英会話から同時通訳まで』東京：日本放送出版
　協会.
久野英吉（1887）『スペルリング綴字書 An elementary spelling book』（1～3年）［私家版］.
グベリナ，ペタール／ロベルジュ，クロード（編）／小川裕花・西田俊明・原田早苗（読み
　手）／北代美和子・佐野彩・佐野純三・寺尾いづみ・常磐僚子・西沼行博・福山孝子・南舘
　英孝（翻訳）（2012）『ことばと人間──聴覚リハビリと外国語教育のための言語理論』東
　京：ぎょうせい.
隈慶秀（2011）「昭和 24 年の英語科教員再教育講習会── Virginia Geiger女史のもたらした
　もの」『英學史論叢』第14号，13-22.
熊本謙二郎・南日恒太郎（編）／メドレー，A.W.（発音担任）（1926）『モダン英和辞典』東京：
　有朋堂.
久米邦武（編）（1878）『特命全権大使米欧回覧実記』（全5冊）東京：博聞社.
クラーク，ウイリアム・L.（1957）『アメリカ口語教本』（*Spoken American English*；入門用・
　初級用・中級用・上級用）東京：研究社.
倉沢剛（1983，1984，1986）『幕末教育史の研究』（全3巻；1 直轄学校政策，2 諸術伝習政策，
　3 諸藩の教育政策）東京：吉川弘文館.
クラッシェン，スティーブン・D.テレル，トレイシー・D.／藤森和子（訳）（1986）『ナ
　チュラル・アプローチのすすめ』（英語指導法叢書）東京：大修館書店.
クリスタル，デイヴィッド／風間喜代三・長谷川欣佑（監訳）（1992）『言語学百科事典』東
　京：大修館書店.
栗原信一（1944）『明治開化史論』東京：帝国図書.
グリフィス，W.E.／松浦玲（監修）／村瀬寿代（訳編）（2003）『日本のフルベッキ──新訳考
　証：無国籍の宣教師フルベッキの生涯』佐賀：洋学堂書店.

グリフィス，W.E.／渡辺省三（訳）（1985）『われに百の命あらば——中国・アメリカ・日本の教育にささげたS. R. ブラウンの生涯』東京：キリスト新聞社.

クレインス，フレデリック（2021）『ウィリアム・アダムス——家康に愛された男・三浦按針』（ちくま新書）東京：筑摩書房.

厨川文夫（1950）『英語音声学（完）』（文部省認可通信教育慶応義塾大学教材）慶応義塾大学通信教育部.

黒沢浩太郎（1957）『英語朗読法の研究』東京：篠崎書林.

黒田巍（1934）『ラジオ・トーキー・蓄音機による英語学習』英語英文学講座刊行委員会.

黒田巍（1948a）『英語教授論考』東京：金子書房.

黒田巍（1948b）「文部省主催　新制高等学校英語科指導者講習会」『語学教育』第204号，26-30．語学教育研究所.

黒田巍（1951）『実力完成　英語発音と綴り』東京：三省堂.

黒田巍（1952）「音声学より見た発音教授の問題」『英語青年』第98巻第10号，442.

黒田巍（1959）「人物中心日本英学史（10）Harold E. Palmer ——大正・昭和」『英文法研究』第3巻第12号，37-40.

黒田巍（1982）「音声指導の道を開く——パーマーの音声指導とイントネーション指導」『英語教育ジャーナル』2月号，19-22.

黒田巍（編注）／オコーナー，J. D.（1992）『Better English pronunciation 英語音声学　改訂版』東京：成美堂

黒田巍・中島文雄・石橋幸太郎・斎藤勇（1962）『New approach to English 1, 2』東京：大修館書店.

慶應義塾（編）（1869）『慶應義塾読本 ピ子ヲ氏原板　英文典』慶應義塾.

慶應義塾（編集）（1958）『慶応義塾　百年史』（上）慶應義塾.

慶應義塾（編集）（1959）『福澤諭吉全集7』東京：岩波書店.

慶應義塾（編集）（1960）『福澤諭吉全集9』東京：岩波書店.

ゲルハード，R. H.／三神勲（訳）（1937）『英米發音學研究』（A textbook of English sounds for Japanese students）東京：有朋堂.

ゲルハード，R. H.／黒田巍・大田不冴（訳）（1951）『邦文英米発音概説』東京：清水書院.

研究社（刊）（1935~1937）『英語教育叢書』（全31巻）東京：研究社.

研究社新英語教育講座編集部（編纂）（1956~1957）『新英語教育講座 改訂版』（10巻＋別巻）東京：研究社.

言語文化共同研究プロジェクト（編）（2010）『新しい英語教育の方向性』大阪大学大学院言語文化研究科.

現代英語教育編集部（編）（1998）『現代英語教育』（特集：発音・音声指導を再考する）7月号.

小泉保・牧野勤（1971）『音韻論 I』（英語学体系1）東京：大修館書店.

高城高（2008）『凍った太陽』（高城高全集2）（創元推理文庫）東京：東京創元社.

河内山真理・有本純（2016）「教員研修における発音指導に対する教員の意識」『教育総合研究叢書』第9号，155-163．関西国際大学教育総合研究所.

河内山真理・有本純・中西のりこ（2013）「教職課程における英語発音指導の位置付け」*Language Education & Technology* 第50巻，119-130.

河野通（1993）「語学将校　陸軍中佐　江本茂夫——軍人として教師として」『東京家政大学研究紀要　人文社会科学』第33集第1号：1-18.

幸野稔（1995）「大学新入生の中学校・高校における英語音声学習に関する調査」『秋田英語英文学』第36号，100-113.

河野守夫（2001）『音声言語の認識と生成のメカニズム——ことばの時間制御機構とその役割』東京：金星堂.

河野守夫・沢村文雄（編）（1985）『Listening & speaking——新しい考え方』京都：山口書店.

河野守夫（編集主幹）／井狩幸男・石川圭一・門田修平・村田純一・山根繁（編）（2007）『ことばと認知のしくみ』東京：三省堂.

高本捨三郎（編著）（1978）『Aural-Oral approach to modern English英語の発音とヒアリング』東京：南雲堂.

高本捨三郎（編）（1980）『英語学・英語教育研究事典』東京：南雲堂.

古賀十二郎（1947）『徳川時代に於ける長崎の英語研究』博多：九州書房.

古賀徹（1991）「マリオンM. スコットと日本の教育」『比較教育学研究』第1991巻第17号，43-56.

語学教育研究所（編）（1943）『外国語教授法』東京：開拓社.

語学教育研究所（編）（1948）『外国語教授法』（新訂版）東京：開拓社.

語学教育研究所（編）（1962）『英語教授法事典』東京：開拓社.

語学教育研究所（編）（1966）『随筆集　日本人と外国語』東京：開拓社.

語学教育研究所（編）（1984）『日本の英語教育——過去・現在・未来』東京：中教出版.

語学教育研究所（編）（1995a）『パーマー選集7——発音篇1』東京：本の友社.

語学教育研究所（編）（1995b）『パーマー選集8——発音篇2』東京：本の友社.

語学教育研究所（編著）（1988）『英語指導技術再検討』東京：大修館書店.

語学教育研究所（編）／江利川春雄（監修）／江利川春雄・河村和也（解題）（2022〜2023）『語学教育1942〜1972年刊』（復刻版，全10巻＋別巻1）東京：ゆまに書房.

語学教育研究所（監修）／若林俊輔・隈部直光（指導）（1988〜1990）「英語指導技術再検討」（全30巻セット）東京：ジャパンライム.

国立科学博物館ウェブサイト「矢田部良吉デジタルアーカイブ」（https://dex.kahaku.go.jp/yatabe）. 2020年12月21日最終閲覧.

国立教育研究所（編）（1974）『日本近代教育百年史4』（学校教育2）国立教育研究所.

国立教育政策研究所ウェブサイト（https://www.nier.go.jp/guideline/s26jhl1/index.htm）. 2021年12月3日最終閲覧.

小島信夫（1954）『アメリカン・スクール』東京：みすず書房.

小島義郎（1980）『英語発音の基礎』東京：日本放送出版協会.

小島義郎（1999）『英語辞書の変遷——英・米・日本を併せ見て』東京：研究社.

小玉敏子（1965）「横浜の英学（一）　私塾について」『日本英学史研究会研究報告』第33号，1-10.

小寺茂明・吉田晴世（編著）（2008）『スペシャリストによる英語教育の理論と応用』東京：松柏社.

小林昭文（2015）『アクティブラーニング入門』東京：産業能率大学出版部.

小林大介（2009）「福島プランの生徒——佐藤庄市郎氏・中尾真氏・平澤英夫氏へのインタビュー」（富国生命ビル17階，2009年8月19日収録）.

小林大介（2010）「英語教育に関する史的一考察——『福島プラン』に見る『受験』と『オーラル』の融合」専修大学大学院文学研究科修士論文.

小林大介・田邉祐司（2011）「福島プラン再考——その成果と指導実践から」『日本英語教育

史研究』第26号，79-100.

小林哲也（1981）『海外子女教育，帰国子女教育──国際化時代の教育問題』（有斐閣新書）東京：有斐閣.

小林敏彦（2003）「洋楽を活用したリスニング活動」『小樽商科大学人文研究』第105輯，81-121.

惟任泰裕（2024）「神田乃武の英語教授観の再検討──「ナチュラル・メソッド」との関係を中心に」日本英語教育史学会第297回研究例会（3月16日；オンライン開催）発表資料.

今野鉄男（1986）「福島プラン考──その授業実践を中心に」『日本英語教育史研究』第1号，17-23.

斉藤栄二（1994）「国際化時代に要求される英語とは──ジャパニーズ・イングリッシュ是非論」『英語教育』3月号，8-10.

斎藤浩一（2022）『日本の「英文法」ができるまで』東京：研究社.

齋藤孝（2001）『声に出して読みたい日本語』東京：草思社.

齋藤孝・斎藤兆史（2004）『日本語力と英語力』東京：中央公論新社.

斎藤勇（編）（1937）『研究社英米文学辞典』東京：研究社.

斎藤秀三郎（1904a）『Spelling and pronunciation』（全3巻）東京：興文社.

斎藤秀三郎（1904b）『Text-book of accent』（全3巻）東京：興文社.

斎藤秀三郎（1915）『熟語本位英和中辞典』（初版）東京：日英社.

斎藤秀三郎（1928）『斎藤和英大辞典』東京：日英社.

斎藤秀三郎／豊田實（増補）（1936）『熟語本位英和中辞典』（新増補版）東京：岩波書店.

斎藤美津子（1969）「同時通訳」『言語教育と関連諸科学』（言語教育叢書第1期5巻）東京：文化評論出版.

斎藤兆史（2000）『英語達人列伝──あっぱれ，日本人の英語』（中公新書）東京：中央公論新社.

斎藤兆史（2001）『英語襲来と日本人──えげれす語事始』（講談社選書メチエ）東京：講談社.

斎藤兆史（2007）『日本人と英語──もうひとつの英語百年史』東京：研究社.

斎藤兆史（2023）『英語達人列伝Ⅱ──かくも気高き，日本人の英語』（中公新書）東京：中央公論新社.

酒井邦嘉（2002）『言語の脳科学──脳はどのようにことばを生みだすか』（中公新書）東京：中央公論新社.

佐川春水（説明）／ミス・サンマース（送声）（1909）『教習実用　英語蓄音機詳解』東京：天賞堂.

崎山元吉（編）（1893）『外國語教授法改良説』東京：崎山敏輔.

崎山元吉（1893〜1894）『英語教授書』（全2巻）東京：崎山敏輔.

崎山元吉（1896）『英語初歩教授書』東京：崎山敏輔.

櫻井役（1936）『日本英語教育史稿』大阪：敵文館.

櫻井役（1970）『日本英語教育史稿』（復刻版）広島：文化評論出版.

桜井俊彰（2020）『長州ファイブ──サムライたちの倫敦』（集英社新書）東京：集英社.

酒向誠（1956）『米語音声学入門』東京：福村書店.

酒向誠（1960）『英文音読の基礎──リズムのつかみ方』東京：政文堂.

佐々木毅・鶴見俊輔・富永健一・中村政則・正村公宏・村上陽一郎（編）（1991）『戦後史大事典』東京：三省堂.

佐々木達・木原研三（編著）（1995）『英語学人名辞典』東京：研究社.

佐々木達夫（1969）『百年目の英語教師たち』（明治図書新書）東京：明治図書出版.

佐々木満子（1975）『英学の黎明』東京：近代文化研究所（昭和女子大学）.

サージェント，J.A.・須藤兼吉（1946）『日米會話必携』東京：旺文社.

定宗數松（1939）『日本英学物語』（English teachers' library）東京，大阪：三省堂.

サトウ，アーネスト／坂田精一（訳）（1960）『一外交官の見た明治維新』（上・下）東京：岩波書店.

佐藤重道（編訳）（1889）『英語発音解』東京：大倉孫兵衛.

佐藤顕理（重道）（1902）『英語研究法』東京：文聲社.

佐藤喜之（2008a）「藤岡勝二・新村出の門下生（1）　明治・大正の言語学　その5」『學苑』第809号，68-76.

佐藤喜之（2008b）「藤岡勝二・新村出の門下生（2）　明治・大正の言語学　その6」『學苑』第811号，54-62.

佐藤喜之（2008）「藤岡勝二・新村出の門下生（3）明治・大正の言語学　その7」『學苑』第814号，35-43.

佐波亘（編著）（2000）『植村正久と其の時代』（復刻版，全8巻）東京：教文館.

三省堂編修所（編）（1951）『最新コンサイス英和辞典』東京：三省堂.

三省堂編修所（編）（1954）『新明解英和辞典』（新訂版）東京：三省堂.

三省堂百年記念事業委員会（編）（1982）『三省堂の百年』東京：三省堂.

ジェーンズ，L.L.／田中啓介（訳）／上田穰一（解説）（1978）『ジェーンズ　熊本回想』熊本：熊本日日新聞社.

塩澤正・榎木薗鉄也・倉橋洋子・小宮富子・下内充（編著）（2014）『現代社会と英語——英語の多様性をみつめて』東京：金星堂.

塩澤正・吉川寛・倉橋洋子・小宮富子・下内充（2016）『「国際英語論」で変わる日本の英語教育』東京：くろしお出版.

志賀直哉（1946）「国語問題」『改造』第1巻第4号（『志賀直哉全集7』）（1974：339-343）.

志賀直哉（1974）『志賀直哉全集7　随筆』東京：岩波書店.

重野健造（1896）『英語教授法改良案』東京：水野慶治郎.

重野健造・出来成訓（監修）（2009）『英語教授法改良案』（英語教授法基本文献　復刻版）東京：冬至書房.

重久篤太郎（1941）『日本近世英学史』東京：教育図書.

重久篤太郎（1976）『お雇い外国人14　地方文化 付・文化関係人名録』東京：鹿島出版会.

靜哲人（2009a）『英語授業の心・技・体』東京：研究社.

靜哲人（2019b）『発音の教科書——日本語ネイティブが苦手な英語の音とリズムの作り方がいちばんよくわかる』東京：テイエス企画.

柴田徹士・藤井治彦（1985）『英語再入門——読む・書く・聞く・話す』東京：南雲堂.

柴田昌吉・子安峻（1873）『附音挿図英和字彙』横浜：日就社.

柴田美紀・仲潔・藤原康弘（2020）『英語教育のための国際英語論——英語の多様性と国際共通語の視点から』東京：大修館書店.

柴田雄介・横山志保・多良静也（2008）「英語発音指導に関する実態調査」『四国英語教育学会紀要』第28号，47-58.

渋川敬直（六蔵）・藤井質（三郎）（訂補）／大槻如電（覆刻 謄写版）（1840/1928）『英文鑑』東京：六合館.

渋川六蔵／杉本つとむ（編著）（1993）『英文鑑——資料と研究』東京：ひつじ書房.

島泰三（2005）『安田講堂 1968－1969』（中公新書）東京：中央公論新社.
島岡丘（1978）『現代英語の音声——ヒアリングと音読』東京：研究社出版.
島岡丘（1982）「1980年代の音声指導の方向性」『英語教育』5月号，21-25.
島岡丘（1986）『教室の英語音声学 Q & A』東京：研究社出版.
島岡丘（1994）『中間言語の音声学——英語の「近似カナ表記システム」の確立と活用』東京：小学館プロダクション.
島岡丘（1999）『カナ表記で通じる英語の発音』東京：日本能率協会.
島岡丘（2004）『日本語からスーパーネイティヴの英語へ―― 10段階完全マスターのコツと処方箋』東京：創拓社出版.
島岡丘（2005）『国際英語の音声学 New phonetic bases for International English』東京：南雲堂.
島岡丘教授還暦記念論文集編集委員会（編）（1992）『英語音声学と英語教育——島岡丘教授還暦記念論文集』東京：開隆堂.
島根県文学館推進協議会（編）（2010）『人物しまね文学館』島根：山陰中央新社.
清水あつ子（2011）「国際語としての英語と発音教育」『音声研究』第15号第1号，44-62.
清水あつ子・斎藤弘子・高木直之・小林篤志・牧野武彦・内田洋子・杉本淳子・平山真奈美（2023）『大人の英語発音講座』（新装復刊）東京：研究社.
清水卯三郎（撰）（1860）『ゑんぎりしことば』出版所不明.
清水恵美子（2017）『洋々無限——岡倉天心・覚三と由三郎』東京：里文出版.
清水克正（1983）『音声の調音と知覚』東京：篠崎書林.
清水克正（1995）『英語音声学——理論と学習』東京：勁草書房.
清水克正（2021）『英語音声学要説』東京：英宝社.
清水浩三（1984）「ロバート・ゲルハード先生について」『東北学院英学史年報』第5号，41-50.
清水浩三（1991）「東北学院の英語教育とゲルハード・メソッド」『東北学院百年史』（各論篇），407-443.
清水武雄・多賀谷宏（1990）「ナチュラル・アプローチを導入した高校英語教育の実践的研究——インプットの強化をめざして」『群馬大学教育学部紀要』（人文・社会科学編）第40号，119-133.
清水貞助（1969）「福島プランの解説」磯尾／三戸（編代表）（122-124）.
清水貞助（1970）「幕末における英学の発達について——時代思潮を中心として」『文教大学紀要』第14集，19-35.
清水貞助（1980）『英語科教育法——理論と実践』東京：開拓社.
城生佰太郎・福盛貴弘・斎藤純男（編著）（2011）『音声学基本事典』東京：勉誠出版.
庄司潤一郎（2011）「日本における戦争呼称に関する問題の一考察」『防衛研究所紀要』第13巻第3号，43-80.
正頭英和（2020）『世界トップティーチャーが教える　子どもの未来が変わる英語の教科書』東京：講談社.
昭和女子大学近代文学研究室（編）（1957）「S・R・ブラウン」『近代文学研究叢書』第1巻.東京：昭和女子大学光葉会.
昭和女子大学近代文化研究所（編）（1965）「神田乃武」『近代文学研究叢書』第23巻．東京：昭和女子大学光葉会.
昭和女子大学近代文化研究所（編）（1974）「高橋五郎」『近代文学研究叢書』第39巻．東京：昭和女子大学光葉会.

ジョン万次郎（述）／河田小龍（記）／谷村鯛夢（訳）／北代淳二（監修）（2018）『漂巽紀畧　全現代語訳』（講談社学術文庫）東京：講談社.

ジョーンズ，D.（1939）（訳者不明）「帰朝されたロバート・ゲルハード先生の近況について」『東北学院時報』第146号，4. 東北学院同窓会.

白山映子（2016）「頭本元貞が発信した中等学校英語教育」『東京大学大学院教育学研究科紀要』第56巻，61-73.

城山三郎（1988）『友情　力あり』（講談社文庫）東京：講談社.

新人物往来社（編）（1997）『阿部正弘のすべて』東京：新人物往来社.

神保格（1921）『邦人本位　英語の発音』東京：大倉書店.

神保格（1927）『最新英語音声学』東京：大倉書店.

新村出（編）（2018）『広辞苑』（第7版）東京：岩波書店.

水光雅則（1985）『文法と発音』（新英文法選書1）東京：大修館書店.

スウィート，ヘンリー／八杉貞利（訳）（1901）『外国語教授法』東京：宝永館書店.

スウィート，ヘンリー／小川芳男（訳）（1969）『言語の実際的研究』東京：英潮社.

スウィート，ヘンリー／木原研三（編）（1998）『ヘンリー・スウィート　音声学提要』東京：三省堂.

末延岑生（2010）『ニホン英語は世界で通じる』（平凡社新書）東京：平凡社.

須貝清一（1936）「《資料》洗練せられた人 杉森此馬先生」『尚志』183号，60-61.

須貝清一・鶴見正平・浅地昇（1915）『英語之基礎』広島：広島県立広島中学校内英語研究部.

杉田敏（1996）『英語の達人』東京：ディーエイチシー.

杉田敏（2023）『英語の極意』（インターナショナル新書）東京：集英社インターナショナル.

杉藤美代子（1996）『日本語音声の研究2　日本人の英語』大阪：和泉書院.

杉藤美代子（監修）／国弘哲弥（國廣哲彌）・廣瀬肇・河野守夫（編）（1997）『アクセント・イントネーション・リズムとポーズ』東京：三省堂.

杉本つとむ（1985a）『杉本つとむ著作選集8　日本英語文化史の研究』東京：八坂書房.

杉本つとむ（編）（1985b）『日本英語文化史資料』東京：八坂書房.

杉本豊久（2010）「明治維新の日英言語接触――横浜の英語系ピジン日本語（1）」『成城イングリッシュ・モノグラフ』第40号（森田孟教授退職記念号），357-381，成城大学大学院文学研究科.

杉森此馬（1908）「英語の学習に就きて」「英學界」編輯局（編）『The Youth Companion LIBRARY NO.1　余は如何にして英語を学びしか 附 如何にして英語を学ぶべきか』（62-65）.

杉森此馬（1909）「牛津略記」広島高等師範学校教育研究会（編）『教育研究会講演集』［第3冊］第4集（1909：136-142）.

杉森此馬（1932）「英語教育批判会――中等學校英語教育の諸問題」（座談会）『英語英米文學論叢』第2巻第1号，190-211）.

杉山栄（1952）『先駆者　岸田吟香』神奈川：松林堂書店.

杉山ハリス・西内正丸（1945）「実用英会話」東京：日本放送出版協会.

鈴木寿一・門田修平（編著）（2012）『英語音読指導ハンドブック――フォニックスからシャドーイングまで』東京：大修館書店.

鈴木寿一・門田修平（編著）（2018）『英語リスニング指導ハンドブック』東京：大修館書店.

鈴木孝夫（1971）「English から Englic へ」『英語教育』1月号，64-67.

鈴木孝夫（1975）『閉された言語・日本語の世界』（増補新版）（新潮選書）東京：新潮社.

鈴木孝夫（1985）『武器としてのことば――茶の間の国際情報学』（新潮選書）東京：新潮社.

鈴木孝夫（1999-2000）『鈴木孝夫著作集』（全8巻）東京：岩波書店.

鈴木孝夫（2011）『あなたは英語で戦えますか――国際英語とは自分英語である』東京：冨山房インターナショナル.

鈴木彦四郎（1987）「思い出の英語教師」『日本英語教育史研究』第2号，17-36.

スマイルス（斯邁爾斯），サミュエル／中村正直（訳）（1870）『西国立志編　原名・自助論』東京：須原屋茂兵衛.

スミス，インネッド，ミセス／栗原基（訳）（1954）「スミスさんの思伝記」［私家版］. 遠藤（編）（71-84）.

角田洋三（1996）「教師としてのハーン」八雲会（編）『へるん』第33号，7-9.

清美堂編集所（編）（1932）『大正11年 高等学校全国共通 英文和訳問題』東京：清美堂.

誠文堂新光社（編集）（2021）『復刻版　日米會話手帳』東京：誠文堂新光社.

尺振八・須藤時一郎（述）（1872）『傍訓・英語韻礎』東京：共立学舎.

惣郷正明（1973）『辞書風物詩』東京：朝日新聞社.

惣郷正明（1984）『洋学の系譜――江戸から明治へ』東京：研究社出版.

惣郷正明（1987）『辞書漫歩』東京：東京堂出版.

惣郷正明（1990）『日本英学のあけぼの――幕末・明治の英語学』東京：創拓社.

袖川裕美（2018）「教材から見るラジオ英語講座創始者の足跡」『愛知県立大学外国語学部紀要』第50号（言語・文学編），69-88.

薗川四郎（1923）『英語アクセントの研究』東京：内外出版.

染村絢子（2001）「小泉八雲と周囲の人々」『金沢大学資料館紀要』第2号，7-47.

孫建軍（Sun Jianjun）（2015）『近代日本語の起源――幕末明治初期につくられた新漢語』東京：早稲田大学出版部.

ダイ，エヴァ・エミリ／鈴木重吉・速川和男（訳）（1989）『英学の祖――オレゴンのマクドナルドの生涯』（東西交流叢書6）東京：雄松堂出版.

第一外国語学校（編纂）（1925）『十六大家講演集　英語研究苦心談』東京：文化生活研究会.

高木誠一郎（1980）「International Phonetic Alphabetの本邦移入史」『湘南英語英文学研究』第11巻第3号，1-18.

高木誠一郎（1987）「資料　日本における英語音声学文献総覧（改訂）（文化8年・1811〜昭和61年・1986）」『英学史研究』第20号，185-232.

高木信之（編著）（1996）『英語のリズムとイントネーション再入門ワークショップ――音法・文法・コミュニケーション活動一体の』東京：松柏社.

高梨健吉（1961）「わが国における英学の歴史」福原（編）（194-215）.

高梨健吉（1965）『英学ことはじめ』東京：角川書店.

高梨健吉（1978）『文明開化の英語』東京：藤森書店.

高梨健吉（1979）『幕末明治英語物語』東京：研究社出版.

高梨健吉（1985）『英語の先生、昔と今――その情熱の先駆者たち』東京：日本図書ライブ.

高梨健吉・安倍勇・金口儀明（1963）『H.E.パーマー、J.H.グラタン、P.ガレー』（不死鳥英文法ライブラリ3）東京：南雲堂.

高梨健吉・大村喜明（1975）『日本の英語教育史』東京：大修館書店.

高梨健吉・出来成訓（1994）『英語教科書の歴史と解題』（英語教科書名著選集・別巻）東京：大空社.

高橋五郎（1903）『最新英語教習法―― 一名：外國語新記憶法』（訂正増補3版）東京：東文館.

高橋俊昭（2008）『英学の時代——その点景』東京：学術出版会.

高嶺秀夫先生記念事業会（編）（1921）『高嶺秀夫先生傳』東京：培風館.

高谷道男（1954）『ドクトル・ヘボン』東京：牧野書店.

高谷道男（編訳）（1965）『S.R. ブラウン書簡集——幕末明治初期宣教記録』東京：日本基督教
　団出版部.

高山芳樹（2019）『最強の英語発音ジム——「通じる発音」と「聞き取れる耳」をモノにす
　る』東京：アルク.

瀧澤敬一（1946）『第五フランス通信』東京：岩波書店.

田窪行則・前川喜久雄・窪薗晴夫・本多清志・白井克彦・中川聖一（2004）『音声』（シリーズ
　言語の科学 2) 東京：岩波書店.

武市一成（2015）『松本亨と「英語で考える」ラジオ英語会話と戦後民主主義』東京：彩流社.

竹内敏晴（1990）『「からだ」と「ことば」のレッスン』（講談社現代新書）東京：講談社.

竹内敏晴（1995）『ことばが劈かれるとき』東京：思想の科学社.

武内博（編著）（1995）『来日西洋人名事典』（増補改訂普及版）東京：日外アソシエーツ.

竹内真生子（2012）『日本人のための英語発音完全教本』東京：アスク出版.

竹内洋（1991）『立志・苦学・出世——受験生の社会史』（講談社現代新書）東京：講談社.

竹下和男（2011）『英語天才　斎藤秀三郎——英語教育再生のために、今あらためて業績を辿
　る』東京：日外アソシエーツ.

武田勘治（1969）『近世日本学習方法の研究』東京：講談社.

竹中治郎（1951）『英米語発音・音読法』東京：明隣堂.

竹中治郎（1957）『英語音声学セミナー』東京：泰文堂.

竹中治郎（1969）『英語発音自己診断』東京：竹村出版.

竹中龍範（1982a）「R. B. マッケロー・片山寛『英語発音学』とその意義」『英學史會報』第 5
　号，3-8.

竹中龍範（1982b）「英語教育・英語学習における目的意識の変遷について」『英学史研究』第
　15 号，171-183.

竹中龍範（1983）「小幡篤次郎・甚三郎『英文熟語集』とウェブストル氏字典」『英学史研究』
　第 16 号，77-89.

竹中龍範（1990）「遠藤隆吉と英学」『英學史會報』第 8-13 号合併号，9-14.

竹中龍範（2000a）「Claude Marcel の著書と吉田直太郎譯『外國語研究法』をめぐって」『四
　国英語教育学会紀要』第 20 号，1-10.

竹中龍範（2000b）「H. E. Palmer と早期英語教育」『英學史論叢』第 3 号，3-10.

竹中龍範（2005）「Directions for the pronunciation of English, compiled by the Department of
　Education（1887）をめぐって」『日本英語教育史研究』第 20 号，27-45.

竹中龍範（2007）「オーラル・メソッド——もう一つの実践——京都府立福知山中学校の場
　合」『英学史論叢』第 10 号，13-22.

竹中龍範（2013）「崎山元吉『外国語教授法改良説』をめぐって」『言語表現研究』第 29 号，
　1-11.　兵庫教育大学言語表現学会.

竹中龍範（2014）「重野健造『英語教授法改良説』をめぐって」『英語教育学研究』第 5 号, 21-
　30.

竹中龍範（2015）「高橋五郎『最新英語教習法』をめぐって」『言語表現研究』第 31 号，1-12.
　兵庫教育大学言語表現学会.

竹中龍範（2016）「高等女学校の英語教育——大正期におけるその展開」『言語表現研究』第

32号，1-15，兵庫教育大学言語表現学会.

竹中龍範・伊村元道（2008）「フェートン号事件から200年——日本人にとっての英語とは」『英語教育』10月号，44-45.

竹林滋（1968a）「（四）英語発音辞典」日本の英学一〇〇年編集部（編）（251-262）.

竹林滋（1968b）「単音節語のアクセント」『英語青年』第114巻第2号，92-93.

竹林滋（1969）「英和辞典における発音表記について」『英語学』第2号，73-83.

竹林滋（1981）『英語のフォニックス——綴り字と発音のルール』東京：ジャパンタイムズ.

竹林滋（1982）『英語音声学入門』東京：大修館書店.

竹林滋（1987）「Gerhard式発音表記の再評価」『英語青年』第133巻第2号，18-21.

竹林滋（1996）『英語音声学』東京：研究社.

竹林滋・斎藤弘子（1998）『英語音声学入門』（改訂新版）東京：大修館書店.

竹林滋・斎藤弘子（2008）『新装版　英語音声学入門』東京：大修館書店.

竹蓋幸生（1983）『日本人英語の科学——その現状と明日への展望』東京：研究社出版.

武満徹・川田順造（1980）『音・ことば・人間——往復書簡』東京：岩波書店.

竹村覺（1933）『日本英學撥達史』東京：研究社.

田口賀也（2012）「英語発音指導実態調査とその考察」『経済論集』第38巻第1号，69–77．東洋大学経済研究会.

田口鼎軒（卯吉）（1877~1882）『日本開化小史』東京：経済雑誌社.

田崎清忠（1969）『英語教育技術——理論と実践』東京：大修館書店.

田崎清忠（2023）「記念講演　テレビ英語会話番組の歴史的経緯——内容・提示技法の開拓」『日本英語教育史研究』第38号，23-50.

田崎清忠（責任編集）／佐野富士子（編集コーディネーター）（1995）『現代英語教授法総覧』東京：大修館書店.

田島松二（2001）『わが国の英語学100年——回顧と展望』東京：南雲堂.

田島松二（責任編集）／家入葉子・宮原一成・大和高行・松元浩一・原口行雄・野仲響子・末松信子（共編）（1998）『わが国における英語学研究文献書誌 1900-1996』東京：南雲堂.

田尻悟郎（2010）『田尻悟郎の楽しいフォニックス』（新装改訂版）東京：教育出版.

多田建次・多田廣子（1995）『異文化摂取と教育改革』東京：玉川大学出版部.

多田洋子（2004）「高嶺秀夫と開発教授法」『英学史研究』第37号，21-31.

橘正観（1969a）「英語教育ひとすじの生涯」磯尾／三戸（編代表）（70-75）.

橘正観（1969b）「福島プランと今後の英語教育」磯尾／三戸（編代表）（131-137）.

伊達民和（2006）『英語教師のための「教室の英語音声学」読本——理論から実践へ』大阪：大阪教育図書.

立脇和夫（監修）（1997）『JAPAN DIRECTORY ——幕末明治在日外国人・機関名鑑』東京：ゆまに書房.

田所信成（1975）『英語の学び——構えと発声』東京：学書房.

田中啓介（編）（1985）『熊本英学史』東京：本邦書籍.

田中照子（編）（1985）『キルビー・メリ先生——日本の英語教育の先覚者』[私家版].

田中春美（1986）「世界語としての英語」『英語展望』第87号，2-9.

田中春美・田中幸子（編）（2012）『World Englishes ——世界の英語への招待』京都：昭和堂.

田中弘之（2011）『「蛮社の獄」のすべて』東京：吉川弘文館.

田中正道（1991）『コミュニケーション志向の英語教材開発マニュアル』東京：開隆堂出版.

田中義郎（1991）「アメリカ大学日本校の学生の実態に関する一考察」『研究報告』第35号，

91-126，放送教育開発センター.

田邉祐司（1983）「外国人招聘プログラムの現状と活用の方向性」『昭和58年度 中国地区高等学校工業教育研究集会記録』第29号，59-61.

田邉祐司（1988）「中学校英語科における発音指導への一考察——教師の影響力」『中国地区英語教育学会研究紀要』第18号，143-147.

田邉祐司（1991）「Teaching English Pronunciation in Japan：Current Views ——現場教師へのアンケートから」『鈴峯女子短期大学人文社会科学研究集報』第38集，91-107.

田邉祐司（1992）「英語発音教育の現状——学生へのアンケートから」『鈴峯女子短期大学人文社会科学研究集報』第39集，41-57.

田邉祐司（1993a）「異文化間コミュニケーション・スキルズの上達を目指して——通訳者の英日・聴解・訳出ストラテジー」『IRICE PLAZA』第3号，118-130．国際コミュニケーション英語研究所.

田邉祐司（1993b）「日英通訳技能と英語コミュニケーション能力との接点」『中国地区英語教育学会研究紀要』第23巻，31-41.

田邉祐司（1994）「Paralinguisticsからの英語音声教育—— Vocal Qualifierと言語意識改革を中心に」『IRICE PLAZA』第4号，65-80．国際コミュニケーション英語研究所.

田邉祐司（1995a）「コミュニケーションと日本人——もうひとつの英語教育史」『IRICE PLAZA』第5号，52-63.

田邉祐司（1995b）「『レシテーション』のススメ——思い入れレシテーション論」『現代英語教育』10月号，12-15.

田邉祐司（1999）「実践的コミュニケーション能力の育成——新教育課程下での新たな英語教育：新たな英語発音指導の形」『Development』第1号，96-114．英語教育開発研究所.

田邉祐司（2000a）「発音指導の新たな枠組み——コミュニカティヴ・アプローチの観点から」『英語音声学』第3号，609-629.

田邉祐司（2000b）「英語音声研究・指導の変遷（Part 1）——「音声指導改善プロジェクト」第1次報告」『Development』第2号，43-60，英語教育開発研究所.

田邉祐司（2000c）「A constructive examination of English pronunciation work ——大学用発音関連教科書の分析から」『山陽論叢』第6巻，65-86.

田邉祐司（2004）「英語音声研究・指導の変遷（PART 2）」『英語学論説資料』第36巻（英語教育）第6分冊，341-349.

田邉祐司（2005a）「発音指導の before after」『IRICE PLAZA』第15号，9-18.

田邉祐司（2005b）「英語発音指導の方法論」日本英語音声学会（編）（130-132）.

田邉祐司（2005c）「英語発音指導の日本での歴史的展開」日本英語音声学会（編）（102-103）.

田邉祐司（2007a）「本邦初の英語音声書の著者・菊池武信の足跡」『英語青年』第153巻第4号，32-34.

田邉祐司（2007b）「発音指導見直し論から——音声コミュニケーション指導の「常識」を検証する」『英語教育』9月号，14-17.

田邉祐司（2009a）「日本英語音声教育史——『英語発音秘訣』の著者菊池武信の足跡を求めて」『日本英語教育史研究』第23号，23-43.

田邉祐司（2009b）「負担をかけない発音——通訳ブースの赤いランプのお話」『化学』3月号，54-55，化学同人社.

田邉祐司（2010a）「日本英語音声教育史——杉森此馬の指導観」『英學史論叢』第13号，13-26.

田邉祐司（2010b）「英語の骨格を作ろう！——気づきを重視する音声指導」『英語教育』8月

号，48-50.

田邉祐司（2012）「英語教師の英語力をめぐって——文検からの視座」『専修大学外国語教育論集』第40号，25-45. 専修大学LL研究室.

田邉祐司（2015）「日本英語音声教育史——岩崎民平『英語 発音と綴字』における"教育的まなざし"」『専修人文論集』第97号，31-49.

田邉祐司（2018a）「英語科における「主体的・対話的で深い学び」——音声指導を中心に」『専修大学外国語論集』第68号，39-52.

田邉祐司（2018b）「日本英語音声教育史—— P. A. Smithの *Notes on Practical Phonetics.* について」『専修人文論集』第102号，23-42.

田邉祐司（2018c）「明治時代の人はこうやって英語を学んでいた！」インタビュー，ECC外語学院『教育熱親』(https://www.ecc.jp/ecc/kyoikunesshin/contents12.html). 2022年7月15日最終閲覧.

田邉祐司（2019）「忘れ去られた音声学者R. H. Gerhard ——その試みの現代的意義」日英言語文化学会（AJELC）第70回定例研究会（2019年4月13日）講演資料.

田邉祐司（2020）「日本英語音声教育史——大谷正信が伝えたD. Jonesの英語音声学」『専修大学外国語教育論集』第48号，51-70.

田邉祐司（2021a）「日本英語音声教育史—— R. H. Gerhardの事績」辻・上野・青田・川口・磯辺（編）(43-66).

田邉祐司（2021b）「英語達人が使った粋な表現」連載「ハタと膝を打つ英語表現」17『Asahi Weekly』5/2-9合併号，14.

田邉祐司（2022）「回想 英語名人 河上道生先生のこと」『日本英語教育史研究』第37号，61-79.

田邉祐司・川迫輝嗣（1993）「わが国における英語音声教育・学習史—— Prosody移入小史」『英語と英語教育——高橋久先生・五十嵐二郎先生退官記念論文集』広島大学学校教育学部英語科研究室，61-81.

田邉祐司・服部孝彦・坂本方里・ブラウン，チャールズ・松畑熙一（2007）『がんばろう！イングリッシュ・ティーチャーズ！——自主研修ハンドブック』東京：三省堂.

田邉祐司・伊庭緑・小田節子（2022）「第13章 中等英語教育と音声教育——音声教育における「主体的・対話的で深い学び」」長瀬慶來教授古希記念出版刊行委員会（編）(277-292).

田邉祐司・小林大介（2011）「福島プラン再考——その成果と指導実践から」『日本英語教育史研究』第26号，79-100.

田辺洋二（1987）「英語教育史に於ける発音の片仮名表記——中浜万次郎『英米対話捷径』の表記を中心に」『日本英語教育史研究』第2号，37-60.

田辺洋二（2003）『これからの学校英語——現代の標準的な英語・現代の標準的な発音』東京：早稲田大学出版部.

田野村忠温（2018）「言語名「英語」の確立」『東アジア文化交渉研究』第11号，3-26. 関西大学大学院東アジア文化研究科.

玉井健（1992）「"Follow-up"の聴解力に及ぼす効果および"Follow-up"能力と聴解力の関係」『STEP BULLETIN』Vol. 4，46-62. 東京：日本英語教育協会.

玉井健（2008）『決定版英語シャドーイング 超入門』（改訂新版）東京：コスモピア.

玉置弥造（1932）『留学二十二年アメリカを透視す』玉置弥造［私家版］.

田村維則（1887）『初学者 英語発音指鍼 全』東京：吉岡商店出版.

為末大・今井むつみ（2023）『ことば、身体、学び「できるようになる」とはどういうことか』

東京：扶桑社.

ダルクローズ，E.J. ／坂野平（監修）／山本昌男（訳）（2003）『リトミック論文集 リズムと音楽と教育』東京：全音楽譜出版社.

近盛晴嘉（1986）『ジョセフ＝ヒコ』（新装版）（人物叢書）東京：吉川弘文館.

千葉勉（1935）『實驗音聲學上より見たるアクセントの研究 *A study of accent：research into the nature & scope of accent in the light of experimental phonetics*』（音聲と言語研究叢書1）東京：富山房.

千葉勉（1941）『母音論 *The vowel, its nature and structure*』Tokyo：Tokyo-kaiseikan.

中央教育審議会（2016）「外国語ワーキンググループにおけるこれまでの検討事項に関する論点 補足資料」文部科学省ウェブサイト（https://www.mext.go.jp/b_menu/shingi/chukyo/chukyo3/058/siryo/__icsFiles/afieldfile/2016/01/15/1366027_3.pdf）．6月25日2024年閲覧.

築道和明（2000）「JET Program 回顧と展望」『英語教育と英語研究』第17号，43-56. 島根大学教育学部英語教育研究室.

辻直人（2010）『近代日本海外留学の目的変容──文部省留学生の派遣実態について』東京：東信堂.

辻伸幸・上野舞斗・青田庄真・川口勇作・磯辺ゆかり（編）（2021）『英語教育の歴史に学び・現状を問い・未来を拓く──江利川春雄教授退職記念論集』（POD版）広島：渓水社.

土屋澄男（1998）『あなたも英語をマスターできる──成功のための五つの公理と只管音読のすすめ』東京：茅ケ崎出版.

土屋澄男（2004）『英語コミュニケーションの基礎を作る音読指導』東京：研究社.

傳法久太郎（1930）「正則英語學校の創立まで」『英語青年』第63巻第1号，26.

津田幸男（1990）『英語支配の構造──日本人と異文化コミュニケーション』東京：第三書館.

鶴見俊輔（監修）／中濱博（史料監修）／川澄哲夫（編著）（1990）『中浜万次郎集成』東京：小学館.

出来成訓（1991）「横浜専門学校の英語教育」『日本英語教育史研究』第6号，165-183.

出来成訓（1994）『日本英語教育史考』東京：東京法令出版.

出来成訓（2008）「思い出の人々と将来への願い」『日本英語教育史研究』第23号，21-52.

出来成訓（監修）（1992）『英語教育雑誌目次総覧』東京：大空社.

出来成訓（監修）（2009）『英語教授法基本文献』（全4巻・復刻版）東京：冬至書房.

出来成訓（編著）／江利川春雄・竹中龍範（校閲）（2024）『日本英学者人名事典』神奈川：港の人.

手島良（2011）「日本の中学校・高等学校における英語の音声教育について──発音指導の現状と課題」『音声研究』第15巻第1号，31-43.

手島良（2004）『英語の発音・ルールブック──つづりで身につく発音のコツ』東京：NHK出版.

手塚竜麿（1964）「東京府史料にみるサンマー学校」『主流』第26号，99-111. 同志社大学英文学会.

手塚竜麿（1975）『日本近代化の先駆者たち』東京：吾妻書房.

寺崎昌男・「文検」研究会（編）（2003）『「文検」試験問題の研究──戦前中等教育に期待された専門・教職教養と学習』東京：学文社.

寺澤芳雄・川崎潔（編）（1993）『英語史総合年表──英語史・英語学史・英米文学史・外面史』東京：研究社.

寺澤芳雄（監修）／島岡丘・枡矢好弘・原口庄輔（編集）（1999）『音声学・音韻論』（英語学文

献解題6）東京：研究社.

寺沢龍（2009）『明治の女子留学生——最初に海を渡った五人の少女』（平凡社新書）東京：平凡社.

寺島隆吉（1991）『英語記号づけ入門——その誕生と現在の到達点』（シリーズ授業の工夫1　英語記号づけ入門）東京：三友社出版.

寺島隆吉（2000）『英語にとって音声とは何か？』（地球市民の英語学習1）東京：あすなろ社.

寺田芳徳（1999）『日本英学発達史の基礎研究——庄原英学校、萩藩の英学および慶応義塾を中心に』（上・下）広島：渓水社.

寺西武夫（1933）「福島中学英語科授業参観記」*The Bulletin of I.R.E.T.* 第93号，5-6.

寺西武夫（1957）『英語の入門——発音・抑揚の学び方』東京：研究社出版.

寺西武夫（1959）「岡倉由三郎——大正・昭和」『英文法研究』第3号，33-36.

寺西武夫（1963）『英語教師の手記』東京：吾妻書房.

寺本敬子（2017）『パリ万国博覧会とジャポニスムの誕生』京都：思文閣出版.

天満美智子（1982）『子どもが英語につまずくとき——学校英語への提言』東京：研究社出版.

東京外国語大学史編纂委員会（1999〜2002）『東京外国語大学史』（全4巻）東京外国語大学出版会.

東京学芸大学海外子女教育センター（編）（1986）『国際化時代の教育——帰国子女教育の課題と展望』東京：創友社.

東京大学史料編纂所（編纂）（1978〜1982）『日本関係海外史料　イギリス商館長日記』（全7冊：原文編3冊（英文）・訳文編2冊・訳文編附録2冊）東京大学出版会.

東京都都政史料館・手塚竜麿（1959）「東京の英学」『東京都史紀要』第16号.

東京都都政史料館・手塚竜麿（1967）「東京の各種学校」『東京都史紀要』第17号.

東京文理科大学内英語教育研究会（編）（1932〜1947）『英語の研究と教授』.

東京茗渓会（編）（1892）『高等師範学校附属　小学科教授細目』東京市：普及舎.

東後勝明（1977）『英会話の音法50 ——英会話の3要素：音、リズム、イントネーション』東京：ジャパンタイムズ.

東後勝明（1985）『英語ひとすじの道—— Practice makes perfect』東京：日本放送出版協会.

東後勝明（1989）『日本人に共通する英語発音の弱点』東京：ジャパンタイムズ.

東後勝明（1993）『英会話　最後の挑戦』東京：講談社.

東後勝明（2000）『聞ける英語　話せる英語』（ちくま新書）東京：筑摩書房.

東後勝明（監修）／御園和夫・松坂ヒロシ・高本myfrom迅・阿野幸一（編）（2009）『必携 英語発音指導マニュアル』東京：北星堂.

同志社（編）（2013）『新島襄自伝——手記・紀行文・日記』東京：岩波書店.

東北学院百年史編集委員会（編）（1989）『東北学院百年史』東北学院.

遠山顕（2001a）『NHKラジオ英会話入門　遠山顕の英会話の素』東京：NHK出版.

遠山顕（2001b）『脱・「英語人間」』（生活人新書）東京：NHK出版.

刀祢館正明（2022）『英語が出来ません』東京：KADOKAWA.

富岡多恵子（1981）『「英会話」私情』東京：日本ブリタニカ.

冨田かおる・小栗裕子・河内千栄子（編集）（2011）『リスニングとスピーキングの理論と実践——効果的な授業を目指して』（英語教育学大系9）東京：大修館書店.

富田清（1969）「磯尾先生の追憶」磯尾／三戸（編代表）（82-87）.

富永裕子・田邉祐司（2007）「英語発音到達目標の変遷——近年の「国際英語」論の視点から（研究ノート）」日本英語教育史学会第23回全国大会（2007年5月20日，立命館大学）発表

資料.

ドミニク, S.ライチェン・ローラ, H.サルガニク（編著）／立田慶裕（監訳）／今西幸蔵・岩崎久美子・猿田祐嗣・名取一好・野村和・平沢安政（訳）(2006)『キー・コンピテンシー——国際標準の学力をめざして』東京：明石書店.

外山滋比古（1992）『新編 かたりべ文化』（ちくま文庫）東京：筑摩書房.

外山滋比古（2011）『空気の教育』（ちくま文庫）東京：筑摩書房.

外山敏雄（1992）『札幌農学校と英語教育——英学史研究の視点から』京都：思文閣.

外山正一（述）(1909)『〻山存稿（全2巻）』東京：丸善.

豊田實（1922）『英語発音法』東京：英語倶楽部社.

豊田實（1939）『日本英學史の研究』東京：岩波書店.

豊田實（1963）『日本英学史の研究』（新訂）東京：千城書房.

豊田實（1973）『私の歩いて来た道——人生と信仰』東京：松柏社.

鳥居次好（編）(1969)『英語教育学への提案——その基礎理論と実践の記録』東京：開隆堂.

鳥居次好・兼子尚道（1962）『英語の発音——研究と指導』東京：大修館書店.

鳥居次好・兼子尚道（1969）『英語発音の指導』東京：大修館書店.

鳥居次好・佐々木昭・斎藤武生（1969）『変形文法の英語教育への応用』東京：明治図書出版.

鳥飼玖美子（1996）『異文化をこえる英語——日本人はなぜ話せないか』東京：丸善出版.

鳥飼玖美子（2007）『通訳者と戦後日米外交』東京：みすず書房.

鳥飼玖美子（2019）『通訳者と戦後日米外交』（新装版）東京：みすず書房.

鳥飼玖美子（2021）『通訳者たちの見た戦後史——月面着陸から大学入試まで』（新潮文庫）東京：新潮社.

鳥飼玖美子（監修）／玉井健・田中深雪・西村友美・染谷泰正・鶴田知佳子（2003）『はじめてのシャドーイング——プロ通訳者の基礎訓練法で、英語の"音"感覚が飛躍的に身につく』東京：学研プラス.

鳥飼玖美子・斎藤兆史（2020）『迷える英語好きたちへ』（インターナショナル新書）東京：集英社インターナショナル.

鳥飼玖美子・村井章介（2011）『歴史は眠らない2・3月 英語・愛憎の二百年／海がつないだニッポン』（知楽遊学シリーズ）（NHKテレビテキスト）東京：NHK出版.

トラッドギル, P.／土田滋（訳）(1975)『言語と社会』（岩波新書）東京：岩波書店.

内閣府（2021）「第5期科学技術基本計画」内閣府ホームページ（https://www8.cao.go.jp/cstp/kihonkeikaku/index5.html）. 2022年4月10日最終閲覧.

仲新・伊藤敏行（編）(1984)『日本近代教育小史』東京：福村出版.

長井氏藏（編）(1900)『英語發達史』京都：河合文港堂.

中井けやき（2011）「大正5年の東北学事視察、内ヶ崎作三郎・高杉瀧蔵」『けやきのブログII』（http://keyakinokaze.cocolog-nifty.com/rekishibooks/2011/07/post-94e8.html）. 2019年10月10日最終閲覧.

長井五郎（1984）『焔の人 しみづうさぶらうの生涯自伝"わがよのき上"解題』埼玉：さきたま出版会.

長江宏（1988）『外国人講師——その活用とティーム・ティーチング』（英語教育叢書）東京：三省堂.

長岡祥三（1995）「尾崎行雄夫人セオドーラの半生」『英学史研究』第28号，57-71.

長岡拡（1924）「神田乃武先生の略歴」『英語青年』（神田乃武男追悼號）第50巻第11号, 323-324.

中桐確太郎（1928）「[故岸本能武太教授を偲ぶ]教育家としての岸本先生」『早稲田学報』第406号，31-34.

長崎英語教育百年史刊行委員会（編）（1959）『長崎における英語教育百年史』長崎：同刊行委員会.

長澤邦紘（1977）「『中津式』音声訓練法」『英語教育』7月号，29-34.

長澤邦紘（1986）「英語スピーチ・コミュニケーションの展開1——英語発音基礎訓練のためのシラバス編成の試み(1)」『茨城大学教育学部紀要（教育科学）』第35号，65-80.

長澤邦紘（1987）『教師のための英語発音——呼吸法を重視した訓練メソッド』東京：開文社出版.

永嶋大典（1970）『蘭和・英和辞書発達史』東京：講談社.

中島文雄（主幹）（1966）『中学校英語事典——語法から指導法まで』東京：三省堂.

中島文雄（1989）『英語の時代に生きて——英語学者のエッセイ集』東京：研究社出版.

中島文雄（編著）一色マサ子・一又民子・大束百合子・天満美智子（1966）『The pronunciation of American English : A drill Book 〈レコードによる〉アメリカ英語の発音教本』東京：研究社出版.

中島文雄（編著）／一色マサ子・一又民子・大束百合子・天満美智子・上田明子（1974）『〈テープによる〉アメリカ英語の発音教本』東京：研究社出版.

永島道男（2022）『斎藤秀三郎小伝と和英大辞典』東京：つむぎ書房.

中嶋洋一（責任編集）（2017）『「プロ教師」に学ぶ真のアクティブ・ラーニング——"脳働"的な英語学習のすすめ』東京：開隆堂出版.

長瀬慶來（1998）「Henry Sweetの音調研究——ロンドン学派の音調研究のルーツ」『ノートルダム清心女子大学紀要　外国語外国文学編』第22巻第1号，60-89.

長瀬慶來（2001）「ロンドン学派のイントネーション研究——ハロルドE.パーマーの音調研究」『山梨医科大学紀要』第18巻，119-128.

長瀬慶來教授古希記念出版刊行委員会（編）（2022）『英語音声学・音韻論——理論と実践』大阪：大阪教育図書.

中田達也・鈴木祐一（編）／濱田陽・門田修平・濱田彰・神谷信廣・新谷奈津子・新多了・廣森友人・鈴木渉・佐々木みゆき（2022）『英語学習の科学』東京：研究社.

中谷博（1957）『標準口語体英語』東京：三省堂.

中津燎子（1974）『なんで英語やるの？——ある英語塾の記録』東京：午夢館.

中津燎子（1975）『呼吸と音とくちびると——なんで英語やるの？　反響編』東京：午夢館.

中津燎子（1978）『再びなんで英語やるの？』東京：文藝春秋.

中津燎子（1983）『再びなんで英語やるの？』（文春文庫）東京：文藝春秋.

中浜博（1994）『私のジョン万次郎——子孫が明かす漂流の真実』東京：小学館.

中濱万次郎（1859）『英米対話捷径』知彼堂.

永原敏夫（1932）「語学力検定法に関する諸問題とその考察」『英語英文学論叢』第1巻第2号，328-352.

奈須正裕（2021）『個別最適な学びと協働的な学び』東京：東洋館出版社.

奈須正裕・伏木久始（編著）／大豆生田啓友・加藤幸次・佐野亮子・松村暢隆・金田裕子・白水始・涌井恵・宇佐見香代・坂本明美・堀真一郎・浅野大介・堀田龍也・荒瀬克己（2023）『「個別最適な学び」と「協働的な学び」の一体的な充実を目指して』京都：北大路書房.

夏目金之助（漱石）（1911/1980）「語学養成法」『学生』第2巻第1〜2号，397-400.

夏目金之助（1995）『漱石全集 19』（日記・断片 上）東京：岩波書店.

行方昭夫（2014）『英会話不要論』（文春新書）東京：文藝春秋.

成田圭市（2009）「IPA 音声学技能試験について」『新潟大学教育学部研究紀要 人文・社会科学編』第1巻第2号，139-149.

南日恒太郎（1914）『英文和譯法 全』東京：有朋堂書店.

新里眞男（1992a）「H.E. パーマーの指導法とその現代性」『筑波大学学校教育部紀要』第14号，275-292.

新里眞男（1992b）「Palmer の音声指導観について」島岡丘教授還暦記念論文集編集委員会（編）（323-327）.

西田閏夫（1999）「大谷正信点描──ハーン逝去の前後」『へるん』第36号，68-70.

西田耕三（1997）『評伝 粟野健次郎』気仙沼：耕風社.

西原雅博（2010）「帝国教育会英語教授法研究部の成立」『富山高等専門学校紀要』第1号，29-40.

西原雅博（2018）「西洋近代語教授理論の摂取──外国人英語教師を通じた摂取内容」『富山高等専門学校紀要』第5号，1-8.

西原雅博（2019）『明治英語教授理論史研究──中学校英語教授の制度化』広島：溪水社.

西村嘉太郎（1995）『実践英語音声学』東京：英宝社.

西山千（1970）『通訳術──カタコトから同時通訳まで』東京：実業之日本社.

西山千（1977）『英語のでこぼこ道──私のアドバイス』東京：サイマル出版会.

西山千・松本道弘（2004）『同時通訳おもしろ話』（講談社＋α新書）東京：講談社.

日本英学史学会（編）（1976）『英語事始』東京：エンサイクロペディアブリタニカ（ジャパン）インコーポレーテッド.

日本英学史料刊行会（編）（1982）『長崎原本『諳厄利亜興学小筌』『諳厄利亜語林大成』研究と解説』（「影印本」別冊）東京：大修館書店.

日本英学史料刊行会（編）（1982）『諳厄利亜語林大成　草稿』（復刻版）（全4冊）東京：大修館書店.

日本英語音声学会（編）（2004）『英語音声学辞典』東京：成美堂.

日本英語教育史学会（編）「資料 日本英語教育史年表」日本英語教育史学会サイト（http://hiset.jp/chronology.htm）．2023年12月1日最終閲覧.

日本音声学会（編）（1976）『音声学大辞典』東京：三修社.

日本修学旅行協会（編）（2005）『修学旅行のすべて』東京：日本修学旅行協会.

日本の英学一〇〇年編集部（編）（1968〜1969）『日本の英学一〇〇年』（全4巻）東京：研究社出版.

庭野吉弘（1986）「「湘南プラン」について──その教授法と英語教育史における位置づけ」『日本英語教育史研究』第1号，1-15.

庭野吉弘（1987）「湘南プランと福島プランの比較」『英学史研究』第20号，97-108.

庭野吉弘（1989）「内村鑑三の初期英学修養──高崎時代から東京外国語学校時代まで」『日本英語教育史研究』第3号，139-153.

庭野吉弘（2008）『日本英学史叙説──英語の受容から教育へ』東京：研究社.

沼田次郎（1960）『洋学伝来の歴史』（日本歴史新書）東京：至文堂.

野地潤家（1993）『国語教育学史』東京：共文社.

野地潤家（2000）『話しことば教育史研究』東京：共文社.

野田義夫（1907）『明治教育史』東京：育英舎.

拝田清（2019）「岡倉由三郎の『英語教育』（1911）——英語音声教育を中心に」『和洋女子大学英文学会誌』第54号，35-48.

芳賀徹（1968）『大君の使節——幕末日本人の西欧体験』（中公新書）東京：中央公論新社.

芳賀綏（1985）『言論100年日本人はこう話した——福沢諭吉から淀川長治まで』（三省堂選書）東京：三省堂.

芳賀綏（2004）『日本人らしさの構造——言語文化論講義』東京：大修館書店.

萩原恭平（1924）「第一回英語教授研究大会」『英語青年』第52巻第4号，123-125.

萩原恭平・稲村松雄・竹沢啓一郎（編）（1949）『Jack and Betty』東京：開隆堂出版.

長谷川恵洋（1997）『英会話と英語教育』京都：晃洋書房.

長谷川進一（編）（1966）『ジャパンタイムズものがたり——文久元年（1861）から現代まで』東京：ジャパンタイムズ.

長谷川康（1922）『英語アクセント早わかり』東京：敬文館.

パッシン，ハーバート／加瀬英明（訳）（1981）『米陸軍日本語学校——日本との出会い』東京：TBSブリタニカ.

八田洋子（2003）「日本における英語教育と英語公用語化問題」『文教大学文学部紀要』第16巻第2号，107-136.

服部逸郎（1974）『77人の侍アメリカへ行く——万延元年遣米使節の記録』（講談社文庫）東京：講談社.

服部四郎（1951a）『音韻論と正書法』東京：研究社出版.

服部四郎（1951b）『音声学』（岩波全書）東京：岩波書店.

服部孝彦／海外子女教育振興財団（編）（2006）『私たちはいかにして英語を失うか——帰国子女の英語力を保持するためのヒント』東京：アルク.

羽鳥博愛・稲村松雄・石井正之助・伊藤健三・納谷友一・鳥居次好（編集）（1969〜1971）『講座・英語教授法』（全12巻）東京：研究社出版.

羽鳥博愛・伊村元道（1979）『外国語教育の理論と構造』（教育学講座9）東京：学習研究社.

羽鳥博愛・松畑熙一（1980）『学習者中心の英語教育』（英語指導法叢書）東京：大修館書店.

濱田彦蔵／中川努・山口修（訳）（1964）『アメリカ彦蔵自伝』（東洋文庫）東京：平凡社.

濱田栄夫（2012）『門田界隈の道——もうひとつの岡山文化』岡山：吉備人出版.

早川勇（1995）「『附音挿図 英和字彙』の編纂法」『愛知大学外語研究紀要』第19号，13-29.

早川勇（編）（1998）『日本英語辞書年表』愛知：岡崎学園国際短期大学・人間環境研究所.

早川勇（2005）「国際音声字母の誕生と日本における受容」『文學論叢』第132輯，1-19. 愛知大学人文社会学研究所.

早川勇（2006）「20世紀学習英和辞典——その発展におけるパーマーの貢献」『愛知大学語学教育研究室紀要』第15号，21-35.

早川勇（2007）『明治はいかに英語を学んだか——東海地方の英学』（愛知大学綜合郷土研究所ブックレット）名古屋：あるむ.

早川勇（2014）『英語辞書と格闘した日本人』東京：テクネ.

原岡笙子（1994）『CD Book NHK上級・基礎英語 マザーグースで身につける 英語の発音とリズム』東京：日本放送協会.

原田朗（2007）『世に応ふべき範を見す—— 一地方小都市の旧制中学校（山口県立徳山中学校）出身者群像』東京：東京図書出版会.

ハリス，タウンゼント／坂田精一（訳）（1953〜1954）『日本滞在記』（上・中・下）（岩波文庫）東京：岩波書店.

春木猛（1962）「THE SPEECH CLINIC and the LANGUAGE LABORATORY」『時事英語学研究』第1巻第1号，26-33.

晴山陽一（2008）『英語ベストセラー本の研究』（幻冬舎新書）東京：幻冬舎.

比嘉正範（1976）「英語教育への提言」『英語教育』1月号，42-45.

比嘉正範（1979a）「英語の地域差と英語指導」『英語教育』9月増刊号，40-42.

比嘉正範（1979b）「通じる英語と完全さ」羽鳥・伊村（編）（106-119）.

東憲一・飯島啓子（2015）「嘉納治五郎の外国語学習」『講道館柔道科学研究会紀要』第15輯，15-24.

東博通（2019）「W. Ripmanと E. R. Edwards ──岡倉由三郎が親交を結んだ二人のイギリス人」『名城大学人文紀要』第122集（第55巻第2号），21-37.

飛田良文（1992）『東京語成立史の研究』東京：東京堂出版.

日野信行（2001）「国際英語の多様性と英語教育」『言語文化研究』第27号，261-283. 大阪大学大学院人文学研究科.

日野信行（2003）「『国際英語』研究の体系化に向けて──日本の英語教育の視点から」『アジア英語研究』第5号，5-43.

日野信行（2008）「国際英語」小寺・吉田（編）（15-32）.

日野信行（2011）「WE・EIL・ELF──国際英語論における3種のパラダイムの比較」言語文化共同研究プロジェクト（編）（1-10）.

日野雅之（2009）『松江の俳人 大谷繞石──子規・漱石・ハーン・犀星をめぐって』島根：今井出版.

姫野順一（2014）『古写真に見る幕末明治の長崎』東京：明石書店.

姫野順一（監修）（2020）『資料に見る長崎英学史──日本における英学と英語教育の発祥』（新長崎学研究叢書1）長崎：長崎文献社.

姫野順一（監修）（2021）『外国語教授法のフロンティア　附：パイルの『蘭文英文典』（1875）日本最初の英語教則本（復刻）』（新長崎学研究叢書2）長崎：長崎文献社.

平井法・高岸照子（1974）「高橋五郎」昭和女子大学近代文学研究室（編）（246-315）.

平泉渉・渡部昇一（1975）『英語教育大論争』東京：文藝春秋.

平賀優子（2005）「「文法・訳読式教授法」の定義再考」『日本英語教育史研究』第20号，7-26.

平賀優子（2014）「訳読・音読へと続く「素読」の歴史的変遷」『慶應義塾外国語教育研究』第11号，25-46.

平川新（2018）『戦国日本と大航海時代──秀吉・家康・政宗の外交戦略』（中公新書）東京：中央公論新社.

平川洌（2021）『カムカムエヴリバディ──平川唯一と「ラジオ英語会話」の時代』東京：NHK出版.

平川唯一（1949）『英語會話』東京：大日本雄弁会講談社.

平田周（2011）「リスニング力について考える」「Group J&Eブログ」ウェブサイト（http：//groupjande.jugem.jp/?eid=185）. 2013年2月3日最終閲覧.

平田禿木（1938）「英語専修科時代」『英語の研究と学習』第6巻第10号，294.

平田諭治（2018）「1901年度文部省外国留学生としての岡倉由三郎──ヨーロッパ留学の背景・経緯とその実際」『筑波大学教育学系論集』第42巻第2号，1-13.

平田諭治（2023）『岡倉由三郎と近代日本──英語と向き合う知の軌跡』東京：風間書房.

平野次郎（1999）『図解 英語ものがたり　2時間でわかる──英語はなぜ楽しいのか？　なぜ世界語になったのか？』東京：中経出版.

平本哲嗣（2019）「財団法人語学教育振興会（COLTD）設立の経緯と理念に関する研究」『日本英語教育史研究』第34号，149-172.

平本哲嗣（2020）「財団法人語学教育振興会（COLTD）の解散——英語教育改善運動への示唆」『安田女子大学紀要』第48号，169-176

平山蘆江（2017）『長崎出島——フェートン号事件と商館長ヅーフの物語』（復刻版）長崎：長崎文献社.

広川由子（2014）「占領期日本における英語教育構想——新制中学校の外国語科の成立過程を中心に」『教育学研究』第81巻第3号，297-309.

広川由子（2018）「C.K.オグデンのBasic English普及戦略——日本の英語教育問題への関心を手がかりに」『愛知江南短期大学紀要』第47号，47-56.

広川由子（2022）『戦後期日本の英語教育とアメリカ——新制中学校の外国語科の成立』東京：大修館書店.

広島高等師範学校教育研究会（編）（1909）『教育研究会講演集 第4輯』横浜：金港堂.

広島高等師範学校創立八十周年記念事業会（編）（1982）『追懐——広島高等師範学校創立八十周年記念』広島：同記念事業会.

広島中学校内英語研究部（須貝清一・鶴見正平・浅地昇）（編）（1915）『英語之基礎』（THE CORNER-STONE OF ENGLISH STUDY）広島県立広島中学校内英語研究部.

廣島文理科大学英語英文学論叢編輯室（1932）『英語英米文学論叢』第2巻第1号.

廣島文理科大学英語英文学研究室（編）（1986）『英語英文学論叢』東京：名著普及会.

フィエトル，ヴィルヘルム／大野敏男・田中正道（訳）（1982）『言語教育の転換』広島：渓水社.

深澤俊昭（1988）／アルクヒアリングマラソン（編集）『ヒアリングの基礎　話せる聞ける英語の音　A guide to English pronunciation』東京：アルク.

深澤俊昭（2015）『改訂版 英語の発音パーフェクト学習事典』東京：アルク.

福井保（1967）「1 外国語教育の意義　2 外国語教育の変遷　3 大正時代」海後・高坂（監修）／岡本・他（編）（51）.

福澤諭吉（1959）『福翁自傳』慶應義塾（編集）『福澤諭吉全集7』東京：岩波書店.

福澤諭吉（1883/1960）「我国普通の洋学は英語に帰す可し」『時事新報』第336号（『福澤諭吉全集9』[東京：岩波書店]に収録）.

福澤諭吉・小幡篤次郎（1872）『學問のすゝめ 初編』福澤諭吉.

福澤諭吉・清子卿（撰）／福澤範子（譯）（1860）『増訂華英通語』東京：快堂.

福島県立福島高等学校創立八十周年記念事業実行委員会記念誌刊行小委員会（編）（1978）『福高八十年史』福島県立福島高等学校.

福島県立福島中学校校友会（1935）『信夫草 受験号』第37号，福島中学校校友会.

福田昇八（1979）『話せない英語教師——英語教育会のタブーに挑む』東京：サイマル出版会.

福田昇八（1991）『語学開国——英語教員再教育事業の二十年』東京：大修館書店.

福田昇八・平川洌（編）／リード，トム（校閲）（2021）『平川唯一のファミリーイングリッシュ　カムカムエヴリバディ』東京：南雲堂.

福原麟太郎（1946a）『英語を學ぶ人々の爲に——發音と綴り字から』東京：研究社.

福原麟太郎（1946b）『日本の英学』（日本叢書51）東京：生活社.

福原麟太郎（1958）『日本の英語 』（研究社選書）東京：研究社出版.

福原麟太郎（1959）『日本の英学史』東京：新潮社.

福原麟太郎（1997）『日本の英語』（日本叢書51）東京：恒文社.

福原麟太郎（編）（1961）『英語教育事典』東京：研究社辞書部.

福原麟太郎・岩崎民平・中島文雄（監修）（1964~1966）『現代英語教育講座』（全12巻）東京：研究社出版.

福原麟太郎（監修）／桜庭信之・大村喜吉・高梨健吉・伊村元道（編集）（1978）『ある英文教室の100年』東京：大修館書店.

藤井啓一（1953）「日本英語雑誌史」『帝塚山学院短期大学研究年報』第1号，92-239.

藤岡勝二（前田太郎・佐久間鼎）（1921）『A complete English-Japanese dictionary　大英和辞典』（上巻），東京：大倉書店.

藤岡勝二（前田太郎・佐久間鼎）（1932）『A complete English-Japanese dictionary　大英和辞典』（下巻および上巻の改訂版），東京：大倉書店.

伏見繁一（1927）『英米標準 発音法と其練習』大阪：実文館.

二谷廣二（1999）『教え方が「かわる・わかる」——認知心理学の動向から』東京：学芸図書.

舟木てるみ（2018）「明治期の東洋英和女学校における英語教育」『高千穂論叢』第52巻第4号，31-55.

船橋洋一（2000）『あえて英語公用論』（文春新書）東京：文藝春秋.

プラト（編）（2006）『英語が苦手な大人のDSトレーニング えいご漬け』東京：任天堂.

プラト（編）（2007）『英語が苦手な大人のDSトレーニング もっとえいご漬け』東京：任天堂.

ブリンクリー，F.（1875）『語学独案内（Guide to English Self-Taught)』東京：文学社.

ブリンクリー，F.・南条文雄・岩崎行親・箕作佳吉・松村任三（共編）（1896）『和英大辞典』東京：三省堂.

古田隆也（2003）『G.E.L.ガントレットの足跡と生涯』[私家版].

プレイター，クリフォード，H., jr.・ロビネット，ベティ，W.／大浦幸男・鴫原真一（訳）（1969）『アメリカ英語発音教本』東京：英潮社.

ブレブナー，M.／岡倉由三郎（訳）（1906）『外国語最新教授法』東京：大日本図書.

ヘックマン，J.J.／古草秀子（訳）（2015）『幼児教育の経済学』東京：東洋経済新報社.

ヘボン，J. C.（1867）『和英語林集成』上海：美華書院.

ヘボン，J. C.／松村明（解説）（1974）『和英語林集成』（第3版）東京：講談社.

文化庁（編）（1983）『言葉と音声』（「ことば」シリーズ18）東京：大蔵省印刷局.

ボーエン，J. D.／河野守夫（訳）（1983）『英語発音の型——口語米語の発音分析と演習』東京：金星堂.

保坂芳男（2020）「山口中学校の英語教育に関する研究——外国人講師に焦点を当てて」『拓殖大学論集　人文・自然・人間科学研究』第43号，103-121.

星山三郎（1968）「二　パーマーの英語教育」日本の英学一〇〇年編集部（編）（大正編：293-304).

細江逸記（1917）『最新英文法汎論』東京：文会堂.

堀英四郎・ピカリング，アーネスト／ホーンビー，エイ・エス（抑揚記号担当）（1953）『正しい英語会話——抑揚記号つき』東京：大修館書店.

堀孝彦（2001）『英学と堀達之助』東京：雄松堂.

堀孝彦（2011）『開国と英和辞書——評伝・堀達之助』神奈川：港の人.

堀江将一朗（2022）「日本の外国語教育改善に関する研究——他国との比較を通して」『岡山朝日研究紀要』第43号，31-59.

堀江義隆（2011）「ジョン万次郎とアメリカとの出会い」『近畿大学語学教育部紀要』第1巻第

1号，142(27)-127(42).

堀口俊一（1966）「（参考資料）日本における英語教育史」中島（主幹）（908-964）.

堀口俊一（1968）「一　前期の英語教育」日本の英学一〇〇年編集部（編）（大正編：285-292）.

本多孝一（1926）『英語アクセント根本原理』東京：松邑三松堂.

本田実浄（1960）『パタン・プラクティス』（マニュアル・シリーズ7）東京：大修館書店.

本名信行（編）（1990）『アジアの英語』東京：くろしお出版.

本名信行（1999）『アジアをつなぐ英語——英語の新しい国際的役割』（アルク新書）東京：アルク.

本名信行（2003）『世界の英語を歩く』（集英社新書）東京：集英社.

ホーンビー，A. S. ／岩崎民平（訳注）（1962）『英語の型と正用法』東京：研究社出版.

毎日新聞社横浜支局（編）（1957）『横浜今昔』東京：毎日新聞社（横浜支局）.

前田太郎（1912）『英語自由自在』（上巻・下巻）東京：英語速成普及会　文成社.

前田太郎（訳）（1913）『エスペルゼン教授語学教授法新論』東京：東亜堂書房.

前田太郎（1922）『外来語の研究』東京：岩波書店.

前田太郎（譯）／大塚高信（補譯）（1941）『イェスペルセン教授語學教授法新論』東京：冨山房.

牧一（1954）「恩師スミス先生の思い出」遠藤（編）（23）.

牧野武彦（2005）『日本人のための英語音声学レッスン』東京：大修館書店.

牧野武彦（2021）『文レベルで徹底 英語発音トレーニング』東京：研究社.

牧野勤（1977）『英語の発音——指導と学習』（東書TMシリーズ）東京：東京書籍.

柾木貴之（2021）「平川唯一「英語会話」テキストの分析——後のラジオ講座を踏まえて」『年報新人文学』第18号，1-60.

枡矢好弘（1976）『英語音声学』東京：こびあん書房.

マーセル，C. ／吉田直太郎（訳・発行）（1887）『外国語研究法』東京：国文社.

町田晃（1988）『英学者・岩崎民平』［私家版］.

町田俊昭（1971）『三代の辞書——英和・和英辞書百年小史』東京：三省堂.

町田則文（1928）『明治國民教育史』東京：昭和出版社.

町田則文／寺崎昌男（解説）（1981）『明治國民教育史』（NHKブックス）東京：日本図書センター.

松岡正剛（2006）『日本という方法——おもかげ・うつろいの文化』東京：NHK出版.

松香洋子（1981a）『英語、好きですか——アメリカの子供たちは、こうしてABCを覚えます』東京：読売新聞社.

松香洋子（監訳）／ハイルマン，A. W.（1981b）『フォニックス指導の実際』東京：玉川大学出版部.

松方冬子（2010）『オランダ風説書——「鎖国」日本に語られた「世界」』（中公新書）東京：中央公論新社.

松隈俊子（1981）『新渡戸稲造』東京：みすず書房.

マッケロー，R. B.・片山寛（1902）『英語發音學』東京：上田屋書店.

松坂ヒロシ（1986）『英語音声学入門』（英語・英米文学入門シリーズ）東京：研究社出版.

松坂ヒロシ（2008）「ある英語音声教育者の規範——五十嵐新次郎が追求した正確さ」『日本英語教育史研究』第23号，1-20.

松坂ヒロシ（2021）『歯型と絵で教える英語発音——発音をはじめて教える人へ』東京：開拓

社.

松崎徹（2014）「英語発音表記変遷史——戦後検定教科書の発音表記の観点から」『筑紫女学園大学・短期大学部人間文化研究所年報』第25号，109-125.

松澤喜好（2004）『英語耳——発音ができるとリスニングができる』東京：アスキー.

松田一橋（1903）『蓄音機応用 英語会話独習』[出版情報不明].

松田一橋・スワン，H.（1902）『Japanese scenes in English：practical lessons in the use of English for Japanese students（英語による日本の場面——日本の生徒のための実用英語）』東京：博文館.

松浪有・池上嘉彦・今井邦彦（編）（1983）『大修館英語学事典』東京：大修館書店.

松野良寅（1987）『城下町の異人さん』米沢：遠藤書店.

松畑熙一（1982）『生徒と共に歩む英語教育』東京：大修館書店.

松畑熙一（1991）『英語授業学の展開』東京：大修館書店.

松畑熙一（編）（1994）『英語コミュニケーション能力評価実例事典』東京：大修館書店.

松村明・三省堂編集所（編）（2019）『大辞林』（第4版）東京：三省堂.

松村昌紀（2012）『タスクを活用した英語授業のデザイン』（英語教育21世紀叢書）東京：大修館書店.

松村幹男（1971）「広島高師附属中学における最初の英語教授研究会——大正期英語教育研究」『広島大学教育学部紀要』（第1部）第19巻：107-117.

松村幹男（1973）「広島高等師範学校・広島文理科大学・広島大学教育学部における英語教育・英語教員養成関係年表（稿）——明治35年から昭和20年まで」『英語教育研究』第16号，73-100．関西英語教育学会.

松村幹男（1977a）「広島高師の外国人教師—— Elliot, Smith および Pringle」『英学史研究』第10号，51-59.

松村幹男（1977b）「広島高師英語科教官略伝——明治・大正期」『英語教育研究』第20号，23-28．関西英語教育学会.

松村幹男（1979）「神田乃武の英語教育」『中国地区英語教育学会研究紀要』第9号，73-76.

松村幹男（1982）「明治35年制定の「中学校教授要目」外国語とその成立をめぐって」『中国地区英語教育学会研究紀要』第12号，99-104.

松村幹男（1993）「明治40年代における英語教授・学習史」『広島大学教育学部紀要』（第2部）第42号，55-61.

松村幹男（1996）「広島高等師範英語教授・杉森此馬」『英學史會報』第19号，3-12.

松村幹男（1997）『明治期英語教育研究』東京：辞游社.

松村幹男（2002）「広島英語教育の先達」『日本英語教育史研究』第17号，1-19.

松本亨（1960）『英語のイントネーション』東京：英友社.

松本亨（1965）『英語の新しい学び方——なぜ日本人は上達しないのか』（講談社現代新書）東京：講談社.

松本亨（1968）『英語で考える本 Think in English』東京：英友社.

万次郎，ジョン（述）／河田小龍（記）／谷村鯛夢（訳）／北代淳二（監修）（2018）『漂巽紀畧 全現代語訳』（講談社学術文庫）東京：講談社.

三浦弘（1996）「日本人英語学習者のための英語音声指導」『研究紀要』第5号，127-140．言語文化学会.

三浦弘（2004）「The International Phonetic Association」日本英語音声学会（編）（108-109）.

三熊祥文（2003）『英語スピーキング学習論——E.S.S.スピーチ実践の歴史的考察』東京：三

修社.

ミシガン大学英語研究所（編）／黒田魏（訳）（1958）『英語の発音』（英語教育シリーズ6）東京：大修館書店.

ミシガン大学英語研究所（編）／山家保（訳注）（1958）『英語の文型練習』東京：大修館書店.

三品鼎（1970a）「ゲルハード家の人々（上）」『東北学院時報』第252号，4.

三品鼎（1970b）「ゲルハード家の人々（下）」『東北学院時報』第253号，5.

水谷修（1983）「言語行動としての教育実践——何を教えているかへの反省」『日本語教育』第49号，74-84.

水谷修（1987）『話しことばと日本人——日本語の生態』（新装版）東京：創拓社.

溝上慎一（2014）『アクティブラーニングと教授学習パラダイムの転換』東京：東信堂.

御園和夫（2001）『英語の音節——構造と分節』東京：北星堂書店.

御園和夫（2009）「英語は Stress-timed rhythm の言語か？—— borrowing rule の効用」『関東学院大学文学部紀要』第118号，51-78.

御手洗博（編集委員代表）／河上道生教授退官記念論集刊行委員会（編）（1992）『ことばと文学——河上道生教授退官記念論集』河上道生教授退官記念論集刊行委員会.

南石福二郎（1926）『英語新教授法の実際』東京：開拓社.

皆川三郎（1967）「大正期の英語参考書」『英語教育』2月号，17.

皆川三郎（編）（1970）『英語教育史年表——黎明期から1969年まで』（増補版）東京：竹村出版.

皆川三郎（1980）「「非常時」下の英語教育界」若林（編）（13-28）.

皆川三郎（1992）「思い出の英学者その他」『日本英語教育史研究』第7号，31－48.

峰尾都治・内館忠蔵（1924）『英語の發音とアクセントの研究』東京：高岡本店.

南精一（1987）「発音記号の日本への移入史」『日本英語教育史研究』第2号，1-16.

南精一（1989）「明治時代における *Spelling book* について—— Webster 本の訳を中心に」『日本英語教育史研究』第4号，111-129.

南精一（1998）「ベルリッツ・メソッドについて——教材を中心に」『日本英語教育史研究』第13号，1-16.

南精一（2022）『英語教師の教育ノート——南精一・教育研究小論集』（POD）東京：22世紀アート.

峯松信明（2011）「グローバル時代における英語発音とその科学的な分析方法」『大学英語教育学会関東支部学会誌』第7号，5-14.

峯松明信・岡部浩司・シューヘンリック・広瀬啓吉（2005）「米語母語話者を対象とした日本人英語の聞き取り調査」『電子情報通信学会技術研究報告』第104巻第630号，31–36.

三宅雪嶺（1997）『自伝／自分を語る』（人間の記録43）東京：日本図書センター.

宮崎里司（2001）『外国人力士はなぜ日本語がうまいのか——あなたに役立つ「ことば習得」のコツ』東京：明治書院.

宮地正人・佐藤能丸・櫻井良樹（編）（2011〜2013）『明治時代史大辞典』（全4巻）東京：吉川弘文館.

宮田幸一（1967a）「大正期の発音学」『英語教育』2月号，21.

宮田幸一（1967b）『実践英語教育法』東京：大修館書店.

宮田幸一（1969）『発音・つづり・語形成』（教室英文法シリーズ8）東京：研究社出版.

宮永孝（1999）「辞書のかたる幕末の英学」『社会志林』第46巻第1号，186(1)-115(72). 法政大学社会学部学会.

宮永孝（2004）「"オットソン"と呼ばれた日本漂流民」『社会志林』第51巻第1号，244(1)-165(80). 法政大学社会学部学会.

三好信浩（1986）『日本教育の開国──外国教師と近代日本』東京：福村出版.

村井知至（1925）「英語研究苦心談」第一外国語学校（編纂）(1-42).

村上直次郎（校註）(1911)『異国日記抄』（附録：フイリッピン諸島長官より家康に贈りし書翰 他24篇）東京：三秀舎.

村田祐治（1915）「総論」『英文直読直解法』5-6. 東京：南窓社.

明星大学戦後教育史研究センター（編）(1993)『戦後教育改革通史』（第2版）明星大学出版部.

メドハースト, W.H. ／加藤知己・倉島節尚（編著）(2000)『W.H. メドハースト英和・和英語彙──幕末の日本語研究 複製と研究・索引』東京：三省堂.

茂住實男（1989）『洋語教授法史研究──文法＝訳読法の成立と展開を通して』東京：学文社.

茂住實男（1990）「岸本能武太「英語の綴り字・発音・語原等に就いて」から拾う」日本英語教育史学会第6回全国大会発表資料（平成2年5月12〜14日 米沢市置賜総合文化センター）.

本木正栄（訳述）／日本英学史料刊行会（編集）(1982)『諳厄利亜興學小筌』東京：大修館書店.

本木昌造（1859）『和英商賣對話集』長崎筑後町：塩田幸八.

森一郎（1967）『試験にでる英単語──実証データで重大箇所ズバリ公開』東京：青春出版社.

森良和（2013）「メルヒオール・ファン・サントフォールト──日本で生きることを選んだリーフデ号船員の生涯」『玉川大学教育学部紀要 論叢』，81-98.

森川隆司（1978）「英学者・尺振八とその周辺」『英学史研究』第1979巻第11号，77-106.

森口佑介（2019）『自分をコントロールする力──非認知スキルの心理学』（講談社現代新書）東京：講談社.

森下捨巳（1952）『英語会話──理論と実際』（研究社学生文庫）東京：研究社出版.

森島忠良（桂川甫粲）（撰）／箕作阮甫（一足庵主人）（補）(1848)『改正増補 蛮語箋』謙塾.

森本卓哉（2021）「ホーンビー先生の大分高商での英語教育」ウェブサイト『おおいた歴史 OITA HISTORY』（https：//www.miekinen.com/as-hornby-in-oita/）. 2022年9月24日最終閲覧.

モルレー，ダビッド（1875）「学監ダウキッド，モルレー申報」『文部省第二年報附録』文部省.

師岡淳也（2018）「戦後日本におけるコミュニケーション学の歴史への新たな視座── 1960-70年代のスピーチ・コミュニケーション科目の分析を中心として（1）」『ことば・文化・コミュニケーション』第10号，89-106. 立教大学異文化コミュニケーション学部.

文部科学省（編）(2003)『「英語が使える日本人」の育成のための英語教員研修ガイドブック』東京：開隆堂出版.

文部科学省（編）「アクティブ・ラーニングに関する議論」文部科学省ウェブサイト（https://www.mext.go.jp/b_menu/shingi/chukyo/chukyo3/004/siryo/__icsFiles/afield-file/2015/09/04/1361407_2_4.pdf）. 2024年1月30日最終閲覧.

文部科学省（編）「一 戦後教育史の概況」文部科学省ウェブサイト（http://www.mext.go.jp/b_menu/hakusho/html/others/detail/1317737.htm）. 2023年12月14日最終閲覧.

文部科学省（編）「六 戦後の教育改革」文部科学省ウェブサイト（http://www.mext.go.jp/b_menu/hakusho/html/others/detail/1317571.htm）. 2022年10月14日最終閲覧.

文部省（編）(1889)『The Mombushō conversational readers』（正則文部省英語讀本）巻1-巻5，東京：大日本図書.

文部省（1908）『The Mombusho English readers for elementary schools』（小学校用文部省英語読本）第 1 巻，東京：国定教科書共同販売所.

文部省（編）（1947）『Let's learn English book 1～3』東京：教育図書.

文部省（編）（1948）『The world through English 1～3』東京：中等学校教科書株式会社.

文部省（編）（1951）『「学習指導要領」（試案）』.

文部省訓令（1911）「第 15 号・中学校教授要目」『官報』第 8432 号，明 44-7-31，675-676.

文部省編輯局（編）／デニング，W.（1887）『ENGLISH READERS/THE HIGH SCHOOL SERIES』（6 巻）.

八木克正（2011）『英語教育に役立つ英語の基礎知識Q＆A』（開拓社言語・文化選書）東京：開拓社.

八木又三（1923）『新英文法』東京：裳華房.

ヤーコブソン，R.／川本茂雄（監修）／田村すゞ子・長嶋善郎・村崎恭子・中野直子（訳）（1973）『一般言語学』（新装版）東京：みすず書房.

八島智子（1988）「通訳訓練の英語教育への応用 I —— shadowing」『英学』第 21 号，29-37. 平安女学院短期大学英学会.

安井稔（1962）『英語における子音結合の型』東京：研究社出版.

八杉貞利（1901）『外国語教授法』東京：宝永館書店.

安原基輔／石黒魯平（校閲）（1924）『英語音韻の研究』東京：大倉廣文堂.

矢田七太郎（1902）『幕末之偉人　江川坦庵』東京：國光社.

柳猛直（1989）『悲運の藩主——黒田長溥』福岡：海鳥社.

柳瀬陽介（1994）『模倣の原理と外国語習得』（広島修道大学研究叢書 84）広島：広島修道大学総合研究所.

柳瀬陽介（2023）「【まとめ記事】英語の発音を自学自習できる YouTube 動画のリスト」柳瀬陽介ブログ『英語教育の哲学的探求 3』(https://yanase-yosuke.blogspot.com/2023/10/youtube.html?fbclid=IwAR1UbaTbdP0_bCSuWUrW6Yg_2RQHwshQ_uEB8ZYQud60i9aJ_JmPj4sMGSg). 2023 年 12 月 3 日最終閲覧.

柳瀬陽介・西原貴之（編著）（2016）『言葉で広がる知性と感性の世界——英語・英語教育の新地平を探る』広島：渓水社.

山浦拓造（1980）「ゲルハード御一家の業績」『東北学院英学史年報』第 1 号，3-22. 東北学院.

山岡俊比古（1997）『第 2 言語習得研究』（新装改訂版）東京：桐原ユニ.

山口国松（1969）「福島プランの実際」磯尾／三戸（編代表）（125-131）.

山口高等商業学校学友会（編）（1910）『山口学友会報』第 39 号.

山口誠（2001）『英語講座の誕生——メディアと教養が出会う近代日本』（講談社選書メチエ）東京：講談社.

山住正己（1987）『日本教育小史——近・現代』（岩波新書）東京：岩波書店.

山田耕筰／後藤暢子・団伊玖磨・遠山一行（編）（2001）『山田耕筰著作全集 3』東京：岩波書店.

山田雄一郎（2005）『日本の英語教育』（岩波新書）東京：岩波書店.

大和知史・磯田貴道（2023）『プロソディを重視した英語音声指導入門——指導の枠組と教科書の活用法』東京：渓水社.

山根繁（2001）『英語音声とコミュニケーション』東京：金星堂.

山根繁（2019）『コミュニケーションのための英語音声学研究』大阪：関西大学出版部.

山本崇雄（2015）『はじめてのアクティブ・ラーニング！英語授業』東京：学陽書房.

山家保（1956）『Pattern practice と contrast ──新しい英語の学習指導法』（英語教育叢書）東京：開隆堂.

山家保先生記念論集刊行委員会（編著）（2005）『あえて問う英語教育の原点とは──オーラル・アプローチと山家保』東京：開拓社.

雄松堂フィルム出版（編）（1976）『初期日本英学資料集成──マイクロフィルム版　収録書総目録』東京：雄松堂フィルム出版.

横浜プロテスタント史研究会（編）（2008）『横浜開港と宣教師たち──伝道とミッション・スクール』（有隣新書）神奈川：有隣堂.

吉田幾次郎（編著）（1910）『発音綴字の話』東京：研究社.

吉村昭（1986）『海の祭礼』東京：文藝春秋.

吉村和嘉（1986）『かかる師ありき　恩師・江本茂夫傳』東京：ボイジャー・プレス.

吉村秀蔵（訳）（1887）『英語発音独案内』大阪：大辻文盛堂.

リード，ヴァン（1862）『和英商話 全』横浜：師岡屋伊兵衛.

ルイス，ウィリアム・村上直次郎（編）／富田虎男（訳訂）（2012）『マクドナルド「日本回想記」』（再訂版）（刀水歴史全書）東京：刀水書房.

ルビンジャー，リチャード／石附実・海原徹（訳）（1982）『私塾──近代日本を拓いたプライベート・アカデミー』東京：サイマル出版.

ローガンビル，ブルース，G.・川島彪秀（1974）『英語スピーチ・正しい発音』（スピーチ・コミュニケーション・シリーズ）東京：三修社.

ローゼン，アラン・西川盛雄（2011）『ラフカディオ・ハーンの英作文教育』福岡：弦書房.

ローチ，P.／島岡丘・三浦弘（訳）（1996）『英語音声学・音韻論』東京：大修館書店.

羅布存徳（Lobscheid, William）（原著）／井上哲次郎（訂増）（1883）『訂増英華字典 An English and Chinese dictionary』東京：藤本氏蔵版.

ロベルジュル，クロード・霜崎實・許圭南（1985）『VT法による英語発音指導教本 Nursery rhyme prosody affectivity finger action』東京：研究社出版.

若林俊輔（編集）（1980）『昭和50年の英語教育』東京：大修館書店.

若林俊輔（1983）『これからの英語教師──英語授業学的アプローチによる30章』（英語教師叢書）東京：大修館書店.

若林俊輔（1984）「英語教育の系譜── H.E. パーマーにふれて」語学教育研究所（編）（295-310）.

若林俊輔（編）（1997）『ヴィスタ英和辞典』東京：三省堂.

若林俊輔・隈部直光（1981）『亡国への学校英語』東京：英潮社新社.

若林俊輔／小菅和也・小菅敦子・手島良・河村和也・若有保彦（編）（2016）『英語は「教わったように教えるな」』東京：研究社.

若林俊輔／若有保彦（編）（2019）『若林俊輔先生著作集2　目的論・学習者論・音声指導・文字指導他』東京：語学教育研究所.

若林俊輔／若有保彦（編）（2023）『若林俊輔先生著作集6　評価論・大学英語教育・教員養成・教師論他』東京：語学教育研究所.

若林虎三郎・白井毅（編纂）（1883）『改正教授術　巻一』東京：普及舎.

ワグナー，A. J.・川島彪秀（1973）『The bases of public speaking 英語スピーチの基本と演習』東京：英潮社フェニックス.

鷲山第三郎（1927）『明治学院五十年史』東京：明治学院.

早稲田大学大学史編集所（編）『早稲田大学百年史』デジタル版（https://chronicle100.waseda.

jp/index.php). 2024年2月15日最終閲覧.

和田稔（1987）『国際化時代における英語教育── Mombusho English Fellowsの足跡』東京：山口書店.

和田稔（1991）『国際交流の狭間で──英語教育と異文化理解』東京：研究社出版.

和田稔（編著）（1993）『オーラル・コミュニケーションの指導と評価』（英語教育フォーラム4）東京：開隆堂出版.

和田洋一（2015）『新島襄』（岩波現代文庫）東京：岩波書店.

渡辺和幸（1980a）『現代英語のイントネーション』東京：研究社出版.

渡辺和幸（1980b）『英語のリズム・ハンドブック』東京：弓書房.

渡辺克典（2005）「遠藤隆吉における言語──国民国家形成期の社会学と言語をめぐって」『年報筑波社会学』第17号，67-78.

渡部昇一（責任編集）／永盛一（1983）『英語の教育』（スタンダード英語講座9）東京：大修館書店.

渡辺文夫（1995）『異文化接触の心理学──その現状と理論』東京：川島書店.

渡辺実（1977）『近代日本海外留学生史』（上・下）東京：講談社.

渡部良典・池田真・和泉伸一（2011）『CLIL（クリル）内容言語統合型学習──上智大学外国語教育の新たなる挑戦1　原理と方法』東京：上智大学出版局.

[欧文]

Abercrombie, D. (1956). *Problems and principles*. London: Longmans.

Abercrombie, D. (1991). Daniel Jones's Teaching. *fifty years in phonetics*. Edinburgh: Edinburgh University Press.

Acton, W. (1984). Changing fossilized pronunciation. *TESOL Quarterly, 18*(1), 71-85.

Acton, W. (1992). A kinesthetic approach to teaching English stress and rhythm. *Bulletin of the Faculty of Nagoya University of Commerce and Business Administration, 36*(2), 245-274.

Allen, W. S. (1954). *Living English speech: stress and intonation practice for the foreign student*. London: Longmans, Green & Co.

Anderson, D. (1969). Harold E. Palmer: a biographical essay. In H.E. Palmer and Redman, H.V. *This language-learning business* (pp.133-161).

Anderson-Hsieh, J. (1989). Approaches toward teaching pronunciation: a brief history. *Cross Currents, 26*(2), 73-78.

Ashby, M. (2011). The earliest links between Japan and the UCL phonetics department. Lecture at the 28th JACET Chubu Chapter Conference (June 14th, Chubu University).

Ashby, M., & Crompton, J. (2019). *The story of SCEP*. London: UCL.

Ashton, H., & Shepherd, S. (2012). *Work on your accent: clearer pronunciation for better communication*. London: Collins.

Austin, J. L. (1962). *How to do things with words*. Oxford: Clarendon Press.

Ausubel, D. P. (1963). *The psychology of meaningful verbal learning: an introduction to school learning*. New York: Grune & Stratton.

Avery, P., & Ehrlich, S. (Eds.). (1992). *Teaching American English pronunciation*. (Oxford Handbooks for Language Teachers). Oxford: Oxford University Press.

Baddeley, A. (1986). *Working memory* (Oxford Psychology Series). Oxford: Oxford University Press.

Bachman, L. F. (1990). *Fundamental considerations in language testing*. Oxford: Oxford University Press.

Barnes, C. J. (1901). *New national readers*. (No.1~5). Osaka: Sekizenkwan.

Baynes, T. S., Smith, W. R., & Peale, R.S. (1890). *The encyclopedia Britannica: a dictionary of arts, sciences and general literature*. Chicago: Chicago R. S. Peale.

Bell, A. M. (1867). *Visible speech, the science of universal alphabetics: or self-interpreting physiological letters, for the writing of all languages in one alphabet*. London: Simpkin, Marshall: London and New York: N. Trübner.

Berko, R. M., Wolvin , A. D., Wolvin, D. R., & Aitken J. E. (2013). *Communicating: a social, career, and cultural focus*.(12th Ed.). Boston: Allyn & Bacon.

Berlitz, M. D. (1901). *The Berlitz method for teaching modern languages: English part, books I & II*. Rhode Island: The Berlitz School.

Berlitz, M. D.(1920). *Method for teaching modern languages* (English part). first book entirely rewritten American edition. New York: Berlitz School of Languages.

Beverly, C. (1988). *The early career of Daniel Jones*. Ph.D. dissertation submitted to Utrecht University.

Beverley, C., & Inger, M. M. (1998). *The real Professor Higgins: the life and career of Daniel Jones*. London: Mouton De Gruyter.

Bloch, B., & Trager, G. L. (1942). *Outline of linguistic analysis*. Baltimore: Waverly Press.

Bolinger, D. (Ed.). (1972). *Intonation: selected readings*. Harmondsworth: Penguin Books.

Bonwell, C. C., & Eison, J. A. (1991). *Active learning: creating excitement in the classroom* (J-B ASHE Higher Education Report Series). New Jersey: Jossey-Bass.

Bowen, J. D., Madsen, Harold & Hilferty, A. (1985). *TESOL techniques and procedures*. Rowley: Newbury House.

Bowen, T., & Marks J. (1993). *The Pronunciation book: student-centered activities for pronunciation work* (Pilgrims Longman Resource Books). London: Addison-Wesley Longman.

Bradbury, C. M. (1899). *English letters and their sounds: or, useful facts of English phonology*. Tokyo: Kokumin Eigakkwai.

Bradbury, C. M. (1900). *English letters and their sounds: a higher spelling book, with reference tables, for use in Japanese schools, based upon Webster's International dictionary*. (2d ed. rev.). Tokyo: Sanseido.

Brazil, D., Coulthard, M., & Johns, C. (1980). *Discourse intonation and language teaching*. London: Longman.

Brebner, M. (1898). *The method of teaching modern languages in Germany: being the report presented to the trustees of the Gilchrist Educational Trust on a visit to Germany in 1897, as Gilchrist Travelling Scholar*. London: C. J. Clay and Sons.

Brown, A. (Ed.). (1991).*Teaching English pronunciation: a book of readings*. London: Routledge.

Brown, H. D. (2001). *Teaching by principles: an interactive approach to language pedagogy*. London: Longman.

Brown, S. R. (1875). *Prendergast's mastery system: adapted to the study of Japanese or English*. Yokohama: F. R. Wetmore.

Brown, V. (1960). *Improving your pronunciation*. Tokyo: Meirindo.

Brown, V. (1988). My Life in Japan and at Chuo University. 『中央大学文学部紀要』 [*Journal of the Faculty of Literature. Department of Literature*], 55-67.

Brumby, S., & Wada, M. (1990). *Team teaching*. London: Longman.

Brumfit, C. (1984). *Communicative methodology in language teaching*. Cambridge: Cambridge University Press.

Bryant II, W. C. (1956). English language teaching in Japanese schools. *Publication of The Modern Language Association of America (PMLA), 71*(4), part 2 supplement: 21-48.

Byram, M. (Ed.). (2000). *Routledge encyclopedia of language teaching and learning*. London and New York: Routledge.

Cambridge University Press. (Ed.). (2021). *Cambridge learner's dictionary*. (4th ed.). Cambridge: Cambridge University Press.

Canale, M., & Swain, M. (1980). Theoretical bases of communicative approaches to second language teaching and testing. *Applied Linguistics, 1*, 1-47.

Canale, M. (1983). From communicative competence to communicative language pedagogy. In J. C. Richards & R. W. Schmidt (Eds.). (pp.1-27). London: Longman.

Carley, P. (Ed.). (2015). *Phonetics in English language teaching*. 6 Vols. London: Routledge.

Carley, P., Mees, I. M., & Collins, B. (2018). *English phonetics and pronunciation practice*. London & New York: Routledge.

Carol, J.B. (1961). Fundamental considerations in the testing for English language proficiency of foreign students. In *Testing the English Proficiency of Foreign Students* (pp.30-40). Washington, D.C.: Center for Applied Linguistics.

Carlyle, T. (1838). *Sartor Resartus: the life and opinions of Herr Teufelsdröckh*. London: Sanders and Otley.

Carlyle, T. (2008). *Sartor resartus: the life and opinions of Herr Teufelsdröckh*. (Oxford World's Classics). Oxford: Oxford University Press.

Catford, J. C. (1950). Intelligibility. *English Language Teaching, 1*, 7-15.

Celce-Murcia, M., Brinton D., & Goodwin, J.M. (1996). *Teaching pronunciation: a reference for teachers of English to speakers of other languages*. Cambridge: Cambridge University Press.

Center for Applied Linguistics. (1961). *Testing the English Proficiency of Foreign Students*. Washington, D.C.: Center for Applied Linguistics.

Cessaris, A. C. (1995). *Fluent American speech: speech training & accent reduction program*. Tokyo: Kenkyusha.

Chiba, T. (in collaboration with Masato Kajiyama) (1942). *The vowel : its nature and structure*. Tokyo: Kaiseikan.

Chomsky, N. (1965). *Aspects of the theory of syntax*. Boston: MIT Press.

Chomsky, N., & Halle, M. (1968). *The sound pattern of English*. New York: Harper and Row.

Cole, C. F., & June, H. L. (Eds.). (2016). *The Sesame effect: the global impact of the longest street in the world*. New York: Routledge.

Collins, B.S., & Mees, I. M. (Eds.). (2013). *English phonetics: twentieth-century developments*. Vol.6. New York: Routledge.

Cook, V. J. (1968). *Active intonation*. London: Longmans.

Cook, V. J. (1999). Going beyond the native speaker in language teaching. *TESOL QUARTER-*

LY, 33(2), 185-209.

Corder, S. P. (1967). The significance of learners' errors. *International Review of Applied Linguistics in Language Teaching, 5*, 161-170.

Cortazzi, H. (Compiled & Ed.). (2007). *Britain & Japan: biographical Portraits.* Vol. VI, Published in association with The Japan Society, London.

Cravell, J. (1975). *Shogun: a novel of Japan.* London: Hodder & Stoughton Ltd.

Cruttenden, A. (1997). *Intonation.* (2nd ed.). Cambridge: Cambridge University Press.

Crystal, D. (1969). *Prosodic systems and intonation in English.* Cambridge studies in linguistics I. Cambridge : Cambridge University Press.

Crystal, D. (1995). *The Cambridge encyclopedia of the English language.* Cambridge: Cambridge University Press.

Crystal, D. (1997). *English as a global language.* Cambridge: Cambridge University Press.

Crystal, D. (2005). *The stories of English.* London: Penguin.

Dallas, C. H. (1875). *The Yonezawa dialect. Transactions of the Asiatic Society of Japan.* Vol.3, Part2.

Dalton, C., & Seidlhofer, B. (1994). *Pronunciation.* Oxford: Oxford University Press.

Dalton, W. (1861). *Will Adams, the first Englishman in Japan: a romantic biography.* London: A. W. Bennett.

Darian, S. (1969). Backgrounds of modern language teaching: Sweet, Jespersen and Palmer *Modern Language Journal, 53* (8), 545-550.

Dauer, R. M. (1993). *Accurate English: a complete course in pronunciation.* Englewood Cliffs: Prentice Hall.

Davies, A. (2004). *The native speaker in applied linguistics.* In A. Davies & C. Elder (Eds.), *The handbook of applied linguistics* (pp.431-450). Oxford : Blackwell.

Davies, A., & Elder, C. (Eds.). (2004). *The handbook of applied linguistics.* Oxford: Blackwell.

Derwing, T. M., &, Munro, M. J. (1997). Accent, intelligibility, and comprehensibility: evidence from four L1s. *Studies in second language acquisition, 19*, 1-16.

Derwing, T. M., & Munro, M. J. (2005). Second language accent and pronunciation teaching: a research-based approach. *TESOL Quarterly, 39*(3), 379-397.

Derwing T. M., Munro, M. J., & Foote J. A., et al. (2014). Opening the window on comprehensible pronunciation after 19 years: a workplace training study. *Language Learning, 64*(3), 526-548.

Derwing, T. M., & Munro, M. J. (2015). *Pronunciation fundamentals: evidence-based perspectives for L2 teaching and research.* Amsterdam: John Benjamins.

Doi, T. (1976). *The study of language in Japan: a historical survey.* Tokyo: Shinozaki Shorin.

Dolean, D. D. (2015). The effects of teaching songs during foreign language classes on students' foreign language anxiety. *Language Teaching Research, 20*(5), 638–653.

Dreyspring, A. (1888). *First German reader on the cumulative method.* New York: D. Appleton and Company.

Dulay, H., Burt, M., & Krashen, S. (1982). *Language two.* Oxford: Oxford University Press.

Educational Testing Service (2022). *TOEFL iBT® Test and Score Data Summary 2022.* Retrieved January 17, 2024 from https://www.ets.org/pdfs/toefl/toefl-ibt-test-score-data-summary-2022.pdf.

Ehsani, F., & Knodt, E. (1998). Speech technology in computer-aided language learning: strengths and limitations of a new CALL paradigm. *Language Learning & Technology*, 2(1), 54-73.

The English Language Institute Staff (Eds.). (1953). *English pronunciation: exercises in sound segments, intonation, and rhythm with supplementary exercises for Japanese students* (revised ed.). Ann Arbor: English Language Institute, University of Michigan.

Field, J. (2003). The fuzzy notion of "intelligibility": a headache for pronunciation teachers and oral testers. *IATEFL* Special Interest Groups Newsletter, 34-38.

Firth, J. R. (1964). *Tongues of men* (Language & Language Learning). Oxford: Oxford University Press.

Fisher, J., Clarke, M., & Schacter, J. (Eds.). (1980). *On TESOL '80: building bridges, research and practice in teaching English as a second language*. Washington: TESOL.

Flege J.E. (1995). Second language speech learning: theory, findings, and problems. In W. Strange (Ed.), *Speech perception and linguistic experience: issues in cross-language research* (pp. 233-276). Timonium: York Press.

Fries, C. C. (1927). *The teaching of the English language*. New York: Thomas Nelson and Sons.

Fries, C. C. (1945). *Teaching and learning English as a foreign language*. Ann Arbor: University of Michigan Press.

Fries, C. C. (1952). *The structure of English: an introduction to the construction of English sentences*. New York: Harcourt, Brace.

Fries, C. C., & Fries, A. C. (1961). *Foundations for English teaching, including a corpus of materials upon which to build textbooks and teachers' guides for teaching English in Japan*. Tokyo: Kenkyusha.

Fujimoto-Adamson, N. (2006). Globalization and history of English education in Japan. *Asian EFL Journal*, 8(3), 259-282.

Fukuda, S. (1975). The four-year teacher-training project: its operation and achievements. *TESOL Quarterly*, 9(1), 15-22.

Gass, S. M., & Madden, C. G. (Eds.). (1985). *Input in second language acquisition*. Cambridge, Mass: Newbury House.

Gauntlett, E. (1899). *Phonographia Japonica: a complete exposition of Edward Gauntlett's system of phonetic shorthand for the Japanese language, Pt I-2*. Yokohama: Kelly & Walsh.

Gauntlett, E. (1905). *The elements of Japanese and English phonetics for the use of Japanese teachers of English*. Tokyo: Sanseido.

Gauntlett, Saiko.(2007). Edward Gauntlett (1868-1956), English teacher, explorer and missionary. In H. Cortazzi (compiled & ed.), *Britain & Japan: biographical portraits*. Vol. VI (pp. 299-306).

Gerhard, R. H. (1937). *A textbook of English sounds for Japanese students.* translated by Isao Mikami .Tokyo: Yuhoudo.

Gerhard, R. H. (1941). *A handbook of English and American sounds for Japanese students*. Tokyo: Kyoei Shobo.

Gerhard, R. H. (1949). *A handbook of English and American sounds for Japanese students*. Tokyo: Shimizu Shoin.

Gerhard, R. H. (1954). *General American pronunciation: a phonetic reader for Japanese stu-*

dents. Tokyo: Sanseido.

Gerhard, R. H. (1960). *Standard American pronunciation: a manual of phonetics for Japanese students*. Tokyo: Shimizu Shoin.

Gilbert, J. B. (1987). *Clear speech: pronunciation and listening comprehension in North American English*. Cambridge: Cambridge University Press.

Gilbert, J. B. (2000). *Clear speech from the start student's book: basic pronunciation and listening comprehension in north American English*. Cambridge: Cambridge University Press.

Gimson, A. C. (1962). *An introduction to the pronunciation of English*. London: Edward Arnold.

Gimson, A. C. (1975). *A practical course of English pronunciation: a perceptual approach*. London: Edward Arnold.

Gleason, jr., H. A. (1961). *An introduction to descriptive linguistics*. (Rev. ed.). New York: Holt, Rinehart & Winston.

Gouin, F. (1880/1892). *The art of teaching and studying languages*. Trans. By H. Swan, & V. Bétis. London: George Philip.

Graddol, D. (1997). *The future of English?: a guide to forecasting the popularity of the English language in the 21st century*. London: The British Council.

Graham, C. (1978). *Jazz chants*. New York: Oxford University Press.

Griffis, W. E. (1887). *Matthew Calbraith Perry: a typical American naval officer*. Boston: Cupples & Hurd.

Griffis, W. E. (1900). *Verbeck of Japan: a citizen of no country: a life story of foundation work inaugurated by Guido Fridolin Verbeck*. New York: Fleming H. Revell.

Halliday, M.A.K. (1967). *Intonation and grammar in British English*. The Hauge: Mouton.

Halliday, M. A. K. (1973). *Explorations in the functions of language*. London: Edward Arnold.

Hancock, M. (1995). *Pronunciation games* (Cambridge Copy Collection). Cambridge: Cambridge University Press.

Hancock, M. (2003). *English pronunciation in use*. Cambridge: Cambridge University Press.

Hardy, A. S. (1891). *Life and letters of Joseph Hardy Neesima*. Boston: Houghton Mifflin.

Hearn, L. (1895). *Out of the east: reveries and studies in new Japan*. London: Kegan Paul, Trench, Trübner.

Heco, J. (Authored). Murdoch, James. (Ed.). (1895). *The narrative of a Japanese. what he has seen and the people he has met in the course of the last forty years*. Tokyo: Maruzen.

Heckman, J. J., & Kautz, T. D. (2012). Hard evidence on soft skills. *Labour Economics, 19*(4), 451-464.

Heilman, A. W. (1989). *Phonics in proper perspective*. Columbus: Merrill Publishing Company.

Henrichsen, L. E. (1989). *Diffusion of innovations in English language teaching*. New York: Greenwood Press.

Hewings, M. (1993). *Pronunciation tasks: a course for pre-intermediate learners*. Cambridge: Cambridge University Press.

Hino, N. (1988). Yakudoku: Japan's dominant tradition in foreign language learning. *JALT Journal, 10*(1&2), 45-55.

Hino, N. (2021). Japanese English as an expanding circle variety: viewpoints and approaches. *Asian Englishes, 23*(1), 3-14.

Hinofotis, F. B., & Bailey, K. (1981). American undergraduates' reactions to the communication skills of foreign teaching assistants. In J. C. Fisher, M. A. Clarke & J. Schacter (Eds.), *On TESOL '80: building bridges, research and practice in teaching English as a second language* (pp. 120-138).

Hockett, C. F. (1955). *A manual of phonology*. Baltimore: Waverly Press.

Hoffman, Atkinson. (Bishop of HOMOCO) (1879). *Revised and enlarged edition of exercises in the Yokohama dialect: twenty second thousandth*. Revised and corrected at the special request of the author. Yokohama: Japan Gazette Office.

Holliday, A. (2006). Native-speakerism. *ELT Journal, 60*(4), 385-387.

Honey, J. (1989). *Does accent matter?: the Pygmalion factor*. London: Farber and Farber.

Hornby, A.S., Gatenby, E.V., & Wakefield, A.H. (1942). *Idiomatic and syntactic English dictionary*. Tokyo: Kaitakusha.

Houghton, S.A., Rivers, D. J., & Hashimoto, K. (2018). *Beyond native-speakerism: current explorations and future visions*. New York: Routledge.

Howatt, A.P.R. (1984). *A history of English language teaching*. Oxford: Oxford University Press.

Howatt, A.P.R., & Smith, R.C. (Eds.). (2000). *Foundations of foreign language teaching: Thomas Prendergast*. volume 4. London: Routledge.

Howatt, A.P.R., & Smith, R.C. (Eds.). (2002). *Modern language teaching: the reform movement*. 5 vols. London: Routledge.

Howatt, A.P.R with H.G. Widdowson. (2004). *A history of English language teaching*. Oxford: Oxford University Press.

Hyltenstam, K., & Abrahamsson, N. (2004). Maturational constraints in SLA. In A. Davies & C. Elder (Eds.), *The native speaker in applied linguistics* (pp. 539-588). Oxford: Blackwell.

Hymes, D. H. (1972). On communicative competence. In J. B. Pride & J. Holmes (Eds.), *Sociolinguistics* (pp. 269-293). Harmondsworth: Penguin Books.

Ike, M. (1995). A historical review of English in Japan (1600-1880). *World Englishes, 14*(1), 3-11.

Illich, I. (1971). *Deschooling society*. New York: Harper & Row.

International Phonetic Association. (Ed.). (1999). *Handbook of the International Phonetic Association: a guide to the use of the International Phonetic Alphabet*. Cambridge: Cambridge University Press.

I.R.E.T. (Ed.). (1933). *A commemorative volume issued by the Institute for Research in English Teaching on the occasion of the tenth annual conference of English teachers: held under its auspices*. Tokyo: Kaitakusha.

Isoo, T. (1934). The Fukushima Plan of Teaching English in Schools of Middle Grade. *The Bulletin of I.R.E.T., 106* Appendix 1.

Jenkins, J. (1998). Which pronunciation norms and models for English as an international language? *ELT Journal, 52*(2), 119-126.

Jenkins, J. (2000). *The phonology of English as an international language*. Oxford: Oxford University Press.

Jenkins, J. (2002a). A sociolinguistically based, empirically researched pronunciation syllabus for English as an international language. *Applied Linguistics, 23*(1), 83-103.

Jenkins, J. (2002b). Review: the real professor Higgins: the life and career of Daniel Jones. *ELT Journal*, *56*(2), April, 208-211.

Jenkins, J. (2003). *World Englishes: a resource book for students*. London: Routledge.

Jenkins, J. (2007). *English as a Lingua Franca: attitude and identity*. Oxford: Oxford University Press.

Jespersen, O. (1904). *How to teach a foreign language*. London: George Allen & Unwin.

Jones, D. (1909).*The pronunciation of English*. Cambridge, UK: Cambridge University Press.

Jones, D. (1917). *An English pronouncing dictionary: on strictly phonetic principles*. London: J. M. Dent & Sons.

Jones, D. (1918). *An outline of English phonetics*. Leipzig: B.G.Teubner.

Jones, D. (1948). The London school of phonetics. *Zeitschrift für PHONETIK*, *2*, 127-135.

Jones, D., & Michaelis, H. (1913). *A phonetic dictionary of the English language*. Hannover: C. Meyer (G. Prior).

Jones, D., Roach P., & Hartman, J. (Eds.). (1997). *English pronouncing dictionary* (15th ed.) . Cambridge: Cambridge University Press.

Jones, D., Roach, P., Setter, J., & Esling, J. (Eds.). (2011). *Cambridge English pronouncing dictionary* (18th ed.). Cambridge: Cambridge University Press.

Jones, R. H. (1997). Beyond "listen and repeat": pronunciation teaching materials and theories of second language acquisition. *System*, *25* (1), 103-112.

Jones, T. (Ed.). (2016). *Pronunciation in the classroom: the overlooked essential*. Alexandria, VA: TESOL.

Kachru, B. B. (Ed.). (1982/1992). *The other tongue: English across cultures*. Urbana: University of Illinois Press.

Kachru, B. B. (1985). Standards, codification and sociolinguistic realism: the English language in the outer circle. In R. Quirk & H.G. Widdowson (Eds.), *English in the world: teaching and learning the language and literatures* (pp. 11-30). Cambridge: Cambridge University Press.

Kachru, B.B. (1986). *The alchemy of English: the spread, functions, and models of non-native Englishes*. Urbana: University of Illinois Press.

Kachru, B. B. (1997). World Englishes and English-using communities. *Annual Review of Applied Linguistics*, *17*, 66-87.

Kanda, Naibu. (1896). English in middle schools. *Taiyo*（『太陽』）. *2*(4), 231-234.

Kanda Memorial Committee. (Ed.). (1927). *Memorials of Naibu Kanda*. Tokyo: The Toko- Shoin.

Kashiwagi, A., Snyder, M., & Craig, J. (2006). Suprasegmentals vs. segmentals: NNS phonological errors leading to actual miscommunication. *JACET Bulletin*, *43*, 43-57.

Kashiwagi, A., & Snyder, M. (2014). Intelligibility of Japanese college freshmen as listened to by native and non-native listeners. *JACET Journal*, *58*, 39-56.

Keene, D. (2002). *Emperor of Japan: Meiji and his world, 1852-1912*. New York: Columbia University Press.

Kelly, L. G. (1969). *25 Centuries of language teaching: an inquiry into the science, art, and development of language teaching methodology, 500 B.C.-1969*. Rowley, Mass: Newbury House Publishers.

Kenworthy, J.(1987). *Teaching English pronunciation* (Longman handbooks for language teachers series). London: Longman.

Kenyon, J. S. (1924/1950). *American pronunciation*. Ann Arbor: George Wahr.

Kenyon, J. S., & Thomas, A. K. (1944). *A pronouncing dictionary of American English*. Springfield, Mass.: G&C Merriam Company.

Kimizuka, S. (1968). *Teaching English to Japanese*. Delaware: Anchor Enterprises.

Kingdon, R. (1958a). *The groundwork of English stress*. London: Longmans.

Kingdon, R. (1958b). *The groundwork of English intonation*. London: Longmans.

Kohmoto, S.(1965). *Applied English phonology: teaching of English pronunciation to the native Japanese speaker*. Tokyo: Tanaka Press.

Koike, I., Matsuyama M., Igarashi Y., & Suzuki K. (Eds.). (1978). *The teaching of English in Japan*. Tokyo: Eichosha.

Koike, I., & Tanaka, H. (1995). English in foreign language policy in Japan: toward the twenty-first century. *World Englishes, 14*(1), 13-25.

Kramsch, C. (1986). From language proficiency to interactional competence. *The Modern Language Journal, 70*(4), 366-372.

Krashen, S. D. (1978). Is the 'natural order' an artifact of the bilingual syntax measure? *Language Learning, 28*(1), 187-191.

Krashen, S. D. (1985). *The input hypothesis: issues and implications*. New York: Longman.

Krashen, S. D., & Terrell, T. D. (1983). *The natural approach: language acquisition in the classroom*. San Francisco: Pergamon/Alemany Press.

Kurath, H. (1964). *A phonology and prosody of modern English*. Ann Arbor: The University of Michigan Press.

Kuroda, T. (1948). Towards a standard simplified system of phonetic notation. *Eigo Seinen* [*The Rising Generation*]. *94*(6), 167.

Lado, R. (1957). *Linguistics across cultures: applied linguistics for language teachers*. Ann Arbor: The University of Michigan Press.

Ladefoged, P. (1975). *A course in phonetics*. San Diego: Harcourt Brace Jovanovich.

Ladefoged, P., & Johnson, K. (2015). *A course in phonetics* (7th ed). Stamford, CT: Cengage Learning.

Larsen-Freeman, D. (1998). Expanded roles of learners and teachers in learner-centered instruction. In W. Renandya & G. Jacobs (Eds.), *Learners and language learning* (pp. 207-226).

Leech, G., & Svartvik, J. (1975). *A communicative grammar of English*. London: Longman.

Lenneberg, E. H. (1967). *Biological foundations of language*. New York: Wiley.

Levis, J. M. (2005). Changing contexts and shifting paradigms in pronunciation teaching. *TESOL Quarterly, 39*(3), 369-377.

Levis, J. M. (2018). *Intelligibility, oral communication, and the teaching of pronunciation*. Cambridge, UK: Cambridge University Press.

Lewis, J. W. (1969). *A guide to English pronunciation: for users of English as a foreign language*. Oslo, Bergen, Tromsö: Universitetsforlaget.

Lewis, J. W. (Ed.). (1972). *A concise pronouncing dictionary of British and American English*. Oxford: Oxford University Press.

Lewis, J.W., & Mees, I. M. (2017). A brief historical overview of pronunciations of English in dictionaries. *Linguistica, 57*(1): 343.

Lewis, W. S., & Murakami, N. (1990). *Ranald MacDonald: the narrative of his life 1824-1894.* (reprinted). Portland: Oregon Historical Society.

Lier, L. V. (1996). *Interaction in the language curriculum: awareness, autonomy, and authenticity.* London: Longman.

Lindsey, G. (2019). *English after RP: standard British pronunciation today.* London: Palgrave Macmillan.

Lindsey, G. (2023). *SMART speech: 5 practice techniques for teachers and learners of pronunciation.* London: English Speech Services.

Lobscheid, W. (1866-1869). *English and Chinese dictionary.* Hong Kong: Daily Press.

Lobscheid, W. (1899). *An English and Chinese dictionary* by the Rev. W. Lobscheid; as revised and enlarged by Tetsuziro Inouye (『訂増 英華字典』). Tokio: Z. Huzimoto.

Long, M.H., & Robinson, P. (1998). *Focus on form: theory, research and practice.* In C. Doughty & J. Williams (Eds.), *Focus on form in classroom second language acquisition* (pp.15-41). Cambridge: Cambridge University Press.

Loveday, L. J. (1996). *Language contact in Japan: a socio-linguistic history.* Oxford: Clarendon Press.

MacCarthy, P. (1944). *English pronunciation: a practical handbook for the foreign learner.* Cambridge, UK: W. Heffer & Sons.

MacMahon, M. K. C. (1986). The International Phonetic Association: The first 100 years. *Journal of the International Phonetic Association, 16*, 30-38.

MacMahon, M. K. C. (1994). Laura Soames' contributions to phonetics. *Historiographia Linguistica, 21*(1-2), 103-121.

Makarova, V. (1997). Discovering phonetics. *JALT Journal, 21*(3). March, 17-19.

Makarova, V. (2000). Pronunciation teaching in the 20th century: lessons from the past and perspectives for the future. *ENGLISH PHONETICS, 3.* 189-205.

Makarova, V. (2001). English pronunciation teaching in Japan. *Studies in Foreign Language education* (『外国語教育論集』／筑波大学外国語センター), *23*, 159-177.

Makarova, V., & Rodger, T. (Eds.). (2004). *English language teaching: the case of Japan.* Munich: Lincom-Europa.

Marcel, C. (1853). *Language as a means of mental culture and international communication; or, manual of the teacher, and the learner of languages.* London: Chapman and Hall.

Marckwardt, A. H. (1958). *American English.* Oxford: Oxford University Press.

Marckwardt, A. H. (1966). Linguistics and the teaching of English. Bloomington: Indiana University Press.

McConnell, D.L. (2000). *Importing diversity: inside Japan's JET program.* Berkeley: University of California Press.

Medhurst, W. H. (1842). *Chinese and English dictionary: containing all the words in the Chinese imperial dictionary; arranged according to the radicals.* 2 vols. Batavia: Parapattan.

Michaelis, H., & Jones, D. (1913). *A phonetic dictionary of the English language.* Berlin: Carl Meyers.

Mompean, J.A., & Fouz-González, J. (Eds.). (2015). *Investigating English pronunciation: trends and directions.* Basingstoke and New York: Palgrave Macmillan.

Morley, J. (Ed.). (1987). *Current perspectives on pronunciation: practices anchored in theory.* Washington, D.C.: TESOL.

Morley, J. (Ed.). (1994). *Pronunciation pedagogy and theory: new views, new directions.* Alexandria, VA: TESOL.

Morley, J., Robinett, B. W., Selinker, L., & Woods, D. (1984). ESL theory and the Fries legacy. *JALT Journal, 6(2),* 171-207.

Moulton, W. G. (1963). Linguistics and language teaching in the United States,1940-1960. *IRAL. 1,* 21-41.

Moulton, W. G. (1966). *A linguistic guide to language learning.* New York: The Modern Language Association of America.

Murphy, J., & Baker, A. A. (2015). History of ESL pronunciation teaching. In M. Reed & J. Levis (Eds.), *The handbook of English pronunciation* (pp. 36-65). West Sussex: Wiley-Blackwell.

Murray, L. (1839). *An English spelling-book; with reading lessons adapted to the capacities of children.* (The forty-fifth edition.) Paris: Baudry's European Library.

Nagasawa, K. (1994). An analytical approach to teaching pronunciation to Japanese adult learners of English. *JACET Bulletin, 25,* 93-104.

Nakajima, F. (Ed.). (1957). *Addresses and papers at the specialists' conference, September 3-7, 1956,* The English Language Exploratory Committee. Tokyo: Kenkyusha.

Nelson, C. L. (2011). *Intelligibility in World Englishes: theory and application* (ESL & Applied Linguistics Professional Series). New York and London: Routledge Taylor & Francis Group.

Newmark, M. (Ed.). (1948). *Twentieth century modern language teaching: sources and readings.* New York: Philosophical Library.

Nitobe, I. (1923). The Teaching and use of foreign languages in Japan. *The Sewanee Review, 31* (July-Sept.), 338-339.

Nitobe, I. (1929). *Foreign languages in Japan: their use and study. an aspect of intellectual life in Japanese history.* Osaka: The Osaka Mainichi & The Tokyo Nichi Nichi.

Nitobe, I. (1934). *Reminiscences of childhood in the early days of modern Japan,* with introduction and comments by Mary Patterson Elkinton Nitobé. Tokyo: Maruzen company.

O'Connor, J. D. (1973). *Phonetics.* London: Penguin Books.

O'Connor, J. D. (1980). *Better English pronunciation.* Tokyo: Seibido.

O'Connor, J. D., & Arnold, G. F. (1973). *Intonation of colloquial English: a practical handbook.* Harlow, Essex: Longman.

OECD. (2015). *Skills for social progress: the power of social and emotional skills.* Paris: OECD Publishing.

Ohmura, K. (1978). History of English teaching in Japan: prewar (before 1945): from the Phaeton incident up to the Pacific War. In I. Koike, M. Matsuyama, Y. Igarashi & K. Suzuki (Eds.), *The teaching of English in Japan* (pp. 91-103). Tokyo: Eichosha.

Ogilvie, J. (1885). *The imperial dictionary of the English language: a complete encyclopedic lexicon, literary, scientific, and technological.* 4 volumes. London: Blackie & Son.

Ohta, A. (1967). The Study of English in Japan. In C. Y. Ren, R. B. Noss & J. K. Yamagiwa (Eds.), *Linguistics in East Asia and South East Asia* (pp. 503-731). The Hague · Paris: Mouton.

Onishi, M. (1981). *D. Jones, H. E. Palmer and phonetics in Japan.* Tokyo: Phonetics Society of Japan.

Ozasa, T. (1979). A study of English phonology learning: a crosssectional study in the Japanese settings. *Kagoshima Daigaku Kyoikugakubu Kenkyu Kiyo [Bulletin of the Faculty of Education, Kagoshima University. Studies in education], 30,* 169-200.

Ozasa, T. (1995). *Key aspects of Palmer's methodology.* Hiroshima: Keisuisha.

Ozasa, T. (2001). *English teaching methodology in Japan: a historical perspective.* Hiroshima: Keisuisha.

Palmer, H.E. (1917). *A first course of English phonetics.* Cambridge: Heffer & Sons.

Palmer, H.E. (1921). *The oral method of teaching languages.* London: Heffer & Sons.

Palmer, H.E. (1922). *English intonation, with systematic exercises.* Cambridge: Heffer & Sons.

Palmer, H.E. (1924a). *A grammar of spoken English.* Cambridge: Heffer & Sons.

Palmer, H.E. (1924b). *Memorandum on problems of English teaching in the light of a new theory.* Tokyo: I.R.E.T.

Palmer, H.E. (1925a). *Concerning pronunciation.* Tokyo: I.R.E.T.

Palmer, H. E. (1925b). Concerning examinations (Editorial), *The Bulletin of the I.R.E.T., 16,* 1-3.

Palmer, H.E. (1925c). *Progressive exercises in the English phones.* Tokyo: I.R.E.T.

Palmer, H.E. (1927). *The five speech-learning habits.* Tokyo: I.R.E.T.

Palmer, H.E. (1928). The clean stroke. *The Bulletin of I.R.E.T., 46.*

Palmer, H.E. (1933). *A new classification of English tones.* Tokyo: Kaitakusha.

Palmer, H.E., & Blandford, F. G. (1924). *A grammar of spoken English.* Cambridge: W. Heffer & Sons.

Palmer, H.E., Blandford, F. G., & Victor, M. J. (1926). *A dictionary of English pronunciation with American variants (in phonetic transcription).* Cambridge: W. Heffer & Sons.

Palmer, H. E., & Redman, H. V. (1932/1969). *This language-learning business* (Language & Language Learning Series). Oxford: Oxford University Press.

Passy, P. (1906). *Petite phonétique comparée des principales langues européennes.* Leipzig Berlin: B.G. Teubner.

Penfield, W., & Roberts, L. (1959). *Speech and brain-mechanisms.* NJ: Princeton University Press.

Pennington, M.C. (1987). Acquiring proficiency in English phonology: problems and solutions for the Japanese learner. *Gaikokugo Kyoiku Kiyo [Nagoya University of Foreign Studies, Journal of School of Foreign Languages], 16,* 1-20.

Pennington, M.C. (2015). Research, Theory, and Practice in Second Language Phonology: a Review and Directions for the Future. In J.A. Mompean & J. Fouz-González (Eds.), *Investigating English pronunciation: trends and directions* (pp. 149–173).

Pennington, M. C. (2021). Teaching Pronunciation: the State of the Art 2021, *RELC Journal, 52*(1), 3-21.

Pennington, M.C., & Richards, J. C. (1986). Pronunciation Revisited. *TESOL Quarterly, 20*(2), 207-225.

Pica, T. (1984). Pronunciation activities with an accent on communication. *English Teaching Forum, 22*(3), 2-6.

Pike, K. L. (1943). *Phonetics: a critical analysis of phonetic theory and a technic for the practical description of sounds*. Ann Arbor: University of Michigan Press.

Pike, K. L. (1945). *The intonation of American English*. Ann Arbor: University of Michigan Press.

Pike, K. L. (1947). *Phonemics: a technique for reducing languages to writing*. Ann Arbor: University of Michigan Press.

Pimsleur, P., & Quinn, T. (Eds.). (1971). *The psychology of second language learning*. London: Cambridge University Press.

Pitman, B. (2015). *Sir Isaac Pitman, his life and labors*. Leopold Classic Library.

Prator, C. H., Jr., & Robinett, B. W. (1957). *Manual of American English pronunciation*. New York: Holt, Rinehart & Wilson.

Pride, J. B., & Holmes, J. (Eds.). (1972). *Sociolinguistics*. Harmondsworth, UK: Penguin Books.

Quackenbos, G. P. (1866). *Quackenbos's first book in English grammar*. New York: D. Appleton and Co.

Quirk, R. (1985). The English language in a global context. In R. Quirk & H.G. Widdowson (Eds.). *English in the world: teaching and learning the language and literatures* (pp.1-16).

Quirk, R., Greenbaum, S., Leech, G., & Svartvik, J. (1985). *A comprehensive grammar of the English language*. London : Longman.

Quirk, R., & Widdowson, H. G. (Eds.). (1985). *English in the world: teaching and learning the language and literatures*. Cambridge: Cambridge University Press.

Ramsaran, S. (Ed.). (1990). *Studies in the pronunciation of English: a commemorative volume in honour of A.C. Gimson*. London: Routledge.

Reed, M., & Levis, J. M. (Eds.). (2015). *The Handbook of English pronunciation*. West Sussex, England: Wiley-Blackwell.

Reesor, M. (2002). The bear and the honeycomb: a history of Japanese English language policy. *NUCB （Nagoya University of Commerce and Business） Journal of Language, Culture and Communication, 4*(1), 41-52.

Reischauer, Edwin. O. (1978). *The Japanese*. Tokyo: C. E. Tuttle Company.

Reischauer, Edwin. O., & Jansen, M. B. (1988). *The Japanese today: change and continuity*. Boston: Belknap Press: An Imprint of Harvard University Press.

Ren, C. Y., Noss, R. B., & Yamagiwa, J. K. (1967). *Linguistics in East Asia and South East Asia* (Current Trends in Linguistics). The Hague, Paris: Mouton.

Renandya, W. A., & Jacobs, G. M. (Eds.). (1998). *Learners and language learning*. Singapore: SEAMEO Regional Language Centre.

The Research Staff of the English Language Institute & Fries, C. C. Director (Eds.). (1953). *Patterns of English sentences: nineteen lessons from an intensive course in English*. Ann Arbor: English Language Institute, University of Michigan.

The Research Staff of the English Language Institute & Lado, R., Fries, C. C. Director (Eds.). (1958). *English pattern practices: Establishing the patterns as habits*. Ann Arbor: English Language Institute, University of Michigan Press.

Richards, J. C., &Rodgers, T. S. (2001). *Approaches and methods in language teaching: a description and analysis*. Cambridge, UK: Cambridge University Press.

Richards, J.C., & Schmidt, R. W. (Eds.). (1983). *Language and communication*. London: Longman.

Riney, T., & Anderson-Hsieh, J. (1993). Japanese pronunciation of English. *JALT Journal, 15*, 21-36.

Rivers, W. M. (1968). *Teaching foreign language skills*. Chicago: University of Chicago Press.

Roach, P. (2000). *English phonetics and phonology: a practical course* (3rd ed.). Cambridge: Cambridge University Press.

Roach, P., & Hartman, J. (Eds.). (1997). *English pronouncing dictionary* (15th ed.). Cambridge: Cambridge University Press.

Rodgers, T. S., & Richards, J. C. (2001). *Approaches and methods in language teaching*. Cambridge: Cambridge University Press.

Rogerson-Revell, P. (2011). *English phonology and pronunciation teaching*. London and New York City: Continuum International Publishing Group.

Rousseau, J. J. (1762). *Émile, ou, de l'éducation*. Amsterdam: Jean Néaulme.

Saito, H. (1893). *English conversation-grammar*. Tokyo: Kobunsha.

Saito, H. (1898~1899). *Practical English Grammar*. 4 vols. Tokyo: Kobunsha.

Saito, H., & Ashby, M. (2013). Edward Gauntlett's Phonetics. *Proceedings of PTLC2013*. 71-74. London: Chandler House.

Saito, K. (2012). Effects of instruction on L2 pronunciation development: a synthesis of 15 quasi-experimental intervention studies. *TESOL Quarterly, 46*(4), 842-854.

Sapir, E. (1925). Sound patterns in language. *Language, 1*(2), 37-51.

Sasaki, M. (2008). The 150-year history of English language assessment in Japanese education. *Language Testing, 25*(1), 63-83.

Sauveur, L. (1875). *Introduction to the teaching of living languages without grammar or dictionary*. Boston: Schœnhof & Mœller; Lee & Shepard; A. Willimas & Company.

Savignon, S. J. (Ed.). (2002). *Interpreting communicative language teaching: contexts and concerns in teacher education*. New Haven, CT: Yale University Press.

Savignon, S. J. (2002). *Communicative language teaching: linguistic theory and classroom practice*. In S. J. Savignon *Interpreting communicative language teaching: contexts and concerns in teacher education* (pp.1-27).

Schmidt, R. W. (1990). The role of consciousness in second language learning. *Applied Linguistics, 11*(2), 129-158.

Scholefield, W. (1997). An overview of the teaching & learning of English in Japan since 1945. *Babel, 32*(1), 16-21, 37-38.

Schön, D., Boyer, M., Moreno, S., Besson, M., Peretz, I., & Kolinsky, R. (Eds). (2008). Songs as an aid for language acquisition. *Cognition, 106*(2), 975-983.

Scott, N. C.(1942).*English conversations in simplified phonetic transcription*. Cambridge: Heffer & Sons.

Scovel, T. (1969). Foreign accents, language acquisition, and cerebral dominance. *Language learning. 19*, 245-253.

Scovel, T. (1988). *A time to speak: a psycholinguistic inquiry into the critical period for human speech*. Boston, MA.: Newbury House.

Seargeant, P. (Ed.). (2011). *English in Japan in the era of globalization*. London: Palgrave Macmillan.

Searle, J.R. (1969). *Speech acts: an essay in the philosophy of language*. Cambridge: Cambridge University Press.

Seidlhofer, B. (2011). *Understanding English as a lingua franca*. Oxford: Oxford University Press.

Selinker, L. (1972). Interlanguage. *International Review of Applied Linguistics in Language Teaching, 10*(1-4), 209-232.

Selinker, L. (1992). *Rediscovering interlanguage*. London: Longman.

Skinner, B. F. (1957). *Verbal behavior*. New York: Appleton-Century-Crofts.

Slavin, R. E. (1995). Cooperative learning: theory, research, and practice. Englewood Cliffs, NJ: Prentice Hall.

Smith, L. E., & Weiner, E. S. (1983). *English as an international language: a writing approach*. Oxford: Pergamon.

Smith, Larry E. (Ed.). (1983). *Readings in English as an international language*. London: Pergamon Press.

Smith, P. A. (1909). *Notes on practical phonetics*. [private bind].

Smith, P. A. (1923). *English teachers' handbook: A handbook for the use of the foreign teachers of English in Japan*. Tokyo: I.R.E.T.

Smith, P. A. (1933). Ten years old. In I.R.E.T. (Ed.), *A commemorative volume issued by the Institute for Research in English Teaching on the occasion of the tenth annual conference of English teachers: held under its auspices* (pp.183-191). Tokyo: Kaitakusha.

Smith, R. C. (1999). *The writings of Harold E. Palmer: an overview*. Tokyo: Hon-no-Tomosha.

Smith, R.C. (Ed.). (2005). *Teaching English as a Foreign Language 1936–1961: foundations of ELT*. 6 vols. Abingdon: Routledge.

Smith, R. C. (2009). Claude Marcel (1793–1876): A neglected applied linguist? *Language and history. 52*(2), 171-181.

Smith, R.C., & Imura, M. (Eds). (2004). Lessons from the past: traditions and reforms. In V. Makarova & T. Rodger (Eds.), *English language teaching: the case of Japan* (pp. 29-48). Munich: Lincom-Europa.

Soames, L. (1912). *Phonetic method for learning to read* (2nd ed.). 2 vols. London: Macmillan.

Spolsky, B. (1978). Introduction: linguists and Language Testers. In B. Spolsky (Ed.), *Papers in Applied Linguistics: Advances in Language Testing Series 2, Approaches to Language Testing*. Arlington, VA: Center for Applied Linguistics.

Statler, O. (1969). *Shimoda story*. New York: Random House.

Stevick, E. W. (1976). *Memory, meaning and method*. New York: Newbury House Publishers.

Strange W. (Ed.). (1995). *Speech perception and linguistic experience: issues in cross-language research*. Timonium: York Press.

Strevens, Peter. (1978). *In honour of A.S. Hornby*. London: Oxford University Press.

Suenobu, M., Kanzaki, K., & Yamane, S. (1992). An experimental study of intelligibility of Japanese English. *International Review of Applied Linguistics in Language Teaching, 30*(2), 146-153.

Sugai, S. (1954). In memoriam the late Professor P. A. Smith. In Y. Endo (Ed.), *Memories of the Reverend Percy A. Smith* (pp. 30-33). [私家版].

Sugimori, K. (1907a). Talk on pronunciation I. *The English Teachers' Magazine, 1*(2), 20-22.

Sugimori, K. (1907b). Talk on pronunciation II. *The English Teachers' Magazine, 1*(3), 21-25.

Suter, R. W. (1976). Predictors of pronunciation: accuracy in second language learning. *Language Learning. 26*(2), 233-253.

Svartvik, J., & Leech, G. (2006). *English: one tongue, many voices*. New York: Palgrave Macmillan.

Swain, M. (1985). Communicative competence: some roles of comprehensible input and comprehensible output in its development. In S. Gass & C. Madden (Eds.), *Input in second language acquisition* (pp.235-253). Cambridge, Mass: Newbury House.

Sweet, H. (1877). *A handbook of phonetics. including a popular exposition of the principles of spelling reform* (Clarendon Press Series). Oxford at the Clarendon Press.

Sweet, H. (1890). *A primer of phonetics*. Oxford at the Clarendon Press.

Sweet, H. (1899). *The practical study of languages: a guide for teachers and learners*. London: J. M. Dent & Sons.

Sweet, H. (1908). *The sounds of English: an introduction to phonetics*. Oxford at the Clarendon Press.

Takagi, S. (1981). *A historical survey of the studies and teachings of English pronunciation in Japan*. Unpublished MA thesis submitted to Graduate School of *Education,* Yokohama National University.

Tanabe, Y. (1996). *A thorn in the side of ELT: teaching of English prosody*. Eigogaku Ronsetsu Shiryo (Collected articles on the English Language), 28, Part 5, 263-269.

Tanabe, Y. (2000). Learning and teaching of English pronunciation: a retrospection in Japan （Part 1）. *The LCA Journal, 16*(1), 1-24.

Tanabe, Y. (2006). English pronunciation instruction in Japan: a historical overview. *Eigo to Eigo Kyoiku* [English and English Language Education]. Special issue. 小篠敏明先生退職記念論文集, 45-54.

Tatsuki, D. (2019). Historical overview of foreign language policies in Japan. *Journal of Research Institute* (Kobe City University of Foreign Studies), *59*, 5-24.

Tench, P. (1981). *Pronunciation skills* (Essential language teaching series). London: MacMillan.

Tench, P. (1990). *The roles of intonation on English discourse*. Frankfurt am Main: Peter Lang.

Thomas, C. K. (1947). *An introduction to the phonetics of American English*. New York: The Ronald Press Company.

Thomas, C. K. (1958). *An introduction to the phonetics of American English* (2nd ed.). New York: The Ronald Press Company.

Thomas, M. (2008). Revisiting the origins of modern study of second-language acquisition: contributions from the Japanese context, 1956-1959. *Second language* (日本第二言語習得学会誌／日本第二言語習得学会), *7*, 3-22.

Titone, R. (1968). *Teaching foreign languages: an historical sketch*. Washington, D. C.: Georgetown University Press.

Togo, K. (1999). *A study of pedagogical phonetics with special reference to English intonology*. Tokyo: Otowa-Shobo Tsurumi-Shoten.

Tominaga, Y. (2011). An analysis of English pronunciation of Japanese learners : from the viewpoint of EIL. *Journal of Pan-Pacific Association of Applied Linguistics, 15*(2), 45-57.

Toynbee, A. J., & Caplan, J. (1972). *A study of history: the first abridged one-volume edition, with new foreword by Toynbee & a new chapter.* Oxford : Oxford University Press and Thames & Hudson.

Trager, G. L., & Smith, H. L. (1957). *An outline of English structure.* New York: American Council of Learned Societies.

Trubetzkoy, N.S. (1969). *Principles of phonology.* Berkeley: University of California Press.

Tudor, I. (1996). *Learner-centredness as language education.* Cambridge: Cambridge University Press.

Twaddell, W. F. (1963). *Foreign language instruction at the second level.* New York: Holt.

Ueda, T. (1927). Naibu Kanda, 1857-1923. In Kanda Memorial Committee (Ed.), *Memorials of Naibu Kanda* (pp.3-33). Tokyo: The Toko-Shoin.

Ueno, N. (1998). *Teaching English pronunciation to Japanese English majors: a comparison of a suprasegmental-oriented and a segmental-oriented teaching approach.* Tokyo: Liber Press.

Uchida, Y., & Sugimoto, J. (2018). A survey of pronunciation instruction by Japanese teachers of English: phonetic knowledge and teaching practice. *Journal of the Tokyo University of Marine Science and Technology, 14,* 65-75.

Upton, C., Kretzschmar, jr., W. A., & Konopka, R . (2001). *The Oxford dictionary of pronunciation for current English.* Oxford: Oxford University Press.

Viëtor, W. (1882). *Der Sprachunterricht muss umkehren!: ein Beitrag zur Überbürdungsfrage.* Under pseudonym Quousque Tandem. Heilbronn: Henninger.

Vygotsky, L. S. (1978). *Mind in society: the development of higher psychological processes.* Cambridge, MA: Harvard University Press.

Wajnryb, R. (1990). *Grammar dictation.* Oxford: Oxford University Press.

Walker, R. (2010). *Teaching the pronunciation of English as a lingua franca.* Oxford: Oxford University Press.

Ward, I. C. (1945). *The phonetics of English* (4th ed.). Cambridge: W. Heffer & Sons.

Webster, N. (1783, 1788, 1843). *A grammatical institute of the English language: Part I* ([*its later editions; The American spelling book* (1788) *aka "Blue-backed speller"* ; The elementary spelling book (1843)]).

Webster, N.(1872). *An American dictionary of the English language.* G.&C. Merriam, Springfield, MA.

Wells, J. C. (1982). *Accents of English* (Vol. 1, 2). Cambridge: Cambridge University Press.

Wells, J. C. (1990). *Longman pronunciation dictionary.* London: Addison-Wesley Longman.

Wells, J. C. (2006). *English intonation: an introduction.* Cambridge: Cambridge University Press.

Wells, J. C. (2014). *Sounds interesting: observations on English and general phonetics.* Cambridge: Cambridge University Press.

West, M. P. (1960). *Teaching English in difficult circumstances: teaching English as a foreign language, with notes on the technique of textbook construction.* London: Longmans.

Widdowson, H. G. (1978). *Teaching language as communication.* Oxford: Oxford University Press.

Widdowson, H. G. (1994). The Ownership of English. *TESOL Quarterly, 28*(2), 377-389.

Wilkins, D. A. (1972). *Linguistics in language teaching.* London: Hodder Arnold.

Wilkins, D. A. (1992). Choosing an accent: a question of ethics? In Shimaoka Takashi Kyoujyu Kanreki Kinen Ronbunshu Henshu Iinkai [Committee in honour of Prof. Takashi Shimaoka's 60th Birthday] (Eds.), *Eigo onseigaku to Eigo kyouiku* [English phonetics and English language teaching], 3-10. Tokyo: Kairyudo.

Willson, M. (1885). *Wiruson riida daiichi dokuhon* [『ウイルソン・リーダー』第1読本; *The first reader of the school and family series*]. 大阪: 大阪同志出版社.

Wood, B. D. (1928). *New York experiments with new-type modern language tests*. New York: Macmillan.

Yonekura, H. (1984). Foreign language teaching methods: a historical sketch. *Bulletin of Nara University of Education*, *33*(1), 19-30.

図版出典

第1章

図1-1：フェートン号／「フェートン号図」(崎陽録)；長崎歴史文化博物館所蔵

図1-2：本木庄左衛門正榮と夫人／「本木庄左衛門正栄並同夫人之絵像」；長崎歴史文化博物館所蔵

図1-3：マクドナルド29歳の肖像／『RONALD MACDONALD 1824-1894』(1923)；資料提供：利尻富士町教育委員会

図1-5：中濱万次郎／国立国会図書館電子展示会「近代日本人の肖像」

図1-6：*An American dictionary of the English language*／https://commons.wikimedia.org/wiki/File:American_Dictionary_of_the_English_Language_1828.jpg (Wikimedia Commons)

図1-7：『英米對話捷徑』／早稲田大学図書館所蔵

図1-8：『諳厄利亜語林大成』／慶應義塾図書館所蔵資料

図1-9：『英和対訳袖珍辞書』／早稲田大学図書館所蔵

図1-11：『英吉利文典』／早稲田大学図書館所蔵

図1-12：横浜元町／Motomachi street Yokohama；The New York Public Library Digital Collections

図1-13：『増訂 華英通語』／慶應義塾図書館所蔵資料

図1-14：『ゑんぎりしことば』／早稲田大学図書館所蔵

図1-15：『英語階梯』／早稲田大学図書館所蔵

図1-17：明治学院大学のフルベッキの石碑／著者撮影

図1-18：S・R・ブラウン／明治学院歴史資料館所蔵——改変有

第2章

図2-1：スペリングブック／著者所蔵

図2-2：『ニューナショナル第二リーダー獨案内』／著者所蔵

図2-3：『ニューナショナル第二読本獨稽古』／著者所蔵

図2-4：『傍訓・英語韻礎』／早稲田大学図書館所蔵

図2-5：C・ダラス顕彰碑／山形県米沢市——著者撮影

図2-6：『附音挿図 英和字彙』／国立国会図書館デジタルコレクション

図2-8：札幌農学校／北海道大学附属図書館所蔵

図2-9：新渡戸稲造／写真提供：盛岡市先人記念館

図2-10：武信由太郎／『英語青年』第63巻第8号（1930：22)

第3章

図3-1～図3-3：『英語發音秘訣』／著者所蔵

図3-4：『東京高等師範学校附属小學校教授細目』／著者所蔵

図3-11：*The new king's crown readers BOOK II third revised edition*／著者所蔵

図3-12：井上十吉／『英語青年』第61巻第4号（1929：28)

図3-14，図3-15：*Directions*／著者所蔵

図3-16：*The Mombushō conversational readers* 巻1／著者所蔵

図3-17：『英語讀本説明書』／国立国会図書館デジタルコレクション

344 ————図版出典

図3-20：磯邊弥一郎／『英語青年』第65巻第7号（1931：表紙）
図3-21：『英語發音學』扉
図3-23：斎藤秀三郎／『英語青年』第62巻第9号（1930：表紙）
図3-24：『視話法』／著者所蔵
図3-25：『英語世界』／著者所蔵
図3-26：『教習実用 英語蓄音機詳解』／著者所蔵

第4章
図4-2：『英語教育』扉（初版）／著者所蔵
図4-3：『英語發音練習カード』（7版）／著者所蔵
図4-4：杉森此馬／『英語青年』第75巻第9号（1936：24）
図4-6：杉森直筆の英文日記／松村幹男氏所蔵複写版
図4-8：P・A・スミス／遠藤（編）（1954：口絵）；著者所蔵
図4-9：*Notes.* 表紙／ Smith（1909）；松村幹男氏所蔵複写版
図4-10：Triangle of Japanese and English Vowels ／ Smith（1909：24）
図4-18：岸本能武太／第一外国語学校（編纂）（1925：写真一覧）；著者所蔵
図4-19：岸本の自筆履歴書／「教職員履歴書　東京専門学校①」；早稲田大学所蔵
図4-20：『發音の原理』表紙（初版）／著者所蔵
図4-21：岸本（1910）のアクセント練習のための工夫／岸本（1910：156）；著者所蔵
図4-22：P・ゲルハードのチャート／清水（1991：420）
図4-23：P・ゲルハードと三品による授業／「中学部一年　英語授業　ポール・ゲルハード、三品鼎」；東北学院史資料センター所蔵・提供

第5章
図5-2：大谷の連載（初回）／『英語青年』第34巻第1号（1915：13）
図5-4：*EPD* 扉（丸善改訂版）／著者所蔵
図5-5：*OEP* 扉（初版）／著者所蔵
図5-6：『英語 發音と綴字』扉（初版）／著者所蔵
図5-7：岩崎民平／東京外国語大学文書館所蔵
図5-8：『發音と綴字』の強勢表記／『英語 發音と綴字』（再版：101）；著者所蔵
図5-9：『英語發音辞典』／著者所蔵
図5-10：『英文和譯法 全』扉／著者所蔵

第6章
図6-1：H・E・パーマー／ I.R.E.T.（Eds.）（1933）
図6-3：*English intonation with systematic exercise* ／著者所蔵
図6-5：『大英和辞典』／著者所蔵
図6-6：ストレス問題の一例／峰尾・内館（1924）；著者所蔵
図6-7：『英語の發音とアクセントの研究』／著者所蔵
図6-8：『英語アクセント心得』／著者所蔵
図6-9：『實驗音聲學上より見たるアクセントの研究』／著者所蔵

図版出典───── 345

第7章
図7-1：第十回英語教授研究大会／寺西（1933）；著者所蔵
図7-4：福島中学全景／資料提供先：福島市文化振興課郷土史料室

第8章
図8-1：『日米會話手帳』／著者所蔵
図8-2：米国教育使節団員／写真提供：学校法人玉川学園
図8-3：『学習指導要領』（試案）（1951改訂版）／江利川春雄氏所蔵
図8-5：『實用英語會話』／著者所蔵
図8-6：『英語會話』／著者所蔵
図8-8：田崎清忠／田崎清忠オフィシャル・ウエブサイト
図8-9：R・ゲルハード／東北学院史資料センター所蔵・提供
図8-10：R・ゲルハード自筆の履歴書／東北学院史資料センター所蔵・提供
図8-11：『最新コンサイス英和辞典』／著者所蔵　174
図8-12：『Question Box』の質問／『クエスチョン・ボックス・シリーズ第Ⅰ巻　発音』（石橋幸太郎 [等] 編，大修館書店，1960：28）
図8-13：『図解 英語ものがたり　2時間でわかる』（平野次郎著，KADOKAWA［中教出版］，1999）

第9章
図9-6：『毎日10分英語トレーニング──英語らしい英語に慣れよう』（五十嵐新次郎著，実業之日本社，1967）
図9-7：東後勝明／浦和東教会サイト；ご遺族のご厚意により掲載
図9-9：河上道生／ご自宅前で著者撮影
図9-13：『英語発音の指導』（鳥居次好・兼子尚道著，大修館書店，1962）
図9-16：國弘氏直筆の色紙／小林大介氏所蔵
図9-19：『英語の発音──指導と学習』（牧野勤著，東京書籍，1977）

第11章
図11-1：『英語音声学入門』（松坂ヒロシ著，研究社出版，1986）
図11-2：『教室の英語音声学Q&A』（島岡丘著，研究社出版，1986）
図11-3：『新しい発想による英語発音指導』（今井邦彦著，大修館書店，1989）
図11-4：『英語コミュニケーションの理論と実際───スピーチ学からの提言』（近江誠著，研究社，1996）
図11-5：『イギリス英語のイントネーション──実用ハンドブック』（オコナー，J. D.・アーノルド，A.F. 著／片山嘉雄・長瀬慶来・長瀬恵美共編訳，南雲堂，1994）
図11-6：『英語音声指導ハンドブック』（緒方勲監修／高本裕迅・萩野博子・関典明著，東京書籍，1995）
図11-7：*Fluent American speech: speech training & accent reduction program*（Ann C. Cessaris著，研究社，1996）
図11-8：『「英語が使える日本人」の育成のための英語教員研修ガイドブック』（文部科学省著，2003）
図11-10：『英語の音声を科学する』（川越いつえ著，大修館書店，1999）

346 ————図版出典

図11-11：『これからの学校英語——現代の標準的な英語・現代の標準的な発音』（田辺洋二著，早稲田大学出版部，2003）
図11-12：『発音をめぐる冒険 A Wild Pronunciation Chase』（井口篤，ステュウット・ヴァーナム・アットキン著，放送大学教育振興会，2012）
図11-13：『英語コミュニケーションの基礎を作る音読指導』（土屋澄男著，研究社，2008）
図11-16：『英語が苦手な大人のDSトレーニング　もっとえいご漬け』／© 2007 Nintendo / © 2007 Plato
図11-19：『英語発音の指導——基礎知識からわかりやすい指導法・使いやすい矯正方法まで』（有本純・河内山真理・佐伯林規江・中西のりこ・山本誠子著，三修社，2021）
図11-20：『歯型と絵で教える英語発音——発音をはじめて教える人へ』（松坂ヒロシ著，開拓社，2021）
図11-21：『プロソディを重視した英語音声指導入門——指導の枠組と教科書の活用法』（大和知史・磯田貴道著，溪水社，2023）

※その他はパブリック・ドメインとみなされるものである。

索　引

索引は「人名・地名・船名」,「書籍・雑誌・番組名」,「事項」の3部構成。配列は五十音順。

I. 人名・地名・船名

〔あ行〕

青木輔清　47

青木常雄　146, 152, 158, 167, 184, 272, 275, 276, 277

赤松力　222

淺田榮次　71, 112

アストン, W・G・（William George Aston）　78

アダムズ, ウィリアム（William Adams, 三浦按針）　7, 9, 11, 12, 13, 247, 259, 271

姉崎正治　102

アーノルド, G・F・（Gordon Frederick Arnold）　197, 226, 279, 280

アプトン, クライヴ（Clive Upton）　233

安倍勇　192, 193, 277

阿部正弘　31

アーリック, スーザン（Susan Ehrlich）　219, 280

有本純　244, 282

アレン, W・スタナード（W. Stannard Allen）　182

粟野健次郎　116

伊井直弼　32

イェスペルセン, オットー（Otto Jespersen）　66, 68, 81, 144, 274

五十嵐新次郎　62, 63, 182, 183, 188, 200, 202, 221, 231, 245, 277

生田長江　75, 274

井口篤　235, 281

池田伴庚　63, 126, 273

伊澤修二　81, 274

石井正之助　184, 193, 278

石川林四郎　140, 144, 276

石黒魯平　146, 275

石橋幸太郎　187, 192, 194, 277, 278

石橋政方　31, 272

石原明　183

イーストレイク, フレデリック・W・（Frederick Warrington Eastlake）　78

磯尾哲夫　151-158, 160, 161

磯邊弥一郎　69, 71, 78, 81

市河三喜　124, 128, 131, 132, 140, 146-149, 167, 186, 189, 194, 274, 275, 277, 278

伊地知純正　163

一又民子　193, 278

一色マサ子　193, 278, 279

伊藤俊輔（博文）　29

井上毅　64, 65, 273

井上十吉　68, 70, 147, 274

井上聞多（馨）　29

猪股（俣）傳次右衛門　27

茨木清次郎　113, 116

井深梶之助　39

今井邦彦　222, 235, 280, 281

今村茂男　189, 190

岩倉具視　37, 82, 116

岩崎民平　79, 123-132, 146, 148, 149, 186, 193, 248, 275, 278

岩瀬弥十郎　27

岩田一男　196

岩村圭南 → 許圭南

イング, ジョン（John Ing）　43

ヴァーナム-アットキン, ステュウット

[347]

（Stuart Vernam-Atkin） 235, 281

ヴァン・リード，ユージン・ミラー
（Eugene Miller Van Reed） 36, 272

ヴィゴツキー，レフ（Lev Simkhovich
Vygotsky） 241

ウィドウソン，ヘンリー・G・（Henry
George Widdowson） 209

ウィルキンズ，ディビッド（David Arthur
Wilkins） 195, 209, 278

上田萬年 72, 116, 147

上田敏 116

ウェブスター，ノア 9, 23, 24, 36, 51, 63

ウェルズ，ジョン・C・（John Christopher
Wells） 119, 233, 243, 280

ウォード，アイダ・C・（Ida C. Ward）
182, 276

浮田和民 113

内村鑑三 43, 58, 69, 74, 231, 273

浦口文治 231, 275

エィヴリー，ピーター（Peter Avery）
219, 280

江川英龍 22

エジソン，トーマス・アルバ（Thomas
Alva Edison） 82, 272

エドワーズ，エルネスト（アーネスト）
（Eernest Richard Edwards） 149, 150,
273

榎本武揚 32

エビングハウス，ヘルマン（Herma
Ebbinghaus） 154

江本茂夫 152, 160, 161

エリス，アレクサンダー（Alexander John
Ellis） 67, 97

遠藤隆吉 81

近江誠 222, 223, 231, 279, 280

大岡育造 113, 275

大隈重信 37

大島正健 58

大島義脩 112

太田朗 188, 277

大谷正信（繞石） 115-122, 148, 248, 274

大塚高信 81, 193, 278

大束百合子 193, 278

大槻玄沢 36

大鳥圭介 76

大西雅雄 141, 142, 146, 275

大村益次郎 49

大和田建樹 52

岡倉天心 44

岡倉由三郎 64, 71, 72, 79, 84-88, 95,
107, 112, 113, 116, 129-133, 140, 145,
148, 150, 156, 162, 248, 253, 274, 275

緒方勲 226, 280

緒方供庵 33, 271

岡田美津 116

小川芳男 79, 124, 144, 168, 187, 192,
278

奥田夏子 204, 279

オグデン，C・K・（Charles Kay Ogden）
85

小栗敬三 192

オーグルヴィー，J・（John Ogilvie） 49

オコナー，ジョゼフ・D・（Joseph
Desmond O'Connor） 197, 226, 279,
280

尾崎英子セオドラ（Yei Theodora Ozaki）
167

尾崎行雄 167

小篠敏明 159, 199, 268

小野圭次郎 76, 134, 135, 152, 275

小野昭一 221

小幡甚三郎 53

小幡篤次郎 53

オールコック，サー・ラザフォード（Sir
John Rutherford Alcock） 32

オレンドルフ，ハインリッヒ・G・
（Heinrich Gottfried Ollendorff）） 74

〔か行〕

ガイガー，ヴァージニア（Virginia Geiger） 165
笠原五郎 192, 277
梶木隆一 131
片山寛 50, 53, 54, 65, 73, 79-81, 86, 129, 130, 131, 133, 274
片山嘉雄 226, 280
カチュル，ブラジ（Braj Bihari Kachru） 212, 279
加藤周一 167, 277
門田修平 232, 281
金澤久 147, 275
カナル，マイケル（Michael Canale） 209, 279
蟹江忠彦 183
兼子尚道 192, 278
兼弘正雄 150, 204, 276
嘉納治五郎 77, 84, 113
加茂正一 146, 275
カーリー，ポール（Paul Carley） 243, 282
河上道生 186, 190, 231, 269
川越いつえ 234, 281
川島彪秀 202, 279
神田乃武 68-70, 74, 75, 80, 86, 97, 112, 113, 116, 138, 147, 186, 231, 253, 269, 274, 275
ガントレット，ジョージ・エドワード（George Edward Gauntlett） 95-97, 99-101, 109, 172, 248, 274
ガントレット，ジョン・オーエン（John Owen Gauntlett） 99, 172, 173
神原守文 63, 273
神戸直吉 63
菊池大麓 59, 102, 206
菊池武信 9, 60-63, 86, 99, 183
岸田吟香 29
岸本能武太 71, 101-109, 148, 156, 183,

203, 244, 248, 273, 274
キッシンジャー，ヘンリー（Henry Kissinger） 163
木下正雄 140
ギムソン，アルフレッド・C・（Alfred Charles Gimson） 197, 278
木村恒夫 192, 278
キャロル，ジョン・B・（John Bissell Carroll） 225
キャンドリン，クリストファー・N・（Christopher N. Candlin） 209
許圭南（岩村圭南） 221
ギルバート，ジュディ・B・（Judy B. Gilbert） 218, 280
キングドン，ロジャー（Roger Kingdon） 196-197, 277
グアン，フランソワ（François Gouin） 55, 56, 80, 83, 108, 272, 273
九鬼隆一 42
クック，ヴィヴィアン・J・（Vivian James Cook） 197
グッドウィン，ジャネット（Jannet M. Goodwin） 219, 280
國弘正雄 190, 200-202, 231, 269, 278, 281
久野英吉 63
グベリナ，ペタル（Petar Guberina） 221
久保野雅史 231, 281
熊本謙二郎 87, 148, 275
クラーク，ウィリアム・S・（William Smith Clark） 57, 58
クラーク，ウィリアム・L・（William Lawrence Clark） 191, 192, 277
クラッシェン，スティーヴン（Stephen Krashen） 208, 210, 211, 249, 255, 279
クリスタル，デイヴィッド（David Crystal） 197, 278
グレアム，キャロリン（グラハム；

Carolyn Graham) 203, 279
クレッチマー , Jr., ウイリアム（William Kretzschmar, Jr.） 233
黒沢浩太郎 184, 277
黒田巍 146, 167, 173, 186, 194, 276, 277
クワーク，ランドルフ（Sir Charles Randolph Quirk） 202
クワッケルナック，ヤコブ（Jacob Quaeckernaeck） 11, 12
ケニヨン，ジョン・S・（John S. Kenyon） 174, 182, 275
ケルシェンシュタイナー，ゲオルク （Georg Kerschensteiner） 154
ゲルハード，ポール（Gerhard, Paul） 109-111, 203, 273
ゲルハード，ロバート（Robert H. Gerhard） 109, 170-178, 192, 214, 277
ケンワージー，ジョーン（Joanne Kenworthy） 218, 280
小泉八雲（ハーン［ヘルン］，ラフカディオ） 77, 117
高本捨三郎 204, 279
高本裕迅 226, 280
小島義郎 220
コーダー，スティーヴン・ピット （Stephen Pit Corder） 198, 199, 278
コックス，ウィリアム・D・（William Douglas Cox） 43
コックス，リチャード（Richard Cocks） 13
後藤象二郎 37
小林克也 200
小林光 141
駒井重格 39
小松原隆二 116
子安峻 48, 272
コリンズ，ビバリー（Beverly Collins） 243, 282

近藤真琴 41

〔さ行〕
ザイデルホーファー，バーバラ（Barbara Seidlhofer） 219
斎藤勇 186, 194
斎藤秀三郎 43, 50, 71, 80- 82, 212, 231, 273, 274
斎藤弘子 235, 282
坂本龍馬 22, 36
佐川春水 82, 87, 184, 274
崎山元吉 74, 273
佐久間象山 49
佐久間信恭 59
酒向誠 184, 191, 277
サージェント，J・A・（J. A. Sargeant） 164, 276
サトウ，アーネスト（Sir Ernest Mason Satow） 78
佐藤重道 63, 273
佐藤昌介 58
佐藤顕理 75, 274
サピア，エドワード（Edward Sapir） 179
サマーズ，ジェイムズ（James Summers） 43, 82
澤柳政太郎 139, 140, 275
サンマース，リリー（Lily Summers） 82
ジェームズ1世（James I） 12, 26
ジェームズ，ウィリアム（William James） 102
ジェンキンズ，ジェニファー（Jennifer Jenkins） 213, 214, 281
ジェーンズ，リロイ・ランシング（Leroy Lansing Janes） 87, 88, 272
志賀直哉 167
重野健造 71, 74, 273
宍戸良平 194
志筑忠雄（中野柳圃） 30

篠田錦策　112
柴田昌吉　48, 272
渋川玄耳　162
渋川敬直　30
渋沢栄一（澁澤榮一）　35
シーボルト，フィリップ・フランツ・バルタザール・フォン（Philipp Franz Balthasar von Siebold）　27
島岡丘　204, 221, 229, 235, 279
清水卯三郎　35, 36, 44, 272
清水浩三　110, 171
清水貞助　152, 153, 157, 158
清水彦五郎　60, 62
シャイベルト，K・G・（K. G. Scheibert）　154
ジャコット，ジーン・ジョセフ（Jean Joseph Jacott）　55, 66
ジョセフ彦（Joseph Heco, 濱田彦蔵）　29
ジョン・ハウランド号（the John Howland）　21
ジョン万次郎 → 中濱萬次郎
ジョーンズ，ダニエル（Daniel Jones）　67, 101, 115, 117-123, 127, 129, 132, 139, 140, 148, 171, 172, 176, 182, 183, 197, 203, 233, 248, 253, 254, 259, 274, 275
ジョンソン，サミュエル（Samuel Johnson）　27
神保格　77, 107, 146, 275
新村出　7
スウィート，ヘンリー（Henry Sweet）　66, 67, 69, 75, 76, 78, 80, 83, 87, 93, 101, 122, 129, 143, 148, 253, 259, 272, 274
スウェイン，メリル（Meril Swain）　209, 279
末延岑生　213
須貝清一　90, 94
杉田敏　228

杉藤美代子　227, 281
スキナー，バーハス・F・（Burrhus Frederic Skinner）　179
杉村楚人冠　162
杉森此馬　71, 87-94, 116, 132, 253, 274
杉山ハリス（James B. Harris）　168
スコット，マリオン・M・（Marion M. Scott）　42, 43
スコット，N・C・（N. C. Scott）　175
鈴木孝夫　212
スティヴィック，E・（Earl Stevick）　181
須藤兼吉　164, 276
須藤時一郎　46
スポルスキー，バーナード（Bernard Spolsky）　225
スミス，H・（Henry L. Smith）　189
スミス，P・A・（Percy Almerin Smith）　91-95, 200, 274, 279
スミス，ラリー（Larry Smith）　213
頭本元貞　59
スワン，ハワード（Howard Swan）　80, 83, 274
セヴェル，ウィレム（Willem Sewel）　27
尺振八　46
セサリス，アン・C・（Ann C. Cessaris）　226, 280
セーリス，ジョン　12
セリンカー，ラリー（Larry Selinker）　199, 278
セルシー＝マルシア，マリアンヌ（Marianne Celce-Murcia）　219, 280
相馬雪香　167
ソヴール，ランベール（Lambert Sauveur）　56, 66, 69, 210
ソシュール，フェルディナン・ド（Ferdinand de Saussure）　140, 141, 275
ソームズ，ローラ（Laura Soames）　66, 67, 76, 78

〔た行〕

高木誠一郎　8
高木信之　227
高木八尺　186
高橋源次　186
高橋五郎　38, 39, 71, 75, 80, 274
高嶺秀夫　63, 81, 86, 156
瀧澤敬一　106, 107
田口鼎軒　62
竹中治郎　191, 204
武信由太郎　58, 59, 71, 82
竹林滋　131, 170, 193, 220, 227, 235,
　279, 280, 282
田崎清忠　169, 278
田中長敬　204
田中春美　213
田中不二麿　42
田中正道　226, 280
田辺洋二　25, 183, 234, 281
田村維則　63, 273
ダラス, チャールズ・H・（Charles H.
　Dallas）　46, 47, 272
ダルトン, クリスチャン（Christian
　Dalton）　219
チェンバレン, バジル・H・（Basil Hall
　Chamberlain）　43, 71, 72, 74, 78, 86,
　99, 116, 149, 273
千田潤一　231, 281
千葉勉　140, 146, 150, 275, 276
チョムスキー, ノーム（Avram Noam
　Chomsky）　193, 208, 249, 278
辻（小此木）マツ　116
津田梅子　70, 71, 116, 272
土屋澄男　235, 282
坪内逍遥　43
ディクソン, ジェームズ・M・（James
　Main Dixon）　43, 81
ティリー, ウィリアム（William Till(e)y）
　118

手塚律蔵　31, 271
デニング, ウォルター（Walter Dening）
　72
デューイ, ジョン（John Dewey）　154,
　241
寺島隆吉　226, 280
寺西武夫　152, 153, 158, 276
天満美智子　193, 278
東後勝明　183, 184, 196, 200, 202, 204,
　222, 231, 236, 269, 278, 279, 282
ドゥーフ, ヘンドリック（Hendrik
　Doeff）　15, 18
遠山顕　228, 280
徳富蘇峰　38
トーマス, チャールズ・ケネス（Charles
　Kenneth Thomas）　182, 189
苫米地俊博　162
トミー植松（利康）　200
富岡多恵子　169
外山正一　68, 69, 71-74, 76, 86, 146,
　156, 157, 253, 273
豊田實　7, 8, 60, 123, 126, 141, 146, 186,
　275
鳥居次好　192, 278
鳥飼玖美子　200, 232, 281
テレル, トレイシー（Tracy Terrell）　210
ドレイスプリング, アドルフィー
　（Adolphe Dreyspring）　73
トレーガー, ジョージ・L・（George L.
　Trager）　181, 189, 276
トワデル, ウィリアム・F・（William
　Freeman Twaddell）　181, 186, 187,
　254

〔な行〕

長井氏巌　82
長澤邦紘　222, 280
中島文雄　180, 186, 193, 194, 204, 277,
　278

長瀬恵美　226, 280
長瀬慶來　226, 280
中津燎子　203, 279
中野柳圃 → 志筑忠雄
中濱萬次郎（ジョン万次郎）　21-26, 29,
　31, 46, 76, 81, 148, 168, 271
中村キルビー・メリー（Mary Kirby
　Nakamura）　167
夏目漱石（金之助）　65, 69, 80, 116, 155,
　162, 183, 273
納谷友一　193
奈良橋（野村）陽子　200
南日恒太郎　134, 135, 148, 274, 275
新島襄　23, 69, 101, 272
西周　28, 31, 32, 44
西山千　167, 186, 206
新渡戸稲造　43, 58, 112, 137, 231, 274
ノット，トーマス（Thomas Albert Knott）
　174

〔は行〕
パイク，ケネス・リー（Kenneth L. Pike）
　181, 276
ハイムズ，デル（Dell Hymes）　208,
　209, 278
パイル，ファン・デル（R. Van Der Pyjl）
　35
ハウスクネヒト，エミール（Emil Paul
　Karl Heinrich Hausknecht）　84
萩原恭平　87, 145
パスィー，ポール（Paul Édouard Passy）
　66, 67, 118, 149, 172, 273
服部四郎　182, 277
ハートマン，ジェームズ（James
　Hartman）　233
羽鳥博愛　220, 279
バドリー，A（Alan Baddeley）　232
馬場佐十郎　30
馬場辰猪　44

パーマー，ハロルド・E・（Harold Edward
　Palmer）　87, 96, 110, 111, 123, 138-
　148, 150, 151, 153, 154, 156-163, 166,
　170, 173, 176, 177, 185-188, 195, 201,
　202, 210, 227, 248, 253, 254, 258-260,
　275, 276
バラー，ジェイムズ・ハミルトン（James
　Hamilton Ballagh）　30, 54, 76, 84
ハリス，J・B・（James Bernard Harris）
　164, 200
ハリス，タウンゼンド（Townsend
　Harris）　32
ハルツホーン，アンナ（Anna C.
　Hartshorne）　71
ハルパーン，エイブラハム（Abraham
　Meyer Halpern）　173
ハーン，ラフカディオ（Patrick Lafcadio
　Hearn）→ 小泉八雲
ハンコック，マーク（Mark Hancock）
　219, 280
比嘉正範　213
東谷岩人　193, 278
ピットマン，サー・アイザック（Sir Issac
　Pitman）　97
尾藤二洲　14
日野信行　213
平泉渉　206, 207, 279
平川唯一　168, 169, 201, 276
平田禿木（喜一）　77, 116
平野次郎　176, 177, 281
ファン・サントフォールト，メルヒオー
　ル（Melchior van Santvoort）　12
ファン・ローデンステイン，ヤン・ヨー
　ステン（Jan Joosten van Lodensteyn）
　11, 12
フィエトル，ヴィルヘルム（Wilhelm
　Viëtor）　66, 68, 69, 118
フェートン号（the Phæton）　14, 15, 17,
　27, 271

フェノロサ，アーネスト（Ernest Fenollosa）　44
福澤諭吉　23, 33-35, 41, 81, 115, 137, 272
福田昇八　190
福永恭助　162
福原麟太郎　16, 87, 145, 167, 187, 193, 276, 278
藤岡勝二　147, 275
伏見繁一　146, 275
藤村作　162, 275, 276
二谷廣二　232, 281
ブラウン，アダムズ（Adams Brown）　219, 280
ブラウン，ヴァーノン・P・（Vernon Parker Brown）　192, 278
ブラウン，サミュエル・R（Samuel Robbins Brown）　37-39, 55, 76, 78, 81, 183, 259, 271, 272
ブラウン，ハティ（Hatti Brown）　54
ブラッドベリー，C・M・（C. M. Bradbury）　77, 78, 273
フリーズ，チャールズ・C・（Charles Carpenter Fries）　165, 179-181, 186-188, 194, 199, 230, 254, 260, 276, 277
ブリンクリー，フランシス（Frank Brinkley）　49, 50, 167, 272
ブリントン，ドナ（Donna Brinton）　219, 280
フルブライト，ジェームズ（James William Fulbright）　178
フルベッキ，グイド・H・F・（Guido Herman Fridolin Verbeck）　37-39, 48, 61, 62, 271
ブルームフィールド，レナード（Leonard Bloomfield）　179
プレイター，ジュニア，クリフォード・H・（Cliford H. Prator, Jr.）　188, 277
ブレブナー，メアリー（Mary Brebner）

85, 274
プレンダーガスト，トーマス（Thomas Prendergast）　38, 55
ブロック，バーナード（Bernard Bloch）　181
ブロムホフ，ヤン・コック（Jan Cock Blomhoff）　18, 27, 271
ペスタロッチ，ヨハン・ハインリヒ（Johann Heinrich Pestalozzi）　55, 56, 63
ヘップバーン（ヘボン），ジェイムズ・カーティス（James Curtis Hepburn）　29, 30, 32, 37, 76, 78, 84, 271, 272
ペリー，マシュー・カルブレイス（Matthew Calbraith Perry）　21, 23, 28, 31, 271
ペリュー，エドワード（Edward Pellew）　16
ベル，アレクサンダー・グラハム（Alexander Graham Bell）　67
ベル，アレクサンダー・メルヴィル（Alexander Melville Bell）　67, 78, 81
ベルリッツ，マクシミリアン（Maximilian Delphinius Berlitz）　56, 272
ヘンドリカス・ピカード（Hendricus Picard）　28
ボアソナード，ギュスターヴ（Gustave Émile Boissonade de Fontarabie）　49
ホイットフィールド，ウイリアム・H・（William H. Whitfield）　21-23
ボーエン，J・D・（J. D. Bowen）　217, 267, 268
ボーエン，T・（T. Bowen）　219, 280
ボーディッチ，ナサニエル（Nathaniel Bowditch）　23
ポートマン，アントン（Anton L. C. Portman）　36
ホートン，ウィリアム・A・（William A.

Houghton）　43
堀英四郎　140, 168
堀達之助　28, 272
本田実浄　188
本田増次郎　116
本名信行　213, 280
ホーンビー，アルバート・S・（Albert Sidney Hornby）　187, 254, 276

〔ま行〕
前田太郎　81, 147, 275
前田正穀　48
前田正名　48
牧一　92, 93
牧野勤　204, 205, 279
牧野富太郎　76
マークス，J・（J. Marks）　219, 280
マクドナルド，ラナルド（Ranald MacDonald）　19-21, 25, 27, 28, 148, 271
マークワート，A・H・（Albert Henry Marckwardt）　181
枡矢好弘　204, 279
マーセル，C・（Claude Victor André Marcel ）　55, 73
マッカーシー，ピーター（Peter MacCarthy）　182, 276
松方幸次郎　139, 140
松方正義　139, 186
松川昇太郎　161
マッケロー，R・B・（Ronald Brunlees McKerrow）　78-80, 86, 129, 130, 273, 274
松坂ヒロシ　183, 221, 231, 244, 245, 269, 279
松澤喜好　235, 281
松田一橘　80, 82, 274
杢田與惣之助　75, 274
松平図書頭康英　15

松畑熙一　220, 226, 279
松本重治　186
松本亨　162, 200-202, 204, 277
マレー，ディビッド（David Murray）　42, 44, 74
マレー，リンドレー（Lindley Murray）　24, 30, 36
三浦安針 → アダムズ，ウィリアム
ミカエリス，ハーマン（Hermann Michaelis）　9, 119, 274
三品鼎　110, 111
ミス・サンマース → サンマース，リリー
水野忠邦　30
御園和夫　200, 236, 282
箕作阮甫　35, 231
箕作秋坪　59
箕作麟祥　28, 69
皆川三郎　134, 153, 173
三宅雪嶺　69
宮澤喜一　162
宮部金吾　43, 59
村井知至　54, 55, 113, 125, 160
村田聖明　200
村田祐治　231, 274
メイス，インガ（Inger M. Mees）　243, 282
メドハースト，ウォルター・H・（Walter Henry Medhurst）　29, 31
メドレー，オースチン・ウィリアム（Austin William Medley）　125, 148, 275
モイマン，エルンスト（Ernst Meumann）　154
モース，エドワード（Edward Morse）　44
本木庄左衛門　16-18, 27
本木昌造　34, 271
森有礼　42, 44, 69, 71, 76, 167, 272
森一郎　196

モーリー，ジョアン（Joan Morley）
218, 280
森山多吉郎（栄之助）　19, 20, 23, 28, 31,
271
モールトン，ウイリアム（William G.
Moulton）　180
モンテッソーリ，マリア（Maria
Montessori）　241

〔や行〕
八木又三　146, 275
焼尻島　19
安井稔　204
八杉貞利　67, 274
安原基輔　146, 257, 275
矢田部良吉　44, 71, 76, 77, 86, 152, 156,
273
柳河（川）春三　36, 272
山縣有朋　64
山川捨松　116, 272
山田耕筰　96, 99
山田恒（恒子）　96
山家保　188, 277
吉雄権之助　27
吉田幾次郎　81
吉田松陰　23
吉田直太郎　73
吉村寅太郎　53
吉村秀蔵　63, 273

〔ら行〕
ライシャワー，エドウィン・O・（Edwin
Oldfather Reischauer）　186, 190, 278
ラドー，ロバート（Robert Lado）　171,
179
リヴァース，W・（Wilga M. Rivers）　181
利尻島　19
リーフデ号（de Liefde）　11, 12, 271
リンゼイ，ジェフ（Geoff Lindsey）　243,

244, 282, 283
ルイス，ジャック・ウィンザー（Jack
WindsorLewis）　197, 233, 278
ルソー，ジャン＝ジャック（Jean-Jacques
Rousseau）　55
レヴィス，ジョン（John Levis）　242,
282
レフィスゾーン，ヨセフ（Joseph Henry
Levyssohn）　20
レントゲン，ヴィルヘルム（Wilhelm
Conrad Röntgen）　86
ローガンビル，B・G・（Bruce G.
Loganbill）　202
ローソン，E・A・（E. A. Lawson）　178
ローチ，ピーター（Peter Roach）　233
ロビネット，ベティ・W・（Betty
Robinet）　188, 277
ロプシャイド，W・（William Lobscheid）
49
ロベルジュ，クロード（Claude Roberge）
221
ロレンス，ジョン（John Lawrence）
132, 146

〔わ行〕
若林俊輔　194, 195, 229
ワグナー，ジョセフ・A・（Joseph
A.Wagner）　202, 279
和田稔　226, 280
渡辺和幸　220, 279
渡部昇一　206, 207
ワトキン，ラルフ（Ralph Granger
Watkin）　75, 76, 78, 273

〔欧文〕
Ashton, H.　236, 282
Martin, J.V.　146, 275
McAlpine, Helen　184, 278
Shepherd, S.　236, 282

Ⅱ．書籍・雑誌・番組名

〔あ行〕

『淺田英語讀本』 71

『新しい発想による英語発音指導』 222, 280

『あなたも英語をマスターできる 音読のすすめ』 235

『アメリカ口語教本』（Spoken American English；入門級・初級・中級・上級） 191, 192, 277

『諳厄利亜興学小筌』（『小筌』） 27, 28, 271

『諳厄利亜語林大成』（『大成』） 20, 27, 28, 271

『諳厄利亜言語和解』 27, 271

『イギリス英語のイントネーション──実用ハンドブック』 226, 280

『英吉利語学便覧 初編』 47, 272

『伊吉利文典』 31

『英吉利文典』（通称「木の葉文典」） 31, 271

『井上英和大辞典』 70, 147, 274

『井上フォネティック英和辞典』 70, 147, 275

『井上和英大辞典』 70

『ヴィスタ英和辞典』 229

『英音論』 46, 272

『英会話・ぜったい・音読──頭の中に英語回路を作る本』 231, 281

『英会話・ぜったい・音読【入門編】──英語の基礎回路を作る本』 231, 281

『英会話入門』（ラジオ番組） 228, 280

『英会話の音法50』 204, 279

『英華字彙』 48

『英華字典』（English and Chinese dictionary: with the Punti and Mandarin pronunciation） 49

『英学界』 81

『英語アクセント心得』 149

『英語イントネーションの研究』 192, 277

『英語イントネーションの構造』 192, 277

『英語音韻の研究』 146, 275

『英語音声学』（竹林滋） 227, 280

『英語音声学』（枡矢好弘著） 204, 279

『英語音声学概論』 221

『英語音声学セミナー』 191

『英語音声学入門』（竹林滋著） 220, 279

『英語音声学入門』（松坂ヒロシ著） 221, 279

『英語音声指導ハンドブック』 226, 280

『英語階梯』 36

『英語会話』（テレビ番組） 169, 249, 278

『英語會話』（ラジオ番組名，通称「カムカム英語」） 168, 249, 276

「英語会話・初級」（テレビ番組） 169

「英語学習時代」 132

「『英語が使える日本人』の育成のための行動計画』 230, 250, 256, 281

「『英語が使える日本人』の育成のための戦略構想』 230, 250, 256, 281

『英語が苦手な大人のDSトレーニング えいご漬け』 237

『英語が苦手な大人のDSトレーニング もっとえいご漬け』 237, 281

「英語科廃止の急務」 162, 275

『英語記号づけ入門──その誕生と現在の到達点』 226, 280

『英語教育』 86, 274

「英語教育関係法規及びコース・オブ・スタディーについて」 194

『英語教育事典』 187, 278

『英語教育シリーズ』 187, 277

『英語教授 The English Teachers' Magazine』 82, 92, 274

『英語教授書』 74

『英語教授法——附・正則文部省英語読本』 74, 273
『英語教授法改良説』 74, 273
『英語教授法綱要』 75, 274
『英語教授法辞典』 187, 278
『英語教授論考』 167
『英語研究 発音の原理』 102, 274
『英語研究法』 75, 274
『英語コミュニケーション能力評価実例事典』 226
『英語コミュニケーションの基礎を作る音読指導』 235, 282
『英語コミュニケーションの理論と実際——スピーチ学からの提言』 223, 280
『英語少年世界』 81
『英語小發音學』 86, 275
『英語初歩教授書』 74
『英語スピーチ・正しい発音』 203, 277
『英語スピーチ・メロディ教本』 192
『英語正音正字学』 63
『英語世界』 82
『英語箋』 31, 272
「英語追放論」 162
『英語で考える本 Think in English』 201
『英語獨習法』 75, 274
『英語讀本説明書——附・英語発音説明』 75, 274
『英語に強くなる本——教室では学べない秘法の公開』 196
『英語のイントネーション——研究と指導』 204, 279
『英語の音声を科学する』 234, 281
『英語之基礎』 90
『英語の研究と教授』 150, 152, 276
『英語之日本』 82
『英語の話しかた——同時通訳者の提言』 201, 278
『英語の発音』 81
『英語の発音——研究と指導』 192, 278

『英語の発音——指導と学習』 204, 279
『英語の發音とアクセントの研究』 148
『英語の發音とヒアリング』 204, 279
『英語の發音に就て——英語研究の秘訣を知りたい人の為に』 146
『英語の文型練習』 188
『英語の学び——構えと発声』 204
『英語のリズム・ハンドブック』 220, 279
『英語のリズムとイントネーション再入門ワークショップ——音法・文法・コミュニケーション活動一体の』 227
『英語發音解』 63, 273
『英語發音學』 79, 80, 274
『英語発音学演習』 192
『英語発音学大綱』 87, 274
「英語発音学入門講座」 81
『英語発音記号の知識と練習』 146, 275
『英語發音辞典』 128, 147, 148, 275
「英語発音図解」 81
『英語 發音と綴字（ENGLISH SPEECH AND SPELLING)』(『發音と綴字』) 123, 124, 131, 275
『英語発音の基礎』（木村恒夫著） 192, 278
『英語発音の基礎』（小島義郎著） 220
『英語発音の指導』 192, 278
『英語発音の指導——基礎知識からわかりやすい指導法・使いやすい矯正方法まで』 244, 282
『英語発音の知識』 192-193
『英語發音秘訣』 9, 60-63, 72, 183, 248, 273
『英語・発音独案内』 63, 273
『英語發音法』 146, 275
『英語發音法手引』 63, 273
『英語発音明解 The principles of English pronunciation』 146, 275
『英語發音練習カード』 86, 275

『英語耳──発音ができるとリスニングができる』 235, 281

『英語を学ぶ人のために──発音と綴り字』 167

『英語をめぐる冒険』 221

『英文音読の基礎──リズムのつかみ方』 184

『英文鑑』 16, 30, 271

『英文熟語集』 53

『英文直読直解法』 274

『英文法研究』 274

「英文朗読法」 184

『英文朗読法大意』 146, 184, 275, 277

『英語朗読法の研究』 184, 277

『英文和譯法 全』 134, 274

『英米對話捷徑』（『捷徑』） 24-26, 271

『英米發音學研究』（*A textbook of English sounds for Japanese students*） 171

『英米發音新講』 183

『英米標準 発音法と其練習』 146, 275

『英和対訳袖珍辞書』 28, 48, 272

『エゲレス語辞書和解』 28

『エスペルゼン教授語学教授法新論』 81

『NHKラジオ英語会話』 202, 277, 278

『ゑんぎりしことば』 25, 35, 272

『教え方が「かわる・わかる」──認知心理学の動向から』 232, 281

『大人の英語発音講座』 234, 281

『オーラル・インタープリテーション入門──英語の深い読みと表現の指導』 222, 279

『オーラル・コミュニケーションの指導と評価』 226, 280

『音韻論と正書法』 182

『音声学』 182, 277

〔か行〕

『外語教授 原理と方法の研究』 146, 275

「外国語教育の抜本的改革」 199, 278

「外国語教育の現状と改革の方向── 一つの試案」 206

『外国語教授法』（ヘンリー・スウィート著） 67, 274

『外国語教授法（新訂版）』（語学教育研究所編） 167, 277

『外國語教授法改良説』 74, 273

『外国語研究法』 73

『外国語最新教授法』 85, 274

『外国語としての英語の教授と学習』 188, 277

『外国語の教え方』（*How to Teach a Foreign Language*） 145

『外国語之研究』 74, 273

『改正増補英語箋』 25

『改正増補 英和対訳袖珍辞書』 48

『改正増補蛮語箋』 25

『改正増補 和訳英辞書』 48, 272

『改訂版 英語の発音パーフェクト学習事典』 236, 282

『学習者中心の英語教育』 220, 249, 255, 279

『カッケンボス英文典』（*First book in English grammar by George Payn Quackenbos*） 51

「カムカム英語」→『英語會話』

「神田リーダー（『ニューシリーズ読本』）」 75

『聞き・話す領域の指導』 193

『基礎英語講座』（番組名） 168

『教育時論』 113

『教室の英語音声学Q&A』 221, 279

『教師のための英語発音──呼吸法を重視した訓練メソッド』 222, 280

『教習実用 英語蓄音機詳解』 82, 274

『クエスチョン・ボックスシリーズI 発音』 192, 278

『クラウンリーダー』 69

『グループ・メソッド』 231, 275

『現代英語教育講座』 193, 278
『現代英語のイントネーション』 220, 279
『現代英語の音声 ヒアリングと音読』 204, 279
『講座・英語教授法』シリーズ 193
『語学独案内』 49, 272
「語学養成法」 65, 155
『呼吸と音とくちびると――なんで英語やるの？ 反響編』 203, 279
「国語外国語化論」 44, 167, 272
『五国語箋』 25
「木の葉文典」→『英吉利文典』
『コミュニケーション志向の英語教材開発マニュアル』 226, 280
『これからの学校英語――現代の標準的な英語・現代の標準的な発音』 234, 281

〔さ行〕
『最強の英語発音ジム――「通じる発音」と「聞き取れる耳」をモノにする』 244
『最新英語音声学』 146, 275
『最新英語教習法』 75, 274
『最新研究 英文の解釈　考へ方と譯し方』 134, 275
『最新コンサイス英和辞典』 174, 175, 277
『斎藤和英大辞典』 81
『薩摩辞書』 48, 272
『試験にでる英単語――実証データで重大箇所ズバリ公開』 196
『時事英語研究』 200, 276
『實驗英語音聲學』 150, 276
『實驗音聲學上より見たるアクセントの研究 *A study of accent: research into the nature & scope of accent in the light of experimental phonetics*』 150, 276
『実戦航海書』 23

「實用英語會話」 168
『シャドーイング・音読と英語コミュニケーションの科学』 232
『シャドーイングと音読の科学』 232, 281
ジャパン・ウィークリー・メイル紙 49
『袖珍コンサイス英和辞典』 69
『袖珍コンサイス英和辞典（萬國音標文字附）』 147, 275
『熟語本位英和中辞典』 81
『小学校用文部省英語読本』 71, 274
『商貼外話通韻便宝』（『和英接言』） 36
『初学者英語発音指鍼 全』 63, 273
『視話音字 発音学』 81
『視話法』 81, 274
『新英英大辞典』（*Idiomatic and syntactic English dictionary*） 187, 276
『新英語教育講座』 167, 194, 277
『新英文法』 146, 275
「信州の旅から――英語の義務教育化に対する疑問」 167, 277
『新制高等学校英語教授法』 167
「新制大学卒業者の英語の学力に対する産業界の希望」 186, 254, 277
『新制中学校英語教授法』 167
『新装版 英語音声学入門』 235, 282
『図解 英語小発音学』 193
『図解 英語ものがたり　2時間でわかる』 176, 281
『スペリングブック』 49, 51
『増訂 華英通語』 34, 272

〔た行〕
「第十回英語教授研究大会記念論文集」 85
『大正増補 和訳英辞林』 48
『脱・「英語人間」』 228
『蓄音機応用 英語会話独習』 82, 274
『中外英字新聞』 81, 274

「中学校教授要目」 111, 112, 248, 274
「中学校より外国語科を除却すべし」 113
「中等学校における英語教授法調査報告」
  112, 274
「ヂョウンズ先生の英語發音學」 115,
  274
「通訳訓練の英語教育への応用I—
  shadowing—」 232
『ヅーフ・ハルマ』→『ドゥーフ・ハル
  マ』
『〈テープによる〉アメリカ英語の発音教
  本』 204
『東京高等師範學校附属小學校教授細目』
  64, 273
『ドゥーフ・ハルマ』(『道富波留麻』
  Doeff-Halma Dictionary,『ヅーフ・ハ
  ルマ』,『長崎ハルマ』) 15, 27
『遠山顕の英会話の素』 228

〔な行〕
『長崎ハルマ』→『ドゥーフ・ハルマ』
「何を恐るゝか日本」 162
『なんで英語やるの？——ある英語塾の記
  録』 203, 279
「日英通訳訓練法と英語コミュニケイショ
  ン能力との接点」 232
『日英兩國語——發音差異の實驗的研究』
  150, 276
『日米會話手帳 ANGLO-JAPANESE
  CONVERSATION MANUAL』 164,
  276
『日米會話必携』 164, 276
『日本英学史の研究』 6
『日本開化小史』 62
『日本語音声の研究2 日本人の英語』
  227, 281
『日本語からスーパーネイティヴの英語へ
  —— 10段階完全マスターのコツと処方
  箋』 235

『日本人に共通する英語発音の弱点』 222
『日本人のための英語音声学レッスン』
  235, 281
『日本人のための英語発音完全教本』
  236, 282

〔は行〕
『歯型と絵で教える英語発音——発音をは
  じめて教える人へ』 244
『はじめてのシャドーイング——プロ通訳
  者の基礎訓練法で，英語の"音"感覚
  が飛躍的に身につく』 230, 281
『パタン・プラクティス』 188
『パタンプラクティスとコントラスト——
  新しい英語の学習指導法』 188, 277
『発音解』 9
『發音學講話』 85, 274
『発音の教科書——日本語ネイティブが苦
  手な英語の音とリズムの作り方がいち
  ばんよくわかる』 244
『発音をめぐる冒険 A wild pronunciation
  chase』 235, 281
『波留麻和解』 28
『萬國音標文字 The international phonetic
  alphabet』 146, 275
『万国発音記号手ほどき』 146, 275
『ビジネス英会話』(ラジオ番組) 228
『必携 英語発音指導マニュアル』 236,
  282
『独案内』 26
『ピネヲ英文典』(Primary grammar of
  the English language for beginners by
  Timothy Stone Pinneo) 51
『百万人の英語』(ラジオ／テレビ番組)
  62, 63, 200, 228, 277
『表音小英和』 24
『標準口語体英語』 191
『漂巽紀略』 22, 271
『ファンダメンタル音声学』 235, 281

『VT法による英語発音指導教本』　221
『附音挿図 英和字彙』　48, 272
「福島中学英語科授業参観記」　152, 276
「福島中学校参観記」　152, 276
「再び英語教育の問題について」　167
『プロソディを重視した英語音声指導入
　門──指導の枠組と教科書の活用法』
　244, 283
『米会話発音教本』　193, 278
『米語音声学入門』　191, 277
「米国語を追い払え」　162
『母音論 The vowel, its nature and
　structure』　150, 276
『傍訓・英語韻礎』　46, 272
『邦人本位 英語の発音』　146, 275
「本邦中等学校に於ける外国語教授につい
　ての管見」　85

〔ま・や・ら・わ行〕
『モダン英和辞典』　148, 275
『やさしいビジネス英語』（ラジオ番組）
　228
『洋学指針』　25
『洋学指針・英学部』　36, 272
『ラジオ・トーキー・蓄音機による英語学
　習』　146-147, 276
『蘭学階梯』　36
『和英語林集成 A Japanese and English
　dictionary』　29, 48, 272
『和英商買対話集 初編』　35, 271
『和英商話 全』　36, 272
『和英接言』→『商貼外話通韻便法』
『和英通韻以呂波便覧』　36, 272
『和英発音原理 全 英語綴字法附』　63,
　273
「我国中等教育における外国語」　162

〔欧文〕
Active intonation　197

American dictionary of the English lan-
　guage, An　23, 24
American practical navigator, The　23
American pronunciation　182, 275
American spelling book, An　24
L'Art d'enseigner et d'étudier les langues
　(The art of teaching and studying
　languages)　56, 80, 272, 273
Blue-backed speller, The　24
Bulletin of I.R.E.T., The（Bulletin）　140,
　141, 152, 153, 275, 276
Clear speech: pronunciation and listening
　comprehension in north American
　English　218, 280
Clear speech from the start　218, 280
Companion readers　148
Compendious guide to the English lan-
　guage, A → Korte Wegwyzer der En-
　gelsche Taale
『A complete English- Japanese dictionary
　大英和辞典』　147, 275
Concise Oxford Dictionary（COD）　24
Concise pronouncing dictionary of British
　and American English, A　233
Current perspectives on pronunciation:
　practices anchored in theory　218, 280
Directions for the pronunciation of English
　71, 72, 273
Elementary catechisms, English grammar,
　The　24, 31
Elementary spelling book, The　36
Elements of Japanese and English phonet-
　ics for the use of Japanese teachers of
　English, The　95-99, 274
Encyclopedia Britannica　81
English after RP: standard British pronun-
　ciation today　243, 282
English and Chinese dictionary　29
English and Japanese vocabulary, An　31

English as a Lingua Franca   213, 281
English conversation-grammar   81
English grammar: adapted to the different classes of learners   30
English intonation with systematic exercises   143, 275
『English Journal』   200, 278
English letters and their sounds: A higher spelling book, with reference tables, for use in Japanese schools, based upon Webster's international dictionary   78, 273
English letters and their sounds: or, useful facts of English phonology   77
English phonetics and pronunciation practice   243, 282
English pronouncing dictionary, An(EPD)   119, 127, 233, 275
English pronunciation: a practical handbook for the foreign learner   182, 276
English pronunciation: exercises in sound segments, intonation, and rhythm with supplementary exercises for Japanese students   182, 277
English pronunciation in use   219
English readers: the high school series   72
English spelling book part 1, An   36
Familiar method for those who begin to learn the English language   35
Fluent American speech   226, 280
Grammar of the English language for Japanese students, A   43
Grammatical institute of the English language, A   24
Groundwork of English Intonation, The   197, 277
Groundwork of English stress, The   197, 277

Guide of English pronunciation   63
Guide to English pronunciation: For users of English as a foreign language, A   197, 278
Handbook of phonetics, A   75, 272
How to teach a foreign language → *Sprogundervisning*
Imperial dictionary of the English language, The   49
Improving your pronunciation   192, 278
Intelligibility, oral communication, and the teaching of pronunciation   242, 282
Intonation of American English, The   182
Intonation of colloquial English: a practical handbook   197, 279
『*Introduction to English pronunciation* 英語発音の基本と演習』   203, 279
Introduction to the phonetics of American English, An   182, 189
Introduction to the pronunciation of English, An   197, 278
Jack and Betty   167, 277
Jazz Chants   203, 279
『The Junior Crown: English Course』   191
Korte wegwyzer der engelsche taale (A Compendious Guide to the English Language)   27
Language Teaching Must Start Afresh! → *Der Sprachunterricht muss umkehren!*
Let's learn English   166, 277
Life readers   148
Living English speech: stress and intonation practice for the foreign student   182
Longman pronunciation dictionary   233, 280
Manual of American English pronunciation   188, 277
Mombushō conversational readers, The

（『正則文部省英語読本』） 72, 146

National readers 45

New approach to English 194, 278

New pocket dictionary of the English-Dutch and Dutch-English languages, A 28

Notes on practical phonetics. 91-94, 274

Outline of English phonetics, An（OEP） 119, 122, 127, 183, 275

Outline of English structure, An 189

Outline of linguistic analysis 181, 276

Oxford advanced learner's dictionary 187

Oxford dictionary of pronunciation for current English, The 233

Phonemics: a technique for reducing languages to writing 182

Phonetic dictionary of the English language, A 119, 274

Phonetic method for learning to read 76

Phonetic method in learning to read 78

Phonetics 197

Phonetics: a critical analysis of phonetic theory and a technic for the practical description of sounds 181-182, 276

「Phonetics 発音学」 81

Phonetics of English, The 182, 276

Phonology of English as an international language, The 213, 281

Pocket Oxford dictionary（POD） 24

Practical course of English pronunciation: a perceptual approach, A 197

Practical English grammar 81

Practical study of languages: a guide for teachers and learners, The 67

Prendergast's mastery system: adapted to the study of Japanese or English 38, 272

Pronouncing dictionary of American English, A 174

Pronunciation 219

Pronunciation book: student-centered activities for pronunciation work 219, 280

Pronunciation games 219, 280

『The Pronunciation of American English: a drill book and five records レコードによるアメリカ英語の発音教本』 193, 278

Pronunciation of English, The 119, 274

Pronunciation pedagogy and theory: new views, new directions 218

Prosodic systems and intonation in English 197, 278

SMART speech: 5 practice techniques for teachers and learners of pronunciation 243, 283

Spelling and pronunciation, 3 volumes 80, 274

Der Sprachunterricht muss umkehren! (Language teaching must start afresh!) 68

Sprogundervisning (How to teach a foreign language) 68, 81, 274

Standard English readers, The 144-145

Swinton 45

Teaching American English pronunciation 219, 280

Teaching and learning English as a foreign language (TLEFL) 180, 188, 276

Teaching English pronunciation 218, 280

Teaching English pronunciation: A book of readings 218, 280

Teaching English pronunciation to Japanese English majors: a comparison of a suprasegmental-oriented and a segmental-oriented teaching approach 227

Teaching pronunciation: a reference for teachers of English to speakers of other languages 219, 280
TESOL techniques and procedures（TESOL）218
Text-Book of accent, 3 volumes 80, 274
Union fourth reader 45
Visible speech 81
Willson 45
Work on your accent: clearer pronunciation for better communication 236, 282
World through English, The 166, 277
Yonezawa dialect, The 47

Ⅲ．事項

〔あ行〕
アクション・リサーチ 67
「アクセント」 46
アクティブ・ラーニング（AL）240-242, 249, 250, 255-257, 260-266, 282
アジアにおける英語の役割 213
アヘン戦争 17
アメリカ構造言語学 9, 178-182, 248, 277
阿波ジャンボーズクラブ 190, 278
諳厄利亜文字言語修学の命 16, 271
育英黌 58
異国船打払令 16, 271
井上通信英語学校 71
イマージョン・プログラム 239
岩倉遣欧使節（団）42
インクルーシブ教育 265
インフォメーション・ギャップ 212
インプット仮説 211
ウェブスター式表記法 9, 24, 36, 45-49, 61, 63, 78, 79, 101, 104, 123, 126, 127, 148, 247, 272

ヴェルボ・トナル法（VT法）221
英学塾 39, 41, 52, 53
英学所 32, 38, 39, 272
英学ブーム 47, 50, 64, 247, 257, 274
英学本位制 41, 272
英語学習（英会話）のブーム 164, 168, 196, 247, 248, 249, 254, 257
「英語活動」の実施 230
英語科廃止（論）161, 248
英語教育改善協議会 189
英語教育指導者講座 205, 249, 279
英語教育振興会 190
英語教育論争 167
英語教員大会 92, 113, 274
英語教授研究所 96, 111, 140, 148, 152, 173, 275
英語教授研究大会 111, 152, 177, 275, 276
英国人英語指導教員招致事業（BETS）206, 224, 249, 279
英語国語論 167
英語指導主事助手（MEF）206, 224, 249, 279
英語シラブル（syllable）拍 95
英語スピーチ・コミュニケーション 222
英語第二公用語化 229, 281
英語担当教員海外研修事業 207, 279
英語中央講習会 189, 205, 249, 278
英語伝習所 32, 37
英語土渡逸 45
英語は英語で行う 230
英通詞 16, 18, 247
NHKラジオ英語講座 168
NHKラジオ『基礎英語』 124
愛媛大学英語セミナー 189, 277
欧文正鵠学館（通称サンマー学校）43
オウム式 39
応用言語学 209, 211, 225
オーディオ・リンガル・メソッド

（ALM） 179-182, 187, 188, 193-196, 208, 211, 212, 217, 219, 225, 226, 236, 248, 249, 255, 259, 260
御雇い外国人　42, 43, 49, 64, 117, 138, 140, 247, 252, 274
オーラル・アプローチ（OA）　179, 187-189, 191, 192, 194-196, 199, 209, 230, 235, 249, 254, 256
オーラル・インタープリテーション　222
オーラル・コミュニケーションA, B, C　224, 255, 280
オーラル・メソッド（OM）　139, 143, 144, 146, 151-153, 158, 166, 187, 199, 211, 248, 275
オランダ商館　12
音韻論　123, 143, 193, 208
音読ブーム　231

〔か行〕
海外子女教育 推進の基本的施策に関する研究協議会　205
海軍兵学寮　71
外国教育施設日本語指導教員派遣事業（REXプログラム）　229, 280
外国語指導助手（ALT）　206, 224 249, 256
改新ムーヴメント　65, 68, 71, 80, 81, 84, 108, 112, 115, 132, 134, 136, 147, 172, 215, 248, 253, 259, 273
開成学校　26, 37, 41, 69, 77, 96
開成所　26, 28, 33, 36, 50, 69, 272
概念・機能シラバス　209
学習者中心主義　217, 220, 235, 249, 255
学習者中心の指導・練習法　216
化石化　199
カテキズム　25
簡易表記（Broad Transcription）　170
寛政異学の禁　14, 271

寛政の改革　14
看板英語　45
簡略表記（Broad Romic）　67, 75, 93, 248
北九州英語講習会　190, 278
機能言語学　209
教師中心（teacher-centered）の「詰め込み主義」　217, 220
共通言語中核　214
協働学習　262
協同授業　110
教養主義　136, 185, 257
キリスト教禁令　13, 271
近代語教授法の改新ムーヴメント　66, 75, 84, 259
グアン式　56, 80, 108, 109, 274
口授　18, 74
口のことば　85, 89, 260
熊本バンド（花岡山バンド）　88, 113, 272
熊本洋学校　87, 88, 272
グローバル化　228, 229, 234
慶應義塾　41, 52, 53, 167, 272
ゲルハード式　173-177, 183, 277
現実派の英語発音の目標　214
現代語教師音声学協会　68, 273
遣米使節団　23, 24, 34, 272
攻玉塾　41
興譲館　46
構造言語学　123, 178, 180-182, 187-189, 191-193, 196, 208, 219, 235, 242, 249, 259, 260, 263
口頭教授法　18
行動主義心理学　179, 193, 211
工部大学校　43, 49, 50, 58
語学教育研究所（語研）　96, 111, 140, 169, 170, 172-174 185, 186
語学ラボラトリー協会　196, 278
国際英語　213, 218, 237

国際英語論　212-214, 217, 249, 255, 266, 279
国際音声学会　68, 127, 273
国際音声記号／国際音声字母 → IPA
国際交流員（CIR）　224
国際語としての英語（EIL）　213, 279
国際補助語としての英語　213
国際理解　198, 249, 278, 280, 281
国際理解教育　224, 280
国産教科書　45, 72
国民英学会　78, 80, 83, 273
国民皆学　41
誤答分析　198, 249
コミュニカティブ・ランゲージ・ティーチング（CLT）　208, 210, 211, 212, 215, 216, 220, 223, 236, 239, 249, 255, 256, 264, 279
コミュニケーション能力　194, 206-212, 220, 223, 225, 226, 249, 255, 257, 278, 279
語用論　209
ゴールド・ラッシュ　22

〔さ行〕
財団法人日本英語検定協会　196
サイト・トランスレーション　232
先入先出法 → FIFO
札幌農学校　43, 57-59, 239, 247, 253, 272
産業革命　14, 15, 271
サンマー学校 → 欧文正鵠学館
只管筆写　201, 231
只管朗読　201, 231
自然順序仮説　210
実験音声学　149, 150, 227, 248, 273
実践的コミュニケーション能力　113, 230
師範学校　42, 43, 54, 88, 163, 247, 272
社会言語学　209, 211, 255

社会言語的能力　210
ジャズ・チャンツ　203, 259
シャドーイング　231, 232
車夫英語　45
習得・学習仮説　210
受験英語　134, 136, 185, 248, 252, 257
朱子学　14
主体的・対話的で深い学び　241, 242, 260, 261, 263-265
情意フィルター　210, 211
湘南中学校　151, 160, 161, 183, 194, 253, 255
昌平坂学問所　14
ジョーンズ音声学　115, 123, 132, 253
ジョーンズ式　128, 147, 148, 167, 174, 175
自律学習　249, 255
視話法（Visible Speech）　67, 78, 81
スウィート式　75, 79, 90, 91, 248, 253, 273
スピーチ・コミュニケーション　202, 222, 279
スピーチアクト理論　209
スペリングブック　9, 24, 36, 44, 51, 57, 63, 148, 247
スポーツ国際交流員（SEA）　224
スミス・マント法 → 米国情報教育交流法
スラッシュ・リーディング　232
正則英語学校　81, 83, 273
正則式　39, 50, 54, 57, 61, 81, 251, 252, 259, 272
精密表記（Narrow Transcription）　67, 170
セファール → CEFR
全国英語教育学会（JASELE）　196, 279
全国英語教育研究団体連合会（全英連）　185, 277
全国語学教育学会（JALT）　206
全国語学教師協会　206

〔た行〕
第一言語習得論（FLA） 210
第一高等学校 81, 112
第一高等中学校 43, 70
第一次教育令 42
第一次高等学校令 116
大学英語教育学会（JACET） 196, 202, 278
大学南校 46, 50, 51, 60, 272
大正英語音声学ブーム 115, 138, 248, 253, 257, 275
第二言語習得論 198, 210, 211, 217, 249, 255
第二言語としての英語教育 209
大日本教育会 83, 273
大日本帝国憲法 44, 64
タスク中心の言語教授法 239, 282
脱・英米英語 213
談話能力 210
致遠館 37
チェンバレン式 128
中間言語 199, 249, 278
中等学校英語教授法調査委員会 112, 248
長州ファイブ 29
直接教授法 54-56, 88, 110, 157, 247, 252
直感・模倣的アプローチ 258, 259, 261, 266
通詞 15-22, 25, 27, 28, 30-32, 34, 35, 40, 49
ディクトグロス 237, 280
帝国議会 64
帝国教育会 83, 85, 139, 273, 274
帝国主義 17
ティーム・ティーチング（TT） 110, 206, 224, 279
適塾 33, 271
テムズ河口域英語 243

天文方蕃書和解御用 32
東奥義塾 43
東京一致英和学校 88
東京外国語学校 41, 54, 67, 71, 78-80, 112, 124, 125, 131, 160, 187, 272, 273
東京開成学校 43, 69
東京高等師範学校（東京高師） 42, 52, 63, 64, 70, 75-78, 83, 84, 87, 102, 112, 113, 143, 150-152, 154-156, 158, 162, 173, 183, 187, 194, 236, 248, 253, 272-274, 276
東京専門学校 101, 102, 273
東京大学予備門 43, 70
東京YMCA 63, 273
同志社英学校 23, 88, 101
東北学院 54, 109, 110, 171-173, 273
トータル・イマージョン教育 58, 247

〔な行〕
内容言語統合型学習（CLIL） 239, 282
長崎英語伝習所 32, 49, 271
中津メソッド 222
ナチュラル・アプローチ 208, 210, 249, 255, 279
ナチュラル・メソッド 55-57, 69, 80, 210, 211, 252
鳴滝塾 27
西日本英語講習会 190, 278
日米学生会議 162, 200
日本英語教育研究委員会（ELEC） 186, 187, 195, 206, 277
日本語のモーラ（mora）拍 94, 95, 100
日本人英語教師（JET） 40, 51, 95, 113, 176, 224
日本での改新ムーヴメント 68, 71, 81
入力仮説 210
人間中心主義の言語教育 220
認知学習（CCL） 208
ネイティヴ・スピーカー中心主義 103

ノンヴァーバル・コミュニケーション
　197, 221

〔は行〕
箱館洋学所　28
パタン・プラクティス　181, 191, 193,
　208, 254
発音指導の見直し論　208, 215, 217-220,
　222, 223, 226, 227, 236, 238, 242, 243,
　249, 255, 262, 264, 266, 279
発話行為理論　209
花岡山バンド → 熊本バンド
パラ言語　221
反 ALM 派　194
蕃書調所　31-33, 35, 40, 68, 247, 271,
　272
東インド会社　12
ピジン英語　45
独案内　45
独稽古本　45
標準簡略表記法　170, 172, 173
標準簡略表記法協議会　173
平泉 - 渡部論争　207, 279
広島高等師範学校　83, 87, 89, 90-95,
　133, 248, 253, 267, 274
フェートン号事件　14, 17, 27, 41, 247
フォーカス・オン・フォーム（FonF）
　239, 280, 282
フォニックス　167, 220
フォネティック・メソッド（the Phonetic
　Method）156, 248
福島・湘南プラン　248, 257
福島中学校　151, 152, 155, 158, 159,
　161, 194, 253, 276
福島プラン　151-163, 275, 276
筆のことば　85, 88, 95, 253, 260
ブラウン塾　38, 39, 61
プラスワン・ダイアローグ　212
プラート　240, 280

フランス語国語論　167
フルブライト・プログラム　178, 277
フルブライト留学生　110
プロソディ（Prosody）245
文久遣欧使節団　33, 34, 272
分析・言語学的アプローチ　258-261,
　266
文法・訳読式　74, 85, 137, 166, 188,
　239, 255
文法シラバス中心の授業　225
文法能力　210
ペアワーク　212
米欧回覧・岩倉使節団　38, 272
米国教育使節団　165, 276
米国式　45, 58, 167
米国情報教育交流法（スミス・マント法）
　178, 277
米国民間情報教育局教育課（CI&E）
　165, 170, 172, 173, 276
ベーシック・イングリッシュ　85
ベルリッツ式　56, 109
変形生成文法　208
変則式　50-54, 60, 63, 65, 66, 71, 91, 95,
　134, 136-138, 143, 185, 238, 247, 248,
　251-254, 272
方略的能力　210
ポスト ALM　208
北海道開拓使派遣　116
本邦初の活字出版物　48

〔ま行〕
マスタリー・システム　38, 39, 54, 55, 61
万次郎式の表記　29
右フック付きシュワ　173-175
ミシガン・メソッド　179
見直し論 → 発音指導の見直し論
耳のことば　136, 147
目のことば　136
目的別言語教育　239

モニター仮説　210
モーラ拍言語　95
モリソン号事件　16, 30
問題解決　212, 261
文部省夏期英語講習会　86, 97
文部省検定試験（英語科）　88
文部省中等英語教員夏期講習会　80, 274
文部省留学生　69, 84, 88, 115, 116, 132

〔や行〕
訳読（式）教授法　144
訳読法　185, 248
役に立つ英語　185, 186, 191, 196, 249,
　254, 277
柳河伝習館　87
有機的統一体　156
洋書調所　33, 272
揚頭法　107-109
横浜ことば（ダイアレクト）　45, 272
横浜修文館　38, 39
横浜先志学校　54
ヨーロッパ言語共通参照枠 → CEFR
4技能　55, 72, 75, 240, 269
4技能5領域統合　157, 282

〔ら・わ行〕
ラトガース大学　42
ランゲージ・ラボラトリー（LL）　195,
　249, 277
蘭通詞　7, 15-17, 30, 247, 251
陸軍特別研修計画（ASTP）　179, 194
理想派の英語発音の目標　214
リフォーマー（reformer, 改新者）　66, 68,
　74, 138, 145, 188
リフォーム・ムーヴメント　66
リンガ・フランカとしての英語　213
臨界期仮説　198
連合国最高司令官総司令部（GHQ ／
　SCAP）　165, 166, 170, 173, 175, 276

ロール・プレー　212
ロンドン学派　140, 142, 192, 196, 197,
　226, 249
ロンドン大学東洋アフリカ研究学院
　139, 179
ワーキングメモリ　232, 281

〔欧文〕
Affective Cognitive-Communicative
　Approach（ACC）　215, 217, 218, 222,
　225
AL → アクティブ・ラーニング
ALM → オーディオ・リンガル・メソッ
　ド
ALT → 外国語指導助手
ASTP → 陸軍特別研修計画
BBC English　233
BETS → 英国人英語指導教員招致事業
Broad Romic　67, 75, 93, 248
CCL → 認知学習
CEFR（セファール；ヨーロッパ言語共通
　参照枠）　240, 245, 256
Chat GPT　245
CI&E → 米国民間情報教育局教育課
CIR → 国際交流員
CLIL → 内容言語統合型学習
CLT → コミュニカティブ・ランゲージ・
　ティーチング
Cumulative Method, The　73
Direct Method　54, 160, 161, 258
EFL学習者　233, 243
EIL → 国際語としての英語
ELEC → 日本英語教育研究委員会
FIFO（先入先出法）　231
FLA → 第一言語習得論
FonF → フォーカス・オン・フォーム
GA（General American）　197, 233
GB（General British）　197
GHQ ／ SCAP → 連合国最高司令官総司

令部　　　　　　　　　　　　279

GIGA スクール構想　241, 282

ICT　241, 242, 250, 256, 257, 265, 282

Intelligibility principle（明瞭性原則）
　213, 214, 218

IPA（国際音声記号／国際音声字母）　91,
　94, 104, 115, 122, 123, 127, 138, 146,
　147, 148, 248, 253, 275

JACET → 大学英語教育学会

JALT → 全国語学教育学会

JASELE → 全国英語教育学会

JET → 日本人英語教師

JET プログラム　224, 228, 249, 280

LL → ランゲージ・ラボラトリー

MEF → 英語指導主事助手

Nativeness principle（母語発音原則）　214

Network English　233

New-look Approach　215

OA → オーラル・アプローチ

OM → オーラル・メソッド

REX プログラム → 外国語教育施設日本
　語指導教員派遣事業

RP(Received Pronunciation)　67, 214,
　233, 243

SEA → スポーツ国際交流員

SELHi → Super English Language High
　School

Super English Language High School
　（SELHi）　230, 281

TESL（Teaching English as a Second
　Language）　209, 217

TESOL（Teaching English to Speakers of
　Other Languages；英語を母語としない
　人々のための英語教授法）　215, 217,
　218, 268, 279

TOEIC　207, 229, 232, 279

TT → ティーム・ティーチング

VT法 → ヴェルボ・トナル法

World Englishes（WE）　103, 212, 217,

〈著者紹介〉

田邉 祐司（たなべ・ゆうじ）

専修大学文学部英語英米文学科・大学院文学研究科教授。博士（教育学—広島大学）。日本英語教育史学会会長，日本実践英語音声学会理事，元中央教育審議会初等中等教育分科会委員，元「NHKラジオ基礎英語1」講師，元日英通訳者。専門は英語教育学（英語音声指導・学習），英語音声学，日本英語教育史。著書には『一歩先の英文ライティング』（研究社），『句動詞のトレーニング——「普段着の英語」を身につけよう！』（大修館書店），中学校検定教科書『New Crown English Series』Books 1-3（共著，三省堂），高等学校検定教科書『Genius English Logic and Expression』Books 1-3（著作者代表，大修館書店）等がある。

日本人は英語の発音をどう学び、教えてきたか
——英語音声教育の小通史

2024年10月30日　初版発行

著　者　田邉祐司
　　　　©Yuji Tanabe, 2024

発行者　吉田尚志

発行所　株式会社　研究社

KENKYUSHA
〈検印省略〉

〒102-8152　東京都千代田区富士見2-11-3
電話　営業03-3288-7777㈹　編集03-3288-7711㈹
振替　00150-9-26710
https://www.kenkyusha.co.jp/

本文デザイン　亀井昌彦

装丁　金子泰明

印刷所　TOPPANクロレ株式会社

ISBN 978-4-327-41110-7 C3082　Printed in Japan

価格はカバーに表示してあります。本書のコピー、スキャン、デジタル化等の無断複製は、著作権法上での例外を除き、禁じられています。また、私的使用以外のいかなる電子的複製行為も一切認められていません。落丁本、乱丁本はお取り替えいたします。ただし、中古品についてはお取り替えできません。